La voie de l'excellence académique

La voie de l'excellence académique

La création d'universités de recherche de rang mondial

Philip G. Altbach et Jamil Salmi
Rédacteurs

BANQUE MONDIALE
Washington

ISBN : 978-0-8213-8952-2
eISBN : 978-0-8213-9485-4
DOI : 10.1596/978-0-8213-8952-2

Une demande a été soumise à la Bibliothèque du Congrès des États-Unis en vue de cataloguer cette publication
La voie de l'excellence académique : la création d'universités de recherche de rang mondial / texte établi par Philip G. Altbach et Jamil Salmi.
    p. cm. — (Orientations du développement)
    Comprend des références bibliographiques et un index.
    ISBN 978-0-8213-8805-1 (alk. paper) — ISBN 978-0-8213-8806-8
    1. Aspects économiques de l'enseignement supérieur. 2. Effets de l'éducation sur le développement économique. 3. Universités et collèges — Recherche. 4. L'enseignement supérieur et l'État. 5. Éducation et mondialisation. I. Salmi, Jamil. II. Altbach, Philip G.
    LC67.6.R63 2011
    378.3'8—dc23

2011017058

Photo de couverture : Gary Wayne Gilbert
Photo de couverture montrant Linden Lane et Gasson Hall, Boston College
Conception de la couverture : Naylor Design, Inc.

Table des matières

Chapitre 10   **Création d'une nouvelle université de recherche :**
le cas de l'École supérieure d'économie
en Fédération de Russie   **293**
Isak Froumin

Chapitre 11   **La voie de l'excellence académique :**
enseignements pratiques   **323**
Jamil Salmi

Figures

Tableaux

Préface

L'éducation, ou plus précisément l'enseignement supérieur, est ce qui permet à chacun de prendre en main son destin et aux nations de se développer. La production de savoir a succédé à la propriété de capitaux et à la productivité de la main-d'œuvre comme source de croissance et de prospérité. L'innovation est considérée comme le maître mot du développement. Cette prise de conscience est si générale que les pays n'épargnent aucun effort pour créer des institutions et des organisations susceptibles de contribuer à la création de savoir. Ce processus nécessite un réseau d'universitaires qui s'y consacre activement car l'étude de l'inconnu est le fait d'esprits engagés, remettant constamment en question l'état des connaissances dans un environnement favorable. L'université moderne est le lieu idéal pour l'écosystème d'intellectuels en quête d'idées nouvelles dans un esprit de libre examen.

Au cours de l'histoire de l'humanité, l'université a été l'une des grandes institutions à avoir fait son apparition et perduré. Sa structure a cependant évolué au fil des siècles. Du temps de Platon et d'Aristote, l'Akademons était un centre de dialogue et de discussion où l'on s'efforçait de comprendre l'humanité et sa place dans la société. La pensée abstraite de type philosophique et mathématique était le modèle dominant. L'institution universitaire est apparue à l'époque d'Abélard, dans le cadre d'un espace théocratique dans lequel on discutait de questions mettant en cause l'ordre religieux établi. Des méthodes scolastiques étaient employées pour comprendre les statuts et les raisonnements juridiques sur lesquels reposaient des institutions politiques complexes à Bologne et Paris. Le concept d'université comme centre de recherche est apparu dans l'Allemagne du XIXe siècle, au début de la Révolution industrielle, en un temps où fusaient les idées nouvelles. Il a fallu pour cela effectuer des recherches empiriques en laboratoire avant d'obtenir des résultats valables et inventer de nouvelles technologies. La primauté de la recherche sur l'enseignement s'est traduite concrètement par le modèle humboldtien d'université suivant lequel la quête de savoir devenait une activité permanente. L'aspect discernable de l'université moderne était l'octroi de fonds publics considérables à la recherche.

L'université de recherche moderne a également encouragé de profondes spécialisations structurées autour des disciplines. La division du savoir en disciplines et domaines permet une compréhension approfondie d'un monde de plus en plus complexe, mais il est apparu de plus en plus clairement que les problèmes du XXIe siècle nécessitaient une compréhension globale du savoir sous ses divers aspects. Le nouveau savoir se matérialise aujourd'hui aux frontières des disciplines existantes, et les diverses disciplines s'enrichissent mutuellement de mille façons. La nécessité de lier la recherche aux besoins de la société est également apparue comme un modèle dominant du discours des politiques d'enseignement supérieur. Pour citer Gurudev Rabindranath Tagore, lauréat du Prix Nobel, intellectuel et sage indien, « la forme la plus haute d'éducation est celle qui ne se contente pas de nous donner des informations, mais celle qui met notre vie en harmonie avec toute forme d'existence ». Il reste à vérifier si la structure institutionnelle de l'université de recherche moderne est suffisamment flexible pour permettre un apprentissage interdisciplinaire et une adaptation de l'éducation. Le monde d'aujourd'hui est mûr pour un autre changement fondamental de notre manière d'envisager l'université comme institution.

L'Inde est résolue à réformer son système d'enseignement supérieur, et elle ne pourra devenir un centre du savoir que si elle met en place les structures appropriées dans ce domaine. La jeunesse indienne a démontré dans le passé l'inventivité et l'énergie dont elle est capable et l'enseignement supérieur, qui canalise cette capacité d'innovation, permettra d'exploiter à plein le dividende démographique de l'Inde. Ce pays est en train de créer des universités axées sur l'innovation qui se situent à l'avant-garde de la recherche s'appuyant sur le processus d'enseignement-apprentissage.

Dans le monde de la recherche sur les politiques relatives à l'enseignement supérieur, les rédacteurs du présent volume sont d'éminents universitaires. Leurs idées ont déjà influencé les nations qui aspirent à l'excellence académique. La compilation des études de cas sur les universités de recherche des pays en développement et en transition — qui expriment toutes nos aspirations à un avenir meilleur — réalisées par des penseurs et universitaires éminents aidera à réfléchir au-delà des idées reçues à un moment où les nations s'efforcent de parvenir à l'excellence académique en découvrant de nouvelles voies vers le progrès et le développement. Le monde attend impatiemment l'émergence de la prochaine idée qui bouleversera la gouvernance universitaire, ainsi que la métamorphose de l'université comme lieu d'apprentissage.

C'est pour moi un privilège d'avoir été associé à cet ouvrage, ce dont je suis infiniment reconnaissant à ses rédacteurs, Philip G. Altbach et Jamil Salmi.

Kapil Sibal
Ministre du Développement des ressources humaines
Gouvernement indien

Remerciements

Le présent ouvrage est le fruit d'une collaboration. Les auteurs des études de cas ont joué un rôle particulièrement important en réalisant des travaux sérieux et instructifs qui permettent d'en savoir plus sur une importante question. En novembre 2009, l'ensemble du groupe de recherche s'est réuni pour examiner l'avancement des travaux à la Faculté d'éducation (GSE) de l'Université Jiao Tong de Shanghai. Les rédacteurs expriment leur gratitude au Doyen Nian Cai Liu et ses collègues de la GSE. Cette recherche a été sponsorisée conjointement par le Centre pour l'enseignement supérieur international (CIHE) du Boston College avec un financement de la Fondation Ford, et par le Réseau pour le développement humain de la Banque mondiale. Au Boston College, l'équipe remercie Liz Reisberg de son assistance et Edith Hoshino, responsable des publications du CIHE, de l'avoir aidée à établir le présent ouvrage. À la Banque mondiale, nous tenons à remercier particulièrement Roberta Malee Bassett de ses précieux commentaires et suggestions. La version finale de l'ouvrage a été établie sous la direction d'Elizabeth King (Directrice de l'éducation) et Robin Horn (Chef sectoriel (éducation)). Les auteurs et les rédacteurs assument toutefois l'entière responsabilité des erreurs et des interprétations erronées.

Philip G. Altbach
Chestnut Hill, Massachusetts

Jamil Salmi
Washington

Au sujet des auteurs

Philip G. Altbach est professeur d'université J. Donald Monan, S. J. et directeur du Centre pour l'enseignement supérieur international à l'École supérieure d'éducation Lynch du Boston College. Il a été l'éminent universitaire chargé de diriger l'initiative « New Century Scholars » du programme Fulbright en 2004-2006. Il a été associé senior de la Fondation Carnegie pour l'avancement de l'enseignement. Il est coauteur de *Turmoil and Transition: The International Imperative in Higher Education*, *Comparative Higher Education*, *Student Politics in America* (Paris : Organisation des Nations Unies pour l'éducation, la science et la culture, 2009) et d'autres ouvrages. Il a co-rédigé le Manuel international de l'enseignement supérieur (Dordrecht, Pays-Bas : Springer, 2006). Son œuvre la plus récente est intitulée *World Class Worldwide: Transforming Research Universities in Asia and Latin America* (Baltimore: Johns Hopkins University Press, 2007). Il est titulaire d'une licence, d'une maîtrise et d'un doctorat de l'Université de Chicago. Il a enseigné à l'Université Harvard, à l'Université du Wisconsin-Madison et à l'Université de l'État de New York à Buffalo ; il a été expert invité à l'Institut de Sciences politiques de Paris (France) et à l'Université de Mumbai (Inde), et est professeur invité à l'Université de Pékin (Chine).

Andrés Bernasconi est professeur associé et vice-recteur pour la recherche sur les programmes et diplômé de l'Université Andres Bello

(Chili). Son domaine d'étude est la sociologie de l'enseignement supérieur, et il a effectué des recherches sur le droit de l'enseignement supérieur, la gouvernance universitaire, le développement de la profession académique et la privatisation en se concentrant particulièrement sur l'Amérique latine. Ses travaux ont été publiés dans *Higher Education, Comparative Education Review, Journal of Education, Journal of Education Policy,* et *Journal of Interamerican Studies and World Affairs.* Juriste de formation, il est titulaire d'une maîtrise de politique publique de l'Université Harvard et d'un doctorat de sociologie des organisations de l'Université de Boston.

Isak Froumin est un spécialiste principal de l'éducation de la Banque mondiale en poste à Moscou. Son expérience à la Banque mondiale comprend des projets en Afghanistan, au Kazakhstan, en République kirghize, en Inde, au Népal et au Turkménistan. Depuis mars 2008, il est conseiller pour le développement stratégique à l'École supérieure d'économie de Moscou. Il supervise le programme de planification stratégique et de recherche pédagogique de l'université.

Narayana Jayaram est professeur de méthodologie de recherche et recteur de l'École de sciences sociales de l'Institut Tata de sciences sociales de Mumbai (Inde). Il est directeur de l'Institut pour le changement social et économique de Bangalore. Rédacteur en chef du *Sociological Bulletin,* il a publié de nombreux articles sur les questions d'enseignement supérieur en Inde.

Nian Cai Liu est le recteur de la Faculté d'éducation et le directeur du Centre pour les universités de rang mondial de l'Université Jiao Tong de Shanghai (Chine). Après des études de premier et deuxième cycles de chimie à l'Université de Lanzhou (Chine), il a obtenu une maîtrise et un doctorat en science et ingénierie des polymères à la Queen's University de Kingston (Canada). Ses recherches actuelles portent notamment sur les universités de rang mondial, la politique scientifique et la planification stratégique des universités. Il a publié de nombreux articles dans des revues aussi bien chinoises qu'anglaises. Le *Classement académique des universités mondiales,* publication en ligne de son groupe, a suscité une grande attention dans le monde entier.

Francisco Marmolejo est le directeur exécutif du Consortium pour la collaboration dans le domaine de l'enseignement supérieur en Amérique du Nord et vice-président adjoint pour les programmes de l'Université d'Arizona dans l'hémisphère occidental. Il était auparavant membre du Conseil américain de l'éducation de l'Université du

Massachusetts-Amherst et vice-président académique de l'Universidad de las Americas (Mexique). Il a fait partie des équipes d'examen par les pairs de l'Organisation de coopération et de développement économiques (OCDE) et de la Banque mondiale chargées de réaliser des évaluations de l'enseignement supérieur en Europe, en Amérique latine, en Afrique et en Asie. À l'Université d'Arizona, il est membre affilié au Centre d'études latino-américaines et chercheur affilié au Centre d'étude de l'enseignement supérieur.

Peter Materu est spécialiste principal de l'éducation à la Banque mondiale, où il est spécialisé dans l'enseignement supérieur et la formation professionnelle. Avant d'entrer à la Banque mondiale, il était professeur d'électromécanique à l'Université de Dar es Salaam (Tanzanie), où il a également été doyen de la Faculté d'ingénierie, puis directeur des hautes études universitaires. Il est titulaire de diplômes d'études du troisième cycle d'ingénierie et d'éducation.

Hena Mukherjee a obtenu une licence avec mention à l'Université de Singapour, un diplôme et une maîtrise d'éducation à l'Université de Malaisie et un doctorat d'éducation à l'Université Harvard, où elle avait une bourse Fulbright. Elle a pris sa retraite après avoir occupé, à la Banque mondiale, le poste de spécialiste principale de l'éducation, dans le cadre duquel elle était chargée d'élaborer et de gérer des projets de réforme de l'éducation de base et de l'enseignement supérieur en Asie du Sud et de l'Est, en particulier en Chine. Avant d'entrer à la Banque mondiale, elle a été chargée de programmes en chef au Secrétariat du Commonwealth à Londres, responsable des programmes de formation en entreprise, de la formation des enseignants et de l'enseignement supérieur dans les pays du Commonwealth. Elle a quitté Londres pour travailler à la faculté d'éducation de l'Université de Malaisie à Kuala Lumpur, comme professeur associé et fondatrice du Département des fondations sociales. Elle continue à travailler comme consultante pour la Banque mondiale et s'occupe actuellement des programmes d'enseignement supérieur en Asie du Sud et de l'Est. Auparavant ressortissante de Singapour, elle a maintenant la nationalité malaisienne.

Pai Obanya a fait partie du personnel enseignant de l'établissement où il a fait ses études, l'Université d'Ibadan (Nigéria), de 1971 à 1986. Nommé professeur titulaire d'éducation en 1979, il a été directeur de l'Institut d'éducation de l'université de 1980 à 1983. Au niveau international, il a été coordonnateur des programmes d'éducation à la Confédération mondiale des organisations de la profession enseignante de 1986 à 1988. Il est entré ensuite au Secrétariat de l'Organisation des Nations Unies pour l'éducation, la science et la culture (UNESCO) comme directeur adjoint du Bureau régional de l'UNESCO pour l'éducation en Afrique.

Gerard A. Postiglione est professeur et chef du département de politique, administration et sciences sociales à la Faculté d'éducation et directeur du Centre Wah Ching de recherche sur l'éducation en Chine de l'Université de Hong Kong. Il a publié plus de 100 articles de revue et chapitres d'ouvrage ainsi que dix livres. Il a été conseiller d'organisations non gouvernementales et de fondations internationales, notamment la Fondation Carnegie pour l'avancement de l'enseignement, sur la profession universitaire à Hong Kong, Chine. Il a également été, pendant un an, consultant principal au bureau de Beijing de la Fondation Ford pour créer un système de subventions en faveur de la réforme de l'enseignement et la vitalité culturelle en Chine.

Byung Shik Rhee est professeur adjoint d'enseignement supérieur à l'Université Yonsei de Séoul, (République de Corée). Il a été précédemment expert invité à l'Institut de recherche sur l'enseignement supérieur de l'Université de Californie, Los Angeles. Il a été membre consultatif du Comité présidentiel sur l'innovation dans l'éducation, et du Comité de la politique de l'éducation du ministère de l'Éducation, de la Science et de la Technologie de Corée. Il est titulaire d'un doctorat d'enseignement supérieur de l'Université du Michigan.

Petra Righetti a été consultante en éducation dans le département de l'éducation en Afrique de la Banque mondiale. Elle coordonnait le Programme d'enseignement supérieur de la Banque mondiale pour l'Afrique et dirigeait la préparation de la composante technologie de l'information et des communications dans le Projet de développement des compétences et de la technologie du Ghana. Elle est titulaire d'un diplôme du troisième cycle de relations internationales et d'économie de l'École Johns Hopkins de hautes études internationales de Washington.

Jamil Salmi, économiste de l'éducation marocain, est coordonnateur de l'enseignement supérieur à la Banque mondiale. Il est le principal auteur de la stratégie de la Banque dans le domaine de l'enseignement supérieur, intitulée « Construire les sociétés du savoir : nouveaux défis pour l'enseignement supérieur ». Depuis 18 ans, il a conseillé les gouvernements de plus de 70 pays d'Europe, d'Asie, d'Afrique et d'Amérique du Sud sur la réforme de l'enseignement supérieur. Il est membre du conseil d'administration de l'Institut international pour la planification de l'éducation de l'UNESCO, et du groupe consultatif de rédaction de la revue de l'OCDE *Politiques et gestion de l'enseignement supérieur*. Son dernier ouvrage, publié en février 2009, est intitulé *Le défi d'établir des universités de rang mondial* (Washington, Banque mondiale, 2009).

Qi Wang est assistante à la Faculté d'éducation de l'Université Jiao Tong de Shanghai (Chine). Elle est titulaire d'une maîtrise d'éducation (éducation internationale) et d'un doctorat d'éducation de l'Université de Bath (Royaume-Uni). Elle s'intéresse aux recherches sur la création d'universités de rang mondial, la formation technique et le développement national, et l'éducation comparative et internationale.

Qing Hui Wang est doctorant à la Faculté d'éducation de l'Université Jiao Tong de Shanghai (Chine). Il a été professeur invité au Centre pour l'enseignement supérieur de Boston College. Il s'intéresse aux recherches sur le rôle des chaires des universités de recherche et à la création d'universités de rang mondial en Chine. Il est notamment l'auteur du chapitre intitulé « Développement des élites scientifiques en vue d'orienter le pays vers l'innovation » dans le cadre du projet de recherche stratégique financé par le Comité de la Science et de la Technologie du ministère de l'Éducation de Chine.

Poh Kam Wong est professeur à la Faculté de gestion d'entreprise de l'Université nationale de Singapour et directeur du Centre d'entrepreneuriat. Il est également professeur honoraire à l'École Lee Kuan Yew de politique publique et à l'École d'ingénieurs de l'Université nationale de Singapour. Il est titulaire de deux licences, d'une maîtrise et d'un doctorat de l'Institut de Technologie du Massachusetts. Il a publié de nombreux articles sur la gestion de l'innovation, l'entrepreneuriat technologique et la politique scientifique et technologique dans des revues internationales comme *Organization Science, Journal of Business Venturing, Entrepreneurship Theory and Practice, Research Policy, Journal of Management et Scientometrics*. De plus, il a fréquemment travaillé comme consultant pour des organisations internationales comme la Banque mondiale, d'importantes agences gouvernementales à Singapour, et de nombreuses entreprises de haute technologie en Asie. Il a été chercheur invité Fulbright à l'Université de Californie, Berkeley, et a reçu en 2005 la Médaille de bronze d'administration publique du Gouvernement singapourien pour sa contribution à l'éducation dans ce pays.

Sigles et abréviations

ARWU	Classement académique des universités mondiales
CBSE	Conseil central des examens de l'enseignement secondaire
CONACYT	Conseil national pour la science et la technologie
CRUCH	Consejo de Rectores de las Universidades Chilenas (Conseil des recteurs d'universités chiliennes)
FONDECYT	Fondo Nacional de Desarrollo Cientifico y Tecnologico (Fonds national pour le développement scientifique et technologique)
HEEACT	Conseil d'évaluation et d'accréditation de l'enseignement supérieur de Taïwan
HKUST	Université de Science et de Technologie de Hong Kong
HSE	École Supérieure d'Économie (Fédération de Russie)
ITI	Instituts de technologie indiens
INSEAD	Institut Européen d'Administration des Affaires
ITESM	Instituto Tecnologico y de Estudios Superiores de Monterrey (Institut technologique d'Études supérieures de Monterrey)
ITRI	Institut de Recherche sur la Technologie Industrielle
JEE	Examen d'entrée commun

KEDI	Institut de Développement de l'Éducation de Corée
LAOTSE	Liens avec l'Asie fondés sur l'organisation des stages et l'échange d'étudiants
MEST	Ministère de l'Éducation, de la Science et de la Technologie
NUS	Université nationale de Singapour
OPEP	Organisation des pays exportateurs de pétrole
PIB	Produit intérieur brut
POSTECH	Université de Science et de Technologie de Pohang
PUC	Pontificia Universidad Catolica de Chile (Université pontificale catholique du Chili)
RDC	Research Development Corporation (Société pour le développement de la recherche)
RIST	Institut de recherche sur la science et la technologie industrielles
SACS	Association des Universités et Écoles du Sud des États-Unis
SCI	Index de citations scientifiques
SETARA	Système de classement des établissements d'enseignement supérieur malaisiens (sigle local)
SJTU	Université Jiao Tong de Shanghai
SSCI	Index de citation des sciences sociales
STPM	Certificat de l'enseignement supérieur malaisien (sigle local)
THE	Times Higher Education
TIMSS	Tendances de l'étude internationale des mathématiques et des sciences
UANL	Université autonome du Nuevo Leon
UCH	Universidad de Chile (Université du Chili)
UM	Université de Malaisie
UNAM	Universidad Nacional Autonoma de Mexico (Université autonome nationale du Mexique)
UNESCO	Organisation des Nations Unies pour l'éducation, la science et la culture

Introduction

Philip G. Altbach et Jamil Salmi

Pour les pays à revenu intermédiaire et les pays en développement ainsi que pour certains pays industrialisés, l'une des principales difficultés pour établir des universités de recherche et assurer leur succès durable consiste à déterminer des mécanismes leur permettant de participer efficacement et sur un pied d'égalité au réseau mondial du savoir avec les universités les plus cotées du monde. Ces universités de recherche dispensent un enseignement de pointe aux universitaires, aux décideurs et aux professionnels du secteur privé et du secteur public qui opèrent dans le cadre des économies complexes et mondialisées du XXIᵉ siècle. Outre leur contribution au développement économique, ces universités jouent un rôle clé sur le plan sociétal en servant d'institutions culturelles, de centres de commentaire et de critique en matière sociale, et enfin, de centres intellectuels.

Il est de plus en plus reconnu que la contribution positive de l'enseignement supérieur ne se limite pas aux pays à revenu intermédiaire et avancés mais s'étend également aux pays à faible revenu. L'enseignement supérieur peut aider ces pays à devenir plus compétitifs au plan mondial en formant une main-d'œuvre qualifiée productive et flexible et en créant, appliquant et propageant les idées et technologies nouvelles.

La disponibilité de professionnels et techniciens qualifiés et l'application de connaissances de pointe apportent aux pays en développement l'aide indispensable dont ils ont besoin pour réaliser les Objectifs du Millénaire pour le développement et se doter des capacités institutionnelles essentielles pour faire reculer la pauvreté. Les progrès que nécessitent l'agriculture, la santé et la protection de l'environnement, par exemple, ne pourront être réalisés sans les services de spécialistes hautement qualifiés dans ces domaines. De plus, l'Éducation pour tous ne pourra devenir une réalité sans enseignants qualifiés ayant reçu une formation supérieure.

Une étude récente sur la façon d'accélérer la croissance économique en Afrique subsaharienne évoque la contribution cruciale de l'enseignement supérieur à cet égard (Banque mondiale 2008). Il y est dit que la clé du succès dans un monde globalisé tient de plus en plus à la façon dont un pays peut assimiler les connaissances disponibles et acquérir des avantages comparatifs dans des domaines offrant de meilleures perspectives de croissance, et utiliser la technologie pour relever les défis environnementaux les plus urgents. Les établissements d'enseignement supérieur d'Afrique subsaharienne équipés pour dispenser un enseignement de qualité et effectuer des recherches appliquées pertinentes peuvent jouer un rôle clé en formant des travailleurs capables d'assimiler la technologie et prendre des décisions efficaces propres à aider l'industrie à diversifier sa production. Un enseignement supérieur de bonne qualité et bien adapté est également capital pour stimuler l'innovation et produire ainsi de nouvelles variétés de plantes agricoles et de nouveaux matériaux et développer des sources d'énergie susceptibles de faciliter les progrès visant à réduire la pauvreté, assurer la sécurité alimentaire et améliorer la santé.

Au sein du système d'enseignement supérieur, les universités de recherche jouent un rôle critique dans la formation des professionnels, des spécialistes de haut niveau, des scientifiques et des chercheurs nécessaires à l'économie, et dans la production de nouvelles connaissances à l'appui du système national d'innovation (Banque mondiale 2002). Une récente étude mondiale sur la production de brevets a montré par exemple que les universités et les instituts de recherche sont, plus que les entreprises, à l'origine des progrès scientifiques réalisés dans le domaine de la biotechnologie (Cookson 2007). Dans ce contexte, de nombreux gouvernements jugent plus urgent que jamais de faire en sorte que leurs meilleures universités se situent effectivement à l'avant-garde du développement intellectuel et scientifique.

On considère que les universités de recherche sont au cœur des économies du savoir du XXIᵉ siècle. Cette question a été traitée dans deux ouvrages récents intitulés *World Class Worldwide: Transforming Research Universities in Asia and Latin America* (Altbach et Balan 2007) et *The Challenge of Establishing World-Class Universities* (Salmi 2009). Cet ouvrage étend l'analyse au niveau suivant en examinant l'expérience de 11 universités de neuf pays qui se sont efforcées de se doter de centres de recherche efficaces dans des conditions difficiles et de tirer des enseignements de leur expérience.

Les quelques universitaires qui se sont efforcés de définir ce qui distingue les centres de recherche d'élite des autres ont recensé un certain nombre de caractéristiques fondamentales : enseignants hautement qualifiés, excellence des résultats de la recherche, qualité de l'enseignement et de l'apprentissage, niveau élevé des sources de financement publiques et non publiques, étudiants étrangers et de haut niveau, liberté académique, structures de gouvernance autonome bien établies, installations bien équipées pour l'enseignement, la recherche, l'administration et souvent, les activités estudiantines (Niland 2000, 2007 ; Altbach 2004 ; Khoon et al. 2005).

Conscients de l'importance du rôle des universités de recherche dans les régions en pleine expansion d'Asie et d'Amérique latine, Altbach et Balán (2007) ont examiné le développement de ces établissements dans sept pays, en se concentrant sur les conditions à remplir pour créer des universités de recherche dans des environnements difficiles. Les voies qui mènent à l'excellence dans le domaine de la recherche ont été étudiées, ce qui a fait apparaître les nombreux problèmes et possibilités indissociables du développement des universités dans les contextes asiatique et latino-américain.

Pour proposer une définition plus opérationnelle des universités de recherche de très haut niveau et comprendre les causes et conditions de leur succès, Salmi (2009) a soutenu que la supériorité de leurs résultats (diplômés très demandés, recherche de pointe et transfert dynamique de connaissances et de technologies) était imputable à trois ensembles complémentaires de facteurs jouant dans les meilleures universités de recherche, à savoir : a) forte concentration de talents (au niveau aussi bien des enseignants que des étudiants) ; b) ressources abondantes disponibles pour offrir un cadre d'apprentissage très favorable et pour exécuter des recherches de pointe et c) système de gouvernance favorable encourageant un bon leadership, une vision stratégique, l'innovation et la flexibilité et permettant aux établissements de prendre des décisions et de gérer les ressources en dehors de tout carcan bureaucratique. C'est l'interaction dynamique entre ces trois ensembles de facteurs qui fait la différence et constitue la caractéristique distinctive des universités de recherche de haut niveau, comme le montre la figure I.1.

Salmi (2009) a également identifié trois approches majeures que pourraient suivre les gouvernements désireux de se doter d'établissements de ce genre. La première consiste à moderniser les quelques universités existantes qui ont le potentiel voulu pour parvenir à l'excellence (c'est-à-dire à choisir les gagnants). La deuxième consiste à encourager plusieurs établissements à fusionner et à se transformer en une nouvelle université

Figure I.1   Caractéristiques d'une université de rang mondial : combinaison de facteurs clés

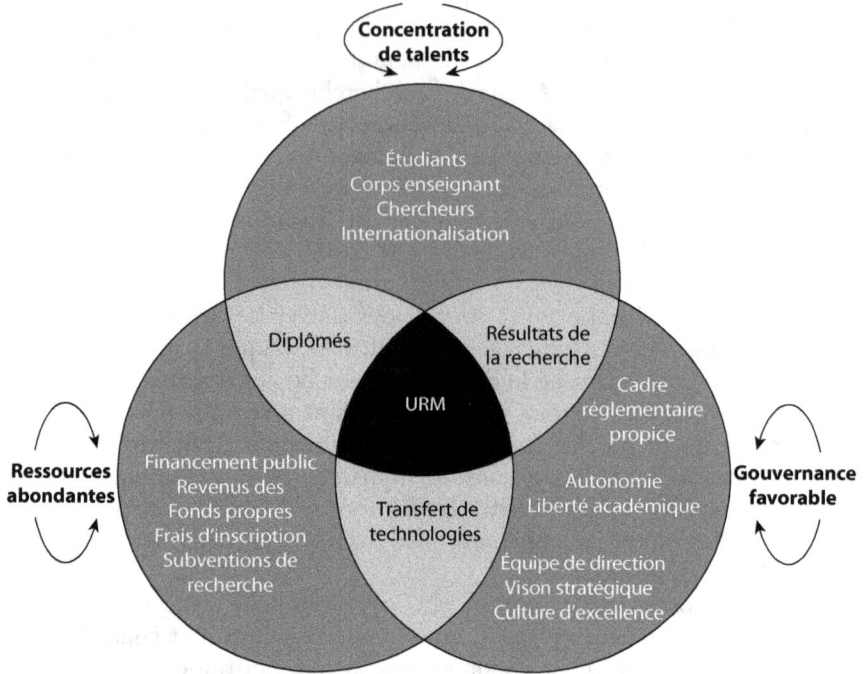

Concentration
de talents

Étudiants
Corps enseignant
Chercheurs
Internationalisation

Diplômés

Résultats de
la recherche

Cadre
réglementaire
propice

URM

Ressources
abondantes

Financement public
Revenus des
Fonds propres
Frais d'inscription
Subventions de
recherche

Transfert de
technologies

Autonomie
Liberté académique

Gouvernance
favorable

Équipe de direction
Vison stratégique
Culture d'excellence

Source : Salmi 2009.
Note : URM = université de rang mondial.

susceptible de créer le type de synergies nécessaires pour former une université de rang mondial (formule hybride). Enfin, les gouvernements peuvent décider de créer ex nihilo de nouvelles universités de rang mondial (méthode de la table rase).

Les principaux chapitres du présent ouvrage correspondent à neuf études de cas qui illustrent ce qu'il faut faire pour créer et maintenir des universités de recherche et aident à valider le modèle analytique défini plus haut, notamment les voies à emprunter pour parvenir à l'excellence dans le domaine de la recherche.

Les rédacteurs ont choisi spécifiquement ces études de cas en fonction de plusieurs critères. Nous avons tout d'abord veillé à un bon équilibre régional en incluant des exemples d'au moins cinq régions sur quatre continents : Amérique latine (Chili et Mexique), Asie du Sud (Inde), Asie de l'Est et du Sud-Est (Chine ; RAS de Hong Kong, Chine ; République de Corée ; Malaisie ; Singapour), Europe de l'Est (Fédération de Russie) et Afrique (Nigéria). Deuxièmement, nous avons inclus des établissements aussi bien publics que privés. Troisièmement, nous avons voulu que les études de cas représentent diverses stratégies consistant notamment à moderniser des universités existantes ou à en créer d'entièrement nouvelles au cours des deux dernières décennies. Quatrièmement, nous avons choisi des établissements aux configurations académiques variées, certaines étant axées essentiellement sur la science et la technologie, d'autres étant des universités polyvalentes, et l'une d'elles mettant l'accent sur les sciences sociales. Enfin, nous avons sélectionné trois études de cas spécialisées : le chapitre 8 sur le Chili compare les deux principales universités du pays, l'une publique et l'autre privée ; le chapitre 5 sur l'Université de Malaisie et l'Université nationale de Singapour propose une comparaison historique entre deux établissements créés initialement comme deux campus distincts de la même université et qui ont connu une expérience considérablement différente depuis lors, et le chapitre 7 sur le Nigéria, dans lequel l'Université d'Ibadan constitue un exemple d'université phare qui s'est gravement détériorée mais est maintenant engagée à nouveau sur la voie de l'excellence.

Les établissements choisis pour les études de cas présentent également les résultats les plus divers du point de vue de leur production scientifique et de leur position dans les classements des universités mondiales, comme le montrent les tableaux I.1 et I.2. En dépit de leurs limitations d'ordre

Tableau I.1   Évolution de la production d'un certain nombre d'établissements dans le domaine de la recherche, 1999-2009

Établissement	Nombre d'articles publiés dans des revues de haut niveau	
	1999	*2009*
Université d'Ibadan (Nigéria)	132	568
Université de Jiao Tong de Shanghai	650	7 341
Université de Science et de Technologie de Pohang (République de Corée)	706	1 516
Université du Chili	548	1 186
Université pontificale catholique du Chili	385	1 153
Instituts de technologie indiens[a]	345	939
Université de Science et de Technologie de Hong Kong	949	1 857
Université de Malaisie	257	1 565
Université nationale de Singapour	2 101	4 614
Institut de technologie de Monterrey (Mexique)	55	242
École supérieure d'économie (Fédération de Russie)	3	38

Source : base de données Scopus. Les rédacteurs tiennent à remercier SciVerse Scopus de leur avoir aimablement fourni les données figurant dans ce tableau.

a. Le seul Institut de technologie indien (ITI) figurant dans les classements est ITI-Kharagpur, entre les 401e et 500e places dans le Classement académique des universités mondiales (ARWU).

Tableau I.2   Position des établissements sélectionnés dans les classements d'ARWU, HEEACT et THE de 2010

Établissement	ARWU	HEEACT	THE
Université d'Ibadan (Nigéria)	Non classée	Non classée	Non classée
Université de Jiao Tong de Shanghai	201–300	183	Non classée
Université de Science et de Technologie de Pohang (République de Corée)	301–400	331	28
Université du Chili	401–500	439	Non classée
Université pontificale catholique du Chili	401–500	428	Non classée
Instituts de technologie indiens[a]	401–500	Non classée	Non classée
Université de Science et Technologie de Hong Kong	201–300	323	41
Université de Malaisie	Non classée	Non classée	Non classée
Université nationale de Singapour	101–50	Non classée	34
Institut de technologie de Monterrey (Mexique)	Non classée	Non classée	Non classée
École supérieure d'économie (Fédération de Russie)	Non classée	Non classée	Non classée

Sources : ARWU, http://www.arwu.org/ARWU2010.jsp ; HEEACT, http://ranking.heeact.edu.tw/en-us/2010/TOP/100 ; *THE,* http://www.timeshighereducation.co.uk/world-university-rankings/2010-2011/top-200.html.
Note : ARWU = Classement académique des universités mondiales, HEEACT = Conseil d'évaluation et d'accréditation de l'enseignement supérieur de Taïwan, THE = Times Higher Education. L'annexe IA décrit la méthodologie employée pour les trois principaux classements.
a. Le seul Institut de technologie indien (ITI) figurant dans les classements est ITI-Kharagpur, classé entre la 401e et la 500e places dans l'ARWU.

méthodologique, ces classements indiquent les mérites relatifs des divers établissements étudiés dans le présent ouvrage, montrant que sept sur 11 d'entre eux seulement figurent déjà dans l'un des principaux classements mondiaux.

Différents enseignements peuvent être tirés de l'analyse de ces études de cas. Parmi les thèmes qui semblent importants figurent le leadership, la politique et le financement de l'État, la capacité de se concentrer continuellement sur un ensemble clair d'objectifs et de politiques institutionnelles, le développement d'une culture académique dynamique et la qualité du corps enseignant. Ces cas montrent qu'il est possible, à des emplacements parfois peu prometteurs et face à de grandes difficultés, de mettre en place des établissements de recherche couronnés de succès. Certains de ces cas montrent également qu'en raison de circonstances défavorables ou d'autres problèmes d'ordre politique, social et économique sur un plan plus général, les efforts consentis se soldent au moins en partie par un échec.

Annexe IA Résumé de la méthodologie employée pour les trois principaux classements internationaux

Le classement académique des universités mondiales (ARWU), établi par l'Université Jiao Tong de Shanghai analyse 3 000 universités et classe les 500 premières. Chaque établissement reçoit un certain nombre de points et est classé par rapport aux autres. L'ARWU utilise les indicateurs suivants :

- Qualité de l'enseignement : anciens élèves d'un établissement titulaires du Prix Nobel ou de la médaille Fields (10 %)
- Qualité du corps enseignant : a) personnel d'un établissement ayant reçu des Prix Nobel et des médailles Fields (20 %) et b) chercheurs fréquemment cités dans 21 vastes disciplines (20 %)
- Production de la recherche : a) articles publiés dans *Nature and Science* (20 %) ; et b) articles figurant dans l'Index élargi des citations scientifiques et l'Index des citations en sciences sociales (20 %)
- Performance par tête : performance académique par tête d'un établissement (10 %) (c'est-à-dire chiffres pondérés des cinq autres indicateurs divisés par le nombre de membres du personnel académique équivalent plein temps).
  Classement académique des universités mondiales, http://www.arwu. org/AR-WU2010.jsp.

Le Conseil d'évaluation et d'accréditation de l'enseignement supérieur de Taiwan (HEEACT) classe 500 universités. Un score total est calculé pour chaque université pour chacun des huit indicateurs ; pour chaque indicateur, l'université obtenant le nombre le plus élevé reçoit le maximum de points ; les nombres des autres universités sont subdivisés et convertis en leurs scores respectifs dans le système décimal. (HEEACT 2010).

Le classement est fondé sur les indicateurs suivants :

- Productivité de la recherche : nombre d'articles publiés au cours des 11 dernières années (1998–2008) (10 %) ; nombre d'articles publiés au cours de l'année en cours (10 %)
- Impact de la recherche : nombre de citations au cours des 11 dernières années (10 %)
- Nombre de citations au cours des deux dernières années (10 %)
- Nombre moyen de citations au cours des 11 dernières années (10 %)
- Excellence de la recherche : index élargi des deux dernières années (20 %)
- Nombre de publications fréquemment citées (15 %)

- Nombre d'articles parus l'année en cours dans des revues fréquemment citées (15 %).
Conseil d'évaluation et d'accréditation de l'enseignement supérieur de Taïwan, http://ranking.heeact.edu.tw/en-us/2010/TOP/100

Times Higher Education (THE) classe 200 universités. On calcule un score total pour chaque université en utilisant 13 indicateurs se subdivisant en cinq catégories :

- Recettes de l'industrie — innovation : recettes de recherche de l'établissement tirées de l'industrie rapportées au nombre de membres du personnel (2,5 % de la note correspondant au classement final)
- Enseignement — conditions d'apprentissage (cinq indicateurs distincts) : résultats d'une enquête sur la réputation de l'enseignement dispensé (15 %) ; taux d'encadrement des étudiants (4,5 %) ; rapport entre le nombre de doctorats (2,25 %) et de licences décernés par chaque établissement ; nombre de doctorats décernés par un établissement, pondéré en fonction de sa taille, mesurée au nombre de ses enseignants (6 %) ; et revenu de l'établissement pondéré sur la base du nombre des ses enseignants (2,25 %)
- Citations — influence de la recherche : nombre de fois qu'un ouvrage publié par une université est cité par des universitaires (32,5 %)
- Recherche — volume, revenu et réputation : résultats d'une enquête sur la réputation (19,5 %) ; recettes assurées à l'université par la recherche, calculées par rapport au personnel et pondérées en fonction de la parité des pouvoirs d'achat (5,25 %) ; nombre d'articles publiés dans les revues spécialisées retenues par Thomson Reuters, par membre du personnel (4,5 %) ; et recettes publiques assurées par la recherche par rapport aux recettes totales qu'un établissement tire de la recherche (0,75 %)
- Effectifs internationaux/nationaux — personnel et étudiants : rapport entre le nombre d'enseignants internationaux (3 %) et nationaux, et d'étudiants internationaux (2 %) et nationaux.
Times Higher Education, http://www.timeshighereducation.co.uk/world-university-rankings/2010-2011/analysis-methodology.html.

Références

Altbach, Philip G. 2004. "The Costs and Benefits of World-Class Universities." *Academe* 90 (1): 20–23. http://www.aaup.org/AAUP/pubsres/academe/2004/JF/Feat/altb.htm.

Altbach, Philip G., and Jorge Balán. 2007. *World Class Worldwide: Transforming Research Universities in Asia and Latin America*. Baltimore: Johns Hopkins University Press.

Cookson, Clive. 2007. "Universities Drive Biotech Advancement." *Financial Times Europe*, May 6.

HEEACT (Higher Education Evaluation and Accreditation Council of Taiwan). 2010. "2010 by Subject Performance Ranking of Scientific Papers for World Universities: Score Calculation and Sorting." HEEACT, Taipei City, Taiwan, China. http://ranking.heeact.edu.tw/en-us/2010%20by%20Subject/Page/Score%20Calculation%20and%20Sorting.

Khoon, Koh Aik, Roslan Shukor, Osman Hassan, Zainuddin Saleh, Ainon Hamzah, and Rahim Hj. Ismail. 2005. "Hallmark of a World-Class University." *College Student Journal* 39 (4): 765–68. http://findarticles.com/p/articles/mi_m0FCR/is_4_39/ai_n16123684. Accessed April 10, 2007.

Niland, John. 2000. "The Challenge of Building World Class Universities in the Asian Region." On Line Opinion, February 3. http://www.onlineopinion.com.au/view.asp?article=997. Accessed April 10, 2006.

———. 2007. "The Challenge of Building World-class Universities." In *The World-Class University and Ranking: Aiming Beyond Status*, ed. Jan Sadlak and Nian Cai Liu, 61–71. Bucharest: UNESCO-CEPES.

Salmi, Jamil. 2009. The Challenge of Establishing World-Class Universities. Washington, DC: World Bank.

Scopus (database). Elsevier, Amsterdam. http://www.scopus.com/home.url.

World Bank. 2002. *Constructing Knowledge Societies: New Challenges for Tertiary Education*. Washington, DC: World Bank.

———. 2008. *Accelerating Catch-up: Tertiary Education for Growth in Sub-Saharan Africa*. Washington, DC: World Bank.

CHAPITRE 1

Le passé, le présent et l'avenir des universités de recherche

Philip G. Altbach

Les universités de recherche sont au cœur de l'économie mondiale du 21e siècle, et à l'avant-garde de l'enseignement postsecondaire dans le monde entier. *La voie de l'excellence académique* analyse comment ces universités se sont développées et sont parvenues à maturité dans dix pays. Ce sont des établissements d'élite complexes qui jouent de multiples rôles académiques et sociétaux. Elles font le lien entre la science et l'expertise mondiales et le système scientifique et de savoir d'un pays. Les universités de recherche produisent une grande part des informations et analyses nouvelles qui contribuent non seulement à d'importantes avancées technologiques, mais également, ce qui est tout aussi important, à une meilleure compréhension de la condition humaine par le biais des sciences sociales et des humanités. Ce sont des établissements aussi bien nationaux — contribuant à la culture, à la technologie et à la société — qu'internationaux — faisant le lien entre les tendances intellectuelles et scientifiques mondiales. Elles jouent un rôle véritablement central dans la société mondiale du savoir (Salmi 2009). Le présent chapitre fournit le contexte historique global permettant de comprendre le développement des universités de recherche examinées dans les études de cas figurant dans le présent ouvrage.

En tant qu'établissements nationaux, les universités de recherche ne s'adressent qu'à une minorité des étudiants du premier cycle, généralement les meilleurs et les plus brillants, et font appel aux services des universitaires les plus qualifiés. Elles jouent un rôle central dans l'enseignement dispensé au niveau du doctorat, et l'essentiel des résultats de la recherche leur est imputable. Il arrive que les petits pays n'aient qu'une seule université de recherche, tandis que les grands pays en comptent un nombre élevé, qui ne constituent cependant qu'une minorité de leurs établissements d'enseignement supérieur. Aux États-Unis, par exemple, on compte peut-être, sur quelque 4 800 établissements d'enseignement supérieur, environ 150 universités de recherche de rang mondial, en Inde, la proportion étant peut-être d'une dizaine sur 18 000 et en Chine, d'une centaine sur environ 5 000.

Les universités de recherche assurent l'essentiel de la recherche originale — tant fondamentale qu'appliquée — dans la plupart des pays, et elles reçoivent la plus grande partie du financement alloué à la recherche. Leurs professeurs sont recrutés sur la base de leurs qualifications pour mener des recherches et sont récompensés en fonction de leurs réussites et de leur productivité dans ce domaine. L'organisation, le système de récompense du mérite et en fait, la culture académique de ces universités sont axés sur la recherche. Dans la hiérarchie des valeurs académiques, c'est la recherche qui se situe au premier rang, bien que l'enseignement et les services consultatifs restent importants. La plus grande partie de la communauté académique, notamment les diplômés du premier cycle, ont souvent la possibilité de participer à la recherche et sont exposés à une culture de la recherche.

Du fait de leur mission académique unique, les universités de recherche ont besoin d'un appui soutenu et de conditions de travail favorables. Leurs budgets sont supérieurs à ceux des autres universités, de même que le coût par étudiant. Elles doivent bénéficier d'un appui financier soutenu — assuré pour une large part par les pouvoirs publics dans la plupart des pays pour pouvoir prospérer. Il leur faut aussi jouir d'un degré d'autonomie considérable — pour prendre des décisions sur les diplômes, les programmes et d'autres questions académiques, et la liberté académique leur est indispensable.

Pour comprendre les universités de recherche contemporaines, il faut examiner leur contexte global au 21e siècle, leurs fondements historiques, leurs évolutions récentes et les défis qui les attendent.

Le contexte global du 21e siècle

Les universités de recherche font partie intégrante de l'environnement global de l'enseignement supérieur et de la société (OCDE 2009 ; Altbach, Reisberg et Rumbley 2010). Parmi les réalités clés de l'enseignement supérieur mondial du 21e siècle figurent la massification des effectifs, le rôle du secteur privé et la privatisation de l'enseignement supérieur public, le débat en cours sur les mérites respectifs de l'enseignement supérieur public et de l'enseignement supérieur privé, l'essor des pays asiatiques comme centres académiques de pointe, et tout récemment, la crise économique mondiale et son impact sur l'enseignement supérieur.

Avec des inscriptions annuelles dans l'enseignement supérieur d'au moins 30 % de la classe d'âge éligible, le phénomène de massification des effectifs est la réalité fondamentale de l'enseignement supérieur du demi-siècle dernier. Depuis 2000, ces effectifs sont passés de 100 millions à bien plus de 150 millions d'étudiants (OCDE 2008) dans le monde, et cette expansion se poursuit dans une bonne partie du monde. L'augmentation des effectifs au cours des deux prochaines décennies sera imputable pour moitié à deux pays seulement, la Chine et l'Inde, mais du fait que dans ces deux pays, les inscrits ne représentent respectivement que 22 % et 10 % de leur groupe d'âge, les possibilités d'expansion sont considérables (Altbach 2009). L'expansion mondiale est alimentée par la demande d'un segment croissant de la population soucieux d'accéder à des diplômes censés garantir tout au long de la vie des opportunités et des gains supérieurs, et par les besoins d'une économie mondiale fondée sur le savoir. La massification a cependant d'immenses implications, notamment financières, et pose aussi des problèmes d'infrastructures ainsi que des questions quant à la qualité de l'enseignement dispensé, à quoi s'ajoutent des rendements potentiellement décroissants sur des marchés du travail comptant davantage de diplômés de l'université que l'économie ne peut en employer.

L'autre phénomène notable, l'enseignement supérieur privé, n'est pas nouveau, mais ses formes et son effet sont en pleine évolution. Le secteur privé sans but lucratif a dominé une grande partie de l'Asie de l'Est, et depuis des générations, au Japon, en République de Corée, aux Philippines et à Taiwan (Chine), entre 60 et 80 % des étudiants ont étudié dans des universités privées. Le secteur privé sans but lucratif est très développé également aux États-Unis et dans de nombreux pays d'Amérique latine. Au niveau mondial, les universités catholiques et d'autres écoles religieuses sont depuis longtemps des participantes clés, faisant souvent office d'établissements vedettes dans leur pays. C'est ainsi qu'aux États-Unis, les 217 établissements catholiques d'enseignement en quatre ans comptent 20 % des effectifs de ce type d'établissement. Près de 1 900 collèges et universités catholiques sont en activité dans le monde.

Un phénomène plus récent est celui des établissements privés à but lucratif qui s'emploient spécifiquement à répondre aux besoins des étudiants dans des domaines d'étude précis correspondant à une niche professionnelle bien déterminée, ce dont beaucoup d'universités seraient incapables (Altbach 1999). Les universités de recherche — sauf au Japon et aux États-Unis — étant presque exclusivement des établissements publics, l'essor du secteur privé pose quelques problèmes, essentiellement du point de vue de la réglementation et de l'assurance de qualité, bien que les établissements n'aspirent que rarement à un fort coefficient de recherche. Le défi consistant à faire en sorte que l'enseignement supérieur privé serve d'une façon générale l'intérêt public est une question de fond qui se pose à l'enseignement supérieur au 21e siècle (Teixeira 2009).

On ne sait toujours pas comment la crise économique qui a commencé en 2008 affectera l'enseignement supérieur en général et les universités de recherche en particulier. Il apparaît que plusieurs pays ont procédé à des coupes sombres dans le financement de l'enseignement supérieur, et réduit notamment son budget de 20 % au Royaume-Uni en 2010 et 2011 et les réductions imposées par les pouvoirs publics se poursuivent dans la plupart des États des États-Unis. En dehors du Japon, la plupart des pays asiatiques n'ont pas diminué leur budget de l'enseignement supérieur et en fait, la Chine et l'Inde ont répondu à la crise en accroissant les dépenses consacrées à l'enseignement supérieur, en particulier à la recherche et au développement. De plus, malgré les tensions économiques, les pays d'Europe continentale de l'Ouest n'ont guère réduit leur budget de l'enseignement supérieur.

Le résultat de ces décisions en matière de dépenses face à la crise économique n'est pas clair. Le sous-secteur des universités de recherche est peut-être affaibli, du moins temporairement, dans les systèmes d'enseignement supérieur des grands pays anglo-saxons, où prévalent les universités de recherche publiques, tandis qu'il reste vigoureux en Asie et dans une certaine mesure, en Europe continentale de l'Ouest. Le lent rééquilibrage de la suprématie académique de l'Amérique et de l'Europe en faveur de l'Asie de l'Est pourrait en fait être accéléré par ces tendances économiques actuelles et par des approches divergentes des dépenses d'éducation, de recherche et de développement durant une récession.

La logique implacable de l'économie mondiale du savoir et les réalités de la mobilité des universitaires au plan international influent également sur l'orientation de l'enseignement supérieur en général, et des universités de recherche en particulier (Marginson et van der Wende 2009a). La nécessité d'un niveau d'instruction élevé pour un segment croissant de la population, alliée à l'importance de la recherche pour le développement économique, a amélioré le profil des universités de recherche. Les professeurs tout comme les étudiants sont de plus en plus recrutés au plan international, et la mobilité est maintenant un fait établi de l'enseignement supérieur contemporain, tout particulièrement des universités de recherche.

Historique

La recherche n'a pas toujours été une fonction clé des établissements universitaires (Ben-David et Zloczower 1962). De fait, les universités de recherche contemporaines ne remontent qu'au début du 19e siècle, plus précisément à l'Université réformée de Berlin de Wilhelm von Humboldt

(Fallon 1980). Auparavant, les universités se consacraient essentiellement à l'enseignement et à la préparation de professionnels dans des domaines comme le droit, la médecine et la théologie. Bien que le modèle humboldtien se soit concentré avec le plus grand succès sur la recherche, il l'a fait aux fins du développement national et de la recherche appliquée au moins autant, sinon plus, que pour la recherche fondamentale. Ce modèle de recherche a donné naissance aux structures disciplinaires, avec le développement de domaines comme la physique et la chimie, ainsi que les sciences sociales, notamment l'économie et la sociologie.

L'université de Humboldt était un établissement public financé par le Gouvernement prussien. Les membres de son personnel étaient des fonctionnaires jouissant d'un grand prestige social et d'une grande sécurité de l'emploi. La structure de la profession était hiérarchique et fondée sur le système de chaires. Les idées humboldtiennes de *Lernfreiheit* (liberté d'apprendre) et *Lehrfreiheit* (liberté d'enseigner) garantissaient un degré considérable d'autonomie et de liberté académique au sein de l'université.

Le Gouvernement prussien était favorable à ce nouveau modèle d'université parce qu'il promettait de contribuer au développement national et d'aider la Prusse — et son modèle ultérieur, l'Allemagne — à acquérir une influence et un pouvoir internationaux. Il est significatif que les deux pays qui ont adopté le modèle humboldtien avec le plus d'enthousiasme sont le Japon et les États-Unis, deux pays résolus, en particulier aux 19e et 20e siècles, à se développer et voyant dans l'enseignement supérieur un des moteurs du développement.

La variante américaine de l'université de recherche allemande est particulièrement pertinente (Geiger 2004a). À la fin du 19e siècle, à la suite des lois sur la cession de domaines, les universités américaines ont commencé à mettre l'accent sur la recherche, s'employant essentiellement à mettre la science au service de l'agriculture et de l'industrie naissante. L'université de recherche américaine différait du modèle allemand à plusieurs égards, surtout en ce sens que : a) le service assuré à la société était une valeur clé ; b) l'organisation de la profession académique était plus démocratique, utilisant un système de départements fondés sur une discipline plutôt que la hiérarchie du système de chaires ; et c) son système de gouvernance et d'administration était plus participatif (de la part des enseignants) et plus managérial (de la part des recteurs et présidents qui étaient nommés par des administrateurs ou des conseils d'administration plutôt qu'élus par leurs pairs).

Au milieu du 20e siècle, les universités de recherche américaines sont devenues le modèle prédominant dans le monde (Geiger 1993, 2004a), l'« étalon-or » international grâce à la conjonction de différents facteurs : dépenses considérables consacrées à la recherche, en partie par le ministère de la Défense en liaison avec la technologie militaire de la Guerre froide, soutien vigoureux des États, gouvernance académique efficace, création, dans la plupart des États, d'un système académique différencié au sommet duquel se situaient les universités de recherche, et existence d'un secteur universitaire dynamique sans but lucratif.

L'« esprit » de l'université de recherche

Une université de recherche n'est pas seulement une institution, c'est aussi une idée (Ben-David 1977 ; Shils 1997a). Créer et soutenir une institution fondée sur un concept n'est pas aisé. On trouve au cœur d'une université de recherche son corps enseignant, qui doit adhérer pleinement à l'idée de recherche désintéressée — le savoir pour le savoir — ainsi qu'aux éléments plus pratiques de son utilisation dans la société contemporaine.

Une université de recherche est un établissement d'élite et méritocratique dans des domaines comme les politiques de recrutement et d'admission, les normes de promotion et les diplômes exigés du personnel et des étudiants. Toutefois, des termes comme *élite* et *méritocratique* ne sont pas nécessairement populaires à l'ère démocratique, où l'accès est depuis des années le maître mot des partisans de l'enseignement supérieur. Toutefois, pour connaître le succès, les universités de recherche doivent revendiquer fièrement ces caractéristiques. Reconnaissant la primauté du mérite, elles ne peuvent être démocratiques, et leurs décisions sont fondées sur une quête inlassable de l'excellence. En même temps, ce sont des établissements d'élite au sens où elles aspirent à l'excellence — souvent reflétée par un classement à un rang élevé — dans les domaines de l'enseignement, de la recherche et de la participation au réseau mondial du savoir.

Les étudiants constituent eux aussi un élément central de l'esprit de l'université. Non seulement ils sont, idéalement, sélectionnés au mérite parmi les jeunes les plus brillants de la société et éventuellement du monde, mais ils doivent en outre adhérer aux objectifs de l'université et à son esprit académique. Un haut niveau de performance est escompté.

Bien que l'université de recherche joue un rôle central dans l'économie du savoir, c'est également un établissement qui doit accorder du temps à la réflexion et à la critique tout en prenant en considération la culture, la religion, la société et les valeurs. L'esprit de l'université de recherche est ouvert aux idées et prêt à mettre en question les orthodoxies en place.

Et comme elles sont solidement liées à la société, les universités de recherche ne sont pas, contrairement au reproche qu'on leur fait souvent, des « tours d'ivoire ». Von Humboldt a résolument lié étroitement l'université aux besoins de l'État et de la société. Un des premiers présidents de l'Université de Wisconsin-Madison, célèbre université de recherche américaine, a affirmé que « la frontière de l'université est la frontière de l'État » (Veysey 1965, 108–9). Cette déclaration symbolise l'idéal consistant à répondre aux besoins de la société ainsi qu'à produire et diffuser le savoir.

Un autre élément central de l'esprit de l'université de recherche — outre son personnel et ses étudiants — est le principe de la liberté académique (Shils 1997b ; Altbach 2007), sans laquelle une université de recherche ne peut pas accomplir sa mission ni être une université de *rang mondial*. L'idéal humboldtien traditionnel de liberté académique consiste en la liberté pour les enseignants et les étudiants de n'être soumis à aucune restriction en ce qui concerne l'enseignement, la recherche, la publication et l'expression. Dans la plupart des régions du monde, l'idéal de liberté académique inclut en outre la liberté d'expression sur n'importe quel thème ou sujet, même au-delà des limites de compétences scientifiques ou intellectuelles spécifiques. L'élément clé de la liberté académique est le concept de libre investigation, valeur fondamentale de l'université.

L'université de recherche, en particulier celle qui aspire aux normes les plus rigoureuses du monde, est un établissement spécial fondé sur un ensemble unique d'idées et de principes. Sans une adhésion claire et permanente à l'esprit qui est le sien, une université de recherche est vouée à l'échec.

Le langage de la science et des travaux savants

Les universités étant des établissements internationaux, ouverts à la circulation du personnel et des étudiants ainsi qu'à une création et à une diffusion illimitées de savoir, la langue de la science et de l'érudition revêt une importance capitale. Pour enseigner et publier, les plus anciennes universités européennes utilisaient une langue commune, le latin. Dès cette époque, les universités se considéraient comme des établissements internationaux, accueillant des étudiants de toute l'Europe et recrutant souvent des professeurs dans divers pays. Le savoir circulait par le biais du latin. Deux tâches majeures à l'époque consistaient à traduire des livres de l'arabe et du grec en latin et à introduire ce savoir en Europe. Plus tard, à la suite de la Réforme, les langues nationales ont commencé à prédominer dans les universités de leurs pays d'origine, et les universités sont devenues des établissements nationaux plutôt qu'internationaux.

Le français était une langue majeure d'érudition à l'époque de la Renaissance et durant l'ère napoléonienne. L'allemand est devenu une langue scientifique clé du fait de l'essor des universités de recherche au 19e siècle, et beaucoup de nouvelles revues scientifiques étaient publiées dans cette langue. Après la Deuxième guerre mondiale, l'anglais a lentement gagné du terrain comme principale langue de communication scientifique en raison de l'essor des universités de recherche américaines et de l'expansion des systèmes universitaires dans a) les pays anglophones comme l'Australie, le Canada, la Nouvelle-Zélande et le Royaume-Uni, et b) les anciennes colonies britanniques, notamment l'Inde et le Pakistan en Asie du Sud, ainsi qu'en Afrique du Sud, au Ghana, au Kenya, au Nigéria, et au Zimbabwe en Afrique. En Asie, Hong Kong[1] et Singapour sont apparus comme des centres académiques majeurs utilisant l'anglais dans leurs universités.

Au début du 21e siècle, l'anglais était devenu le moyen de communication quasiment universel dans le domaine scientifique (Lillis et Curry 2010). Les universités des pays non-anglophones l'utilisent aujourd'hui à des degrés divers comme langue d'enseignement dans certains domaines. Par exemple, dans de nombreux pays arabophones ainsi qu'en Chine et en Corée, l'anglais est utilisé comme langue d'enseignement dans les domaines scientifiques et dans des domaines professionnels comme la gestion des entreprises. En Malaisie, pays qui mettait précédemment l'accent sur l'utilisation du Bahasa Malaysia comme langue d'enseignement, l'anglais a retrouvé son rôle prééminent. Sur le continent européen, il est utilisé pour l'enseignement de disciplines paraissant caractérisées par une pertinence et une mobilité particulières, comme la gestion d'entreprise et l'ingénierie.

La plupart des revues académiques et des sites Web scientifiques influents utilisent l'anglais et les universités de nombreuses régions du monde encouragent, voire obligent leurs professeurs à publier dans des revues en anglais, ce qui témoigne à leurs yeux de la qualité de leurs travaux. On discute beaucoup sur le point de savoir s'il est souhaitable de mettre ainsi l'accent sur l'utilisation de l'anglais pour la communication et le progrès académique mais de fait, l'anglais est maintenant la langue mondiale de la science et du savoir et a des chances de conserver un rôle dominant dans l'avenir prévisible. Certains analystes (Lillis et Curry 2010) ont signalé que les universitaires du monde entier sont contraints d'utiliser les méthodologies et les paradigmes des principales revues en anglais, qui reflètent les valeurs des rédacteurs et des conseils de rédaction du Royaume-Uni, des États-Unis et d'autres pays métropolitains. Les auteurs dont la première langue n'est pas l'anglais ont beaucoup plus de difficultés à faire accepter leurs travaux par ces publications influentes. Les revues les plus prestigieuses deviennent de plus en plus sélectives, acceptant seulement de 5 à 10 % des soumissions, du fait que les universités du monde entier exigent que leurs enseignants et leurs scientifiques publient dans ces revues.

L'influence de l'anglais sur la recherche, l'enseignement et le savoir au 21e siècle est l'une des réalités des universités de recherche du monde entier, comme en témoignent plusieurs études de cas présentées dans le présent ouvrage. Par certains côtés, l'anglais est également la langue du néocolonialisme académique en ce sens que partout, les universitaires sont sommés de se conformer aux normes et aux valeurs des systèmes académiques métropolitains utilisant cette langue.

Un type de professeur particulier

Comme on l'a vu, la communauté académique est la gardienne de toute université de recherche. Les universitaires doivent donc avoir un niveau d'instruction élevé pour bien s'acquitter des responsabilités d'enseignants et de chercheurs aux plus hauts niveaux. Leur engagement envers la culture de la recherche exige en outre d'eux une ferme résolution. Les membres du personnel des universités de recherche sont généralement titulaires d'un doctorat ou d'un diplôme équivalent, le plus souvent après avoir fait des études dans les meilleures universités de leur pays d'origine ou à l'étranger — ce qui n'est pas encore la norme pour la profession d'universitaire dans beaucoup de pays.

Le professeur d'une université de recherche, comme l'établissement lui-même, est orienté à la fois vers la concurrence et la collaboration. Ces universitaires désirent farouchement contribuer à la science et au savoir aussi bien pour faire progresser leur discipline que pour faire carrière et se faire connaître. En même temps, ils travaillent souvent en équipe, en particulier dans les sciences, et sont conscients de l'importance de la collaboration.

Ce sont, et de loin, les professeurs des universités de recherche qui publient le plus d'articles et d'ouvrages académiques ou de recherche scientifique. Leurs taux de publication sont très supérieurs à la moyenne de l'ensemble de la profession (Haas 1996). En fait, 90 % peut-être des articles paraissant dans les revues académiques les plus réputées sont imputables à des professeurs appartenant à des universités axées sur la recherche.

Dans un monde où de nombreux universitaires travaillent à temps partiel et ne bénéficient que d'une sécurité de l'emploi limitée, les professeurs des universités de recherche sont employés à plein temps, le plus souvent avec un certain degré de sécurité de l'emploi, et ils reçoivent des salaires tout à fait décents qui leur permettent de subvenir à leurs besoins et à ceux de leur famille. En d'autres termes, les professeurs des universités de recherche sont des privilégiés par rapport aux autres universitaires. Pour qu'une université de recherche connaisse le succès, son personnel doit bénéficier de conditions d'emploi lui permettant de travailler au mieux de ses capacités.

Les professeurs des universités de recherche ont généralement des responsabilités limitées en matière d'enseignement, car on leur donne le temps nécessaire pour effectuer des recherches et en publier les résultats. Dans la plupart des universités de recherche des pays développés, ils ne donnent le plus souvent pas plus de deux cours par semestre, et dans certains établissements et certaines disciplines, moins encore. Là où les heures d'enseignement sont plus nombreuses, comme c'est le cas dans beaucoup de pays en développement, le temps qu'ils consacrent à la recherche est généralement inférieur, de même que la productivité.

Les professeurs des universités de recherche ont généralement une mentalité et une optique internationale. Ils collaborent de plus en plus avec des collègues de différents pays et sont parfois mobiles au plan international, acceptant des emplois là où les conditions de travail, les salaires et les équipements sont les meilleurs. Cette situation contribue à une « fuite des cerveaux » depuis les pays en développement. Toutefois, depuis quelques années, les universitaires ayant une orientation internationale opèrent dans plus d'un pays, exerçant parfois dans deux pays ou davantage. En même temps, les professeurs des universités de recherche opèrent dans un environnement national en ce sens qu'ils sont naturellement employés par des établissements nationaux, et qu'ils sont censés s'acquitter de responsabilités locales et nationales. Comme le dieu Janus de la Rome antique, ils doivent regarder dans plusieurs directions à la fois.

Ces universitaires sont également plus cosmopolites que locaux par leurs intérêts et leurs activités (Gouldner 1957). Ils ont tendance à avoir des liens professionnels avec leurs collègues du monde entier dans leur discipline plutôt qu'avec ceux de leur propre université. Ils participent directement au réseau mondial du savoir en assistant à des conférences scientifiques, en collaborant avec des collègues à l'étranger, et en participant activement à la communication scientifique transfrontière. Ils sont généralement moins loyaux envers leur université d'origine et sont disposés à déménager, parfois à l'étranger, si on leur offre de meilleures conditions de travail, des salaires plus élevés ou davantage de prestige. En outre, de fait de leur visibilité scientifique, ils ont souvent de bien meilleures chances d'être ainsi mobiles. Le sociologue Burton Clark a remarqué un jour que les universitaires habitent « des mondes petits, des mondes différents » (Clark 1987).

Les universitaires travaillant dans des universités de recherche constituent une part limitée, mais exceptionnellement importante, de l'ensemble de la profession. Malgré leur petit nombre, ce sont eux qui sont à l'origine de la plupart des recherches importantes. Dans beaucoup de pays, ce sont également eux qui forment la plupart des futurs universitaires. Leurs orientations et leurs perspectives exercent donc une influence considérable sur l'ensemble de la profession. Ils constituent en fait une espèce rare et particulière.

Gouvernance et leadership

La gouvernance, à ne pas confondre avec la gestion, concerne la façon dont les décisions académiques sont prises. Les établissements postsecondaires de toutes sortes sont à la fois gérés et dirigés. Ce sont en outre, dans le meilleur des cas, des communautés d'universitaires. Les universités sont, naturellement, des bureaucraties de plus en plus vastes qui ont des besoins de gestion complexes (Shattock 2010), mais elles diffèrent sensiblement des autres grandes organisations, et ce sous plusieurs aspects fondamentaux. Tout d'abord, les universités doivent, pour connaître le succès, associer enseignants et chercheurs (c'est-à-dire la communauté académique) à la prise des décisions (gouvernance) de l'établissement (Rosovsky 1990). Les universités de recherche en particulier ont besoin de la participation pleine et entière du personnel aux modalités clés de prise de décision de l'établissement. Elles jouissent généralement d'un degré supérieur de pouvoir professoral et de meilleures garanties d'autonomie que les autres établissements d'enseignement supérieur. Par ailleurs, sans être nécessairement associés directement à la gouvernance, les étudiants doivent également être inclus en tant que protagonistes clés de la communauté académique.

Le leadership académique revêt une importance croissante en un temps caractérisé par des organisations académiques complexes et très visibles. Le président ou le recteur de l'université jouent un rôle managérial et académique. Certains chercheurs soutiennent que les présidents d'université devraient être des universitaires de haut niveau, tandis que d'autres leur préfèrent, pour diriger l'établissement, des gestionnaires efficaces, venus d'horizons différents de l'université (Goodall 2009). Dans les universités de recherche, les présidents doivent être crédibles sur le plan académique, et ils doivent montrer qu'ils connaissent bien et respectent profondément la mission académique de l'établissement. Ils doivent en même temps être capables de représenter l'université dans la société et doivent plaider en faveur du caractère central et de l'importance de l'établissement. Diriger une université moderne est une tâche de plus en plus complexe et aux multiples facettes, et il est difficile de trouver des leaders talentueux.

Les importantes prérogatives académiques — contrôle des admissions, recrutement et licenciement des professeurs, programme et attribution des diplômes — sont au cœur des responsabilités professorales. Les meilleures universités contemporaines ont partagé la gouvernance avec la communauté académique pour le contrôle des décisions académiques essentielles et avec les administrateurs et les directeurs responsables des ressources, des installations et autres questions administratives. Les modèles de gouvernance académique varient d'une université de recherche à l'autre. Les instances représentatives de la communauté académique, comprenant parfois les étudiants, sont typiques. Le modèle européen traditionnel de contrôle exercé par les professeurs les plus éminents, qui élisaient également le recteur dans leurs rangs pour des mandats de brève durée n'a peut-être plus de justification pratique, compte tenu des innombrables compétences (indiquées précédemment) que l'on exige d'un directeur d'université efficace. Quoi qu'il en soit, pour assurer la primauté du savoir, de l'enseignement et de la recherche, la communauté académique doit avoir un rôle majeur à jouer dans la détermination et la supervision des éléments académiques clés d'une université de recherche.

Recherche fondamentale et recherche appliquée

Les universités de recherche sont actives dans un grand nombre de domaines et de disciplines. Ce sont les principales sources de recherche fondamentale, auxquelles s'ajoutent dans quelques pays des entreprises privées (comme des compagnies pharmaceutiques) et des académies scientifiques, et elles sont ainsi responsables au premier chef du progrès scientifique. La recherche fondamentale est une fonction qui est la quintessence du bien public en ce sens que personne ne tire directement profit des sciences fondamentales. De plus, la recherche fondamentale, en particulier dans les sciences exactes et les domaines biomédicaux, est souvent coûteuse. Le financement des sciences fondamentales est devenu problématique dans beaucoup de pays mais dans les sciences sociales et les humanités, domaines dans lesquels la recherche est moins coûteuse, on s'interroge néanmoins sur son utilité.

En même temps, on a mis davantage l'accent sur la recherche appliquée, sur les liens entre l'université et l'industrie et d'une façon générale, sur les produits de la recherche générateurs de revenu. Le conflit entre les objectifs académiques traditionnels de l'université et le désir de tirer un profit de la recherche, souvent de la part d'entreprises, a créé des conflits d'intérêt et parfois des relations inappropriées (Slaughter et Rhoades 2004). Il sera difficile d'assurer l'équilibre voulu pour éviter de dévaloriser la recherche fondamentale en tendant à tout prix vers la stabilité financière.

Le Plan directeur pour l'enseignement supérieur en Californie

L'université de recherche américaine modèle est largement considérée comme l'« étalon-or », et imitée dans le monde entier. Les universités de recherche publiques types des États-Unis sont celles du système de l'Université de Californie. Le Plan directeur pour l'enseignement supérieur en Californie de 1960 constitue un bon exemple pour organiser un système d'enseignement supérieur public différencié qui puisse en même temps assurer l'excellence dans la recherche et l'accès à l'enseignement supérieur à travers la massification des effectifs. Clark Kerr, recteur de l'Université de Californie, campus de Berkeley, puis président du système de l'Université of Californie entre 1952 et 1967, a joué un rôle central à la fois dans la création du Plan directeur et dans le développement du système de l'Université de Californie et de son campus vedette de Berkeley (Kerr 2001 ; Pelfrey 2004).

Le Plan directeur de Californie a établi le système d'enseignement supérieur public de cet État à trois niveaux, avec trois systèmes clairement différenciés par fonction mais liés et intégrés au sein de la structure du système. Ce dispositif fonctionne avec succès depuis plus d'un demi-siècle.

Au niveau supérieur du système se situent les dix campus de l'Université de Californie. Ces universités, avec le campus de Berkeley à leur sommet, admettent les 12,5 % de meilleurs étudiants des lycées de l'État et ont une mission de recherche. Le niveau suivant comprend les 23 campus du système de l'Université de l'État de Californie, qui accueille environ 433 000 étudiants. Ces établissements décernent des licences et des maîtrises, mais non des doctorats, et leurs enseignants ne sont pas censés mener des activités ayant le même coefficient de recherche que le personnel du système de l'Université de Californie. Le troisième niveau, le réseau des établissements d'enseignement postsecondaire communautaire, compte 112 campus et trois millions d'étudiants et est le plus grand du genre aux États-Unis. Les établissements de ce niveau offrent fondamentalement un enseignement et des services et leurs capacités ou leurs attentes en matière de recherche sont faibles, voire nulles. Les modes de financement, les missions et la gouvernance diffèrent tous entre les trois niveaux du système californien, et la réglementation officielle a maintenu les différentes missions des collèges et universités publics. Le Plan directeur a imposé une différenciation au sein de l'enseignement supérieur public de Californie et reste une innovation déterminante et efficace qui répond bien aux besoins de l'État depuis plus d'un demi-siècle. En distribuant les ressources avec un idéal fondamental d'efficacité, le Plan directeur a également institutionnalisé l'adhésion au principe d'excellence dans ses meilleures universités de recherche comme l'Université de Californie, Berkeley.

L'architecte du Plan directeur, Clark Kerr, avait une vision des caractéristiques clés des universités de recherche du système, et ces éléments sont centraux pour l'Université de Californie, Berkeley, l'une des meilleures universités du monde. Tout d'abord, la gouvernance interne de l'université est essentiellement exercée par les professeurs, qui participent aux décisions clés concernant la politique et la direction de l'université, même si elles émanent des administrateurs. Ce concept de la gouvernance partagée est un élément central de l'idée d'université. Deuxièmement, le campus de Berkeley est rigoureusement méritocratique dans toutes ses actions — nomination et promotion des enseignants, admission des étudiants, et autres aspects. Troisièmement, bien que recherche et enseignement soient indissociables, la recherche l'emporte. Quatrièmement, la liberté académique est une valeur centrale de la communauté académique. Cinquièmement, la mission de service de l'université a toujours revêtu une importance capitale. L'université a été engagée dès le début avec la société, particulièrement avec l'État de Californie.

Jusqu'à une date récente, l'Université de Californie a reçu un financement relativement généreux de l'État de Californie, chaque campus étant financé de façon indépendante, en fonction de sa mission institutionnelle et de sa taille. Maintenant, avec les récentes coupes budgétaires, la contribution de l'État au budget de fonctionnement de Berkeley répond à environ un quart des besoins, bien qu'elle paie les salaires de presque tous les enseignants. Le reste des rentrées de l'université proviennent des frais de scolarité des étudiants, des subventions à la recherche et du revenu de la recherche, de la vente de propriété intellectuelle et d'autres sources. Ce niveau de financement de l'État est maintenant typique de la situation de nombreuses universités publiques parmi les mieux classées et témoigne de la diminution de ce type d'apport à l'enseignement supérieur public aux États-Unis. La Californie n'est naturellement pas la seule à être confrontée à des problèmes financiers graves et probablement durables (Lyall et Sell 2006), et l'effet négatif de la crise financière actuelle a touché l'ensemble de son système d'enseignement supérieur.

Comme la plupart des universités de recherche, l'Université de Californie de Berkeley est un établissement à la fois international, national et local. Elle a un rayonnement international considérable, recrutant des enseignants et des étudiants du monde entier. Les départements et centres académiques de l'université sont concernés par des problèmes internationaux dans toutes les disciplines. Son influence nationale inclut un engagement dans la recherche soutenue par des organismes nationaux et l'accueil de laboratoires nationaux parrainés par le gouvernement fédéral. On connaît moins les efforts déployés par l'université pour assurer des services au niveau de l'État et des communautés locales au moyen de programmes éducatifs comprenant des cours non sanctionnés par un diplôme, la diffusion de proximité, et des activités similaires.

Clark Kerr était conscient des problèmes que soulevait son modèle d'université. Dans l'épilogue de son ouvrage classique, *The Uses of the University* (2001), il a signalé entre autres ce qu'il appelait la « pénurie d'État » dans un contexte caractérisé par la progression à la fois des effectifs et de la recherche, l'effet de la technologie de l'information, l'essor du secteur privé à but lucratif, l'évolution démographique, les variations des avantages économiques conférés par les diplômes universitaires, et d'autres défis.

Situation actuelle des universités de recherche

Pour paraphraser Charles Dickens, ce sont des temps bénis et des temps difficiles pour les universités de recherche, dont l'importance est largement reconnue dans pratiquement tous les pays. L'importance des relations académiques internationales et le rôle de la recherche dans l'économie mondiale du savoir sont considérés comme centraux pour une croissance et une stabilité économiques durables. Toutefois, beaucoup de pays ne reconnaissent pas la complexité et le volume des ressources que nécessitent la construction et le maintien des universités de recherche (Salmi 2009).

En ce début du 21e siècle, on voit émerger des universités de recherche dans des pays qui en étaient auparavant dépourvus, et se renforcer les établissements actuels. C'est également une période d'internationalisation des universités de recherche.

Certaines des caractéristiques des universités de recherche qui connaissent un succès reflété par leur présence aux rangs les plus élevés des classements mondiaux, peuvent être définies comme suit :

- Toutes les universités de recherche qui connaissent le succès font partie d'un système académique différencié dans lequel elles se situent au sommet de la hiérarchie et reçoivent un appui approprié pour leur mission.

- Sauf au Japon et aux États-Unis, les universités de recherche sont très majoritairement des établissements publics. Le secteur privé peut rarement financer une université de recherche, bien que des universités de recherche privées fassent leur apparition parmi les universités catholiques d'Amérique latine et en Turquie.

- Les universités de recherche réussissent particulièrement là où la concurrence de centres de recherche non universitaires est faible ou nulle, et où il existe des liens solides entre les universités et ces centres. Bien que cette situation puisse paraître paradoxale parce que la concurrence pourrait présenter l'avantage de stimuler l'innovation dans la recherche, la dilution de celle-ci entre universités et centres de recherche peut également affaiblir la réserve de talents, ce qui amène les meilleurs chercheurs à quitter la salle de classe et le campus et limite la capacité de travail interdisciplinaire. Le système d'académies des sciences dans des pays comme la Chine et la Fédération de Russie, le Centre National de la Recherche Scientifique en France, et quelques autres modèles de centres de recherche distincts manquent généralement de liens suffisamment forts avec les universités. Certains pays s'efforcent de mieux intégrer les instituts de recherche et les meilleures universités — allant parfois jusqu'à les fusionner — dans le but de renforcer les universités.

- Les universités de recherche coûtent cher. Elles nécessitent davantage de fonds que les autres universités pour attirer les meilleurs enseignants et les meilleurs étudiants, et pour fournir les infrastructures nécessaires à une recherche et un enseignement de haut niveau. Le coût par étudiant est inévitablement plus élevé que la moyenne de l'ensemble du système d'enseignement supérieur. Des salaires décents pour les enseignants, des bibliothèques et des laboratoires bien équipés, et des bourses pour les bons étudiants désargentés figurent parmi les postes de dépenses indispensables.

- Les universités de recherche doivent avoir des budgets suffisants et soutenus, et elles ne peuvent pas prospérer si elles reçoivent un financement insuffisant ou doivent faire face à de fortes fluctuations de leur budget.

- En même temps, les universités de recherche ont la possibilité de s'assurer des revenus considérables. Les étudiants sont souvent disposés à payer des frais de scolarité élevés à ces établissements du fait qu'ils décernent des diplômes prestigieux, et aussi en raison de la haute qualité des programmes et de l'accès aux meilleurs professeurs. Les débats actuels, au Royaume-Uni et dans certains États des États-Unis, au sujet du niveau plus élevé des frais de scolarité dans les universités de recherche que dans les autres établissements d'enseignement postsecondaire, reflètent à la fois la nécessité de revenus accrus et le succès probable d'une différenciation des frais de scolarité. Les universités de recherche produisent également de la propriété intellectuelle et sont à l'origine d'autres découvertes et innovations qui ont de la valeur sur le marché. De plus, dans certains pays, en partie du fait de leur prestige, elles peuvent générer des dons philanthropiques qui aident à renforcer leurs ressources.

- Les universités de recherche nécessitent des équipements adaptés à leurs missions, c'est-à-dire des locaux d'enseignement, des bibliothèques et des laboratoires coûteux. Une technologie de l'information sophistiquée est également nécessaire. Les infrastructures des universités de recherche sont à la fois complexes et coûteuses à construire, à entretenir et à moderniser périodiquement.

Comme on l'a vu, les universités de recherche ont des besoins multiples, à la fois matériels et humains, à quoi s'ajoutent des principes à respecter relatifs au travail académique, notamment à l'enseignement, la recherche, les services et les normes pédagogiques.

Défis actuels et futurs

Les universités de recherche sont confrontées pour une bonne part aux mêmes défis que l'enseignement supérieur en général, bien qu'avec des caractéristiques quelque peu différentes. Les problèmes examinés ici affectent naturellement de différentes façons les pays et les institutions, mais ils se feront sentir partout dans une certaine mesure. Il peut y avoir beaucoup à apprendre des expériences des différents pays face à ces problèmes et d'autres encore, et de leur comparaison.

Financement

Le succès d'une université de recherche dépend de façon cruciale d'un financement suffisant et stable. Les universités de recherche seront de plus en plus mises au défi de lever elles-mêmes des fonds auprès de donateurs potentiels, en vendant des produits intellectuels et en assurant des services de consultation, et en dépendant de plus en plus des frais de scolarité. Elles peuvent plus facilement que les autres établissements d'enseignement postsecondaire faire payer des droits de scolarité plus élevés. C'est ce que font déjà les universités de recherche privées des États-Unis, mais la plupart de leurs homologues publiques des autres pays ne sont pas autorisées à en faire autant du fait de pactes historiques ou de restrictions législatives, malgré le fait que l'enseignement est coûteux, que les étudiants sont disposés à payer davantage pour les diplômes meilleurs et plus prestigieux que décerne une université de recherche. Comme on l'a vu, un débat sur ces questions a lieu actuellement au Royaume-Uni et dans certains États des États-Unis. Il est clair que les universités de recherche sont plus coûteuses et doivent être en mesure de lever des fonds sans dépendre exclusivement des largesses des pouvoirs publics.

La crise économique mondiale du début du 21e siècle a eu un effet considérable sur les universités de recherche. Comme on l'a vu, ses effets varient d'un pays à l'autre, mais dans l'ensemble, elle donne peut-être un coup de fouet aux universités d'Asie de l'Est. Les pays de cette région se sont en effet mieux sortis de la tempête économique que leurs homologues occidentaux, et ils s'efforcent de rejoindre les rangs les plus élevés de l'élite mondiale de la recherche. C'est ainsi que l'Inde a accru de 31 % ses investissements dans l'enseignement supérieur depuis 2010, et que la Chine continue à financer ses programmes d'excellence pour appuyer ses meilleures universités.

Autonomie

À une époque où il faut de plus en plus rendre des comptes, les universités de recherche auront de plus en plus de difficulté à conserver leur autonomie de gestion et à maîtriser leurs mécanismes essentiels de décision dans le domaine académique. Elle sont dans une position inconfortable, étant le plus souvent des établissements publics, car elles sont soumises à des règles administratives et font partie de systèmes académiques bureaucratiques et complexes. Bien qu'elles aient besoin d'être autonomes pour tracer elles-mêmes le chemin de l'excellence et gérer leurs ressources, les pressions auxquelles elles sont soumises pour rendre des comptes et prouver leur valeur ajoutée et leur pertinence pour leurs multiples parties prenantes portent atteinte aux normes historiques d'autonomie dans le cas de nombreuses universités de recherche.

Les meilleurs et les plus brillants

Les universités de recherche nationales seront de plus en plus mises au défi d'attirer les plus grands talents, dans le cas aussi bien des professeurs que des étudiants, sur un marché académique mondial de plus en plus compétitif. Les universités sont en concurrence non seulement entre elles, mais aussi avec un secteur du savoir hors campus en pleine expansion et qui offre des salaires souvent plus élevés. En outre, les plus éminents universitaires des pays en développement et à revenu intermédiaire se font souvent débaucher par des pays plus riches. Ces dernières années, les meilleurs étudiants ont également été attirés par des universités étrangères d'élite par des bourses, un excellent niveau académique et des considérations de prestige. Bien qu'elles aient des difficultés à conserver les professeurs à leur service, les universités qui peuvent offrir des salaires quelque peu compétitifs et des conditions de travail satisfaisantes peuvent avoir de bonnes chances de conserver les meilleurs enseignants, mais au prix d'une lutte de tous les instants dans chaque pays.

Privatisation

Comme on l'a vu, les universités de recherche sont des établissements publics dans presque tous les pays. Les pressions dans le sens de la privatisation des universités publiques, en conséquence de la réduction des financements publics, sont une réalité presque partout. Cette tendance est surtout dommageable aux universités de recherche parce que celles-ci se consacrent essentiellement à des activités servant l'intérêt public comme la recherche fondamentale et la formation des étudiants aux disciplines les plus diverses. Si les universités de recherche sont contraintes de faire appel au marché pour payer les professeurs et couvrir les dépenses connexes, cette politique risque fort de nuire à la qualité et à la concentration de leur recherche, et de les détourner de leurs missions fondamentales (Geiger 2004b). La tension entre la levée de fonds et l'autonomie des universités doit être gérée avec soin.

Mondialisation

La mondialisation est à la fois une bénédiction et un fléau pour les universités de recherche (Knight 2008 ; Marginson et van der Wende 2009b). Les universités de recherche sont au centre de la communication et des réseaux mondiaux de savoir. Elles canalisent les idées et les connaissances nouvelles dans le système d'enseignement supérieur et dans les pays également, et elles permettent à la communauté académique de participer à la science et à la connaissance internationales. À l'âge d'Internet, toute personne peut, où qu'elle se trouve, profiter du savoir mondial, mais les ressources et la communauté des universités de recherche peuvent rendre la participation internationale plus facile et efficace. Dans beaucoup de pays, les universités de recherche peuvent seulement être des établissements suffisamment liés aux réseaux mondiaux. Les universités de recherche offrent ainsi une voie à double sens pour la participation scientifique.

La mondialisation constitue en même temps un défi pour de nombreuses universités. L'existence du marché universitaire mondial pour les professeurs et les étudiants signifie que les meilleurs étudiants et les meilleurs enseignants peuvent être tentés d'aller ailleurs. En faisant de la publication dans les meilleures revues internationales le critère suprême de promotion et de recherche, on risque de désavantager les professeurs travaillant dans des universités de recherche périphériques. La mondialisation a tendance à favoriser les universités situées au centre plutôt qu'à la périphérie, et elle ne contribue pas nécessairement à la démocratisation de la science et du savoir.

L'avenir des universités de recherche

Du fait que les universités de recherche jouent un rôle central dans toute société fortement axée sur le savoir et la technologie, et qu'elles sont considérées comme la clé de l'accès à un système d'enseignement supérieur de rang mondial, on peut raisonnablement être optimiste quant à leur avenir. Le fait est que les sociétés modernes ne peuvent pas se passer d'elles.

Il faut reconnaître une certaine validité au point de vue de ceux qui soutiennent que l'université contemporaine sera fondamentalement transformée par l'enseignement à distance et la technologie, la massification des effectifs, la professionnalisation croissante, la privatisation ou la crise financière actuelle. Le début du 21e siècle est une période à la fois de crise et de transformation pour l'enseignement supérieur, et ce à l'échelon mondial, et il est tout à fait possible que certains secteurs de l'enseignement supérieur soient appelés à changer profondément.

Toutefois, s'il y a un secteur de l'enseignement supérieur qui a peu de chances de changer radicalement, c'est celui des universités de recherche. Ces établissements ont la force de la tradition, et ils sont très bons à ce qu'ils font. Ils évolueront certainement sous certains aspects, mais les universités de recherche de 2050 n'ont guère de chances d'être fondamentalement différentes de ce qu'elles sont aujourd'hui.

La création d'universités de recherche dans les pays qui en sont dépourvus, ou la modernisation d'établissements existants pour en faire des universités de recherche, constituent un phénomène mondial (Mohrman, Ma et Baker 2008). Cela n'est pas du tout surprenant. Pour participer pleinement à l'économie mondiale du savoir, les pays et les systèmes universitaires jugent nécessaire d'avoir au moins une université de recherche de rang mondial (Deem, Mok et Lucas 2007). Ainsi, la communauté des universités de recherche se développe rapidement, ne se limitant plus aux centres académiques traditionnels d'Europe et d'Amérique du Nord, mais incluant maintenant des pays en développement et émergents du monde entier (Liu, Wang et Cheng 2011). La question de savoir si c'est là le moyen de développement le plus efficace dans des pays à différents stades de développement économique constitue une importante considération, souvent omise dans la course à la création d'une grande université dans chaque pays. Dans les États petits et fragiles, par exemple, des économies d'échelle pourraient aller de pair avec une plus grande efficacité par le biais d'excellents établissements régionaux. Quoi qu'il en soit, l'importance des universités de recherche est presque universellement reconnue.

Il n'y a pas vraiment de secrets concernant la création et la gestion durable des universités de recherche. Il n'est pas étonnant que de nombreux pays désireux de créer des établissements de ce genre se réfèrent aux universités de recherche les plus prestigieuses dans les cercles académiques. En conséquence, un modèle mondial informel de recherche a fait son apparition, à l'imitation des universités de recherche américaines en particulier. En conséquence, ce modèle mondial adopte inévitablement des caractéristiques nationales reflétant les réalités académiques et sociétales particulières du lieu. Les variations que l'on peut observer entre les nouvelles universités de recherche prospères correspondent à ce modèle mondial informel, avec des variantes nationales et locales. Indépendamment des problèmes et des défis auxquels sera prochainement confronté l'enseignement supérieur, les universités de recherche resteront un élément central de chaque système d'enseignement supérieur et une nécessité pour la plupart des pays.

Note

1. Hong Kong est utilisé dans des contextes historiques avant le 1er juillet 1997.

Références

Altbach, Philip G., ed. 1999. *Private Prometheus: Private Higher Education and Development in the 21st Century.* New York: Praeger.

———. 2007. "Academic Freedom: International Realities and Challenges." In *Tradition and Transition: The International Imperative in Higher Education,* 49–66. Rotterdam, The Netherlands: Sense.

———. 2009. "The Giants Awake: The Present and Future of Higher Education Systems in China and India." In *Higher Education to 2030.* Vol. 2 of *Globalization,* ed. Organisation for Economic Co-operation and Development (OECD), 179–204. Paris: OECD.

Altbach, Philip G., Liz Reisberg, and Laura E. Rumbley. 2010. *Trends in Global Higher Education: Tracking an Academic Revolution*. Rotterdam, The Netherlands: Sense.

Ben-David, Joseph. 1977. *Centers of Learning: Britain, France, Germany, United States*. New York: McGraw-Hill.

Ben-David, Joseph, and Awraham Zloczower. 1962. "Universities and Academic Systems in Modern Society." *European Journal of Sociology* 3 (1): 45–84.

Clark, Burton R. 1987. *The Academic Life: Small Worlds, Different Worlds*. Princeton, NJ: Carnegie Foundation for the Advancement of Teaching.

————, ed. 1993. *The Research Foundations of Graduate Education: Germany, Britain, France, United States, Japan*. Berkeley: University of California Press.

————. 1995. *Places of Inquiry: Research and Advanced Education in Modern Universities*. Berkeley: University of California Press.

Deem, Rosemary, Ka Ho Mok, and Lisa Lucas. 2007. "Transforming Higher Education in Whose Image? Exploring the Concept of the 'World-Class' University in Europe and Asia." *Higher Education Policy* 21 (March): 83–98.

Fallon, Daniel. 1980. *The German University: A Heroic Ideal in Conflict with the Modern World*. Boulder: Colorado Associated University Press.

Geiger, Roger L. 1993. *Research and Relevant Knowledge: American Research Universities Since World War II*. New York: Oxford University Press.

————. 2004a. *To Advance Knowledge: The Growth of American Research Universities, 1900–1940*. New Brunswick, NJ: Transaction.

————. 2004b. *Knowledge and Money: Research Universities and the Paradox of the Marketplace*. Stanford, CA: Stanford University Press.

Goodall, Amanda H. 2009. *Socrates in the Boardroom: Why Research Universities Should Be Led by Top Scholars*. Princeton, NJ: Princeton University Press.

Gouldner, Alvin. 1957. "Cosmopolitans and Locals: Toward an Analysis of Latent Social Roles–I." *Administrative Science Quarterly* 2: 281–303.

Haas, J. Eugene. 1996. "The American Academic Profession." In *The International Academic Profession: Portraits of Fourteen Countries*, ed. Philip G. Altbach, 343–90. Princeton, NJ: Carnegie Foundation for the Advancement of Teaching.

Kerr, Clark. 2001. *The Uses of the University*. Cambridge, MA: Harvard University Press.

Knight, Jane. 2008. *Higher Education in Turmoil: The Changing World of Internationalization*. Rotterdam, The Netherlands: Sense.

Lillis, Theresa, and Mary Jane Curry. 2010. *Academic Writing in a Global Context: The Politics and Practices of Publishing in English*. New York: Routledge.

Liu, Nian Cai, Qi Wang, and Ying Cheng, eds. 2011. *Paths to a World-Class University: Lessons from Practices and Experiences*. Rotterdam, The Netherlands: Sense.

Lyall, Katherine C., and Kathleen R. Sell. 2006. *The True Genius of America at Risk: Are We Losing Our Public Universities to de Facto Privatization?* Westport, CT: Praeger.

Marginson, Simon, and Marijk van der Wende. 2009a. "Europeanization, International Rankings, and Faculty Mobility: Three Cases in Higher Education Globalization." In *Higher Education to 2030.* Vol. 2 of *Globalization,* ed. Organisation for Economic Co-operation and Development (OECD), 109–41. Paris: OECD.

———. 2009b. "The New Global Landscape of Nations and Institutions." In *Higher Education to 2030.* Vol. 2 of *Globalization,* ed. Organisation for Economic Co-operation and Development (OECD), 17–62. Paris: OECD.

Mohrman, Kathryn, Wanhua Ma, and David Baker. 2008. "The Research University in Transition: The Emerging Global Model." *Higher Education Policy* 21 (March): 5–28.

Nerad, Maresi, and Mimi Heggelund, eds. 2008. *Toward a Global PhD? Forces and Forms in Doctoral Education Worldwide.* Seattle: University of Washington Press.

OECD (Organisation for Economic Co-operation and Development). 2008. *Higher Education to 2030.* Vol. 1 of *Demography.* Paris: OECD.

———. 2009. *Higher Education to 2030.* Vol. 2 of *Globalization.* Paris: OECD.

Pelfrey, Patricia. 2004. *A Brief History of the University of California.* Berkeley, CA: University of California Press.

Rosovsky, Henry. 1990. *The University: An Owner's Manual.* New York: Norton.

Salmi, Jalmi. 2009. *The Challenge of Establishing World-Class Universities.* Washington, DC: World Bank.

Shattock, Michael. 2010. *Managing Successful Universities.* Maidenhead, U.K.: McGraw-Hill.

Shils, Edward. 1997a. "The Academic Ethos Under Strain." In *The Order of Learning: Essays on the Contemporary University,* ed. Edward Shils, 99–136. New Brunswick, NJ: Transaction.

———. 1997b. "Academic Freedom." In *The Order of Learning: Essays on the Contemporary University,* ed. Edward Shils, 217–47. New Brunswick, NJ: Transaction.

Slaughter, Sheila, and Gary Rhoades. 2004. *Academic Capitalism and the New Economy: Markets, State, and Higher Education.* Baltimore: Johns Hopkins University Press.

Teixeira, Pedro. 2009. "Mass Higher Education and Private Institutions." In *Higher Education to 2030.* Vol. 2 of *Globalization,* ed. Organisation for Economic Co-operation and Development, 231–58. Paris: OECD.

Veysey, Laurence R. 1965. *The Emergence of the American University.* Chicago: University of Chicago Press.

Walker, George E., Chris M. Golde, Laura Jones, Andrea Conklin Bueschel, and Pat Hutchings. 2008. *The Formation of Scholars: Rethinking Doctoral Education for the 21st Century.* San Francisco: Jossey-Bass.

CHAPITRE 2

La création d'universités de rang mondial en Chine : l'Université JiaoTong de Shanghai

Qing Hui Wang, Qi Wang et Nian Cai Liu

Une université de recherche aux capacités de rang mondial, souvent appelée une *université de rang mondial*, est considérée comme un élément central de tout système académique, et il est impératif de renforcer la compétitivité d'un pays dans l'économie mondiale du savoir. Le Gouvernement chinois (les termes « la Chine » ou « les Chinois » sont employés ici indifféremment pour désigner la Chine continentale) a déclaré avoir pour objectif de doter le pays d'un système d'enseignement supérieur d'envergure internationale, avec un certain nombre d'universités de recherche et de centres de recherche d'excellence. En application de cet agenda et des plans stratégiques de Shanghai, l'Université JiaoTong de Shanghai (SJTU), université chinoise de premier plan, s'efforce d'atteindre un degré de qualité qui lui permette de se positionner au-delà des frontières nationales et de se transformer en un établissement d'enseignement supérieur et de recherche de rang mondial. Nous examinerons dans le présent chapitre comment la SJTU a évolué au cours des dix dernières années face aux impératifs de plus en plus pressants de l'économie du savoir et aux directives nationales.

Perspectives et histoire nationales

Les Chinois rêvent de se doter d'universités de recherche de rang mondial depuis la fin du 19e siècle, date à laquelle certaines des premières universités chinoises ont été créées pour promouvoir l'enseignement supérieur et développer le pays. L'objectif précis consistant à créer des universités de réputation mondiale est depuis dix ans au premier plan des préoccupations de la Chine. Le Gouvernement chinois a fait de cet objectif une priorité nationale en 1998, et il a de bonnes chances de le réaliser dans plusieurs régions du pays. Tout d'abord, l'expansion de l'enseignement supérieur au cours des 20 dernières années a permis de former un grand nombre de spécialistes hautement qualifiés. Toutefois, un jeune ingénieur sur dix seulement a les qualifications voulues pour travailler dans une entreprise multinationale, selon le *McKinsey Quarterly* (Lauder, Brown et Ashton 2008). La Chine est ainsi incapable d'être compétitive dans le secteur des industries à forte valeur ajoutée. En ce sens, les universités de recherche peuvent développer le savoir et former des talents pour affronter la concurrence dans l'économie mondiale du savoir (Wang 2008). Par ailleurs, le savoir est le principal facteur en jeu lorsqu'un pays souhaite devenir compétitif à l'ère de l'économie mondiale du savoir. Selon le *Rapport sur la compétitivité mondiale 2009-2010* (Schwab 2009), la Chine a vu d'une façon générale ses perspectives de développement économique s'améliorer, mais d'après ce rapport, elle doit progresser dans les domaines de l'enseignement supérieur, de l'état de préparation technologique, du perfectionnement des marchés financiers et de l'innovation. Cette amélioration, en particulier celle de la compétitivité, qui conditionne l'innovation, dépendra du rôle des universités de recherche dans la création et la gestion du savoir. Enfin, dans la perspective du développement de l'enseignement supérieur, la Chine est actuellement le pays du monde qui compte le plus de doctorants inscrits dans ses universités. Malgré ce nombre considérable de doctorants par rapport au reste du monde, la qualité de l'enseignement supérieur du troisième cycle laisse encore à désirer en Chine, et le développement d'un certain nombre d'universités de recherche de rang mondial pourrait l'améliorer. Dans l'optique de cet objectif, le gouvernement a pris plusieurs initiatives nationales spécifiques, notamment les Projets 211 et 985.

En 1995, les ministères de l'Éducation et des Finances ont diffusé un document intitulé « La planification du Projet 211 ». Ce projet a pour but de développer, d'ici au début du 21e siècle, 100 universités qui seront à l'avant-garde dans le développement économique et social du pays et face à la concurrence internationale. Cette initiative nationale se concentre essentiellement sur quatre aspects du développement, à savoir les programmes disciplinaires et interdisciplinaires, les campus numériques, le personnel enseignant et les infrastructures universitaires.

Le gouvernement central, les autorités locales et certaines universités elles-mêmes ont investi 36,83 milliards de yuans (environ 5,44 milliards de dollars) — plus précisément, 19,61 milliards de yuans (environ 2,90 milliards de dollars) durant la première phase du projet (1996-2000) et 17,22 milliards de yuans (environ 2,54 milliards de dollars) durant la seconde phase (2002-2007). L'aide totale du gouvernement central s'est élevée à 7,84 milliards de yuans (environ 1,16 milliard de dollars). Pour la période 1996-2007, 45 % de l'aide financière totale ont été investis dans le développement disciplinaire, 29 % dans le développement des infrastructures, 19 % dans le développement de campus numériques, et 7 % dans le perfectionnement du personnel enseignant (Office ministériel du Projet 211, 2007). Le Projet 211 en est actuellement à sa troisième phase.

Pour renforcer le financement public de l'enseignement supérieur, le gouvernement a lancé le Projet 985. Ce projet reflète à nouveau l'objectif et les efforts du gouvernement visant à doter le pays d'un système d'enseignement supérieur d'envergure internationale. Le 4 mai 1998, le président Jiang Zemin a déclaré que « les universités devraient jouer un rôle critique dans l'exécution de la stratégie de dynamisation du pays par la science, la technologie et l'éducation », et que « la Chine devrait avoir plusieurs universités de rang mondial. » Pour mettre cette idée en pratique, le ministère de l'Éducation (1998) a diffusé « Le Plan d'action pour revitaliser l'éducation au 21e siècle » et élaboré le Projet 985 dans le but de créer un certain nombre d'universités de recherche et de centres d'excellence clés dans le domaine de la recherche.

Le Projet 985 a apporté à ce jour une aide à 39 universités sélectionnées, avec un investissement assuré à la fois par le gouvernement central et les autorités locales. Ce projet a été exécuté en deux temps. La première phase est allée de 1999 à 2001 et la seconde, de 2004 à 2007. Comme indiqué dans le document de fond connexe, neuf de ces universités, considérées comme l'« Ivy League » chinoise étaient en tête de la liste et ont été désignées pour être transformées en universités « de rang mondial[1] », les 30 autres établissements étant censés devenir des universités de « renommée mondiale » (c'est-à-dire être des établissements un peu moins performants mais conservant une réputation internationale) (Ministère de l'Éducation, 2008). L'aide financière du gouvernement central s'est élevée au total à 14 milliards de yuans (environ 2,07 milliards de dollars) et 18,9 milliards de yuans (environ 2,79 milliards de dollars), respectivement, durant ces deux phases. Le financement du gouvernement central fourni dans le cadre du Projet 985 a été investi pour plus de moitié dans les neuf universités en tête de liste.

Le Projet 985 a permis aux établissements participants de disposer d'une autonomie de gestion pour améliorer leur compétitivité au plan national et international et pour réduire l'écart qui les sépare des autres grandes universités de recherche du monde dans les domaines des performances académiques, des résultats de la recherche performance et de l'innovation scientifique (Liu, Liu, et al. 2003). Des réformes ont été engagées pour renforcer la gouvernance des universités dans les domaines de l'administration, de la gestion et des capacités du personnel. L'enseignement et la recherche ont progressé. Par exemple, les établissements participants s'emploient essentiellement à progresser dans leurs domaines de spécialisation et à renforcer leurs capacités pour répondre aux normes d'une université de rang mondial. Des bases nationales clés de recherche pour les humanités et les sciences sociales ainsi que de grands laboratoires nationaux pour la science et l'ingénierie ont été créés pour améliorer la recherche à l'avenir. Les neuf universités de premier plan ont également augmenté considérablement le nombre et la qualité de leurs publications internationales[2], ce qui leur a permis d'améliorer leur place dans les classement mondial[3]. Ces expériences et ces résultats positifs acquis durant les deux premières phases du Projet 985 sont critiques pour la réalisation de nouveaux progrès au cours de la troisième. Des données et des cas relatifs à la SJTU seront examinés plus en détail dans la suite du présent chapitre.

D'une façon générale, l'exécution des Projets 211 et 985 a eu des effets considérables sur le développement de l'enseignement supérieur et des compétences hautement spécialisées en Chine. Ces projets ont créé une culture de l'excellence et fait prendre conscience aux universités chinoises de la concurrence et de la compétitivité internationales. Les universités retenues ont joué un rôle de plus en plus critique aussi bien pour la revitalisation de l'enseignement supérieur dans son ensemble que pour la mise en œuvre de la réforme socioéconomique en Chine. Leur développement offre l'occasion d'un débat ouvert en vue d'améliorer la qualité de l'enseignement supérieur et d'explorer de nouvelles voies pour doter la Chine d'universités de recherche.

Historique de la SJTU et de ses pratiques

Fondée en 1896, la SJTU est l'une des plus anciennes universités de Chine. Elle est gérée conjointement par le ministère de l'Éducation nationale et la municipalité de Shanghai. C'est l'une des cinq universités les plus cotées de Chine et une des deux meilleures de la ville de Shanghai, selon les principaux classements nationaux récents, et elle a été classée dans les neuf premières durant la première phase du Projet 985.

Du début jusqu'au milieu du 20e siècle, la SJTU était un établissement axé sur l'ingénierie, spécialisé dans les transports, les postes et télécommunications, les technologies d'impression, la sécurité nationale et la défense. Faisant éclore les talents en ingénierie, la SJTU était qualifiée de « MIT de l'Orient » dans les années 30. En 1956, un remaniement considérable a eu lieu lorsque le gouvernement central a décidé de transférer un grand nombre de membres du personnel enseignant à Xi'an pour construire une autre école d'ingénierie de haut niveau dans la province du Shaanxi, dans le Nord-Ouest de la Chine. À la suite de ce réaménagement, l'université s'est officiellement appelée l'Université JiaoTong de Shanghai. Durant les années 60 et 70, la SJTU était affiliée à la Commission de la Science, de la Technologie et de l'Industrie de la défense nationale, effectuant les recherches et mettant en valeur les ressources humaines répondant aux besoins de la défense nationale. Après une période de stagnation durant la Révolution culturelle, l'université a été placée sous la tutelle directe du ministère de l'Éducation en 1982. Depuis les années 80, la SJTU s'est engagée dans une série de réformes et d'efforts de développement dans les domaines de la gouvernance, de l'enseignement, de la recherche et des infrastructures. Ses spécialités ont été modifiées et diversifiées, et elle compte actuellement 21 écoles et départements académiques et offre 65 disciplines dont l'économie, le droit, les arts, les sciences sociales, les sciences naturelles, l'ingénierie, l'agriculture, la médecine et la gestion. L'université offre 60 programmes de premier cycle, 152 programmes de maîtrise et 93 programmes de doctorat. Elle compte actuellement environ 18 500 étudiants du premier cycle, 11 326 étudiants de maîtrise, 4 576 doctorants et plus de 10 000 étudiants qui suivent un enseignement professionnel. La SJTU compte 3 130 enseignants et chercheurs à temps complet, dont 65 % sont titulaires d'un doctorat.

En 1996, à l'occasion de son centenaire, la SJTU a proposé un plan « en trois temps » pour se transformer en une université de recherche de rang mondial d'ici le milieu du 21e siècle, et elle n'a cessé depuis lors de créer et de modifier une série de plans stratégiques institutionnels. Les divers départements et écoles sont également tenus de créer leurs propres programmes de développement. L'université a qualifié 2004 d'« année de la planification stratégique » et élaboré pour 2010 une politique prévoyant son développement à moyen et long terme pour se transformer en un établissement d'enseignement supérieur polyvalent, axé sur la recherche et à vocation internationale. Il s'agit notamment, à cette fin, de jeter des bases solides sur lesquelles s'appuiera la SJTU pour devenir une université de recherche d'ici à 2010, se retrouver parmi les 100 universités les mieux classées d'ici à 2020 et enfin, obtenir le statut global d'établissement de rang mondial et figurer en bonne place parmi les 100 universités les mieux classées en 2050. Depuis 1998, la SJTU étend progressivement ses activités dans les domaines du développement disciplinaire, de l'enseignement et de la recherche, de l'innovation scientifique tout en améliorant la qualité de son personnel enseignant et en accroissant ses ressources financières. On trouvera dans les sections suivantes une analyse et une évaluation détaillées des pratiques de la SJTU dans ses efforts pour devenir une université de recherche de rang mondial.

Plans et objectifs stratégiques

Au niveau institutionnel, la création d'une université de recherche de rang mondial exige un solide leadership, une vision de la mission et des objectifs de l'établissement, et une procédure clairement définie pour transformer cette vision en programmes et objectifs concrets (Salmi 2009). Ces mesures jouent un rôle critique pour diriger et guider le développement de la SJTU. L'université a proposé pour la première fois sa mission et ses objectifs en 1996 et a conçu et exécuté en conséquence sa planification stratégique. Le Bureau de planification stratégique créé au début de 1999 est chargé d'orienter le développement et les politiques de l'établissement. Il s'agit du premier Bureau de planification stratégique créé dans une des universités chinoises de premier plan.

Trajectoires de la planification décennale

Au début de 1998, la municipalité de Shanghai a publié un rapport énonçant clairement l'objectif consistant à édifier et développer à Shanghai une ou deux universités d'envergure internationale afin d'améliorer la compétitivité globale de la ville. La SJTU a été reconnue comme l'une des deux meilleures universités de Shanghai, mais ses responsables se sont déclarés préoccupés par sa performance académique relativement médiocre, qui pourrait compromettre son statut parmi les autres établissements d'enseignement supérieur. Plus de 30 éminents professeurs de chacun des départements et écoles de la SJTU ont été rassemblés pour formuler des suggestions constructives afin de remédier à cette situation. Après trois séries de discussions, ils ont formulé des suggestions pour aider la SJTU à se transformer en une université de rang mondial. Le Projet 985, élaboré par le gouvernement central en mai 1998, n'a fait que renforcer la volonté de réforme de SJTU. Le Bureau des études de politique générale a été créé en janvier 1999 et transformé en un département spécialisé chargé de planifier le développement de l'université. À la suite de la réforme des structures administratives, il a été rebaptisé Bureau de planification stratégique en septembre 1999. Depuis lors, il assume simultanément les fonctions de responsabilisation, d'évaluation et de recherche institutionnelle pour donner des orientations et apporter un soutien essentiel aux responsables de l'université et aux autres divisions de l'université pour a) aider la SJTU à accomplir sa mission, qui est de se doter de capacités de rang mondial en matière de recherche et d'enseignement et b) améliorer les programmes et les services de l'université.

Ces efforts ont été déployés à deux niveaux à la STJU. Au niveau de l'université, le Bureau a comparé la SJTU avec ses pairs chinois, comme l'Université Fudan, l'Université Nankai, l'Université de Pékin et l'Université Tsinghua. Il a identifié une série d'indicateurs de performance au niveau de l'université, notamment les matières enseignées, la structure du personnel enseignant, les effectifs, les investissements alloués à la recherche, la qualité et le nombre des publications, l'index de citations et d'autres facteurs. Au second niveau, tous les départements et écoles ont été tenus d'analyser leur propre statut et de définir leurs propres politiques et indicateurs de performance fondés sur la mission et les objectifs de l'université, ce qui a permis à chaque département et à chaque école de clarifier ses responsabilités.

En 2004, la SJTU s'est employée principalement à mener et modifier ses actions institutionnelles. Cela l'a encouragée à déterminer son statut parmi les universités chinoises et mondiales et à définir ses objectifs de développement pour les cinq années suivantes (2005-2010), et à rechercher des voies et approches nouvelles pour les réaliser. Le « Plan stratégique pour 2005-2010 » qui en est résulté a été approuvé par le Conseil de l'université, un service de gestion et d'administration de la SJTU (Li, Liu, et al. 2005). On a élaboré cinq stratégies cohérentes pour traduire la mission et les objectifs de l'université en un processus décisif. Il s'agit tout d'abord de renforcer la capacité de l'université en améliorant la qualité des membres de son personnel enseignant. L'université a pour but d'augmenter rapidement le nombre de ceux qui seront compétitifs au plan international et d'améliorer la qualité du personnel de gestion et technique. La SJTU s'efforce de se doter d'une réserve d'universitaires de premier plan. Le second concept consiste à renforcer les sciences fondamentales en adoptant de nouvelles approches. La SJTU s'efforce également d'employer des universitaires qui ont occupé antérieurement des postes de responsabilité, d'adopter un système d'évaluation de la performance, et de mettre en place des fondations de sciences naturelles. Par ailleurs, l'université encourage la recherche interdisciplinaire dans différents domaines. Face aux besoins du développement national et des sciences d'avant-garde, la SJTU a l'intention d'intégrer diverses ressources, de restructurer l'organisation de la recherche, et de créer une atmosphère académique interdisciplinaire. Enfin, il s'agit de promouvoir l'internationalisation de l'établissement. L'université s'efforce d'améliorer sa gouvernance en a) introduisant des idées et concepts avancés provenant de l'étranger et de brillants éléments ayant un profil international, b) attirant des experts internationaux et des titulaires de doctorats d'universités de rang mondial, c) encourageant le personnel enseignant à s'engager activement dans des organismes académiques internationaux et à participer à des collaborations internationales, d) développant l'enseignement international destiné aux étrangers venant étudier en Chine, et e) renforçant les programmes de collaboration et d'échange internationaux pour élargir les horizons des étudiants. Enfin, l'université collabore activement avec le gouvernement, d'autres universités, des organismes de recherche et des industries chinoises, tout en recherchant et intégrant des ressources publiques diversifiées pour répondre aux impératifs du développement socioéconomique de Shanghai et de la Chine.

Après dix ans de pratiques de ce genre, la SJTU a accompli des progrès. C'est ainsi que par rapport à 1998, ses activités d'enseignement et de recherche couvrent actuellement une gamme plus large de matières, ce qui a permis à l'établissement axé sur l'ingénierie qu'il était auparavant de se transformer en une université polyvalente. Le nombre de communications de haute qualité publiées par des membres du personnel et des étudiants de la SJTU a énormément augmenté, pour passer de 113 en 1997 à 2 331 en 2008 pour les publications dans le SCI (Science Citation Index), de 364 à 2 748 pour les publications dans l'Index de l'ingénierie, et de deux à 59 pour celles citées dans les publications SSCI (Index des citations en sciences sociales). Par son profil et sa performance académique, la SJTU a retrouvé sa position dominante dans le système d'enseignement supérieur chinois.

Au début de 2008, l'université était pleinement consciente du fait que les cinq années suivantes, de 2008 à 2013, seraient une période de transition cruciale. Un nouveau cycle de planification a commencé après l'évaluation de la mise en œuvre du Plan stratégique pour 2005-2010. Par la suite, le Plan stratégique pour 2013 a été établi par le Service de planification stratégique et approuvé par le Conseil de l'université.

Pour mettre le plan en œuvre et améliorer le profil qualitatif et la performance académique de la SJTU de façon à les faire correspondre aux normes mondiales, le service de planification a procédé à une comparaison analytique et à une évaluation de la performance de l'université par rapport à celle de ses homologues internationaux. Les indicateurs de performance couvrent sept aspects : moyens humains de l'université, de l'école et du département (par exemple, le nombre total d'enseignants et de chercheurs et d'étudiants des premier et troisième cycles), le renforcement des capacités (par exemple la proportion d'étudiants étrangers, d'universitaires invités et de cours bilingues), les universitaires renommés (par exemple, le nombre d'auteurs fréquemment cités, de rédacteurs de revues internationales reconnues[4] et de membres de l'Académie des sciences de Chine), l'internationalisation du personnel enseignant et de recherche (par exemple la proportion du personnel titulaire d'un doctorat obtenu dans des établissements étrangers et de diplômes d'universités de rang mondial, du personnel étranger et le nombre de conférences internationales organisées dans l'établissement), le financement de la recherche (par exemple le montant du financement de la recherche fourni dans le cadre de projets financés par l'État et le volume de la collaboration internationale à des fins de recherche), les résultats de la recherche (nombre d'articles publiés dans la revue *Nature and Science*, les indicateurs de citations fréquentes et le nombre de demandes de brevets), et le développement disciplinaire (par exemple le nombre de disciplines clés et de laboratoires et centres de recherche nationaux clés accrédités et reconnus au niveau national et international). Comme on l'a vu, chaque département et école était tenu de fixer ses propres objectifs et indicateurs de performance au niveau de la planification stratégique du département — tâche liée à son exercice de comparaison analytique et d'évaluation. Cet exercice sera analysé en détail dans la section intitulée « Réforme du système de gouvernance et de la gestion ».

Éléments de planification stratégique et problèmes

George Keller (2006) identifie les divers éléments d'une bonne planification stratégique. Les universités et collèges doivent mettre l'accent sur une politique de gestion solide et se fixer des objectifs de développement clairs, s'efforcer activement de réduire les coûts et de s'assurer des recettes, adopter des stratégies flexibles, élargir leur réseau pour assurer le « regroupement » voulu et porter leur regard au-delà des mesures stratégiques tout en évitant un changement structurel de trop grande envergure. On peut également constater ces éléments dans l'élaboration des visions et des politiques de la SJTU.

Une gestion solide a été préconisée à la SJTU. Les responsables de l'université jouent un rôle majeur dans le processus de planification et ont organisé un groupe d'experts qui constitue une solide équipe de gestion. L'université organise des séminaires, des conférences et des ateliers aussi bien avec les décideurs de l'université qu'avec les membres de son personnel enseignant de l'université pour connaître leur avis, et elle révise continuellement les plans. Le processus d'adoption combine un leadership solide avec la contribution et la participation du personnel enseignant et concilie des idées différentes, reposant sur des suggestions émanant aussi bien de la base que du sommet.

L'objectif « en trois temps » de la SJTU fait également apparaître un objectif clair, un ordonnancement planifié et une grande flexibilité. Les objectifs et les missions de l'université sont minutieusement définis, et une série de desseins et d'indicateurs de performance sont identifiés au niveau aussi bien de l'université que de son personnel. Le temps est un facteur important dans les activités d'un établissement aspirant à devenir une université de rang mondial (Salmi 2009). La SJTU est consciente du fait que la création d'une culture de l'excellence ne se fait pas en une seule fois. Dans le cadre de sa mission et de ses plans, l'université s'est efforcée d'ordonnancer les interventions de façon appropriée et de concilier soigneusement les différents objectifs. Des mesures ont été prises pour mettre en place des disciplines, des domaines, des départements et des institutions de rang mondial, et ensuite l'université. Les plans fournissent une base solide et des mesures opérationnelles bien conçues pour exécuter la deuxième phase du Projet 985, jouant un rôle d'orientation dans la stratégie de la SJTU et son développement.

Un autre élément, qui peut être qualifié de « regroupement » (Keller 2006), consiste à utiliser et combiner un ensemble d'éléments positifs et de ressources pour permettre à la SJTU de se rapprocher de l'excellence. L'université a par exemple invité des experts provenant aussi bien de l'université elle-même que de l'extérieur à concevoir les procédures et les politiques. Le panel d'experts maison comprend ceux qui ont une expérience pratique de la gestion de l'université : responsables de l'université, directeurs des grandes divisions de gestion, et directeurs des écoles et départements. Le panel d'experts extérieurs comprend des membres de la China International Engineering Consulting Corporation, qui sont censés émettre un avis indépendant et critique pour analyser la situation de l'université et proposer suggestions et mesures constructives.

Enfin, le programme d'action de la SJTU se caractérise par un excellent rapport coût-efficacité. Le financement a été minutieusement planifié et alloué aux différents départements, instituts et projets.

Malgré son développement progressif, la SJTU connaît également un certain nombre de difficultés et de problèmes communs aux autres universités chinoises. Il est difficile d'optimiser le lien entre la planification actuelle et les changements imprévisibles de demain parce que l'enseignement supérieur, de même que la société elle-même, est en pleine évolution. Ces transformations impliquent que l'on réfléchisse à l'avenir sans le prévoir ni anticiper les changements, ce qui pose un problème potentiel (Dobbins). Pour que l'avenir souhaité se réalise, le programme doit répondre aux objectifs à long terme de l'université et assurer un espace suffisant pour le développement futur et, être flexible de façon à permettre d'éventuelles modifications. Du point de vue du gouvernement, peu d'organismes de gouvernance ou de départements coordonnent ou organisent en détail la tactique des établissements d'enseignement supérieur chinois. Les services compétents proposent seulement aux universités de mettre en œuvre les plans établis et en réalité, ils offrent peu d'instructions sur la façon de procéder. Un autre élément qui peut entraver ces activités essentielles de la SJTU ou d'autres établissements d'enseignement supérieur chinois est que la documentation et les recherches sont limitées en ce qui concerne la valeur, la méthodologie, les procédures et la mise en œuvre de ces politiques. De même, on ne s'est guère inspiré de l'expérience des homologues étrangers.

Structure de gouvernance et réforme de la gestion

Un leadership solide facilite le développement d'une université de recherche. De plus, la mise en œuvre de la planification stratégique s'appuie sur des systèmes de gouvernance et de gestion efficaces de l'université.

La structure de gouvernance des universités chinoises comprend généralement des unités administratives et académiques. Le président prend en charge l'université sous l'autorité du Conseil de l'université (Xi 2005 ; Li 2007). L'organigramme de la SJTU comprend le président, le secrétaire du Parti, dont la fonction — en dehors des affaires du Parti[5] — est censée être équivalente à celle du président du conseil d'administration d'une université occidentale, et les directeurs des écoles et des départements, des instituts et centres de recherche, et des services administratifs.

Le président de l'université est le représentant légal de l'université et le symbole ultime du pouvoir exécutif. Il est généralement nommé par le gouvernement ou élu par la communauté académique, avant d'être approuvé par les autorités. Ce système de nomination risque d'empêcher l'université de sélectionner les leaders les plus aptes à assurer son développement (Zhao et Zhou 2006). Face à cette situation, la SJTU autorise les vice-présidents et le président à partager l'autorité et les responsabilités de la mise en œuvre des politiques et des décisions adoptées par le Conseil de l'université concernant l'enseignement, la recherche, l'administration et d'autres questions.

Le Conseil universitaire

Les structures et limites du pouvoir des universités chinoises ne sont pas aussi claires que dans le cas des universités occidentales. Le plus souvent, en occident, le Conseil universitaire (par exemple, les conseils consultatifs d'enseignants), joue généralement, en tant qu'autorité académique, un rôle clé dans la gestion de l'université. En tant que président du Conseil, le président de l'université coordonne les pouvoirs administratif et académique et met en œuvre les décisions du conseil. Dans les universités chinoises, l'autorité administrative l'emporte généralement sur le pouvoir académique. Du point de vue de l'université, ce système peut peut-être rendre plus efficace la prise des décisions et la mise en œuvre des politiques.

Pour renforcer le processus de décision au niveau académique, la SJTU a créé son Conseil universitaire en décembre 2008. Celui-ci a pour but de développer pleinement les rôles des enseignants et des chercheurs, de renforcer la gestion de l'université et d'améliorer sa réglementation, d'élever le niveau de l'enseignement et de la recherche et d'aider la SJTU à se transformer en une université de recherche (Dong 2008). Le Conseil universitaire comprend quatre divisions correspondant à autant de disciplines, à savoir humanités et sciences sociales, sciences physiques, ingénierie et sciences de la vie, et médecine. Le Conseil universitaire a pour mission d'examiner les diverses politiques concernant le développement institutionnel, de créer des normes académiques et de procéder à des consultations au sujet des grandes questions académiques (Dong 2008).

Comparaison analytique et évaluation

Pour poursuivre et accélérer son développement, la SJTU est consciente du fait qu'elle doit envisager sa performance dans une perspective globale, ce qui signifie que tous les aspects de performance — qualité du personnel enseignant, excellence de la recherche et culture des talents — devraient être évalués et comparés sur la base des normes internationales. Cette approche comparative organise l'objectif global de l'université en indicateurs de performance spécifiques et permet en fin de compte à l'université de déterminer où elle en est, d'avoir des orientations et des objectifs clairs pour son développement futur, et de concevoir des mesures en conséquence. La SJTU procède depuis 2007 à une évaluation à moyen et long terme de ses départements et de ses écoles (Liu, Yang, et al. 2008). La première évaluation a porté sur les Départements de physique et de mathématiques.

Cette évaluation s'est faite en trois temps. La première phase a consisté en une auto-évaluation de chaque département. Les départements ont établi des rapports et préparé des matériels sur les indicateurs des départements et leur développement et leur environnement académiques, leur réputation internationale dans leurs disciplines, leurs thèses de doctorat représentatives des cinq dernières années, et d'autres aspects. Ces rapports devaient également refléter la capacité de recherche et d'enseignement du département par rapport à celle de ses homologues, tant en Chine qu'à l'étranger. Les départements ont été invités à prédire leur développement potentiel futur. Au cours de la deuxième phase, des experts ont lu les rapports. Des informations en retour ont été fournies durant la troisième phase. Les experts ont présenté les résultats de l'évaluation à la direction de l'université. Selon les informations en retour fournies par les experts, chaque département et école a planifié son amélioration et a pris de nouvelles mesures avec l'accord de l'université. Le processus de comparaison analytique et d'évaluation a permis aux départements d'évaluer leur situation du moment, comparée à celle de leurs homologues nationaux et internationaux, et d'analyser ensuite leurs propres points forts et faiblesses.

Le processus d'évaluation a eu un effet considérable sur la SJTU et sur ses départements et ses écoles. Il a inspiré des changements et développement dans l'université. Tout d'abord, l'université a adopté la « norme internationale » comme base d'analyse comparative pour les futures évaluations. Bien que la notion de la transformation de la SJTU en une université de rang mondial remonte à plusieurs années, peu de départements et d'écoles peuvent définir clairement en quoi consiste une telle université. Ce processus d'évaluation à moyen et long terme a permis de mieux comprendre les concepts et les idéologies. Par ailleurs, le concept suivant lequel « la qualité est très importante » est renforcé. En analysant les documents d'évaluation, la SJTU met nettement l'accent sur les indicateurs de qualité comme la réputation mondiale des professeurs, les résultats positifs de recherches de haut niveau, et l'influence des publications, tout en accordant moins d'importance au nombre de communications publiées et aux crédits de recherche. De plus, chaque département et école ne peut mentionner que cinq projets de recherche scientifique et leurs résultats dans son rapport d'auto-évaluation. En d'autres termes, les experts portent des jugements fondés sur les résultats positifs représentatifs de la recherche. Les enseignants sont ainsi censés se concentrer sur l'amélioration de la qualité de leurs futurs travaux de recherche et sur leur originalité. Enfin, pour les départements scientifiques en particulier, l'évaluation aide à bien comprendre la nature, l'orientation et la contribution des diverses disciplines scientifiques. Le processus d'évaluation a permis aux enseignants de se rendre compte que les sciences fondamentales peuvent jouer un grand rôle pour améliorer l'enseignement du premier cycle et rehausser le statut de l'université. Ce processus a solidement ouvert la voie à la réforme du système d'élaboration de la politique de l'université et de sa gestion.

Développement du campus

Le développement du campus peut être considéré comme un autre aspect de la réforme de la gestion de la SJTU. Cette dernière compte actuellement cinq campus à Shanghai, à savoir les campus de Fahuazhen Road, Minhang, Qibao, South Chongqing Road et Xuhui. Initialement le campus principal était situé dans le district de Xuhui, un des centres économiques et commerciaux de Shanghai. Durant les années 80, la pénurie de locaux et les coûts de gestion élevés à Xuhui ont incité l'université à consacrer des investissements considérables au développement du campus de Minhang, qui se trouve à une vingtaine de kilomètres de Xuhui. Après une expansion remarquable durant les années 90, le campus de Minhang est devenu le principal campus universitaire au début du 21e siècle. Il a également été équipé de matériels pédagogiques et d'installations modernes.

Cette restructuration du campus a permis de mettre en place une solide base d'infrastructure pour adapter les objectifs stratégiques de développement de l'université, en améliorant la qualité de l'enseignement et de la recherche et en faisant face à l'augmentation des effectifs (Zhou 2001). Le développement du campus a également permis l'intégration des ressources éducatives. Par exemple, l'École d'électronique et d'ingénierie informatique et électrique avait été dispersée entre cinq bureaux distincts sur le campus de Xuhui, ce qui a entravé le développement de structures de gestion intégrées et efficaces. Sur le campus de Minhang, le nouveau bâtiment regroupe tous ces départements, ce qui facilite la gestion et la communication internes et permet aux départements de partager les ressources, de développer la recherche interdisciplinaire et de poursuivre une stratégie coordonnée de relations extérieures. En outre, l'emplacement du campus de Minhang facilite la coopération entre l'université et l'industrie. Par exemple, la SJTU a renforcé sa collaboration avec le Parc scientifique et industriel de Zizhu, situé juste au sud du campus de Minhang. Ce parc comprend les centres de recherche et de développement d'Intel, ST Microelectronics, Microsoft et d'autres entreprises de haute technologie.

Amélioration de la qualité du personnel enseignant

Depuis la fin des années 90, diverses mesures ont été prises à la SJTU pour améliorer la qualité du personnel enseignant. Avant 1998, la SJTU comptait 1 753 enseignants et chercheurs, dont seulement 25 % avaient le statut de professeurs et seulement 15 % étaient titulaires d'un doctorat. L'université a une série de programmes pour recruter d'éminents universitaires, comme le Programme de professeurs de chaires, le Programme de professeurs éminents, le Programme de chercheurs éminents et le Programme « Morning Star » à l'intention des jeunes universitaires. Plus précisément, la mise en valeur du personnel enseignant a été conduite sous quatre aspects : politiques de l'emploi, programmes de promotion, recrutement d'experts et recrutement au niveau mondial.

La SJTU a progressivement rendu plus stricts les conditions et critères de sélection des enseignants depuis les années 90. Tous ceux qu'elle a recrutés pour la première fois après 2000 doivent être titulaires d'un doctorat ou du diplôme le plus élevé dans leur domaine. De plus, depuis le 1er janvier 2010, l'université encourage ses départements et écoles à employer des titulaires de doctorats d'universités de recherche étrangères, ayant acquis une expérience professionnelle à l'étranger. Cet accent mis sur les diplômes étrangers limite les candidatures des demandeurs hautement qualifiés mais aux diplômes exclusivement chinois. Cette politique de recrutement peut également nuire à la valeur des diplômes de l'enseignement supérieur chinois.

Par rapport aux politiques précédentes, un nouveau programme de promotion du professorat (adopté depuis 2003) a institué deux différences majeures en ce qui concerne les pratiques de promotion et de recrutement. Au lieu d'être simplement promus (sur la base de leur expérience professionnelle et de leurs titres universitaires) à un grade plus élevé, les candidats internes doivent affronter la concurrence de candidats extérieurs. Depuis 2003, ces deux catégories de candidats, en Chine comme à l'étranger, se voient offrir des opportunités égales pour postuler des postes de professeur et de professeur adjoint. De plus, le programme de promotion des professeurs stipule que les candidats peuvent postuler au même poste (de professeur ou professeur adjoint) seulement tous les deux ans, et au maximum trois fois.

L'université s'emploie activement à attirer des universitaires de talent et des experts. L'université promeut également le Programme Morning Star pour encourager et attirer les jeunes universitaires. En outre, le système « Green Passage » fournit un mécanisme rapide et prompt pour répondre à ces demandes et y donner suite. Ce système aide à résoudre des problèmes, tels que les négociations salariales, les avantages non salariaux et les frais de subsistance beaucoup plus rapidement que les procédures traditionnelles. C'est ainsi qu'en appliquant cette politique, l'université a recruté environ 70 universitaires en 2008.

La SJTU s'est clairement fixé comme objectif, dans son plan stratégique, d'accroître encore davantage le nombre total de ses recrutements d'ici à la fin de 2003. Elle a tout d'abord publié environ 400 vacances de postes sur l'Internet, dont 170 postes de professeurs et 229 de professeurs adjoints, ainsi que 20 postes techniques. Au total, 961 demandes d'emploi ont été reçues. Dès la fin de 2004, 87 postes de professeurs et 210 de professeurs adjoints avaient été pourvus. Plus de la moitié des recrues avaient étudié ou enseigné à l'étranger pendant au moins un an. Il est à noter que suivant le principe de la « sélection des meilleurs », la SJTU préfère laisser un poste vacant plutôt que de l'attribuer à quelqu'un insuffisamment qualifié (Xiong 2004).

Les mesures de recrutement évoquées plus haut ont effectivement amélioré la qualité du personnel enseignant. Tout d'abord, le nombre de membres du personnel enseignant à répondu aux besoins de l'université à mesure que ceux-ci augmentaient. On compte actuellement plus de 2 900 enseignants à temps complet, dont environ 700 professeurs et 1 200 professeurs adjoints, et le ratio étudiants enseignants est d'environ 15 pour 1 (Zhang 2008).

Ensuite, la compétence des membres du personnel enseignant s'est améliorée. Du point de vue des qualifications, 85,4 % d'entre eux sont titulaires d'une maîtrise, et 64,4 % d'un doctorat. En ce qui concerne les titres exceptionnels, la SJTU compte 33 académiciens membres des Académies chinoises des Sciences et d'Ingénierie, 72 professeurs et professeurs de chaires sont diplômés de Changjiang, et 57 ont été distingués par le Fonds national de la jeunesse d'élite. Ces talents tout à fait remarquables ont contribué à l'excellence de la recherche à la SJTU.

Enfin, le nombre de membres du personnel enseignant de l'université diplômés d'universités étrangères a fortement augmenté. Par exemple, le pourcentage, parmi eux, de titulaires de doctorats d'universités étrangères est passé de 5 % en 2004 à 12 % en 2008, et la plupart ont étudié ou enseigné à l'étranger.

En dépit du succès avec lequel elle a attiré des enseignants de haut niveau, l'université se rend compte que ce recrutement ne va pas sans problèmes et difficultés. Un certain nombre de mesures et de programmes de recrutement ont été mis en place pour assurer à l'université le développement rapide auquel elle aspire. Toutefois, cette sorte de réforme de la gestion des ressources humaines est relativement nouvelle dans la pratique de la SJTU, qui ne peut tirer aucun enseignement du passé. Un ajustement et un réajustement de la politique s'imposent pour répondre promptement à des questions concernant notamment les contrats de travail, le cadre de vie et d'autres conditions de logement (notamment le système d'enregistrement du logement de Shanghai[6]). Du point de vue des enseignants, la rémunération financière pourrait peut-être permettre à l'université d'attirer des enseignants qualifiés mais la question des avantages économiques peut créer des différences entre divers groupes. Par exemple, des différences peuvent apparaître entre des personnes revenant de l'étranger et le personnel formé sur place, ainsi qu'entre des personnes revenues depuis peu et d'autres, rapatriées il y a de nombreuses années (Liu 2010). Une autre question se pose, à propos de la façon dont l'université peut aider des universitaires de retour de l'étranger à établir avec succès leur réseau de recherche dans les milieux universitaires chinois (SJTU 2010). Face à ces problèmes, la SJTU ne dispose que d'une expérience limitée. L'université et sa Division des ressources humaines se rendent compte que des discussions et une communication plus poussées avec les enseignants sont nécessaires (SJTU, 2010).

L'université a pour but de se doter d'un personnel enseignant de rang mondial d'ici à 2020, avec un groupe d'universitaires et de jeunes gens talentueux qui sont très demandés aux fins du développement stratégique national et qui participent aux recherches internationales d'avant-garde dans les domaines scientifique et technologique. Plus précisément, elle continuera à ajuster et améliorer la structure de son personnel enseignant, en se fixant comme objectif un nombre d'enseignants à temps complet estimé à 3 400, dont plus d'un tiers de rang mondial. L'université continuera à s'employer activement à attirer de grands talents, en se fixant pour objectif d'employer 200 membres de l'Académie des Sciences et de l'Académie d'ingénierie de Chine, 400 professeurs éminents et 800 chercheurs éminents.

Encouragement du développement des disciplines universitaires et de l'excellence dans la recherche

La SJTU a pour but de se transformer en une université de recherche de grande envergure couvrant 12 disciplines : sciences naturelles, ingénierie, médecine, gestion, droit, économie, agriculture, sciences sociales, humanités, pédagogie, histoire et études militaires. Pour dispenser un enseignement de meilleure qualité et renforcer ses capacités, l'université ne cesse de développer ses disciplines universitaires et d'encourager l'excellence de la recherche.

Développement des disciplines universitaires

Tout au long de son histoire, la SJTU s'est concentrée sur les disciplines scientifiques et technologiques et pour renforcer sa dimension académique, elle a adopté diverses approches pour développer différentes disciplines.

Avec l'appui des pouvoirs publics, l'université a encouragé des fusions avec une faculté d'agriculture et une faculté de médecine de la région en 1999 et 2005, respectivement dans le but explicite de se transformer en une université de recherche plus grande et polyvalente et d'enrichir sa gamme de disciplines universitaires. Ces fusions permettent aux établissements concernés de partager des moyens d'enseignement et de recherche, de regrouper leurs capacités académiques et renforcer leur prestige international. Parmi les problèmes qu'entraîne une fusion figurent des besoins et des intérêts contradictoires et des cultures académiques difficiles à concilier (Salmi 2009). La SJTU a cependant davantage de chances de succès car la pression en faveur des fusions s'exerce dans le contexte de l'objectif commun des établissements participants, qui est de créer la culture académique de rang mondial et la transformation de la vision propres à assurer une cohérence interne. De plus, SJTU a permis aux deux autres établissements de disposer d'une relative autonomie de gestion.

Depuis 2007, l'université propose de nouveaux objectifs et stratégies pour le développement de ses disciplines universitaires. Les méthodes utilisées visent notamment à préserver l'éminence de ses départements vedettes et leur développement disciplinaire, à renforcer ses programmes et départements disciplinaires de base, à prévoir des dispositions spéciales pour ses disciplines vedettes, à soutenir les départements peu performants et leur développement disciplinaire, et à encourager la recherche interdisciplinaire[7]. L'université s'est particulièrement concentrée sur la stratégie consistant à soutenir les départements peu performants et leur développement disciplinaire, comme par exemple ceux des sciences sociales.

Le développement relativement faible des disciplines de sciences sociales crée maintenant un problème de goulet d'étranglement qui empêche les établissements de science et de technologie de s'associer à la SJTU pour constituer une université polyvalente. En outre, les membres de la haute direction ont majoritairement une formation scientifique et technologique. Dans une certaine mesure, cette caractéristique favorise le développement des disciplines scientifiques (par exemple, du point de vue des ressources allouées à l'enseignement et à la recherche). Toutefois, elle empêche également les étudiants d'obtenir une instruction plus poussée (Ma et Chen 2005). C'est dans ce contexte qu'a été créé en 2002 le Bureau d'administration des sciences sociales, chargé de développer et gérer les disciplines dans le domaine des sciences sociales, d'organiser les demandes de financement de recherches pour les sujets relevant des sciences sociales, de promouvoir la culture universitaire et de coordonner la publication de revues. Ce bureau propose des principes précis pour développer les disciplines liées aux sciences sociales — c'est-à-dire renforcer le rôle fondamental et particulier des sciences sociales dans le développement disciplinaire de la SJTU, introduisant d'éminents professeurs chinois et étrangers dans des domaines relevant des sciences sociales pour renforcer la capacité de recherche, promouvoir des recherches diversifiées pour répondre aux besoins de la société, et établir des partenariats internationaux avec des établissements du monde entier pour apprendre à leur contact.

Avec ces politiques et stratégies, la structure disciplinaire académique a été élargie et enrichie et sa qualité améliorée. Dans l'évaluation nationale des disciplines universitaires, la SJTU est classée parmi les trois meilleures dans six disciplines, et parmi les dix meilleures du pays dans onze disciplines.

Encouragement de l'excellence de la recherche

La SJTU encourage ses enseignants à effectuer des recherches au niveau international. Elle s'efforce d'intégrer les résultats positifs de la recherche et le développement d'entreprises clés, de collaborer étroitement au développement des industries futures, et de contribuer à la mise en place d'un système d'innovation en Chine. L'université étudie également les problèmes internationaux de façon approfondie et conseille le gouvernement quant aux politiques à suivre. Par le transfert de savoir, elle s'efforce de résoudre les problèmes scientifiques et technologiques liés au développement industriel et d'inspirer le développement de la recherche et la mise en valeur de ses talents. Plus précisément, elle a adopté quatre options principales — récompenser les revues internationales, soutenir la recherche de classe internationale, encourager la recherche appliquée et le transfert de technologie et utiliser les ressources de la recherche pour développer les talents et mieux assurer ainsi son excellence en matière de recherche.

Récompense de la publication dans des revues internationales. La publication dans des revues ou ouvrages internationaux est importante dans l'évaluation de l'excellence de la recherche en Chine. La SJTU a également proposé des politiques et règlements destinés à améliorer la qualité des publications. En 1999, elle a tout d'abord institué une politique de récompense des articles scientifiques citées dans le SCI. Une récompense de 10 000 yuans (environ 1 480 dollars) est offerte pour chacun de ces articles, et 90 % de ce montant financent de nouvelles recherches, les 10 % restants récompensant le chercheur. Par ailleurs, l'Institut de hautes études de la SJTU a élaboré une politique suivant laquelle tous les doctorants en science et dans les sciences de l'ingénieur sont tenus de publier dans des revues internationales. C'est ainsi que les doctorants en sciences doivent publier au moins une communication citée dans le SCI, de même que les doctorants en ingénierie, qui peuvent en outre en publier une en anglais citée dans l'Index de l'ingénierie, pour pouvoir préparer un doctorat. De plus, la politique précise clairement que seule un article publié avec le nom de l'étudiant comme premier auteur peut être considérée comme une publication à part entière. D'autres publications ne peuvent être prises en considération si l'élève est le troisième auteur, sinon plus. Cette politique a été ultérieurement adoptée par d'autres départements et écoles. Troisièmement, l'université s'est concentrée sur la qualité des publications, plutôt que sur leur quantité. Par exemple, le nombre d'articles figurant dans le SCI est passé à 2 331 en 2007, pour en arriver à des niveaux comparables à ceux des 100 universités en tête du classement mondial.

L'envergure des publications a également augmenté quelque peu, mais elle reste inférieure à celle d'autres universités de rang mondial (Zheng, 2008). On a mis fortement l'accent sur le développement de recherche de haute qualité et innovante pour susciter un développement plus poussé dans des disciplines bien déterminées ainsi que dans l'ensemble de l'université. Pour encourager les publications de qualité et améliorer leur influence internationale, la SJTU a institué en 2007 un nouveau système de récompense et d'évaluation des articles. Le nouveau système réduit la récompense accordée pour les publications citées par le SCI et pour celles citées à l'Index des sciences de l'ingénieur qui sont de qualité moyenne (1 000 yuans, soit environ 148 dollars pour chaque article cité par le SCI et 800 yuans [environ 120 dollars] pour chaque article cité par l'Index des sciences de l'ingénieur), tandis que les articles de haute qualité et les plus influents sont récompensées comme auparavant (SJTU 2006).

Encourager la recherche appliquée et le transfert de technologie. L'université encourage les succès en recherche et le transfert de technologie, et elle participe à des études et des consultations pour aider à l'élaboration de la politique gouvernementale et au développement économique local. Elle encourage les membres du personnel enseignant à commercialiser leurs brevets en créant un centre de transfert de technologie et une plate-forme d'information sur les brevets, et en permettant au personnel enseignant de s'investir personnellement et de bénéficier de cet investissement commercialisé. Le transfert de technologie a comporté de nombreux avantages économiques et il encourage le développement des technologies de demain. Avec le support du Projet 985 durant toute la décennie, les membres d'une équipe d'un projet de recherche et de développement fondé sur un projet de prototype fonctionnel de télévision à haute définition ont largement contribué au développement technologique de la Chine.

De plus, la SJTU met l'accent sur le développement de la recherche en sciences sociales. En conséquence, elle conseille le gouvernement et des organisations locales au sujet du développement socioéconomique régional et communautaire. Par exemple, l'Institut de hautes études pédagogiques de la SJTU a procédé à une série de consultations fructueuses avec les pouvoirs publics sur l'édification d'universités de rang mondial et l'élaboration d'une politique scientifique et technologique. Depuis 2003, cet institut publie chaque année le classement académique des universités, qui est largement reconnu par la communauté internationale (SJTU, 2008).

Utilisation des moyens de la recherche pour la mise en valeur des talents. La SJTU s'est efforcée d'améliorer ses moyens de recherche en élevant fortement le niveau des crédits de recherche, en collaborant avec l'industrie et d'autres centres de recherche et en promouvant des normes d'enseignement supérieur et de recherche aux niveaux de l'enseignement des premier et troisième cycles. Ces approches ont été résolument appuyées par les experts du ministère de l'Éducation.

L'université a organisé des programmes et cours expérimentaux pour l'enseignement du premier cycle et professionnel, avec des ressources et des installations de haute qualité. De plus, la recherche a été intégrée à l'enseignement et à l'apprentissage. L'université a mis au point 400 cours approfondis et novateurs, représentant 85 % du nombre total de cours expérimentaux. Elle a également augmenté ses investissements dans l'enseignement de programmes expérimentaux et met en œuvre, pour ses étudiants, des projets de participation à des programmes de recherche, ainsi qu'à des projets de recherche innovants. En conséquence, les capacités d'innovation des étudiants ne cessent de s'améliorer, et ces derniers ont donné la preuve de leur talent dans des compétitions scientifiques et technologiques. En 2010, une équipe d'étudiants de la SJTU a remporté le championnat de l'ACM (Association for Computing Machinery), dans le cadre du Concours International Universitaire de Programmation.

La STJU tire parti des recherches effectuées en collaboration par l'université et l'industrie au niveau du troisième cycle. Ces partenariats université-industrie, relativement récents dans l'enseignement supérieur chinois, fournissent un soutien crucial pour améliorer le développement de l'université et en faire une université de rang mondial (Ma 2005). L'objectif à long terme de ces partenariats est d'améliorer la qualité de l'enseignement du troisième cycle en mettant la théorie en application. La collaboration entre l'université et l'industrie en matière de recherche permet aux étudiants de développer leurs capacités d'innovation et d'acquérir une expérience pratique (Shen et al. 2009). La SJTU a établi plusieurs programmes de collaboration entre l'université et l'industrie en matière de recherche. Avec le concours du Parc scientifique et industriel de Zizhu et d'autres entreprises axées sur la recherche, l'université continue à développer ses programmes d'enseignement du troisième cycle. Les étudiants se voient offrir des possibilités de stage dans le cadre de projets importants dirigés par les entreprises. En même temps, des ingénieurs chevronnés de l'industrie sont invités à enseigner à des étudiants du premier cycle à la SJTU, et à les encadrer.

Par exemple, la SJTU développe depuis 2004 son partenariat avec la Shanghai Baoshan Iron and Steel Company. Des experts de cette entreprise sont invités à superviser des étudiants faisant des études de troisième cycle, et le personnel technique de l'entreprise s'emploie activement à enseigner et à aider les étudiants. Ces cinq dernières années, ce programme de collaboration a permis de former 79 étudiants en maîtrise et 13 doctorants, et 50 experts ont participé aux activités d'enseignement et de supervision. Selon le rapport d'auto-évaluation de la SJTU de 2009, un nombre croissant d'étudiants a choisi d'étudier avec des experts de l'industrie (SJTU, 2009).

Ce modèle d'éducation et de formation a été affirmé par le ministère de l'Éducation et la Commission de l'Éducation de Shanghai, et a été retenu dans le cadre du Plan d'innovation concernant les études du troisième cycle 2003-2005. L'administration locale a préconisé l'extension de ce modèle aux autres universités de Shanghai.

Promotion des stratégies d'internationalisation

Une université peut se transformer en une université de recherche en utilisant efficacement des stratégies d'internationalisation (Salmi 2009). La SJTU s'est employée activement à assurer la formation de jeunes talents compétitifs au plan international et à mettre en place un système d'enseignement supérieur conforme aux normes internationales et fondés sur des concepts éducatifs d'avant-garde. Plus précisément, les stratégies d'internationalisation sont conçues en fonction des étudiants, du personnel enseignant, de la recherche et des programmes. Les politiques concernant le personnel enseignant et la recherche en matière de développement ont été examinées précédemment. L'analyse suivante portera sur les divers aspects des étudiants et des programmes.

Enseignement et apprentissage bilingues

L'enseignement bilingue est préconisé à la SJTU depuis 1998, et ce afin d'améliorer les compétences des étudiants en anglais ainsi qu'en chinois. De 1998 à 2005, environ 135 cours bilingues ont été donnés à 11 000 étudiants par 132 enseignants. Ces cours bilingues ont représenté environ 10 % des cours disciplinaires offerts par la SJTU. Cette proportion passera à 15 % d'ici à 2010 (Équipe de la SJTU pour la planification stratégique

GEE 2006). En outre, une aide financière spéciale est accordée pour les cours bilingues. Par exemple, chaque nouveau cours bilingue recevra une aide financière d'un montant total de 5 000 à 8 000 yuans (de 740 à 1 180 dollars environ). De plus, les étudiants de la SJTU sont tenus de prendre un minimum de 16 unités de valeur en anglais (SJTU, 2007). On n'a cependant guère effectué de recherches sur l'efficacité des cours bilingues donnés à l'université. Il serait utile de tenter de déterminer comment les enseignants dispensent un enseignement bilingue et comment les étudiants réagissent à cet enseignement, et d'étudier ensuite l'éventuel écart existant entre l'objectif de cette politique et son exécution.

Cours d'été, échange d'étudiants et stages

Pour élargir l'expérience internationale de ses étudiants, l'université offre une série de programmes qui encouragent et soutiennent les étudiants à tous les niveaux pour étudier dans des pays étrangers et les visiter.

Au niveau du premier cycle, l'université offre divers voyages d'étude et aide les meilleurs étudiants à participer à un cycle d'études universitaires à l'étranger et à des programmes d'échange d'un semestre, à des stages de trois mois à l'étranger, et à des programmes de formation d'été dans des universités étrangères. La SJTU espère offrir à ses étudiants diverses possibilités de voyager dans le monde et de découvrir d'autres cultures. L'université est convaincue que cette ouverture internationale enrichira l'expérience académique et professionnelle des étudiants et les rendra plus compétitifs au plan international. Jusqu'en 2008, 19,4 % des étudiants du premier cycle de la SJTU ont participé à ces voyages d'étude, et dès 2010, leur pourcentage était passé à 25 % et selon les plans stratégiques de l'université, il devrait atteindre 50 % en 2020 (SJTU, 2007). De plus, l'université offre depuis 2008 des bourses aux étudiants qui n'ont pas nécessairement les moyens financiers de profiter de ces opportunités. C'est la première fois en Chine que la SJTU apporte une aide financière aux étudiants du premier cycle qui n'ont pas les moyens financiers d'étudier à l'étranger (Bureau des questions pédagogiques de la SJTU, 2009).

La SJTU est la première université chinoise à se voir attribuer des bourses de stage à l'étranger de l'Association internationale pour l'échange d'étudiants en vue de l'acquisition d'une expérience technique (AIEEET). Le programme de l'AIEEET offre des bourses aux étudiants en début et en fin de premier cycle ainsi qu'aux étudiants du troisième cycle dans les domaines de l'ingénierie chimique, de la chimie et des matériaux, pour la maîtrise de gestion d'entreprise, et la gestion financière (Bureau des affaires pédagogiques de la SJTU, 2007).

Au niveau du doctorat, l'université encourage les étudiants à visiter des universités de rang mondial et à y étudier pour entreprendre des recherches de pointe, renforcer leur capacité de recherche et améliorer leur compétitivité internationale (Institut des hautes études de la SJTU, 2007). Certains étudiants reçoivent de la SJTU des bourses qui couvrent les frais de scolarité, de voyage et de subsistance, et ils travaillent sous la direction conjointe de leurs maîtres de thèse à la SJTU et à l'étranger. À ce jour, 15 % des doctorants de la SJTU ont eu cette expérience.

Selon des recherches effectuées par l'Institut des hautes études de la SJTU, les étudiants ayant fait des études à l'étranger étaient satisfaits et ont émis un avis positif sur leur expérience internationale et son influence sur leur formation (Yang et al. 2008). En 2008, 46,3 % d'entre eux ont vu dans leur expérience internationale une excellente occasion d'acquérir des connaissances de pointe dans leur domaine, 7,4 % seulement des étudiants étant d'un avis tout à fait opposé ; 47,9 % étaient fermement convaincus d'avoir amélioré leurs compétences linguistiques grâce à ces programmes, contre 5,3 % seulement d'un avis contraire ; 41,5 % des étudiants étaient fermement convaincus que leurs activités avaient renforcé leur confiance en eux-mêmes, contre 7,4 % de sceptiques. De plus, 39,9 % des étudiants ont déclaré éprouver de la considération pour les autres cultures.

Cycles d'études conjoints et Instituts mixtes

La SJTU collabore activement avec des universités jouissant d'un prestige international en organisant des cycles d'études conjoints et des instituts mixtes. En étudiant et en utilisant des ressources éducatives optimales, l'université s'efforce d'apprendre au contact d'autres universités de recherche de rang mondial, de s'inspirer de leurs modes de gouvernance et de gestion, de mettre à l'essai leur modèle de curriculum et de former un personnel hautement qualifié compétitif au plan international.

Les programmes d'études conjoints comprennent des collaborations de la SJTU avec l'Université technique de Berlin, l'École centrale (Lille, Lyon, Marseille, Nantes et Paris), l'École des Mines de Nantes (France), l'Institut de technologie de l'Etat de Géorgia et l'Université du Michigan aux Etats-Unis. En 2007, la SJTU a également coopéré avec le Massachusetts Institute of Technology pour lancer le programme China Leaders for Manufacturing (Tong, 2008). En Chine, il s'agit du premier et unique programme d'études universitaires au niveau du troisième cycle pour la formation de la prochaine génération de dirigeants des industries manufacturières (Équipes SJTU pour la planification stratégique, 2006).

La SJTU encourage ses départements et écoles à collaborer avec des universités et établissements étrangers. Dans le cadre de cette politique, quelques instituts mixtes ont été construits. Par exemple, un accord relatif à la reconstruction de l'École d'ingénierie mécanique et de la SJTU en collaboration avec l'Université du Michigan a été signé en août 2000. Ce projet visait à faire de l'École d'ingénierie mécanique un institut de réputation mondiale. Un modèle « 4+2+3 » (programmes de premier cycle de quatre ans, maîtrise en deux ans et programmes de doctorat en trois ans) a été proposé dans cet accord. En 2006, les deux universités ont créé l'Institut mixte Université du Michigan-Université Jiao Tong de Shanghai, fruit de la collaboration entre une université chinoise et une université de rang mondial (SJTU 2009).

D'autres instituts mixtes ont été formés. Par exemple, le Centre sino-américain d'enseignement et de recherche sur le droit de l'environnement a l'intention, en collaboration avec l'Université Pace, de procéder à des échanges à long terme d'universitaires avec d'autres universités d'élite. La collaboration entre l'Université Columbia et l'École des affaires internationales et publiques a renforcé le partenariat stratégique à long terme entre les deux établissements, en vue de former un personnel d'administration publique très demandé à l'ère de la mondialisation (Du 2008).

La stratégie d'internationalisation de la SJTU s'est également étendues à l'étranger. Les programmes de maîtrise de gestion d'entreprises de l'université sont menés depuis 14 ans en collaboration avec des établissements d'enseignement de Singapour, et plus de 400 étudiants en sont sortis diplômés. En 2002, la SJTU a, avec l'accord du ministère de l'Éducation, créé son propre campus hors frontières à Singapour. Il s'agit du premier campus universitaire créé à l'étranger par une université chinoise. En même temps, la SJTU est la neuvième université avec laquelle le Gouvernement singapourien collabore au niveau mondial.

Importance de l'internationalisation

En bref, la stratégie d'internationalisation a été intégrée à tous les aspects du développement de la SJTU, notamment aux activités et programmes de renforcement des capacités des étudiants, développement disciplinaire, conception du cursus, moyens d'enseignement et de recherche, gouvernance et gestion. Dans le passé, la stratégie d'internationalisation se concentrait sur une large gamme d'activités axées uniquement sur l'importation mais la SJTU s'efforce maintenant de développer un mode d'internationalisation approfondi, avec des activités et des programmes axés à la fois sur l'importation et l'exportation. Pour assurer le développement de l'université, la politique d'internationalisation conseille de s'inspirer de l'expérience d'autres universités de rang mondial en intégrant différents concepts de gouvernance et de gestion des universités, en adoptant des normes internationales pour améliorer la qualité sous tous ses aspects et en faisant prendre conscience aux membres du personnel et aux étudiants de la concurrence mondiale et de la diversité des cultures.

Diversification des ressources financières

Comme d'autres universités publiques chinoises, la SJTU a diverses sources de financement — crédits publics, revenu de la recherche, frais de scolarité, entreprises gérées par l'université et dons provenant aussi bien de particuliers que d'organisations sociales.

Les autorités tant centrales que locales allouent régulièrement des crédits aux universités nationales en fonction du nombre d'étudiants (Liu, 2009). Les crédits ordinaires dont bénéficie la SJTU lui sont accordés essentiellement par le gouvernement central.

Retenue comme une des principales universités participantes, la SJTU a bénéficié d'un financement supplémentaire dans le cadre des Projets 211 et 985. Le financement fourni au titre du Projet 211 est axé sur trois domaines principaux — amélioration de la capacité institutionnelle de recherche, développement des domaines disciplinaires clés et développement du campus numérique et des infrastructures. Le Projet 985 finance les activités de l'université dans les principaux domaines suivants : renforcement des capacités de recherche, développement des infrastructures et du campus, recrutement de talents et perfectionnement du personnel enseignant, et coopération internationale. Sur le financement du gouvernement central, 25 % ont été investis dans le perfectionnement du personnel enseignant, 60 % dans le renforcement des capacités de recherche, 5 % dans l'enseignement des premier et troisième cycles, 5 % dans le développement du campus numérique, et 5 % dans la collaboration internationale.

Les revenus de la recherche constituent une autre source de financement pour la SJTU. La recherche est largement financée par des organismes gouvernementaux et le secteur industriel pour le renforcement de la capacité de recherche de l'université. Depuis la réforme du partage des coûts dans le secteur de l'enseignement supérieur, l'université fait maintenant payer des frais de scolarité, qui représentent maintenant une forte proportion de son revenu total. Les dons et d'autres sources d'aide privée à la SJTU sont également devenus une importante source de revenu pour l'université. Beaucoup de ses nouveaux bâtiments ont été financés par des donations d'anciens étudiants ou de célébrités. De plus, une entreprise privée, la Beijing Zizhu Pharmaceuticals Co. Ltd., a offert à l'université environ un milliard de yuans d'aide financière. Ce don est le plus important jamais offert à une université par une entreprise chinoise.

Le budget total de la SJTU a plus que quadruplé au cours des dix dernières années. Les recettes de la SJTU comprennent 20 % de financement ordinaire fourni par l'État, 20 % de fonds spéciaux provenant d'initiatives des pouvoirs publics, comme les Projets 985 et 211, 30 % de revenu de la recherche, 20 % de frais de scolarité et 10 % d'autres ressources, notamment les dons et le revenu d'entreprises gérées par l'université.

Conclusion

La création d'universités de recherche est une entreprise passionnante nécessitant du temps et des ressources dans quelque pays que ce soit (Shi, 2009). Il n'existe pas de formule universelle pour développer ces universités (Salmi, 2009). La SJTU a transformé ses conditions particulières en opportunités pour créer une université de recherche de classe internationale, et elle a accompli des progrès sensibles à beaucoup d'égards.

L'université a changé son style de gestion, passant d'un type d'administration traditionnelle à une gestion stratégique. Cette transformation permet à la SJTU d'envisager l'avenir sous un jour favorable pour se doter d'une vision audacieuse de sa mission et de ses objectifs et concevoir en conséquence une série de procédures pour la conduite de ses activités courantes. La SJTU prend en compte son environnement extérieur ainsi que ses capacités organisationnelles, ses objectifs globaux et l'orientation de son développement et intègre différentes activités de gestion telles que l'évaluation de la performance à moyen et long terme de ses écoles et départements, la diversification de ses ressources financières et des politiques de l'emploi innovantes.

Le développement de la SJTU repose sur des normes internationales et sur une concurrence internationale plutôt que nationale. Consciente de l'écart qui la sépare de l'élite des universités internationales, la SJTU a encouragé ses écoles et départements à comparer leur performance avec celle de ses homologues internationaux pour l'évaluer en fonction de normes et indicateurs internationaux, à pousser la recherche à s'impliquer dans le monde académique international, et, pour renforcer ses ressources humaines à recruter dans le monde entier des enseignants aux titres universitaires reconnus au plan international. Cette stratégie permet à la SJTU d'examiner toute différence avec les autres universités de recherche et de fixer des objectifs clairs pour combler ces écarts.

La politique de développement de la SJTU met dorénavant l'accent sur la qualité plutôt que sur la quantité et sur l'amélioration de l'enseignement, de l'apprentissage et de la recherche plutôt que sur la construction d'infrastructures. Par exemple, la SJTU encourage et récompense maintenant les membres du personnel enseignant et les étudiants pour les articles de qualité publiés dans des revues internationales réputées dans des domaines pertinents, tandis que précédemment, l'université les encourageait et les récompensait simplement pour le nombre de leurs articles qui paraissaient dans des publications internationales.

Malgré ses progrès, il reste à la SJTU beaucoup à faire pour réaliser son objectif consistant à se développer et à devenir une université de recherche. La SJTU doit s'appliquer à préciser sa vision globale à long terme d'une université de recherche de rang mondial en s'appuyant sur des objectifs, des besoins et des perspectives spécifiques à court terme. Un autre problème consiste à transformer la culture organisationnelle de la SJTU en une véritable culture de la qualité, au lieu d'adopter une approche mécanique fondée sur des indicateurs ou des classements. Bien que l'obtention de meilleurs résultats aux classements internationaux s'inscrive dans la vision de l'université, le développement doit avoir pour but principal d'améliorer la qualité de l'enseignement, de la recherche et des services qu'elle offre.

Notes

1. Ces neuf universités d'élite, sélectionnées au début de la première phase du Projet 985 sont l'Université de Fudan, l'Institut de Technologie de Harbin, l'Université de Nanjing, l'Université de Pékin, la SJTU, l'Université de Tsinghua, l'Université de Science et Technologie de Chine, l'Université de Xi'an Jiaotong et l'Université de Zhejiang.

2. Pour les articles émanant des membres du personnel et des étudiants de ces neuf universités qui ont été publiées dans le monde, le nombre moyen figurant dans la base de données scientifiques Thomson a atteint 2 400 en 2008, soit dix fois plus qu'en 1999. La performance des membres du personnel et des étudiants s'est également améliorée sensiblement, du point de vue des chercheurs fréquemment cités et des communications publiées dans *Nature and Science.*

3. Par exemple, selon le *Classement académique des universités mondiales* (SJTU, 2008), le nombre d'universités chinoises figurant parmi les 300 les mieux classées est passé de zéro en 2000 à six en 2008, et celui des universités chinoises parmi les 500 les mieux classées est passé dans le même temps de quatre à 18.

4. Ces revues figurent dans l'Index de citations des sciences sociales, l'Index de citations des sciences élargi et l'Index de citations des arts & humanités.

5. Dans la pratique, la plupart des secrétaires du Parti participent directement à la gestion de l'université et ils font parfois office de coprésidents.

6. Le système d'enregistrement du logement est un système de permis de résidence. Chaque personne doit être enregistrée comme résidente d'une ville ou d'un village particulier et par l'intermédiaire de ce système, elle a accès à des services comme les soins de santé et l'école.

7. Selon les documents de la SJTU et les informations la concernant, parmi ses départements vedettes figurent l'ingénierie, les sciences de la vie, l'économie et la gestion ; les sciences naturelles sont sa discipline de base et l'université a également des départements de droit, agriculture, sciences sociales et humanités. Les départements des sciences sociales et des humanités sont considérés comme relativement peu performants dans le développement disciplinaire de la SJTU, mais ils offrent une série de disciplines spécialisées et jouent ainsi un rôle important dans la transformation de la SJTU en une université de recherche de rang mondial.

Références

Dobbins, Craig. n.d. "Strategic Planning: External Environmental Scanning." Center for Food and Agricultural Business, Purdue University, West Lafayette, IN. http://www.agecon.purdue.edu/extension/sbpcp/resources/exscan.pdf. Accessed March 5, 2010.

Dong, S. X. 2008. "The New Decision-making Department for Academic Issues: The First Academic Committee Founded." [In Chinese]. *SJTU News*. http://www.sjtu.edu.cn/news/shownews.php?id=18873. Accessed September 1, 2009.

Du, X. 2008. "Training Talent of Excellence with SJTU Characteristics." [In Chinese]. *SJTU E-Journal* 3. http://sjtu.cuepa.cn/show_more.php?doc_id=120991. Accessed September 1, 2009.

Keller, George. 2006. "Higher Education Management: Challenges and Strategies." In *International Handbook of Higher Education*, ed. James F. Forest and Philip G. Altbach, 229–42. Dordrecht, Netherlands: Springer.

Lauder, Hugh, Phillip Brown, and David Ashton. 2008. "Education, Globalization, and the Future of the Knowledge Economy." *European Educational Research Journal* 7 (2): 131–56.

Li, J., S. X. Liu, P. Chen, and H. Y. Huang. 2005. "Strategic Development of Higher Education." [In Chinese.] *Education Development and Research 3*: 94–96.

Li, W. 2007. "A Discussion on Power Organization in Chinese Higher Education." [In Chinese.] Master's thesis, Shanxi Normal University, Xi'an, China.

Liu, Nian Cai. 2009. *Building Up World-Class Universities: A Comparison*. Hiroshima, Japan: Research Institute for Higher Education, Hiroshima University.

Liu, N. C., L. Liu, Y. Cheng, and T. T. Wan. 2003. "'985 Project' Narrows Down the Gap between Chinese Top Universities and Other World-Class Universities." [In Chinese.] *Chinese Higher Education* 17: 22–24.

Liu, N. C., J. Yang, Y. Wu, and Y. Cheng. 2008. "Medium- and Long-term Performance Evaluation: The Case of Shanghai Jiao Tong University." [In Chinese.] Vol. 1. of *Case Studies on Chinese Higher Education*, ed. X. J. Liu. Wuhan, China: Huazhong University of Science and Technology Press.

Liu, R. J. 2010. "The Study about Living Environment and State of Overseas Returnees in Chinese Universities." [In Chinese]. Master's thesis, Shanghai Jiao Tong University, Shanghai.

Ma, D. X. 2005. "Promoting Talent Training through University-Industry Research Collaboration." [In Chinese.] *Wenhui Newspaper*, December 20. http://gfb.sjtu.edu.cn/yjcg_read.jsp?id=47&page=1. Accessed September 1, 2009.

Ma, R. S., and Z. F. Chen. 2005. "The Influence of Habitual Thinking in the Way of Liberal Arts Education in the Science and Engineering Institutions." [In Chinese.] *Journal of Henan Vocation-Technical Teachers College* 2: 17–18.

Ministerial Office of 211 Project, China. 2007. *Report on 211 Project 1995–2005*. Beijing: Higher Education Press.

Ministry of Education, China. 1998. "The Action Plan for Education Revitalization for the 21st Century." [In Chinese.] Ministry of Education, Beijing. http://www.moe.gov.cn/edoas/website18/level3.jsp?tablename=208&infoid=3337. Accessed July 1, 2009.

————. 2008. "985 Project." [In Chinese.] Ministry of Education, Beijing. http://www.moe.gov.cn/edoas/website18/level3.jsp?tablename=1476&infoid=1223534999341199. Accessed July 1, 2009.

Salmi, Jamil. 2009. *The Challenge of Establishing World-Class Universities.* Washington, DC: World Bank.

Schwab, Klaus, ed. 2009. *The Global Competitiveness Report 2009–2010.* Geneva: World Economic Forum.

Shen, C., P. P. Li, W. D. Shi, and R. G. Liu. 2009. "The Application of Contingency Theory in the Collaborative Education of Graduate Students among Government, Business, University and Institutes." [In Chinese.] *Journal of Jiangsu University (Social Science Edition)* 11 (2): 83–86.

Shi, Jing Huan. 2009. "Combining Vision, Mission and Action: Tsinghua's Experience in Building a World-Class University." In *The World-Class University as Part of a New Higher Education Paradigm: From Institutional Qualities to Systemic Excellence*, ed. Jan Sadlak and Nian Cai Liu, 307–24. Bucharest, Romania: United Nations Educational, Scientific, and Cultural Organization–European Centre for Higher Education.

SJTU (Shanghai Jiao Tong University). 2006. "Guidelines for Scientific Achievements Rewarding and Intellectual Property Management." SJTU, Shanghai. http://me.sjtu.edu.cn/bszn_kygl.asp?lanmu=bszn&name=%E7%A7%91%E7%A0%94%E7%AE%A1%E7%90%86. Accessed September 1, 2009.

————. 2007. "Regulations on Adopting Bilingual Education Approach in Teaching and Learning." SJTU, Shanghai. http://cc.sjtu.edu.cn/Able.Acc2.Web/Page_TeachFileDownload.aspx?ID=38. Accessed September 1, 2009.

————. 2008. *Academic Ranking of World Universities* [In Chinese.] http://www.arwu.org/ranking(ch).htm. Accessed September 1, 2009.

————. 2009. "Ten Years On: Development of Shanghai Jiao Tong University." Unpublished manuscript, SJTU, Shanghai.

————. 2010. "Improving Higher-Level Faculty." [In Chinese.] Internal report, SJTU, Shanghai.

SJTU (Shanghai Jiao Tong University) Educational Affairs Office. 2007. "IAESTE Scholarship for Overseas Internship." SJTU Educational Affairs Office, SJTU, Shanghai. http://jwc.sjtu.edu.cn/article.asp?id=609. Accessed September 1, 2009.

————. 2009. "Study Tour for Undergraduate Students." SJTU Educational Affairs Office, SJTU, Shanghai. http://www.jwc.sjtu.edu.cn/toplistb.asp?id=221. Accessed September 1, 2009.

SJTU (Shanghai Jiao Tong University) Graduate School 2007. "Financial Support for Doctoral Students' Study Tour." SJTU Graduate School, SJTU, Shanghai. http://www.gs.sjtu.edu.cn/home.ahtml. Accessed September 1, 2009.

SJTU (Shanghai Jiao Tong University) Team for GEE. 2006. "Global Engineering Excellence Study–SJTU Report." [In Chinese.] SJTU Team for GEE, SJTU, Shanghai.

Tong, X. 2008. "Strategic Management in Chinese Higher Education: The Case Study of Shanghai Jiao Tong University." [In Chinese.] *Journal of Technology College Education 27* (5): 40-42.

Wang, Y. J. 2008. "Expanding the Higher Education System and Building World-Class Universities: China's Response to Globalization and the Knowledge Economy." *European Educational Research Journal 7* (2): 147–53.

Xi, Y. M. 2005. "University Governance Facing Challenges and Its Possible Improvement." [In Chinese.] *Xi'an Jiao Tong University Journal (Social Science)* 3.

Xiong, B. Q. 2004. "SJTU Global Recruitment for Professorship." [In Chinese.] *SJTU News.* http://www.sjtu.edu.cn/news/shownews.php?id=491. Accessed September 1, 2009.

Yang, J., Y. Y. Jiang, J. P. Zhang, and W. Liu. 2008. "The Development of Internationalization in Shanghai Jiao Tong University." Internal report, Graduate School of Education, Shanghai Jiao Tong University, Shanghai.

Zhang, Y. B. 2008. "Employment and Talent Training Reform." [In Chinese.] *Research on Human Resources in Chinese Higher Education 3*: 35–37.

Zhao, W. H., and Q. L. Zhou. 2006. "The Meanings and Values of Vision and Mission in Higher Education Strategic Management." [In Chinese.] *Education Development and Research 3*: 61–64.

Zheng, M. 2008. "SJTU Ranks Third in China in SCI Publications." [In Chinese.] *SJTU News.* http://www.sjtu.edu.cn/news/shownews.php?id=19049. Accessed September 1, 2009.

Zhou, L. 2001. "Strategic Development of Multicampus Universities: A Comparative Study." [In Chinese.] *Journal of Higher Education 22* (2): 61–64.

CHAPITRE 3

L'essor des universités de recherche : l'Université de Science et Technologie de Hong Kong

Gerard A. Postiglione

« Rome ne s'est pas faite en un jour. »

À la fin du 19e siècle, le président de l'Université Harvard, Charles Eliot, avisait John D. Rockefeller qu'il faudrait 50 millions de dollars (soit environ cinq milliards de dollars d'aujourd'hui) et 200 ans pour créer une université de recherche (Altbach 2003). Au début du 20e siècle, et avec plus de 50 millions de dollars fournis par Rockefeller, il n'a fallu que 20 ans à l'Université de Chicago pour parvenir au plus haut niveau. En Asie, juste avant le début du 21e siècle, il n'a fallu à l'Université de Science et Technologie de Hong Kong (HKUST) nouvellement créée que dix ans, et moins d'un dixième du chiffre cité par Eliot pour figurer parmi les dix universités de recherche les plus cotées d'Asie[1].

La mondialisation a accéléré la création d'une université de recherche et raccourci le délai que se donnent pour cela les pays en pleine expansion économique. C'est pourquoi les modèles actuels d'universités de recherche de classe mondiale diffèrent en partie d'établissements auxquels il fallait un siècle ou davantage pour parvenir à maturité, et accomplissent cet exploit en moins de temps, et ce à l'ère nouvelle qui est celle d'une économie du savoir caractérisée par une concurrence impitoyable. Même dans le monde « post-américain » qui voit l'essor d'autres pays, et notamment l'Inde et la Chine, très attachées à leurs anciennes civilisations et à leur longue histoire nationale, il semble qu'un siècle soit un délai beaucoup trop long à attendre pour qu'une nouvelle université de recherche parvienne à maturité (Zakaria 2009). Les pays en sont ainsi venus à envisager de créer de nouvelles universités de recherche tout en renforçant simultanément la capacité de recherche de leurs universités phares traditionnelles. Comme on le verra dans le présent chapitre, une double stratégie est plus rationnelle pour une économie dynamique qu'une approche classique consistant à concentrer les ressources sur des établissements à la réputation déjà bien établie (Ding 2004 ; Altbach et Balan 2007 ; Salmi 2009).

On examinera ici le cas d'un établissement d'enseignement supérieur à Hong Kong (Chine), à savoir la création et le développement de la HKUST et l'exploit sans précédent qu'elle a accompli en devenant, moins d'une décennie après sa création en 1991, une université de recherche figurant dans les classements internationaux. L'essor rapide de cette université tient à un certain nombre de facteurs. Bien qu'inimitable, cette combinaison de facteurs mérite d'être examinée en détail. Ces exemples montrent comment on peut créer avec succès une université de recherche en saisissant les opportunités qu'offre un environnement économique et politique en pleine évolution, en adoptant une approche proactive consistant à tirer parti d'appuis potentiels et à surmonter les éventuels obstacles que peut créer la société, et en sachant planifier habilement le recrutement d'enseignants de premier ordre en faisant ressortir son caractère unique, et en trouvant un moyen de s'intégrer au système d'enseignement supérieur existant. Dans cette étude de cas, certains schémas feront écho à des conditions similaires propres aux autres économies émergentes. Néanmoins, du fait de la complexité du processus et de ses liens avec un environnement évolutif, il serait vain de fixer des conditions précises à la création d'universités de recherche de classe mondiale. Après avoir recensé les principaux facteurs entourant la création et le développement de la HKUST, on trouvera dans ce chapitre un débat plus poussé sur la question plus vaste de la création d'universités de recherche.

Facteurs clés intervenant dans le cas de la HKUST

La HKUST a profité des dernières années d'administration coloniale pour greffer une culture américaine de l'université de recherche sur le système colonial britannique d'enseignement supérieur. Alors que les autres universités de Hong Kong restaient attachées à leur héritage institutionnel, la HKUST a rejeté le statu quo en prévoyant le rôle que pourrait jouer une université de science et de technologie dans un nouveau Hong Kong rattaché à la Chine. Elle a pris plusieurs mesures qu'allaient imiter les autres universités. Il s'agissait notamment de mettre la recherche sur un pied d'égalité avec l'enseignement en s'appuyant sur une conception entrepreneuriale du développement, en nommant les doyens sur la base de critères professionnels plutôt qu'en les élisant et en faisant suivre aux étudiants des cours en sciences sociales et de lettres en dehors de leur spécialisation scientifique et technologique[2]. En fait, cette politique s'est inscrite dans le cadre de la tendance générale à la mondialisation de l'enseignement supérieur.

La création de l'université a coïncidé avec celle du Conseil des bourses de recherche de Hong Kong, qui a fourni des fonds pour renforcer la capacité de recherche des collèges et universités de Hong Kong (UGC 2000). Ce Conseil reste aujourd'hui la principale source de crédits de recherche, qui a poussé davantage vers la recherche les universités de Hong Kong (Chine) traditionnellement axées sur l'enseignement. Le démarrage de la HKUST a cependant été plus rapide. Le volume de financement qu'elle a reçu lui a permis progressivement d'octroyer un nombre de bourses comparable à celui d'autres universités et elle reste aujourd'hui en tête pour la proportion de demandes de bourses qui aboutissent. Celle-ci a été par exemple de 47 % en 2009, contre 36 % pour les deux autres universités de recherche de haut niveau. Le montant accordé par enseignant est près de deux fois plus élevé que dans n'importe quelle autre université. Ainsi, coïncidant avec celui de la création du Conseil des bourses de recherche, le moment où la HKUST a été créée comme une université de recherche était idéal.

À l'approche des années 90, les quatre « tigres » asiatiques (Hong Kong, République de Corée, Singapour et Taïwan (Chine)) inondaient de produits manufacturés les pays asiatiques voisins grâce à leurs coûts de production inférieurs. Avec une population de plus en plus instruite, les tigres ont modernisé leurs industries nationales en privilégiant les produits à forte valeur ajoutée. Durant ce processus de modernisation industrielle, les Gouvernements singapourien, coréen et taïwanais (Chine) ont ouvert la voie aux industries de haute technologie. Bien que les industries de Hong Kong à forte intensité de main-d'œuvre aient commencé à franchir la frontière pour s'installer en Chine continentale, le gouvernement s'est abstenu de prendre des initiatives en faveur des technologies de pointe financées par l'État, pour faire appel essentiellement à l'économie de marché. Il s'est borné à financer des investissements dans des infrastructures, notamment dans une université de science et technologie qui n'a pas tardé à faire de la HKUST le symbole même de la modernisation du secteur des hautes technologies de Hong Kong. L'accent qu'elle a mis sur la science et la technologie dans une Asie en plein essor a trouvé un écho dans la vision populaire d'un transfert de savoir au profit d'une Chine moderne. Cette vision a été renforcée par la faculté de commerce et de gestion de la HKUST, dans une ville commerçante comme Hong Kong. La confiance qu'avait le gouvernement dans les forces du marché n'a malheureusement pas permis de faire de Hong Kong un centre des hautes technologies et a de ce fait limité le rôle potentiel de la nouvelle université comme catalyseur de l'essor de Hong Kong dans ce secteur. Les puissants secteurs foncier et immobilier ainsi que les fonctionnaires de second rang qui étaient bien placés pour diriger Hong Kong après la réunification avec la Chine en 1997 n'ont guère contribué à la transformation de Hong Kong en un centre de haute technologie, ce qui fait que cette opportunité a été saisie, plus au nord, par Shanghai, favorisée en cela par son comportement proactif[3].

L'essor rapide de la HKUST a également été facilité par la date de sa création, intervenue peu après que le gouvernement ait décidé, en novembre 1989, de doubler le nombre d'étudiants suivant des études supérieures sanctionnées par un diplôme. Cette décision est intervenue à la suite des événements de la Place Tiananmen, lorsque de nombreux scientifiques potentiels, qui auraient fait leurs études dans cette université lorsqu'elle a ouvert ses portes en 1991, se sont dirigés à la place vers des universités étrangères pour y poursuivre leurs études. Lorsque le nombre d'émigrants quittant Hong Kong chaque année a commencé à augmenter dans les années 90 pour plafonner à environ 65 000 par an, dont des résidents au niveau d'instruction élevés, le gouvernement a décidé de doubler le nombre d'inscriptions dans les universités. Cette expansion des effectifs de l'enseignement supérieur aurait été plus difficile à réaliser si l'université n'avait pas été créée en 1991. Les taux de retour de ces résidents de Hong Kong ont augmenté au milieu et à la fin des années 90, dans la mesure où les intéressés avaient suffisamment confiance pour revenir, qu'ils soient ou non détenteurs de permis de séjour ou de passeports étrangers[4].

Le principal facteur du succès de la HKUST a été le recrutement d'universitaires et de scientifiques de calibre exceptionnel. Ces derniers étaient tous titulaires d'un doctorat, et 80 % l'avaient obtenu dans 24 des meilleures universités du monde ou y travaillaient. L'université recrute des universitaires de ce calibre parmi la génération d'universitaires chevronnés de la diaspora chinoise. Cette génération, qui a quitté la Chine pour Taïwan (Chine) avant d'aller étudier à l'étranger, généralement aux États-Unis, suivait de près les changements en cours en Chine durant sa première décennie de réforme économique et l'ouverture au monde extérieur qui a commencé en décembre 1978. Le nombre d'universitaires chinois dans les universités américaines a cessé de croître et la HKUST a recruté massivement dans cette vaste réserve d'éminents universitaires nés à Taïwan (Chine) ou en Chine continentale et formés à l'étranger, surtout dans des universités américaines, ce que les autres universités de Hong Kong ont été moins enclines à faire à l'époque.

Woo Chia-wei, premier président de l'université, était membre de cette génération unique d'universitaires chinois. Physicien de formation, Woo avait également été président d'une grande université de recherche aux États-Unis. C'était en fait le premier Chinois de souche à diriger une grande université américaine. Il était également membre d'un vaste réseau de chercheurs chinois aux États-Unis. Il était très significatif pour la HKUST que des scientifiques de la vieille génération ayant acquis une réputation internationale dans leurs domaines d'expertise se soient sentis suffisamment sûrs d'eux-mêmes dans leur carrière pour quitter leurs postes bien établis et aller s'installer à Hong Kong. Cette évolution témoigne d'une certaine confiance dans le président Woo, qui a non seulement supervisé la création et les débuts de la HKUST, mais aussi aidé à la doter d'un corps enseignant remarquable et de renommée internationale. En tant que premier président de la HKUST, Woo a ouvert la voie aux deux présidents qui lui ont succédé.

Pour poursuivre sa trajectoire vers le statut de première université de science et de technologie d'Asie, la HKUST a choisi Paul Ching-Wu Chu comme deuxième président. Chu était un pionnier dans le domaine des superconducteurs à haute température. Alors qu'il exerçait les fonctions de T. L. L. Temple Chair of Science à l'Université de Houston, et de Directeur fondateur du Centre de supraconductivité du Texas, il a également travaillé comme consultant et membre invité des Laboratoires Bell, du Laboratoire national de Los Alamos, du Centre de vol spatial Marshall, du Laboratoire national d' Argonne et pour l'entreprise DuPont. Chu a reçu en 1988 la Médaille nationale de la Science, récompense la plus prestigieuse accordée à un scientifique aux États-Unis, il a été nommé meilleur chercheur des États-Unis par U.S. News and World Report en 1990, et il a été choisi par la Maison blanche pour être l'un des 12 éminents scientifiques chargés d'examiner les candidats désignés pour l'attribution de la Médaille nationale de la Science. L'une de ses principales contributions à la HKUST a été la création de l'Institut des Hautes études. Le successeur de Paul Ching-Wu Chu, qui a pris sa retraite à la fin de 2009, a été Tony Chan, qui avait été directeur adjoint de la Fondation nationale pour la science des États-Unis, chargé de la direction des mathématiques et des sciences physiques. À ce poste, il a orienté et géré des crédits d'un montant de plus d'un 1,29 milliard de dollars pour des recherches en astronomie, physique, chimie, mathématiques et science des matériaux ainsi que pour des activités multidisciplinaires. Bien qu'il commence seulement son mandat de président de la HKUST, on attend de lui qu'il allie ses compétences d'universitaires de premier plan à celle d'un administrateur de classe mondiale.

Une considération clé pour les recrues potentielles de la HKUST au milieu et à la fin des années 90 a été la forte expansion économique, à mesure que les investissements chinois ont poussé l'économie vers des niveaux record. Ce développement a aidé la HKUST à obtenir des ressources financières assez considérables de l'État, bien que leur volume puisse être jugé faible par rapport aux crédits que reçoivent les meilleures universités de recherche des États-Unis. Comme les autres universités de Hong Kong, la HKUST a bénéficié régulièrement, sur une base triennale, d'injection de fonds du Comité des subventions universitaires et de crédits de recherche du Conseil des bourses de recherche nouvellement créé.

Toutefois, à la différence des autres universités, la HKUST n'avait pas d'anciens diplômés susceptibles de l'aider au moyen de dons privés.

Les salaires des universitaires ont atteint des niveaux comparables à ceux offerts dans les pays développés, ce qui a facilité la décision des nouvelles recrues d'aller s'installer à Hong Kong, bien que le salaire n'ait pas été le facteur clé intervenant dans les recrutements au plus haut niveau. Pour beaucoup d'universitaires distingués, un déménagement signifiait quitter une maison spacieuse de style américain pour aller vivre dans un appartement plus petit à Hong Kong, à quoi s'ajoutait une séparation avec les membres de la famille faisant des études ou travaillant à proximité.

La date proche du rattachement à la Chine a représenté pour les universitaires chinois un tournant historique qui a intensifié leur attachement affectif à ce pays. Le talent scientifique en réserve à Taïwan (Chine) depuis trois décennies et qui est à l'origine de la percée de la production locale dans le domaine des hautes technologies a été axé pour la première fois sur le développement de Hong Kong, et plus précisément de son système d'enseignement supérieur. Ce changement d'orientation a donné aux universitaires sino-américains une précieuse opportunité d'apporter une contribution importante aux relations entre la Chine et les États-Unis.

En bref, les universitaires ayant un fort lien affectif avec la Chine étaient fiers de l'ouverture accrue de ce pays et de son progrès économique. Ce progrès leur offrait une occasion de participer à un événement important et de jouer un rôle dans la modernisation de la Chine. En ce sens, le moment était crucial pour le recrutement de personnel. Si la HKUST avait été créée une décennie plus tôt, lorsqu'il n'était pas encore évident que le statut colonial de Hong Kong se terminerait en 1997, la plupart des universitaires chinois de cette université n'auraient pas choisi de travailler à Hong Kong. Un facteur important à leurs yeux est que la HKUST assurait un degré de liberté académique encore impensable en Chine continentale.

La HKUST a ainsi créé une précieuse niche, dont elle a projeté l'image en élaborant sa vision institutionnelle et qu'elle a consolidée en recrutant deux générations d'universitaires chinois basés à l'étranger. Elle a offert une opportunité historique unique de travailler dans une économie dynamique et un système universitaire en pleine expansion. Elle a créé un climat académique stimulant fondé à la fois sur une Chine réformiste et émergente sur la scène internationale, et sur la modernisation systématique de la recherche financée par l'État dans les universités de Hong Kong.

Bien que le lancement d'une nouvelle université de recherche puisse être accéléré par des facteurs clé de ce genre, certains ne sont pas faciles à reproduire ailleurs. Des facteurs comme une économie dynamique, la liberté académique et la proximité du continent chinois ont contribué au développement commun de l'ensemble du système d'enseignement supérieur de Hong Kong. Chaque système d'enseignement supérieur a des caractéristiques uniques dont certaines peuvent être exploitées pour créer des universités de recherche. Une université de recherche de classe mondiale ne peut pas être créée ex nihilo. La HKUST s'inscrit dans un système dans lequel elle a occupé une niche, mais sa vision va bien au-delà du monde universitaire de Hong Kong.

Bien que les universités de Hong Kong (Chine) soient actuellement financées par l'État, leur autonomie est protégée par la loi[5]. À la fin du 20e siècle, la concurrence entre les trois principales universités de recherche (Université de Hong Kong, Université chinoise de Hong Kong et HKUST) pour obtenir un statut académique et une aide financière provenant des mêmes sources publiques a également créé une nouvelle dynamique dans l'enseignement supérieur de Hong Kong (Chine). Dans une certaine mesure, cette approche a contribué à l'essor de l'ensemble du système universitaire local. Après la création de la HKUST, les crédits de l'État ont été accrus, mais ces fonds étaient encore décaissés sur une base concurrentielle. Plutôt que d'appliquer la stratégie classique consistant à concentrer les ressources sur un ou plusieurs établissements phares déjà bien établis, Hong Kong a appliqué une stratégie de développement à deux volets suivant laquelle les ressources n'étaient pas concentrées dans un seul établissement aux dépens des autres. Hong Kong applique une stratégie consistant à créer des universités de recherche et suivant laquelle, celles-ci se complètent et renforcent ainsi la capacité de recherche de l'ensemble du système. Le Comité des subventions universitaires applique

> une approche à l'échelle de l'ensemble du système suivant laquelle le système interconnecté de tout le secteur de l'enseignement supérieur est considéré comme une force unique . . . il privilégie un système d'enseignement supérieur dans lequel chaque établissement a son rôle à jouer tant en collaborant activement avec les autres. (UGC 2010b)

On peut certainement se demander dans quelle mesure cette approche se concrétise dans la pratique. Certains observateurs mettent cependant au crédit de cette stratégie le fait que quatre des huit universités de Hong Kong (Chine) figurent parmi les dix mieux classées d'Asie (Times Higher Education 2008). On examinera plus en détail dans le reste du présent chapitre le cas de la HKUST. Ce sont les facteurs uniques intervenant dans sa création et son développement qui reçoivent le plus d'attention, et le chapitre conclut en réaffirmant les conditions de la création d'universités de recherche dans les pays émergents.

Contexte de la HKUST

Les nouvelles universités, tant publiques que privées, font partie d'une société et de son système d'enseignement supérieur. La HKUST a été créée dans une société très mobile, avec un système qui n'avait pas encore fait la transition d'un enseignement supérieur élitiste à un enseignement supérieur de masse. Hong Kong (Chine) reste un territoire relativement peu étendu d'environ 1 100 kilomètres carrés et qui compte certaines zones comptant la plus forte densité de population du monde. L'esprit de l'enseignement supérieur est le produit de son histoire comme colonie britannique de 1842 à 1997, après quoi la RAS de Hong Kong (Chine) a été restituée à la Chine dans le cadre de l'arrangement « un pays-deux systèmes » (So et Chan 2002). Bien que l'on utilise le plus souvent l'anglais pour la recherche, il y a deux langues officielles, le chinois (dialecte cantonais) et l'anglais. L'université de Hong Kong a été créée en 1911 et l'Université chinoise de Hong Kong en 1963[6]. La proportion de la cohorte d'âge qui avait accès à l'enseignement supérieur était de 2 % en 1981 et de 8 % en 1989, lorsqu'il a été décidé en haut lieu de doubler les effectifs pour atteindre 16 % en 1994 (UGC 1996). Durant cette période, quatre collèges et instituts polytechniques ont été promus au statut d'université et à la fin de 1997, la RAS de Hong Kong (Chine) comptait sept universités (UGC 1999). La crise financière qu'a connue l'Asie à partir de 1998 a réduit à néant tout projet de nouvelle expansion. Lorsque celle-ci a fini par se matérialiser, cela a été pour une large part par le biais de programmes financés par des sources privées et débouchant sur un diplôme obtenu après deux ans d'études dans des universités communautaires (Postiglione 2008, 2009). L'université a depuis lors amélioré sa capacité de recherche, préservé la liberté académique et adopté un programme de licence de quatre ans au lieu de trois, alignant ainsi le système sur celui des deux principaux partenaires commerciaux de Hong Kong (Chine), à savoir la Chine continentale et les États-Unis (UGC 2002a, 2004a, 2004b). Le système d'enseignement en quatre ans permet à la HKUST d'approfondir son initiative originale qui date de 1991 et consiste à assurer à tous les étudiants un enseignement assez poussé en humanités et en sciences sociales, plus que ne l'avaient fait les autres universités polyvalentes de la RAS de Hong Kong (Chine).

Caractéristiques fondamentales de la HKUST

On trouvera ci-après une description des caractéristiques fondamentales de la HKUST : sa place dans plusieurs des classements mondiaux des universités, et ses rôles, buts et objectifs.

Classements mondiaux

Du fait que le sujet du présent ouvrage est la création d'universités de recherche de classe mondiale, il est à noter que la HKUST a obtenu des résultats impressionnants dans plusieurs classements internationaux (HKUST 2010d) : a) numéro 35 parmi les 200 universités les plus cotées en 2009 ; b) numéro 26 parmi les 100 universités les plus cotées du monde en sciences de l'ingénieur et technologie de l'information en 2008 et en technologie en 2008 (Times Higher Education 2008) ; c) numéro 2 parmi les 200 universités asiatiques les mieux classées du monde en 2010 ; d) numéro 39 parmi les 100 universités les mieux classées du monde en sciences de l'ingénieur et technologie et en sciences informatiques (numéro 1 de la « Grande Chine ») en 2010 ; et e) numéro 52-75 des 100 premières universités du monde en sciences sociales (numéro 1 de la « Grande Chine ») en 2010[7].

Rôles, buts et objectifs de la HKUST

L'Université de Science et de Technologie de Hong Kong a) offre un ensemble de programmes sanctionnés par des diplômes de premier et troisième cycles ; b) comprend des écoles professionnelles, en particulier dans les domaines de la science, de la technologie, des sciences de l'ingénieur et de la gestion d'entreprise ; c) offre des cours de lettres et sciences sociales seulement à un niveau suffisant pour ajouter une dimension intellectuelle et de culture générale ainsi que des aptitudes à la communication à un cursus par ailleurs scientifique ou technologique et pour des travaux de troisième cycle limités ; d) offre des programmes de recherche à un nombre considérable d'étudiants dans chaque discipline ; et e) offre aux membres du personnel enseignant la possibilité d'entreprendre des projets de consultation et de collaboration avec l'industrie dans des domaines dans lesquels ceux-ci ont des compétences particulières (UGC, 2008).

La HKUST a souligné combien il était important d'être unique à un moment où Hong Kong (Chine) considérait encore ses universités comme des établissements d'élite. Elle s'est donné pour but de devenir un « élément moteur de l'enseignement supérieur », « un leader académique mondial », « un agent du changement, » et le « catalyseur du progrès de la recherche et de l'enseignement en science et technologie à Hong Kong et sur le continent » (HKUST 2010e). Cette orientation confirme la thèse de Jamil Salmi selon laquelle une université de recherche de classe mondiale « devrait être fondée sur une vision qui soit tournée vers l'avenir et véritablement novatrice » (Salmi 2009, 57). Certains des buts de la HKUST rejoignent néanmoins ceux des universités de recherche du monde entier :

- Donner à tous les étudiants, du premier comme du troisième cycles, une expérience universitaire variée qui comprenne une formation supérieure dans leur domaine d'étude d'élection, un enseignement général qui stimule leur créativité, un esprit critique, une perspective mondiale et une conscience de l'importance de la culture, ainsi qu'une vie de campus qui les prépare à être des dirigeants communautaires et à apprendre tout au long de leur vie.

- Offrir un environnement professionnel dynamique et convivial dans lequel les membres du personnel, enseignants ou autres, puissent s'épanouir continuellement au plan intellectuel et professionnel.
- Offrir une atmosphère et un environnement ouverts propices à l'échange de connaissances, de vues et d'idées novatrices entre les étudiants, les membres du personnel enseignant ou non et les professeurs invités.
- Être un établissement de pointe pour la recherche et les études de troisième cycle, en quête de connaissance dans les domaines aussi bien fondamentaux qu'appliqués et collaborant étroitement avec les entreprises et l'industrie pour promouvoir l'innovation technologique et le développement économique.
- Promouvoir et faciliter le développement économique et social de la RAS de Hong Kong (Chine) et enrichir sa culture (HKUST 2010b).

Étudiants et membres du personnel enseignant

Le recrutement initial des étudiants en 1991 pour l'université nouvellement créée a été l'une des activités les plus cruciales de la HKUST, parce qu'aux yeux du public, l'université avait encore à acquérir une réputation. À cet égard, cette dernière a adopté une approche proactive visant à établir un contact direct avec de nombreuses couches de la population. Elle s'est ouverte à la communauté en tirant parti de son campus spectaculaire et en facilitant l'accès et les visites des étudiants potentiels et de leur famille en particulier. Son campus de conception nouvelle et doté d'une architecture impressionnante et d'une vue panoramique sur les montagnes environnantes et le bord de mer étaient particulièrement attractifs. Environ 250 écoles secondaires ont été invitées à se faire représenter chacune par deux étudiants le jour de la pose de la première pierre de l'université.

Non contente d'ouvrir le campus au public, l'université a organisé des expositions dans tout Hong Kong. Les professeurs ont rencontré individuellement des étudiants potentiels pour leur donner des informations générales, bien que ces expositions aient exclu tout recrutement. Les étudiants ont été formellement sélectionnés dans le cadre d'un système de recrutement à l'échelle de l'ensemble de Hong Kong que l'on a appelé le Système conjoint d'admission aux programmes universitaires. Cette voie d'accès principale a permis aux bacheliers de présenter leur candidature aux programmes de licence offerts par les sept universités publiques et l'Institut d'Éducation de Hong Kong.

Avant son ouverture, la HKUST a élaboré un plan relatif à la répartition numérique des étudiants entre les trois grandes facultés : on en affecterait 25 % à la science, 40 % à l'ingénierie et 35 % à la gestion d'entreprise. En outre, 20 % de l'ensemble des étudiants seraient des étudiants de troisième cycle (Kung 2002, 5). Ces proportions sont restées stables jusqu'en 2009 (voir tableau 3.1) mais les effectifs de l'université sont restés inférieurs

Tableau 3.1   Effectifs de l'Université de Science et Technologie de Hong Kong, 2010

Programme ou domaine d'étude	Premier cycle	Troisième cycle	Total
Science	1 431	476	1 907
Sciences de l'ingénieur	2 310	1 489	3 799
Commerce et gestion	2 132	1 189	3 321
Humanités et sciences sociales	—	280	280
Fok Ying Tung HKUST Troisième cycle	—	2	2
Programmes interdisciplinaires	137	69	206
Total (janvier 2010)	6 010	3 505	9 515

Source : Reproduit avec la permission de l'Université de Science et Technologie de Hong Kong.
Note : — = non disponible.

Tableau 3.2   Faculté des science et technologies de l'Université de Hong Kong, 2009

Programme ou domaine d'étude	Enseignants titulaires	Enseignants invités	Total
Science	100	19	119
Sciences de l'ingénieur	149	15	164
Commerce et gestion	126	12	138
Lettres et sciences sociales	54	6	60
Division de l'environnement[a]	7	1	8
Total (janvier 2009)	436	53	489

Source : Reproduit avec la permission de l'Université de Science et Technologie de Hong Kong.
a. La Division de l'environnement relève du Bureau des programmes interdisciplinaires.

à 10 000 étudiants. Il semblerait de prime abord que ce chiffre corresponde à une certaine économie d'échelle et aide à retenir un certain esprit maison. Cependant, le nombre d'enseignants peut fausser les données (voir tableau 3.2). En 1991, le Comité des subventions universitaires a chargé la HKUST d'admettre 7 000 étudiants, alors même que les effectifs des deux autres universités de recherche passaient à 12 000 étudiants. Sous le mandat du deuxième président de la HKUST, les effectifs se sont rapprochés de 10 000 du fait que le gouvernement avait promis d'assurer un taux d'encadrement d'un enseignant pour 12 étudiants[8]. Cette promesse n'a pu être tenue car le nombre d'étudiants a continué à augmenter, et l'augmentation proportionnelle prévue du taux d'encadrement n'a pu de ce fait être réalisée, ce qui a ajouté à la charge de travail des enseignants. Une augmentation aussi disproportionnée a réduit le temps que le personnel consacre à la recherche et entamé son moral[9]. Lorsque le ratio est passé à 19 pour 1, la productivité de la recherche s'en est ressentie. La HKUST a opéré avec un taux d'encadrement relativement élevé et un nombre limité de professeurs. Toutefois, du fait que ses effectifs actuels sont diversifiés entre étudiants des premier et deuxième cycles à plein temps, chercheurs à plein temps au niveau du troisième cycle, et étudiants de troisième cycle à temps complet et partiel, la

HKUST a besoin d'un grand nombre de professeurs adjoints. Cette évolution a eu elle-même pour effet de rapprocher le taux d'encadrement de 15 et même 14 pour 1.

Les trois meilleures universités de recherche de Hong Kong (Chine) ont reçu leur principal apport budgétaire de la même source publique. Ainsi, une augmentation du nombre des enseignants et des étudiants dans un établissement par rapport aux autres serait improbable. De même, les taux d'encadrement seraient proportionnels dans les diverses universités de recherche. Les universités de Hong Kong (Chine) reçoivent des subventions non affectées qui peuvent être allouées avec une certaine flexibilité. Bien que les formules exactes d'allocation des fonds puissent varier d'un établissement à l'autre, le nombre d'étudiants admis et d'enseignants recrutés correspond généralement aux promesses faites dans le cadre des propositions adressées au Comité des subventions universitaires. En bref, un système public d'universités de recherche semble avoir intérêt à ce que l'augmentation proportionnelle du nombre d'étudiants et d'enseignants dans les différents établissements reste stable.

Cette stabilité pourrait être considérée comme un facteur stratégique dans la création d'une université de recherche au sein d'un groupe d'universités publiques, mais les universités de recherche privées fixent généralement leurs propres objectifs en ce qui concerne le recrutement du personnel et des étudiants. Plutôt qu'un apport budgétaire direct, leurs principales sources de revenu sont les frais de scolarité, le financement assuré par les anciens étudiants, d'autres dons et les bourses de recherche accordées par l'État et des entreprises. Aux États-Unis, les meilleures universités de recherche publiques tirent encore l'essentiel de leur financement public du budget de l'État. Ces allocations s'inscrivent donc généralement dans le contexte de la préservation du système d'universités de recherche publiques. Ce dispositif peut également fonctionner en sens inverse, comme lorsqu'une législature d'État ferme un établissement local d'enseignement supérieur des premier et deuxième cycles, mais que les meilleures universités de recherche du système survivent généralement.

Les mêmes effets négatifs ont été constatés à Hong Kong dans les premières années de la HKUST, lorsqu'une mesure qui paraissait équitable à l'échelle de l'ensemble du système est allée à l'encontre de la mission d'une université de recherche. Dans le cas de la HKUST, le président de son comité de planification a fait rétrospectivement la déclaration suivante :

> Il est regrettable que le Comité des subventions universitaires se soit depuis lors écarté du principe consistant à accorder la priorité aux besoins et aux valeurs, pour allouer plutôt les fonds « équitablement » à toutes les universités. Ces dernières années, la HKUST n'a donc pas été en mesure d'offrir davantage de places au niveau du troisième cycle, contrairement aux exigences de sa mission. C'est là à mes yeux une politique fâcheuse et rétrograde qui est à l'origine du retard de Hong Kong dans la compétition dans les domaines de la science et de la technologie de pointe. (Chung 2001, 54)

Inauguration et débuts de la HKUST

Pour mesurer pleinement l'ascension de la HKUST dans la stratosphère des universités de recherche, il faut bien comprendre le plan préalable à sa création et son décollage (Woo 2006). En 1984, la Déclaration[10] sino-britannique conjointe sur l'avenir de Hong Kong a été signée, et la Chine a créé la Zone économique spéciale adjacente de Shenzhen. À mesure que la frontière devenait floue et que les produits manufacturés et les investissements de Hong Kong ont afflué dans la zone de Shenzhen, le gouverneur de l'époque, Sir Edward Youde s'est rendu compte que cette nouvelle symbiose avec la Chine amenait une transformation économique et technologique qui continuerait à délocaliser les industries manu-facturières de Hong Kong dans le Sud de la Chine. Le gouverneur a exprimé une nouvelle vision prévoyant la montée en puissance technologique de Hong Kong. En septembre 1985, il a demandé au Comité des subventions universitaires d'envisager la création éventuelle d'une troisième université qui viendrait s'ajouter aux établissements existants, à savoir deux universités aux effectifs limités, deux écoles polytechniques et deux collèges. Lors d'une réunion du Conseil exécutif du Gouverneur en mars 1986, le comité a donné une réponse positive, confirmant que la nouvelle université serait axée sur la science et la tech-nologie, la gestion et la formation de doctorants (Chung 2001, 148-58).

Planification et construction

En 1986 a été créé un comité de planification présidé par Sir Chung Sze-Yuen, du Conseil exécutif du gouverneur. Son mandat consistait notam-ment à construire un campus avec une subvention du Jockey Club Royal de Hong Kong[11]. Les premières inscriptions étaient prévues pour 1994, mais le nouveau campus a ouvert le 2 octobre 1991 avec 600 étudiants. Neuf ans plus tard, la HKUST était classée au septième rang d'Asie d'après *Asia Week*. En 2001, l'école de commerce de la HKUST était classée au premier rang d'Asie par le *Financial Times* et 48e du monde. En 2010, le *Financial Times* a classé le MBA de la HKUST au neuvième rang mondial, ex aequo avec la Booth School of Business de l'Université de Chicago. Ce classement devient également important pour compren-dre la collaboration poussée de la HKUST avec le commerce et l'industrie, comme on le verra plus loin dans le présent chapitre.

En 1987, le Jockey Club Royal de Hong Kong, organisation communautaire sans but lucratif, s'est engagé à fournir un montant de 1,50 milliard de dollars HK (192 millions de dollars) pour un projet d'un coût estimé à 1,93 milliard de dollars HK (247 millions de dollars), inflation comprise (Flahavin 1991). Ce chiffre était fondé sur les coûts unitaires de la construction alors récente du campus urbain de l'École polytechnique de Hong Kong. Bien que cette estimation ait été utile, il n'en demeure pas moins que cette école a été avantagée par son environnement urbain — à la différence de la HKUST qui a été construite dans une zone rurale dépourvue d'infrastructures de base comme l'eau, l'électricité et l'assainissement et dans laquelle il fallait répondre à des besoins particuliers pour pouvoir effectuer des recherches dans des domaines tels que la microélectronique et dans des laboratoires de biotechnologie.

Des questions de dépassement de coût ont néanmoins été soulevées le 4 mai 1988, lorsque la création de la HKUST a été soumise à l'approbation du Conseil législatif. Avant que le Jockey Club ne fournisse pour le campus un financement complété par celui de l'État, l'accord a été soumis à un examen préalable de la législature. L'estimation initiale par l'État du coût de construction de capital fixe était prudente et a été rendue publique. À mesure que la construction du campus avançait et lorsqu'elle a été accélérée pour permettre d'ouvrir l'établissement plus tôt, les ingénieurs ont pris conscience de la complexité du projet et consulté les pouvoirs publics et le Jockey Club. À la suite d'un échange de vues, les deux parties ont reconnu l'écart existant entre le devis initial et le coût du projet majoré en raison à la fois de l'inflation et de l'accélération des travaux de construction. Dans ce contexte, le nouveau président et son équipe ont constaté des imperfections au niveau des installations de laboratoire et de la construction. Le Comité des subventions universitaires et de l'École polytechnique a augmenté la superficie du campus, et en juin 1990, le budget a été porté à 3,548 milliards de dollars HK (soit 455 millions de dollars), chiffre approuvé sans objections par le Conseil législatif (Chung 2001, 157). Les phases I et II des travaux de construction ont été achevées selon le calendrier prévu en 1993 pour un montant de 3,224 milliards de dollars HK (413 millions de dollars), soit 8,6 % de moins que le devis hors dépassements de coûts (Walker 1994).

D'une façon générale, il arrive que la création et le développement de nouvelles universités de recherche dans les pays en développement soient périodiquement entachés de problèmes de dépassement de coûts du fait des sommes considérables que nécessite la construction d'une université de recherche. Si ces problèmes ne sont pas traités correctement, le point de vue du public sur un nouvel établissement peut s'en trouver affecté. Dans le cas de la HKUST, l'effort consenti pour accélérer les travaux de construction afin de faciliter d'une façon générale l'accès à l'enseignement supérieur à Hong Kong a été éclipsé un moment par les coûts de construction. Ces questions de coût sont souvent très détaillées, et il n'est guère aisé de les présenter au public du fait de leur complexité. Ainsi, le système de gouvernance d'un pays, en particulier la transparence de son système juridique et de sa comptabilité, revêt une importance critique lorsque l'on crée une nouvelle université de recherche. Aujourd'hui, une société développée comme la RAS de Hong Kong (Chine), avec ses solides systèmes juridiques et de comptabilité financière dont la communauté internationale a une haute opinion, exerce généralement un contrôle considérable sur des projets publics d'aussi grande envergure. Avec la presse la plus libre d'Asie, Hong Kong (Chine) a un public compétent tenu au courant de chaque étape du processus concernant toute question sur le coût des grands projets publics. Les questions financières entourant une aussi grande entreprise font souvent l'objet de multiples interprétations de la part des médias et peuvent être rendues encore plus complexes par la politique suivie à une époque donnée. Un degré élevé de transparence est néanmoins essentiel pour créer une nouvelle université de recherche, et ce en dépit des risques de multiples interprétations. Bien que le public continue à mettre en question les grosses dépenses, passées et prévues — relatives à un cyberport, un Disneyland et un train à grande vitesse — la HKUST ne figure pas dans cette association d'idées.

Recherche d'un président

Le nom de l'université a été choisi en 1986 et a été proposé officiellement dans le premier rapport du comité de planification en septembre 1987. La HKUST a été formellement constituée en société en avril 1988 et a immédiatement patronné la première réunion de son Conseil. Après une recherche effectuée dans le monde entier, le premier président a été nommé en novembre 1988. Quarante-quatre candidatures ont été reçues, et 47 autres noms ont été avancés. Plus de la moitié provenaient d'Angleterre (25 candidatures et 35 noms avancés), neuf candidatures provenaient des États-Unis et du Canada à quoi s'ajoutaient sept noms avancés ; deux candidatures d'Australie plus un nom avancé ; cinq candidatures de Hong Kong et sept noms avancés ; et trois candidatures d'autres pays et trois autres noms avancés. Parmi ceux-ci, 14 candidats ont été convoqués pour une entrevue et cinq d'entre eux (d'Australie, de Hong Kong, du Royaume-Uni et des États-Unis) ont été retenus pour le stade d'examen final (Kung 2002, 5). Bien que des membres du jury, Chung Sze-yuen et Lee Quo-wei, aient suggéré que le nouveau président soit d'origine chinoise, le gouverneur a exigé que le candidat finalement retenu soit le président d'une université occidentale de premier plan. Le choix final, opéré et communiqué au gouverneur le 21 septembre 1987, s'est porté sur Woo Chia-wei, éminent spécialiste de physique théorique et président de l'Université d'État de San Francisco (qui comptait 25 000 étudiants). Ce choix a été approuvé le 10 octobre 1987 et rendu public le 5 novembre. L'intéressé était bien connu à Hong Kong et parlait le dialecte cantonais communément utilisé, ainsi que la langue nationale, le mandarin. Fait hautement significatif, Woo Chia-wei était la première personne d'origine chinoise à diriger une grande université des États-Unis. Cette distinction allait donner un énorme coup de fouet au recrutement d'universitaires par la HKUST, un facteur clé de sa rapide ascension.

Le gouvernement a fourni à la HKUST et à son nouveau président une première feuille de route :

Faire progresser l'apprentissage et le savoir par l'enseignement et la recherche, en particulier : i) dans les études de science, technologie, gestion et commerce ; et ii) au niveau du troisième cycle, et contribuer au développement économique et social de Hong Kong. (HKUST 2010)

Le Président Woo s'est rendu compte que cette vision généralement lui indiquait l'orientation appropriée à suivre et était formulée de façon suffisamment vague pour lui permettre d'en faire une interprétation plus dynamique. Quand il a pris ses fonctions de président, il a demandé que l'université se voie attribuer un pourcentage plus important d'étudiants du troisième cycle. Bien que cette demande n'ait pas reçu une réponse favorable, il a néanmoins réussi, au nom du « développement social », à faire du Centre de pédagogie générale de l'université une Faculté de lettres et de sciences sociales qui délivre des diplômes de maîtrise et de doctorat.

Caractéristiques de la HKUST

Langue d'enseignement

L'enseignement à la HKUST devait être dispensé en anglais. L'Université de Hong Kong avait toujours souscrit au principe selon lequel tout l'enseignement devait être dispensé en anglais, bien que la vie des étudiants sur le campus ait reflété le bilinguisme de la société[12]. L'Université chinoise de Hong Kong permettait à ses enseignants d'utiliser le chinois (cantonais ou mandarin) ou l'anglais comme langue d'enseignement. L'orientation nouvelle de l'université vers la science et la technologie a contribué à cette décision non controversée d'opter pour l'enseignement en anglais, malgré la prochaine réunification de Hong Kong avec la Chine. La plupart des professeurs chevronnés avaient l'habitude d'enseigner en anglais et la plupart ne pouvaient le faire en cantonais, lingua franca de Hong Kong.

Les classements mondiaux des universités indiquent que la langue d'enseignement ne détermine pas automatiquement le classement d'une université de recherche. C'est ainsi que les Universités de Tokyo et Kyoto (Japon), où des fonds considérables sont affectés à la traduction de revues en langue anglaise, figurent parmi les universités asiatiques les plus cotées du monde. Il existe d'autres universités de premier plan, mais la question de la langue d'enseignement dans les universités de classe mondiale est complexe et a été examinée ailleurs. Jamil Salmi (2009, 61) mentionne par exemple 11 systèmes d'enseignement supérieur de pays n'ayant pas l'anglais comme langue maternelle et dans lesquels certains programmes de troisième cycle sont offerts en anglais. Bien que Hong Kong (Chine), où la plupart des programmes sont en anglais, ne soit pas citée dans ce groupe, son système d'enseignement supérieur fait l'objet d'une distinction particulière en Chine, et elle a deux langues officielles, le chinois et l'anglais. Même si certaines des meilleures universités de Chine continentale utilisent l'anglais pour un certain nombre de cours et de programmes, les seuls exemples d'universités anglophones de Chine continentale sont des coentreprises relativement nouvelles, à savoir l'Université de Nottingham Ningbo, Chine, l'Université Xi'an Jiaotong-Liverpool à Suzhou, et le United International College (Université baptiste de Hong Kong et la Beijing Normal University) dans la Zone économique spéciale de Zhuhai proche de la RAS de Hong Kong (Chine).

La langue d'enseignement a des incidences sur l'objectif de la HKUST, à savoir internationaliser le recrutement de ses étudiants, qui va déjà bien au-delà de Hong Kong (Chine) pour inclure la Chine continentale et l'étranger. En fait, la HKUST compte le pourcentage le plus élevé d'étudiants non locaux parmi les universités comparables (UGC 2010a). Bien que les chiffres relatifs aux étudiants venus de l'étranger et d'autres régions d'Asie soient comparables à ceux que l'on enregistre dans d'autres universités, le pourcentage d'étudiants venus de Chine continentale dépasse celui des autres universités, ce qui aura probablement pour effet à long terme de renforcer les collaborations et partenariats futurs. Bien que la plupart des étudiants suivant un enseignement du troisième cycle proviennent du continent, la proportion d'étudiants des premier et deuxième cycles qui en proviennent correspond à celle que l'on observe dans les autres universités et il continuera d'en aller ainsi lorsque la HKUST adoptera en 2012 un cursus universitaire en quatre ans similaire à celui qui est en vigueur en Chine continentale.

Innovations au niveau de la gouvernance

Une innovation de la HKUST qui contribue à l'application de sa devise « être unique sans copier les autres » est le mode de sélection de ses administrateurs. Tous les recteurs sont nommés sur recommandation de comités de sélection, au sein desquels prédominent des membres du personnel enseignant, plutôt que désignés par l'administration ou élus au sein d'une école ou d'une faculté, comme c'était le cas dans les universités de Hong Kong à l'époque. Ce processus était novateur dans le contexte de Hong Kong, dotée d'un système très proche du modèle d'enseignement supérieur britannique. Le système de la HKUST correspondait à un modèle américain du point de vue de la nomination d'universitaires, et au système des entreprises américaines, en ce sens que les enseignants régissaient la partie académique de l'université. La HKUST a également suscité un changement dans les autres universités de Hong Kong en remplaçant les titres académiques traditionnels (assistant, chargé de cours, maître de conférences et professeur) par ceux utilisés aux États-Unis et ailleurs (professeur adjoint, professeur associé et professeur). De même, les titres administratifs courants à l'époque dans les universités de la RAS de Hong Kong (Chine) (vice-recteur, vice-recteur adjoint et vice-recteur suppléant) sont également en train de changer quelque peu dans la mesure où l'on utilise davantage les titres de président, doyen et vice-président.

On se procure un avantage qui peut être précieux lorsque a) une nouvelle université de recherche doit être créée et s'inscrire dans un modèle particulier d'enseignement supérieur et b) le système lui accorde une autonomie suffisante pour acquérir un avantage particulier sur d'autres établissements du système ayant pignon sur rue en innovant au niveau de la gouvernance ou de la structure académique en s'inspirant d'une vision unique. Ce projet représente également un système permettant d'accélérer le processus de réforme dans d'autres établissements de premier plan, chez lesquels l'esprit maison et une longue histoire empêchant tout changement radical comportant un risque éventuel pour l'identité et l'image de marque acquises de longue date de l'université.

Ce type d'innovation constitue un avantage potentiel dans la création d'universités de recherche. La HKUST a été créée alors que l'administration britannique était sur le déclin, et que les États-Unis et la Chine continentale étaient les principaux partenaires commerciaux de Hong Kong. Non seulement les universités les plus réputées du monde se trouvaient-elles aux États-Unis, mais en outre, le système d'enseignement supérieur de la Chine continentale fonctionnait d'une manière plus similaire au modèle d'enseignement supérieur des États-Unis, où se trouvaient précisément la plupart des futurs universitaires chinois faisant des études à l'étranger. Cette situation a donné un énorme avantage à la HKUST. L'adaptation par celle-ci d'innovations inspirées du système universitaire américain lui a donné un caractère unique. Pour sa part, le style britannique d'enseignement supérieur en vigueur dans les autres établissements, quoique bien établi et efficace, était moins réceptif au changement qu'une université de création récente. Ainsi, le moment où a été créée la HKUST, « quelque chose peut- être difficile à imiter ailleurs », a beaucoup contribué à son essor rapide (Wong 2010).

Un autre facteur qui a contribué au caractère novateur de la HKUST a été la nature relativement autonome des établissements d'enseignement supérieur à Hong Kong à l'époque. Bien que la HKUST ait été dès le début un établissement public, elle jouissait d'un degré d'autonomie considérable à bien des égards et pouvait innover librement dans le domaine de la recherche académique et dans sa façon de dispenser son enseignement. Bien qu'elle n'ait pas été tenue d'avoir l'accord du gouvernement ou du Comité des subventions universitaires, la HKUST a adhéré à plusieurs conventions fondamentales auxquelles avaient souscrit les deux autres universités de recherche publiques, et concernant en particulier l'admission des étudiants. À compter de 2012, toutes les universités de Hong Kong (Chine) adopteront un programme d'études des premier et deuxième cycles de quatre ans et commenceront à recruter à partir « de la sixième année du deuxième cycle du secondaire ».

Le personnel universitaire, clé de l'excellence académique
Malgré la tendance générale au recrutement d'universitaires à temps partiel, la HKUST a recherché quant à elle un personnel à temps complet, comme

c'était le cas dans le système universitaire de Hong Kong. La planification initiale du personnel académique a correspondu à une stratégie distincte en matière de personnel : a) 214 enseignants en sciences de l'ingénieur — 21 professeurs, 54 professeurs associés et 139 professeurs adjoints ; b) 171 enseignants en sciences — 17 professeurs, 43 professeurs associés et 111 professeurs adjoints et c) 160 enseignants en gestion d'entreprises — 16 professeurs, 40 professeurs associés et 104 professeurs adjoints[13]. Cette structure différait du système de chaire à professeur unique en vigueur à l'époque dans les autres universités de Hong Kong (Chung 2001, 5-6).

La HKUST a recruté pratiquement la totalité de ses enseignants à l'extérieur de Hong Kong, et nés pour la plupart en Chine. Si le personnel avait été recruté pour une large part parmi les expatriés traditionnels et la réserve locale d'universitaires, cette pratique n'aurait pas été conciliable avec le caractère unique de la HKUST. C'est là un autre facteur digne d'attention pour les universités d'un pays en développement comptant un grand nombre d'étudiants et d'universitaires qui préparent un doctorat, mais ne reviennent toujours pas en grand nombre chez eux. Jamil Salmi (2009, 61) examine cette question mais sans préciser que la RAS de Hong Kong (Chine) compte probablement la plus forte proportion de membres de la diaspora académique de retour, bien que ceux-ci soient souvent originaires d'autres régions de Chine. La Corée, par exemple, a réussi à faire revenir une part importante de ses universitaires de l'étranger, quoique ceux-ci travaillent le plus souvent dans des universités de second rang. Cela n'est cependant pas encore le cas de la Mongolie. La création d'une université de recherche nouvelle et bien dotée peut exercer un pouvoir d'attraction. Par exemple, si, comme on s'y attend, les gisements de minéraux précieux récemment découverts en Mongolie donnent un coup de fouet à l'économie nationale dans les prochaines années, ce pays pourra peut-être envisager une initiative de ce genre. Il y a d'autres exemples potentiels parmi les pays en développement.

Une autre caractéristique remarquable de la HKUST concerne les qualifications de son personnel et les centres universitaires dans lesquels il est recruté. Non seulement tous les enseignants de la HKUST sont titulaires de doctorats d'universités du monde entier, mais en outre, au moins 80 % d'entre eux ont également travaillé ou obtenu leur doctorat dans des universités de recherche réputées comme l'Institut de technologie de Californie, l'Université Carnegie Mellon, l'Université Columbia, l'Université Cornell, l'Université Harvard, l'Imperial College de Londres, l'Institut de technologie du Massachusetts, la Northwestern University, l'Université Princeton, l'Université Purdue, l'Université Stanford, l'Université de Colombie britannique, l'Université de Californie (Berkeley), l'Université de Californie (Los Angeles), l'Université de Cambridge, l'Université de Chicago, l'Université d'Illinois, l'Université de Londres, l'Université du Michigan, l'Université d'Oxford, l'Université de Toronto, l'Université de Wisconsin-Madison et l'Université Yale. Ces qualifications témoignent non seulement du calibre du personnel académique, mais elles représentent en outre une mine de capital académique qui sert à établir des collaborations transnationales à des fins de recherche entre des réseaux d'universitaires d'établissements similaires.

Conditions de travail : le meilleur des deux mondes

L'adage selon lequel Hong Kong (Chine) est un point de rencontre entre l'Orient et l'Occident s'avère être plus qu'un cliché pour l'universitaire né en Chine et ayant reçu une formation d'universitaire et de scientifique en occident. Les conditions de travail offertes à Hong Kong (Chine) comportent de nombreux avantages dont ne peuvent bénéficier ailleurs certains universitaires chinois. Ces avantages consistent notamment à vivre dans une société chinoise et à travailler dans une université de langue anglaise, à enseigner en anglais à des étudiants chinois, à effectuer des recherches avec de méthodes apprises à l'Ouest et à les appliquer au développement de la Chine, à publier dans des revues académiques occidentales et à se faire reconnaître au niveau international, et à faire traduire leurs travaux en chinois pour toucher un public beaucoup plus vaste. Cela signifie également éviter la « cloison de verre » que connaissent parfois les universitaires chinois à l'étranger, ainsi que les restrictions à la liberté académique qui existent en Chine continentale. La RAS de Hong Kong (Chine) représente un ajustement relativement aisé à une culture à la fois académique et sociétale et offre un environnement unique et propice à des travaux universitaires innovants. De plus, un grand nombre de membres du personnel de la HKUST et des autres universités de Hong Kong (Chine) sont des ressortissants étrangers, dont certains sont d'origine chinoise, bien que parfois nés ou naturalisés à l'étranger. Le Royaume-Uni, par exemple, compte une proportion considérable (27 %) d'universitaires étrangers (Salmi 2009, 61) mais selon une récente enquête internationale, Hong Kong (Chine) venait au deuxième rang (après l'Australie) pour la proportion de ressortissants étrangers.

Recrutement multi-générationnel à partir du sommet

Comme on l'a vu, le premier président de la HKUST a joué un rôle majeur dans le recrutement et on lui attribue les propos suivants : « Il faut commencer par le sommet car seule l'élite peut attirer l'élite. Dans des domaines en pleine évolution comme la science, les sciences de l'ingénieur et la gestion, vous faites partie de l'élite ou vous n'en faites pas partie » (Course 2001, 8). Les piliers académiques de la HKUST ont d'abord été des personnes âgées au plus de 50 ans, nées sur le continent et dont les familles étaient parties pour Taïwan (Chine) dans les années 40, ou qui étaient allées faire des études aux États-Unis et y étaient restées pour y fonder une famille. Bien que nombre d'entre eux aient été naturalisés américains et aient travaillé aux États-Unis pendant des décennies, une de leurs aspirations consistait à apporter leur contribution à leur patrie d'origine. D'après Woo : « Ils avaient le talent et les capacités, mais en fin de compte, ce qui les a fait venir ici, c'est leur cœur » (Course 2001, 9).

Parmi les universitaires de cette génération figurait Jay-Chung Chen, expert de l'aéronautique recruté au Laboratoire de propulsion par réaction de l'Institut de technologie de Californie. Chih-Yung Chien était un éminent spécialiste de physique expérimentale de l'Université Johns Hopkins, qui avait effectué ses recherches sur le plus grand accélérateur à haute énergie du monde à l'Organisation européenne pour la recherche nucléaire. Shain-Dow Kung, un spécialiste de la biotechnologie et doyen suppléant à l'Institut de biotechnologie de l'Université du Maryland, est devenu recteur de la Faculté des sciences en 1991. Parmi les autres personnalités recrutées durant la première décennie figurait Leroy Chang, spécialiste de physique expérimentale de renommée mondiale d'International Business Machines (IBM), et cinq fois membre de l'académie nationale des États-Unis et de Chine. Un autre universitaire de la HKUST de réputation internationale était Ping Ko, venu de l'Université de Californie (Berkeley) et qui dirigeait le laboratoire de micro-fabrication. Otto C. C. Lin, ancien doyen de l'École de Sciences de l'ingénieur de l'Université de Tsing Hua et directeur de l'Institut de renommée mondiale de recherche sur la technologie industrielle (ITRI) de Taiwan (Chine), est devenu vice-président de la HKUST pour la recherche et le développement. Parmi les autres scientifiques notables figurait Eugene Wong, recruté par la Maison blanche pour être directeur adjoint du Bureau de la politique scientifique et technologique, et qui est venu à la HKUST après avoir occupé la chaire d'électrotechnique et d'informatique à l'Université de Californie (Berkeley), où il a élaboré la théorie qui fournit une base statistique au traitement des images et d'autres données multidimensionnelles.

La génération de jeunes recrues comprenait des personnalités ayant plus ou moins la quarantaine, notamment Chan Yuk-Shee, qui occupait le poste de professeur de finances «Justin Dart » à l'Université de Californie du Sud, et qui est devenu le doyen fondateur de l'École de commerce et de gestion de la HKUST. Il s'agissait de « créer une école de commerce de premier ordre en Asie avant la fin du siècle » (Course 2001 ; Kung 2002).

Un thème frappant chez les recrues de haut niveau était l'idée de prendre un nouveau départ en partant du principe que la HKUST pourrait devenir une université de recherche de classe mondiale. Le calibre de ces universitaires et scientifiques a lui-même eu pour effet d'attirer d'autres éminents universitaires, souvent non chinois, d'Amérique du Nord, d'Asie et d'Europe. Peter Dobson, premier directeur de la planification et de la coordination de la HKUST et plus tard son vice-président adjoint pour les affaires académiques, a été recruté à l'Université de Hawaii. Thomas Stelson, ancien vice-président exécutif de l'Institut de technologie de Géorgie, est devenu vice-président pour la recherche et le développement. Gregory James, venu de l'Université d'Exeter, est devenu le directeur du Centre d'étude des langues de la HKUST.

Le recrutement est l'un des aspects les plus stratégiques de la création rapide d'universités reconnues au plan international. Il faut naturellement recruter des universitaires chevronnés au talent déjà reconnu dans leur domaine, mais ceux-ci sont souvent proches de l'âge de la retraite et ne dirigeront que pendant quelques années leurs départements dans la nouvelle université. L'intérêt qu'ils présentent tient donc peut-être davantage au fait qu'ils attirent d'éminents universitaires plus jeunes qu'à la contribution à long terme qu'ils apportent à la nouvelle université. Ils pourraient également devenir des professeurs honoraires influents s'ils résident dans la région où se trouve l'université et maintiennent des contacts étroits avec elle après leur retraite, ce qui n'est guère probable s'ils ont été initialement recrutés à l'étranger. De plus, toute nouvelle opération de recrutement s'accompagne dans une certaine mesure du départ d'universitaires de premier ordre, facteur que doit prendre en compte tout plan de recrutement.

Enfin, bien que les salaires ne constituent pas une motivation particulière pour certains universitaires, ceux que leur offrira la nouvelle université donneront une idée de leur statut et pourront indiquer à leurs anciens collègues que leur départ n'est pas synonyme de déclassement. Bref, une nouvelle université doit être prête à offrir des salaires attractifs à d'éminents universitaires, sans pour autant attribuer à une motivation purement financière leur désir d'entrer à son service.

Considérations de timing

Bien que les salaires n'aient manifestement pas été la principale motivation du groupe initial d'éminents universitaires qu'a compté la HKUST, le taux de croissance économique enregistré alors par Hong Kong a permis de rapprocher les salaires des universitaires de ceux offerts à l'étranger, ce qui a facilité leur réinstallation à Hong Kong. Néanmoins, pour des universitaires basés aux États-Unis, une mutation signifiait souvent passer d'une maison spacieuse à un appartement modeste. Bien que les salaires des universitaires de Hong Kong aient généralement été inférieurs à ceux que recevaient leurs homologues dans les universités américaines, cette situation a commencé à changer. En cinq ans, entre 1988 et 1993, les salaires ont doublé et en 1998, ils étaient 2,7 fois supérieurs à leurs niveaux de 1988.

Dans les années 90, la grille des salaires des universitaires était liée à celle de la fonction publique et augmentait régulièrement, mais ce n'est plus le cas à l'heure actuelle[14]. Certains fonctionnaires s'étaient opposés à l'augmentation des salaires des universitaires, mais l'approche de la rétrocession de Hong Kong à la Chine avait fait craindre quelque peu une fuite des cerveaux. La HKUST a recruté 120 enseignants par an, soit une dizaine par mois en moyenne, dont 80 % ont obtenu leur doctorat en Amérique du Nord.

Le facteur timing a contribué au succès de la HKUST, et ce de plusieurs autres façons. Il accru la confiance d'une société en transition, passant du statut de colonie à un nouveau système au sein de la Chine. Comme on l'a vu, de nombreux universitaires chinois de la HKUST n'auraient probablement pas accepté une offre de poste à la HKUST dix ans plus tôt, lorsque l'on ne savait pas exactement que le statut colonial de Hong Kong cesserait. D'autres facteurs opportuns ont été le fait de l'augmentation, à Hong Kong, du pourcentage d'inscrits à des universités parmi un groupe d'âge, qui est passé de 8 % à 16 % entre 1989 et 1995, et l'accroissement des crédits de recherche accordés par le Conseil des subventions à la recherche de Hong Kong nouvellement créé.

Structure de gouvernance

La HKUST s'est transformée en une nouvelle université internationale sans s'en prendre aux traditions de gouvernance britanniques à Hong Kong. La structure de gouvernance comprend maintenant un haut comité, un conseil et un sénat[15]. Le haut comité, créé en mai 1994 et qui se réunit une fois par année universitaire pendant quelques heures, est un organisme consultatif en matière de politique générale, et il examine les rapports du président et du conseil. Il ne joue cependant aucun rôle effectif dans la gouvernance de l'université[16].

Le conseil est l'organe directeur et exécutif suprême de l'université. Il est responsable des investissements, des contrats, des biens, de la nomination des présidents et vice-présidents, du budget, des finances et des statuts, et il accorde des doctorats honoris causa et des titres universitaires. Il comprend jusqu'à trois fonctionnaires nommés par le Gouverneur de la RAS de Hong Kong (Chine), jusqu'à 18 membres externes qui ne sont pas des fonctionnaires ou des salariés de l'université, et 12 membres internes de l'université parmi lesquels figurent le président, les vice-présidents, les recteurs des facultés et les universitaires nommés par le conseil d'administration de l'université. Il est présidé par une personne étrangère à la HKUST. Le conseil peut se réunir plusieurs fois par an, mais un comité exécutif connu sous le nom de comité permanent du conseil se réunit régulièrement. Cet organe défend les intérêts de l'université au niveau local, régional et international, et certains de ses membres collectent des fonds à titre bénévole.

Le conseil consultatif fixe les politiques académiques. Ses membres sont des employés et des étudiants, y compris le président, les vice-présidents, les recteurs des facultés, les chefs de département, unités et centres académiques, des membres du personnel académique élus par leurs pairs et des représentants des étudiants. Il compte un maximum de 54 membres, dont 32 occupent des postes académiques ou dans des départements, tandis que 19 sont élus ou cooptés parmi le personnel académique, et trois sont des représentants des étudiants. Les fonctions du conseil consultatif couvrent la planification et le développement académiques, la gestion des installations pour le logement, l'enseignement, l'apprentissage et la recherche (bibliothèques, laboratoires, etc.) et il veille au bien-être des étudiants. Enfin, les commissions des quatre écoles (science, sciences de l'ingénieur, commerce et gestion, et lettres et sciences sociales) ainsi que l'école d'enseignement universitaire du troisième cycle nouvellement appelée HKUST Fok Ying Tung relève du conseil consultatif pour l'enseignement et les autres activités des écoles.

Les instances supérieures des universités de Hong Kong (Chine) financées par l'État assurent généralement à ces établissements un leadership assez uniforme. Elles sont relativement bien intégrées à l'élite dirigeante de Hong Kong (Chine), comme en témoigne la composition du haut comité et du conseil. Cette uniformité ne signifie pas que les relations entre les pouvoirs publics et l'université soient toujours sans nuages. Par exemple, bien que le Comité des subventions universitaires fasse tampon entre l'État et les universités, le stade de la planification de la HKUST n'a pas été exempt de controverses. Le président du comité de planification estimait en effet que le Comité des subventions aux universités et aux écoles polytechniques (maintenant appelé Comité des subventions universitaires) a entravé son développement en allouant des places « de façon équitable » plutôt qu'en fonction des « besoins et des valeurs » (Chung 2001, 155). Cependant, d'une façon générale, l'État ne s'est pas immiscé directement dans les affaires des universités de la RAS de Hong Kong (Chine), comme en témoigne Jamil Salmi (2009, 59), citant Ruth Simmons : « Les grandes universités sont utiles non seulement en leur temps, mais aussi pour préparer l'avenir. Ce qui permet à une grande université d'agir ainsi, c'est une intervention de l'État aussi limitée que possible ». Le degré d'ingérence de l'État peut toutefois être interprété de diverses manières. Bien que cette ingérence ne soit pas nécessairement directe, elle oriente à sa façon une université, et elle est ainsi plus subtile. Chung Sze-yuen a estimé que des limites étaient imposées à l'expansion de l'enseignement du troisième cycle à la HKUST, et un rapport plus récent du Comité des subventions universitaires a soutenu le point de vue du secrétaire à l'éducation, partisan d'une fusion entre la HKUST et l'Université chinoise de Hong Kong. En fait, le rôle de ce Comité dans le développement des universités en général, et celui de la HKUST en particulier ne saurait être ignoré. Le Comité estime par exemple jouer un rôle clé en aidant de manière proactive les universités à faire de Hong Kong (Chine) une ville d'Asie à vocation mondiale et le centre de la région en matière d'éducation, en particulier par rapport à la Chine continentale. Le Comité des subventions universitaires n'a cependant pas joué un rôle proactif en aidant les universités à faire obstacle aux tentatives des pouvoirs publics d'intervenir dans leur développement. Il est clair que l'on discute quelque peu du rôle du comité. Son supposé rôle proactif s'étend à « la planification stratégique et l'élaboration de politiques pour conseiller et orienter le secteur de l'enseignement supérieur, » ce qui doit être fait avec des incitations et d'autres mécanismes qui « aident les établissements à jouer leurs rôles respectifs à un niveau compétitif au plan international » (UGC 2010b). Parmi ces mécanismes figurent les Examens de la qualité des processus d'enseignement et d'apprentissage, l'Évaluation de la recherche et les Examens de la gestion, qui sont obligatoires pour la HKUST et les autres établissements. La HKUST a soumis un document d'auto-évaluation en juillet 2002 et s'est soumise avec succès aux examens de la qualité des processus d'enseignement et d'apprentissage en 2003. Il s'agissait de la deuxième série d'examens de ce genre. Elle a également fait l'objet d'Examens de gestion positifs en 1998 et 2002. L'Évaluation de la recherche, mécanisme emprunté au Royaume-Uni, était encore pratiquée à Hong Kong (Chine) en 2006. Toutefois, l'intérêt que présentent ces examens et d'autres liés au Comité des subventions universitaires et effectués par l'administration de la HKUST et d'autres universités n'est pas évident.

Financement de la recherche et dons

La HKUST reste une université jeune, et son système de gouvernance continue à évoluer. En 2009, le deuxième président de la HKUST, Paul Ching-Wu Chu, a achevé son mandat, et Tony Chan lui a succédé. Le président Chu, scientifique de renommée mondiale, a pris ses fonctions en des temps difficiles, lorsque Hong Kong (Chine) se ressentait encore des effets de la crise économique de l'Asie et de ceux du SRAS (syndrome respiratoire aigu sévère). Il est cependant parvenu à créer un Institut de hautes études inspiré de celui de l'Université de Princeton. L'institut constitue pour d'éminents scientifiques du monde entier un centre qu'ils peuvent visiter et où ils peuvent réfléchir et organiser des ateliers.

L'Institut des Hautes études de la HKUST patronne des projets de collaboration entre les disciplines et les établissements. Il établit des relations avec des universitaires, des entreprises, la communauté et de hauts responsables du gouvernement pour aider à transformer Hong Kong (Chine) et la région de Chine voisine en une source de créativité et de capacité intellectuelle de portée mondiale. Parmi les membres qui l'ont visitée figurent Aaron Ciechanover, Prix Nobel de chimie en 2004, et Eric Maskin, Prix Nobel d'économie en 2007, qui l'a visitée le 17 mars 2010. L'Institut des Hautes études dispose également d'un Conseil consultatif international éminent, comprenant 12 lauréats du Prix Nobel. Il recrute également dix « universitaires vedettes » comme membres permanents du personnel de l'Institut et offrira à chacun d'eux une chaire (dotées chacune de 30 millions de dollars HK [soit 3,87 millions de dollars]), ce qui leur assure un complément salarial et des crédits de recherche supplémentaires. Par ailleurs, 60 bourses (chacune d'un montant de dix millions de dollars HK [soit 1,29 million de dollars]) sont offertes à de jeunes universitaires prometteurs entrant à l'institut pour effectuer des recherches postdoctorales et collaborer étroitement avec le personnel permanent de l'Institut.

Le budget de recherche et développement (R&D) de Hong Kong (Chine) ne représente que 0,7 % de son produit intérieur brut, ce qui la place au 50ᵉ rang mondial suivant cet indicateur. Le montant des crédits de recherche mis à la disposition de la HKUST pourrait donc être considéré comme très important, jusqu'à ce qu'on le compare à celui dont bénéficient les universités homologues dans lesquelles elle a recruté la première génération de ses scientifiques de haut niveau. Bien que modestes en comparaison, les crédits de recherche alloués à la HKUST ont augmenté régulièrement, sauf au moment de la crise économique qu'a connue l'Asie. Les dons pour la recherche effectués par des groupes comme Hong Kong Telecom, d'un montant d'une dizaine de millions de dollars HK (1,3 million de dollars) et celui du Jockey Club de Hong Kong, d'un montant de 130 millions de dollars HK (17 millions de dollars) pour la biotechnologie ont également été utiles pour donner à la HKUST le profil d'une université de recherche.

En juin 2008, le fonds de recherche de 350,9 millions de dollars HK (4,5 millions de dollars) comprenait des fonds privés de Hong Kong (Chine) de 98,8 millions de dollars HK (12,66 millions de dollars, soit 28,2 %), des sources de financement extérieures de Hong Kong (Chine) de 6,5 millions de dollars HK (832 860 dollars, soit 1,9 %), des fonds du Conseil des subventions à la recherche de 125,3 millions de dollars HK (16,05 millions de dollars, soit 35,7 %), des fonds du Comité des subventions universitaires d'un montant de 84,7 millions de dollars HK (10,85 millions de dollars, soit 24,1 %), et d'autres fonds publics de la RAS de Hong Kong (Chine) (provenant essentiellement de la Commission pour l'innovation et la technologie) d'un montant de 35,5 millions de dollars HK (4,55 millions de dollars, soit 10,1 %)[17]. L'ensemble comprend des projets de R&D administrés par des entreprises de R&D (HKUST R and D Corporation Ltd 2010). Les domaines de recherche à fort impact sont les nanosciences et les nanotechnologies, l'électronique, les technologies d'accès sans fil et de l'information, l'environnement et le développement durable et enfin, l'enseignement de la gestion et la recherche. En dehors de leur importance scientifique, ces domaines sont considérés comme apportant une valeur ajoutée au développement social et économique de la région, y compris à celui de Hong Kong (Chine) et du delta voisin de la Rivière des perles.

Les dons ont commencé à jouer un rôle de plus en plus important dans le financement et le développement de l'enseignement supérieur à Hong Kong (Chine). Étant au départ la seule université de Hong Kong dépourvue d'un réseau d'anciens étudiants, la HKUST tenait à trouver moyen de remédier à ce handicap et elle a profité de l'essor opportun de la philanthropie chinoise. Le Gouvernement de Hong Kong a facilité l'instauration d'une culture du don en accordant des subventions d'un montant équivalent à celui des dons accordés aux universités. Des dons ont notamment été accordés par le Sino Group (20 millions de dollars HK, soit 2,56 millions de dollars), le Kerry Group (20 millions de dollars HK, soit 2,56 millions de dollars), le Shun Hing Group (dix millions de dollars HK, soit 1,28 million de dollars), le Shui On Group (25 millions de dollars HK, soit 3,20 millions de dollars) et le Hang Lung Group (20 millions de dollars HK, soit 2,56 millions de dollars)[18]. Il a été convenu que le montant des dons des donateurs suivants ne serait pas rendu public : Hang Seng Bank, Hysan Trust Fund et famille Li Wing Tat. IBM et JEOL (Japan Electron Optics Laboratory) ont également fait don de matériel. La Fondation Croucher n'a pas cessé de faire des dons pour divers projets de l'université. Tous ces dons ont été effectués aux premiers stades du développement de la HKUST. Lors de son 10e anniversaire, celle-ci a constaté qu'elle avait reçu des contributions de 18 fondations et de 19 entreprises ainsi que de sept donateurs (particuliers et familles). Elle n'a cessé de recevoir des dons, trop nombreux pour être énumérés ici.

Collaborations et partenariats

Les collaborations et partenariats de la HKUST ont contribué à son succès (Ji 2009). L'université a pris des mesures précises pour réaliser un de ses principaux objectifs, énoncé au début de ce chapitre, qui est de collaborer étroitement avec les entreprises et l'industrie pour promouvoir l'innovation technologique et le développement économique. Lorsqu'il a été déclaré, cet objectif a distingué la HKUST des deux autres universités de recherche les plus réputées de l'époque. Sa principale innovation à cet égard a consisté à créer une filiale à 100 % appelée Research and Development Corporation (RDC), organisme de l'université spécialisé dans la commercialisation de la recherche. La RDC est la signataire pour les contrats et l'administration contractuelle mis en œuvre par tous les départements de l'université.

Pour développer encore davantage ses collaborations et ses partenariats avec le secteur privé et le secteur public de Hong Kong (Chine) ainsi qu'avec la région, la RDC a créé un certain nombre de succursales et de coentreprises et elle couvre désormais le delta de la Rivière des perles et au-delà. Elle a renforcé sa présence en Chine continentale, où elle offre des services adaptés aux besoins particuliers du marché. Par exemple, la RDC collabore avec le secteur public et le secteur privé dans le delta voisin de la Rivière des perles, dans la province de Guangdong dans d'autres régions de Chine, y compris à Beijing. La RDC a un partenariat avec l'Université de Pékin et la municipalité de Shenzhen dans le cadre d'une entité coopérative tripartite engagée dans des activités de production, d'étude et de recherche. L'établissement aide à commercialiser des produits de haute technologie résultant de ses recherches. La HKUST a également un partenariat dans le district financier de Beijing dans le cadre d'un accord tripartite relatif à la création d'un Centre international de formation et d'études financières à Beijing avec la Beijing Street Holding Company, Ltd. et le Centre financier international de Beijing (Liu et Zweig 2010).

La RDC collabore étroitement avec le bureau de transfert de technologie de l'université pour commercialiser la propriété intellectuelle créée par l'université. Elle fait ainsi office de point de transfert de technologie entre la HKUST et les secteurs aussi bien public que privé. Elle s'occupe de l'octroi de licences pour la collaboration commerciale dans les domaines de la biotechnologie, de l'informatique, de la technologie de l'information et dans dix autres domaines.

Dans le cadre de la RDC, l'université a également créé un Centre d'entreprenariat. Ouvert en 2000, ce centre s'efforce d'encourager la participation d'enseignants et d'étudiants de l'université à la commercialisation d'une nouvelle technologie. Il leur offre un espace de travail, des services de consultation pour les affaires et des locaux servant de pépinière. Il aide également à présenter des spécialistes du capital-risque aux professeurs et aux étudiants, ce qui s'est traduit par la création de plus de 20 firmes-rejetons et sept start-ups, dont l'une est cotée en bourse à Hong Kong.

En juillet 2010, la HKUST a soumis au Comité des subventions universitaires (HKUST 2010a) un rapport sur le transfert de savoir dans lequel elle a proposé une stratégie quinquennale en vue de créer une plate-forme de transfert de savoir en vue de renforcer l'esprit d'entreprise, générer des financements pour l'innovation et offrir de nouvelles opportunités commerciales.

Conclusion

Les universités s'inscrivent dans le cadre de civilisations régionales dont chacune offre des conditions uniques dont on peut tirer parti pour créer des universités de recherche remarquables. La HKUST s'est inspirée à la fois de la civilisation chinoise et de la civilisation occidentale pour le talent et l'innovation et à tiré parti de conditions favorables telles que l'autonomie dont elle jouit et la disponibilité de ressources en capital. Son succès a cependant été assuré par un recrutement stratégiquement proactif grâce auquel elle s'est dotée d'un personnel de renommée internationale, par le fait qu'elle est reconnue internationalement, par sa communauté de vues et pas son dynamisme constant, tous facteurs qui ont contribué à l'essor sans précédent de la HKUST et lui ont permis de se retrouver en une décennie parmi les universités de recherche dites de classe mondiale.

Création et planification

Un comité de planification pour une nouvelle université de recherche doit savoir comment tirer parti du contexte dans lequel l'établissement est appelé à être créé, notamment une économie en expansion, la restructuration industrielle, une réorientation de l'enseignement supérieur vers la recherche, l'existence d'un réseau local d'universités de recherche réputées, et l'intensification du discours mondial sur l'économie du savoir.

Un comité de planification doit également être assez habile pour créer une nouvelle université internationale sans s'en prendre aux traditions en vigueur en matière de gouvernance, en l'occurrence au modèle britannique qui était celui de Hong Kong.

En bref, le cas de la HKUST montre combien il est important que la phase de création soit bien exécutée. Le calibre de ceux qui conçoivent et font avancer la planification au stade préparatoire a une profonde influence sur la trajectoire initiale d'une université de recherche et peut être déterminant durant sa période de décollage. Parmi les nombreuses décisions clés prises par un comité préparatoire figure la sélection, pour l'université d'une direction capable de mener activement le recrutement d'un personnel d'élite. Il est clair que rien n'est plus crucial que le recrutement initial du personnel enseignant, lorsque l'on crée une université de recherche ayant pour vocation d'être reconnue au plan international.

Recrutement

Il ne fait pas de doute que l'accès à un personnel du plus haut niveau dans le monde entier est un processus que l'on ne peut pas contrôler totalement. Toutefois, l'accès à titre personnel à certains réseaux de scientifiques réputés et la capacité de persuader d'éminents universitaires d'échanger un poste sûr dans une université d'élite contre la possibilité d'intégrer une nouvelle entreprise dans le pays dont on est ethniquement originaire sont des caractéristiques que doit absolument posséder un président fondateur d'université. Dans le cas de la HKUST, ce processus de recrutement a comporté des entretiens sur une vaste aire géographique avec des candidats à des postes d'enseignants, et dans un cas, on en organisé dans neuf villes différentes en sept jours. De plus, le cas de la HKUST démontre que, même s'ils sont utiles, des salaires compétitifs ne peuvent contribuer que de façon limitée aux efforts de recrutement. Cela vaut en particulier pour le recrutement d'universitaires capables de gérer une université au-delà du jour de son inauguration, et qui restent résolus non seulement à maintenir un haut niveau de recherche, mais aussi à établir des liens constructifs avec la société et le pays dans lequel se trouve l'université. Pour la HKUST, le salaire n'était pas le principal facteur persuadant un universitaire d'élite déjà reconnu de déménager. De nombreuses recrues étaient déjà bien payées dans les universités américaines, et un transfert à la HKUST signifiait l'emménagement dans un logement beaucoup moins spacieux, souvent avec des conséquences sur le mode de vie de leur famille et l'éducation de leurs enfants. Compte tenu de ces risques, il n'y aurait eu guère de chances que d'éminents scientifiques travaillant dans les meilleures universités américaines rejoignent une université nouvelle mais inconnue si des liens ethniques et affectifs avec la Chine n'avaient pas joué autant que des salaires compétitifs.

Durabilité

Pour qu'une nouvelle université de création récente, quelle qu'elle soit, obtienne rapidement succès et statut au sein d'un grand réseau international d'universités de recherche, l'objectif à long terme est de consolider les acquis du stade de développement initial. Comme l'a observé le vice-président de la HKUST pour la recherche, « dix-huit ans, ce n'est pas beaucoup » (Chin 2009). Il faut donc continuer à mettre l'accent sur les points forts des facultés et de leurs programmes. Les domaines identifiés par les fondateurs restent primordiaux pour l'établissement. Certains aspects de la mondialisation ont toutefois amené des universités, y compris la HKUST, à mettre moins ou davantage l'accent sur des cours et des domaines de recherche spécialisés. Par exemple, les domaines d'étude n'ont pas été touchés mais comme on l'a vu, une évolution stratégique dans le sens de la multidisciplinarité est à prévoir (Chin 2009). L'impératif de profondeur demeure, mais l'interactivité s'est accrue entre les différents domaines sur le campus. Il est plus largement reconnu que les problèmes auxquels est confrontée la région nécessitent des solutions non axées sur les limites disciplinaires. Qu'il s'agisse du séquençage génétique et de la politique de santé communautaire, du génie civil et du changement climatique, des sciences de la vie ou de la communication mondiale, les étudiants doivent de plus en plus être tournés vers l'avenir et être prêts à résoudre des problèmes dans les domaines les plus divers.

Modèles

Les universités de recherche sont également sensibles aux modèles. La HKUST a continué à prendre pour modèles l'Institut de technologie du Massachusetts et l'Université Stanford. Elle a déjà dû apporter des modifications du fait que ces modèles ont montré leurs limites. Bien que la conjoncture lui ait été favorable et qu'elle ait eu un peu de chance, ses lignes forces restent inchangées : mettre l'accent sur la recherche et recruter les meilleurs scientifiques. Un changement s'est néanmoins opéré. Alors que l'université peut initialement recruter des scientifiques de haut niveau à l'extérieur, aucune continuité n'est possible sans une certaine « autochtonisation » au cours de la prochaine phase. Les jeunes universitaires de la génération suivante ont été mieux à même de faire de Hong Kong (Chine) un élément central de leurs vies académiques. En bref, l'université s'est lancée dans la préparation d'une génération de scientifiques locaux appelés à servir et diriger la région environnante de Chine méridionale à mesure qu'elle se développera au cours des prochaines décennies.

Contexte : établissements et systèmes

Plusieurs sections du présent chapitre soulignent comment une nouvelle université de recherche s'inscrit dans un système plus large d'universités de recherche existantes. Elle peut tirer de la force de ces dernières et jouer un rôle de catalyseur pour leurs réformes. Bien qu'une telle évolution exige qu'une nouvelle université s'identifie aux autres universités de recherche en tant que partie d'un système, le nouvel établissement a également intérêt à se singulariser en faisant preuve d'une vision et d'une vitalité suffisantes pour manifester clairement son caractère unique. Cet équilibre peut être perturbé par un recrutement au sein du système durant la phase de création. Il est donc important que les responsables de l'université parviennent à un consensus informel sur ces questions. Les recteurs des universités de la RAS de Hong Kong (Chine) ont des circuits de communication et se réunissent périodiquement, non pas sur ordre des autorités, mais en tant que groupe de présidents d'université aux intérêts communs. Les Secrétaires généraux et d'autres responsables des universités à différents niveaux disposent également de réseaux de communication informels. Par exemple, bien que chaque université élabore actuellement son propre programme d'enseignement général d'un an et qu'elle soit libre de le concevoir et de le développer à sa façon, les différentes universités disposent d'opportunités informelles pour partager périodiquement leurs expériences et leurs résultats lors de forums ou autres rencontres.

La HKUST et les autres universités de recherche de Hong Kong (Chine) partagent au niveau institutionnel des caractéristiques fondamentales communes aux universités de recherche du monde entier. Elles se trouvent cependant tenues de justifier leur existence dans un centre d'affaires asiatique très dynamique dont la raison d'être est la concurrence mondiale dans le domaine des affaires et du commerce, et dont les conventions institutionnelles et académiques sont en grande partie héritées du passé colonial. C'est dans le cadre de ce système que la HKUST a dû se distinguer des autres établissements coloniaux de l'époque. Elle l'a fait en créant une université fortement axée sur une culture d'entreprise orientée vers la recherche, tout en respectant les traditions locales en matière de gouvernance. Elle a également prévu dès le départ le contexte postcolonial.

Ce cas est donc instructif car il nous montre comment une nouvelle université de recherche s'inscrit dans un système plus vaste d'universités de recherche. À chaque phase, depuis celui de la planification jusqu'à celui de la gestion courante en passant par celui de la création, le nouvel établissement doit améliorer l'équilibre de l'ensemble du système plutôt que de le faire pencher en sa faveur. Pour assurer le succès de la HKUST, il faut qu'il existe un système d'établissements respectés et bien établis qui voient dans l'investissement massif de ressources dans un nouvel établissement non pas une perte pour eux-mêmes, mais une situation entièrement positive pour l'ensemble du système. Cette coopération ne diminuera pas le discours compétitif entre les établissements du système, mais tendra plutôt à l'acérer. La nouvelle université de recherche prend des forces, se singularise et devient un catalyseur du changement. Cette évolution du système aurait été inéluctable, mais le poids des traditions dans des universités créées de longue date peut faire obstacle au changement sans le catalyseur nécessaire.

Il est cependant utile de signaler l'existence, à l'échelon de l'ensemble du système, de certaines conditions à la création et au développement réussis d'une nouvelle université de recherche qui existaient alors à Hong Kong et pour lesquelles un nouvel établissement ne peut jouer un rôle de catalyseur. Une éthique académique et un environnement dépourvu de corruption étaient en place avant que la HKUST ne rejoigne l'ensemble du système, et ces facteurs subsistent depuis lors.

Dans un système de petite taille comptant moins de dix universités, il est plus facile de former et de présenter une identité cohérente à l'étranger. Le partage de valeurs fondamentales, comme la liberté intellectuelle, l'échange de connaissances, l'égalité ethnique et d'autres facteurs, qui contribuent tous à attacher les établissements à un système plus grand, facilitent cette collaboration. Le Comité des bourses de l'université joue également un rôle ici en précisant les différences de rôles entre les établissements dans le cadre plus vaste du système et renforce ces différences par la façon dont il finance lesdits établissements.

Financement de la recherche

Si la RAS de Hong Kong (Chine) n'avait pas innové en mettant en place un système de financement compétitif, le système serait moins dynamique et une nouvelle université serait moins à même d'imposer sa présence dans le cadre d'un système plus vaste. Dans ce cadre, il existe également un élément de collaboration intrinsèque. Des bourses de recherche compétitives sont administrées par le Conseil des subventions à la recherche de Hong Kong. Bien qu'à une échelle sans commune mesure avec celle des grandes universités des États-Unis, ces subventions à la recherche ont généralement donné des résultats positifs du point de vue de la productivité de la recherche. Par exemple, en 2002, après une décennie de développement de la HKUST, une part inférieure à 15 % de ces subventions a été accordée directement à la HKUST et à d'autres universités pour financer des projets de recherche à petite échelle. La HKUST a administré ces subventions en faisant appel à la concurrence interne. Toutefois, la plus grande partie (plus de 80 %) a été accordée pour des appels d'offres émanant de particuliers ou de groupes de membres du personnel académique de toutes les universités. Le reste (environ 5 %) a mis l'accent sur la collaboration entre les établissements et les disciplines, et a été « alloué en réponse à des offres des établissements en vue de financer des installations/matériels de recherche majeurs ou des collections de bibliothèques pour soutenir des recherches collectives faisant intervenir au moins deux établissements, ou les activités de groupes de recherche opérant de façon transdisciplinaire et/ou au-delà des limites normales entre établissements » (UGC 2002b). La HKUST a créé des projets collectifs dans d'autres universités de la RAS de Hong Kong (Chine). Ces projets couvrent un certain nombre de domaines, notamment des recherches sur la médecine chinoise et son développement plus poussé (avec l'Université chinoise de Hong Kong), l'Institut de technologie moléculaire pour la découverte et la synthèse de médicaments (avec l'Université de Hong Kong), le Centre de recherche sur l'environnement marin et la technologie de l'innovation (avec l'Université de la Ville de Hong Kong), la génomique développementale et la recherche sur le squelette (avec l'Université de Hong Kong), et la lutte contre la grippe pandémique (avec l'Université de Hong Kong). Néanmoins, la collaboration n'est parfois guère poussée dans certains domaines du fait qu'il s'agit d'une initiative prise d'en haut par le Comité des subventions universitaires.

Les appels d'offres du Conseil des subventions à la recherche de Hong Kong sont lancés sur la base d'évaluations d'arbitres académiques spécialisés de la RAS de Hong Kong (Chine) et de l'étranger. Une évaluation étrangère, bien que coûteuse à grande échelle, est cruciale du fait du nombre limité d'évaluateurs disponibles dans certains domaines à Hong Kong (Chine). Un autre facteur qui distingue la HKUST des autres universités est que durant sa phase de développement initial, une grande partie de ses scientifiques avaient déjà l'expérience d'importantes subventions à la recherche du fait qu'ils étaient passés par des universités américaines.

En bref, les facteurs cruciaux révélés par cette étude de cas montrent que les objectifs doivent s'inscrire dans une vision commune. Le président fondateur de la HKUST a résumé comme suit ces facteurs cruciaux : a) vision commune, mission bien définie, dynamisme ; b) buts : préférence régionale, positionnement national, impact mondial sur certaines spécialités ; c) orientation : choix de domaines et de spécialités, axé sur les ressources ; d) gouvernance : organisation et système ; e) adaptation: internationalisation, dans le respect des traditions nationales ou locales ; f) cœur, cerveau, muscles, esprit, psychisme et force ; et g) âme : les enseignants sont l'âme de l'université, ils ont une motivation commune et une énergie inlassable. Suivant cette formule, il s'agit de devenir l'université régionale préférée, avec un positionnement national et un impact mondial dans un petit nombre de domaines de recherche universitaire spécialisés. Il s'agit de sélectionner les domaines et les spécialités permettant une concentration efficace des ressources. La gouvernance doit soutenir une organisation et un système qui soient innovants et uniques, promeuvent un sentiment d'appropriation chez les universitaires, protègent l'atmosphère de recherche académique, et qui aient un caractère international dans le respect des traditions locales ou nationales. Enfin, au cœur d'une université de recherche, on trouve toujours un personnel qui est non seulement talentueux, mais qui poursuit aussi des objectifs partagés, dans un esprit proactif et avec une énergie inlassable.

La HKUST a facilité la création d'une vigoureuse communauté d'universitaires aux côtés d'une Chine globalement émergente et réformiste. En ce sens, la HKUST a identifié une niche dans le système de Hong Kong, en créant une nouvelle université internationale et en projetant sa vision bien au-delà de ce système et vers la Chine continentale, incarnée en particulier par la nouvelle Université des Sciences et Technologies de Chine du Sud, en projet dans la Zone économique spéciale voisine de Shenzhen.

La HKUST a identifié une niche non seulement dans le domaine de la science et de la technologie, mais aussi dans la transmission d'une culture universitaire axée sur la recherche, et à partir de cette niche, elle a conçu une vision institutionnelle soulignant son caractère entrepreneurial unique. La principale cause de son succès a été le recrutement à grande échelle de deux générations d'universitaires chinois basés à l'étranger. En leur fournissant ainsi qu'à d'autres enseignants locaux et internationaux une opportunité historique unique et un environnement de travail académique bien doté en ressources, la HKUST a continué à créer une vigoureuse communauté d'universitaires.

La stratégie de développement à deux volets de Hong Kong a été suffisamment résistante pour laisser à la HKUST l'autonomie voulue pour conserver son caractère unique même en période de récession économique. Lorsqu'un projet de fusion de la HKUST avec une des deux meilleures autres universités a été envisagé, il a suscité l'opposition unanime des enseignants et des autres catégories de personnel de la HKUST, des étudiants et des anciens étudiants, et il a finalement été enterré. La HKUST a su se distinguer des autres établissements locaux dans un système largement financé par un gouvernement qui garantit un degré élevé d'autonomie pour l'innovation.

Notes

1. En 1900, 50 millions de dollars équivalaient en gros à trois milliards de dollars de 2000.

2. Le premier président de la HKUST, Woo Chia-wei, a été influencé par le fait d'avoir été chercheur de niveau postdoctoral en physique à l'Université de Californie (San Diego) avant d'y exercer 11 ans plus tard les fonctions de recteur, lorsque le College Revelle a exigé que les étudiants en science et technologie suivent des cours de lettres et de sciences sociales représentant jusqu'à 40 % de l'ensemble de leur cursus.

3. Le projet de création, soutenu ultérieurement par les pouvoirs publics, d'un cyberport, conçu en 1999 et inspiré de Silicon Valley, a piteusement échoué du fait que la bulle boursière dans le domaine technologique a commencé à éclater. Le cyberport a fini par être considéré davantage comme un projet immobilier haut de gamme que comme un cadre dans lequel des entreprises de haute technologie allaient faire passer la RAS de Hong Kong (Chine) au 21e siècle.

4. Du fait des événements de la Place Tiananmen, certains universitaires de Chine continentale étudiant à l'étranger à l'époque ont bénéficié automatiquement d'un droit de résidence aux États-Unis, et quelques-uns d'entre eux ont cherché ultérieurement un emploi dans les universités de Hong Kong. Néanmoins, la plupart des plus éminents universitaires recrutés par la HKUST aux États-Unis avaient fait initialement des études à Taïwan (Chine).

5. Ces universités sont l'Université chinoise de Hong Kong, l'Université de la Ville de Hong Kong, l'Université baptiste de Hong Kong, l'Université polytechnique de Hong Kong, l'Université de Science et Technologie de Hong Kong, l'Université Lingnan et l'Université de Hong Kong. La seule exception est la récente décision d'accorder le statut d'université au Shue Yan College, première université privée de Hong Kong. L'Université ouverte de Hong Kong n'est pas prise en considération ici car elle était initialement financée par l'État avant de s'orienter vers un modèle d'autofinancement.

6. L'Université chinoise de Hong Kong a également, dans une certaine mesure, un caractère américain du fait de l'influence des missionnaires des États-Unis et en raison de son programme de quatre ans et de la forte proportion de son personnel enseignant titulaire de diplômes d'universités américaines. Elle a toutefois été créée lorsque l'administration coloniale était à son apogée, alors que la HKUST a été créée durant les dernières années de cette administration, lorsque sa légitimité était davantage sujette à caution.

7. Les données figurant aux paragraphes a, b, c et d proviennent du Classement des universités mondiales de Shanghai. La catégorisation pour les sciences sociales e) résulte de la méthodologie des classements Shanghai, suivant laquelle on examine la répartition des données pour les divers indicateurs afin de détecter un éventuel effet de distorsion marqué, et l'on utilise des techniques statistiques classiques pour ajuster l'indicateur. Voir http://www.arwu.org/ et également http://www.arwu.org/FieldSOC2010.jsp.

8. Le président Paul Chin-Wu Chu a dirigé la HKUST du début de 2001 à août 2009.

9. Le nombre des enseignants et celui des étudiants devait augmenter de façon proportionnelle, mais la troisième phase du plan d'expansion ne s'est pas concrétisée, ce qui fait que le nombre d'enseignants n'a pas augmenté autant que prévu.

10. Voir la Déclaration conjointe des Gouvernements du Royaume-Uni de Grande Bretagne et d'Irlande du Nord et de la République populaire de Chine sur la question de Hong Kong, décembre 1984, Ministère des Affaires étrangères de Chine. http://www.fmprc.gov.cn/eng/ljzg/3566/t25956.htm.

11. Le Jockey Club de Hong Kong est le plus gros contribuable de la RAS de Hong Kong (Chine) avec 12,976 milliards de dollars HK (1,666 milliard de dollars) en 2008-2009 soit environ 6,8 % du montant total des impôts perçus par les services du fisc. (En 1997, le terme « Royal » a disparu du nom du club). Une caractéristique unique du club est son modèle d'activité sans but lucratif, suivant lequel l'excédent dégagé est consacré à des fins caritatives. Au cours de la dernière décennie, le club a fait don chaque année d'un montant moyen

d'un milliard de dollars HK (130 millions de dollars, au taux en vigueur au 1er janvier 2008) à des centaines de projets caritatifs et communautaires et notamment à la HKUST. Ce club figure aux côtés d'organisations comme la Fondation Rockefeller parmi les principaux mécènes d'organisation caritatives du monde. C'est également un des plus gros employeurs de Hong Kong (Chine), avec environ 5 300 salariés à plein temps, et 21 000 à temps partiel.

12. La seule exception concerne les étudiants qui se spécialisent en langue et littérature chinoises. Le campus, auparavant bilingue (anglais et cantonais) est devenu trilingue du fait de l'augmentation du nombre d'étudiants originaires de Chine continentale, et aussi en raison de la popularité internationale croissante du mandarin.

13. Il est à noter que les effectifs totaux prévus à l'origine, sans la faculté de lettres et de sciences sociales, étaient de 525, tandis que le nombre total de membres du personnel universitaire n'était que de 483 en 2009 (voir tableau 3.2).

14. Depuis lors, les salaires des universitaires ont été réduits plus d'une fois en raison des forces du marché et de récessions économiques.

15. Les informations sur le système de gouvernance de la HKUST proviennent de la réglementation détaillée figurant dans le calendrier de l'université et que l'on peut consulter sur le site Web http://www.ust.hk/.

16. Comprend une chaire immédiatement antérieure et deux chaires honoraires, huit membres ex officio et jusqu'à 44 membres nommés, plus un maximum de 100 membres honoraires. Ceux-ci comprennent actuellement 40 représentants des milieux d'affaires et dirigeants communautaires nommés par le conseil ou par le chancelier (gouverneur de la RAS de Hong Kong (Chine)), en plus de quatre représentants du conseil d'administration de l'université nommés par le conseil. Le mandat des membres est d'une durée de trois ans à compter de la date de leur nomination et peut être renouvelé.

17. Montants convertis sur la base du taux de change en vigueur le 1er juin 2008.

18. Montants convertis sur la base du taux de change en vigueur le 1er juin 2008.

Références

Altbach, Philip G. 2003. "The Costs and Benefits of World-Class Universities." *International Higher Education* 33 (6): 5–8.

Altbach, Philip G., and Jorge Balán. 2007. *World Class Worldwide: Transforming Research Universities in Asia and Latin America*. Baltimore: Johns Hopkins University Press.

Chin, Roland. 2009. Personal interview, Hong Kong University of Science and Technology, Hong Kong SAR, China, October 28.

Chung, Sze-yuen. 2001. *Hong Kong's Journey to Reunification*. Hong Kong SAR, China: Chinese University of Hong Kong Press.

Course, Sally. 2001. *HKUST Soars: The First Decade.* Hong Kong SAR, China: Office of University Development and Public Affairs and the Publishing Technology Center, Hong Kong University of Science and Technology.

Ding, Xueliang. 2004. *On University Reform and Development.* Beijing: Peking University Press.

Flahavin, Paulette. 1991. *Building a University: The Story of the Hong Kong University of Science and Technology.* Hong Kong: Office of Public Affairs, Hong Kong University of Science and Technology.

HKUST (Hong Kong University of Science and Technology). 2010a. "Knowledge Transfer Annual Report 2009–10." Report to the University Grants Committee, HKUST, Hong Kong SAR, China. http://www.ugc.edu.hk/eng/doc/ugc/activity/kt/HKUST.pdf. Accessed November 10, 2010.

———. 2010b. "Mission and Vision." HKUST, Hong Kong SAR, China. http://www.ust.hk/eng/about/mission_vision.htm. Accessed August 23, 2010.

———. 2010c. "Our Mission." Postgraduate Programs, HKUST, Hong Kong SAR, China. http://publish.ust.hk/pgstudies/.

———. 2010d. "Rankings and Awards." HKUST, Hong Kong SAR, China. http://www.ust.hk/eng/about/ranking.htm. Accessed August 23, 2010.

———. 2010e. "Strategy." HKUST, Hong Kong SAR, China. http://www.ust.hk/strategy/e_2.html.

HKUST R and D Corporation Ltd. 2010. "Policy and Procedures." Hong Kong University of Science and Technology, Hong Kong SAR, China. http://rdc.ust.hk/eng/policy.html. Accessed June 10, 2011.

Ji, Shuoming. 2009. "Taking Aim at Hong Kong's Science and Technology: Fuse China with International Power." *International Chinese Weekly* (May 24): 24–31.

Kung, Shain-Dow. 2002. *My Ten Years at the Hong Kong University of Science and Technology.* Hong Kong SAR, China: Hong Kong Joint Publishing Company.

Liu, Amy, and David Zweig. 2010. "Training a New Generation of Mainland Students: The Role of Hong Kong." Paper prepared for submission to *Asian Survey.* http://www.cctr.ust.hk/about/pdf/David_CV_2010.pdf.

Postiglione, Gerard A. 2008. "Transformations in Transnational Higher Education." *Journal of Higher Education* 29 (October): 21–31.

———. 2009. "Community Colleges in China's Two Systems." In *Community College Models: Globalization and Higher Education Reform,* ed. Rosalind Latiner Raby and Edward J. Valeau, 157–71. Amsterdam: Springer.

Salmi, Jamil. 2009. *The Challenge of Establishing World-Class Universities.* Washington, DC: World Bank.

So, Alvin, and Ming K. Chan. 2002. *Crisis and Transformation in China's Hong Kong.* New York: M. E. Sharpe.

Times Higher Education Supplement. 2008. http://www.topuniversities.com/worlduniversityrankings/results/2008/overall_rankings/fullrankings/.

UGC (University Grants Committee). 1996. *Higher Education in Hong Kong: A Report by the University Grants Committee.* Hong Kong: UGC. http://www.ugc.hk/eng/ugc/publication/report/hervw/ugcreport.htm.

———. 1999. *Higher Education in Hong Kong: A Report by the University Grants Committee: Supplement.* Hong Kong: UGC. http://www.ugc.hk/eng/ugc/publication/report/hervw_s/content.htm.

———. 2000. *Facts and Figures.* Hong Kong SAR, China: UGC.

———. 2002a. *Higher Education in Hong Kong: Report of the University Grants Committee,* Report for UGC prepared by Stewart R. Sutherland. Hong Kong SAR, China: UGC. http://www.ugc.edu.hk/eng/ugc/publication/report/her/her.htm.

———. 2002b. "Overview." UGC, Hong Kong SAR, China. http://www.ugc.edu.hk/english/documents/figures/eng/overview2.html. Accessed November 10, 2010.

———. 2004a. "Hong Kong Higher Education: To Make a Difference, To Move with the Times." UGC, Hong Kong SAR, China. http://www.ugc.edu.hk/eng/doc/ugc/publication/report/policy_document_e.pdf.

———. 2004b. "Integration Matters." UGC, Hong Kong SAR, China. http://www.ugc.edu.hk/eng/doc/ugc/publication/report/report_integration_matters_e.pdf.

———. 2008. "Role Statements of UGC-funded Institutions, Annex IV." UGC, Hong Kong SAR, China. http://www.ugc.edu.hk/english/documents/figures/pdf/A4_Eng.pdf. Accessed August 23, 2010.

———. 2010a. "Statistics." UGC, Hong Kong SAR, China. http://cdcf.ugc.edu.hk/cdcf/statIndex.do. Accessed June 10, 2011.

———. 20010b. "UGC Policy." UGC, Hong Kong SAR, China. http://www.ugc.edu.hk/eng/ugc/policy/policy.htm.

Walker, Anthony. 1994. *Building the Future: The Controversial Construction of the Campus of the Hong Kong University of Science and Technology.* Hong Kong: Longman.

Wong, Yuk Shan. 2010. Personal interview, University of Hong Kong, Hong Kong SAR, China, December 21.

Woo, Chia-wei. 2006. *Jointly Creating the Hong Kong University of Science and Technology.* Hong Kong SAR, China: Commercial Press.

Zakaria, Fareed. 2009. *The Post-American World: And the Rise of the Rest.* London: Penguin.

CHAPITRE 4

Une université de recherche de rang mondial à la périphérie : l'Université de science et technologie de Pohang, République de Corée

Byung Shik Rhee

Pour obtenir le statut d'établissement de rang mondial, une université doit posséder des avantages compétitifs tels qu'une certaine tradition, des ressources et un environnement favorable. C'est peut-être la raison pour laquelle les universités de rang mondial sont concentrées dans les pays développés, qui possèdent des universités modernes à l'histoire déjà relativement longue, un environnement propice caractérisé par d'abondantes ressources, et une liberté académique bien ancrée. Peut-être ne faut-il pas s'étonner du fait qu'en dehors des États-Unis et à quelques exceptions près, toutes les universités de rang mondial soient des établissements publics. La République de Corée est l'un des rares pays en

Note de l'auteur : L'auteur remercie Seungpyo Hong de lui avoir fourni de précieuses informations concrètes sur POSTECH et d'avoir organisé des rencontres avec des administrateurs de l'université, Sooji Kim, d'avoir aidé à traduire la version antérieure du présent manuscrit et Yuji Jeong, d'avoir rassemblé les documents pertinents sur l'université. Nous tenons à remercier tout particulièrement Philip G. Altbach, Jamil Salmi et notre éminent groupe de recherche de leurs précieux commentaires sur la version antérieure du présent manuscrit.

développement à avoir réussi à créer des universités de renommée mondiale, comme l'Université nationale de Séoul, l'Institut coréen de Hautes études en science et technologie, et l'Université de Science et Technologie de Pohang (POSTECH), parmi d'autres. POSTECH mérite une attention particulière.

Le caractère unique de POSTECH tient au fait que cette université privée a réussi en deux décennies seulement à obtenir le statut d'université de rang mondial. Il est remarquable qu'elle soit parvenue à surmonter un sérieux handicap géographique en ce sens que « toutes les routes mènent à Séoul » et que l'on préfère généralement vivre dans la capitale, ce qui, le plus souvent, ne permet guère a une université coréenne d'attirer les meilleurs universitaires et les meilleurs étudiants. On examinera dans le présent chapitre comment POSTECH a obtenu son statut actuel en si peu de temps, ainsi que la nature des défis auxquels elle reste confrontée. Trois questions principales seront abordées : tout d'abord, qu'est-ce qui a poussé une entreprise privée, la Pohang Iron and Steel Company (POSCO), à créer POSTECH ? Ensuite, qu'est-ce qui fait de POSTECH une université de recherche ? Enfin, quels défis l'université doit-elle relever pour conserver sa position ? Le chapitre se termine par une brève discussion des implications pour les protagonistes de l'enseignement supérieur des pays en développement.

POSTECH a été créée en 1986 par une entité privée[1], la POSCO, actuellement deuxième aciérie du monde par la taille. Le campus de POSTECH, d'une superficie de 1,08 kilomètre carré, est situé à Pohang, ville côtière de taille moyenne comptant plus de 500 000 habitants. Géographiquement, Pohang est située dans le Sud-Est de la péninsule coréenne, à environ 360 kilomètres de la capitale, Séoul. Il est intéressant de noter qu'une ville aussi petite et éloignée a fini par accueillir POSTECH. En Corée, où les infrastructures sociales, éducatives et culturelles sont depuis longtemps centralisées dans la capitale, la proximité géographique de Séoul est jugée critique pour attirer des enseignants et des étudiants de haut niveau. Selon un vieux dicton coréen, « Il faut envoyer ses enfants à Séoul et ses chevaux à l'île de Jeju[2] ». Il n'existait en dehors de Séoul aucune université ayant le moindre espoir de devenir un prestigieux institut de recherche. POSTECH a néanmoins réussi à s'installer dans cette ville de province grâce aux qualités de visionnaire de son fondateur, à une aide financière sans précédent de son entreprise, et aux stratégies managériales créatives suivies pour attirer des scientifiques et des étudiants de talent.

Comme son nom l'indique, les domaines d'élection de POSTECH sont la science et la technologie. Elle compte quatre départements scientifiques (chimie, sciences de la vie, mathématiques et physique), six départements de sciences de l'ingénieur (génie chimique, science et génie informatiques, électronique et électrotechnique, génie industriel et organisation de la gestion, science et ingénierie des matériaux et mécanique), et pour l'enseignement général, la Division des lettres et sciences sociales. Les programmes du troisième cycle sont semblables à ceux des premier et deuxième cycles, mais ils offrent également des programmes interdisciplinaires dans des domaines académiques connexes. L'enseignement est dispensé entièrement en anglais (depuis 2010), à l'exception de l'enseignement général, pour lequel on continue à utiliser le coréen.

POSTECH a depuis toujours des effectifs peu nombreux. En 2009, elle comptait environ 3 100 étudiants, dont 1 400 des premier et deuxième cycles et 1 700 du troisième cycle (dont 50 % de doctorants). Environ 5 000 étudiants ont obtenu une licence à POSTECH, quelque 6 000 une maîtrise et environ 1 600 un doctorat. Du fait que l'université n'admet chaque année qu'environ 300 étudiants qualifiés, tous nés coréens et de souche coréenne, les programmes de premier et deuxième cycles sont très compétitifs. Toutefois, POSTECH a augmenté régulièrement le nombre de ses enseignants et compte actuellement 244 professeurs à plein temps, conservant un faible taux d'encadrement (6 à 1) comparable à celui des universités réputées des pays développés.

De plus, POSTECH est richement dotée financièrement. Sa dotation consiste essentiellement en capital de la POSCO dont la valeur, bien que fluctuant au gré du marché, atteint maintenant quelque deux milliards de dollars[3]. En 2009, son budget de fonctionnement était d'environ 220 millions de dollars. À titre indicatif, le principal concurrent privé de POSTECH, aux effectifs dix fois plus nombreux, n'a dépensé que deux fois ce montant cette même année. Grâce à la bonne santé financière de POSTECH, les étudiants ne paient pas de frais de scolarité et vivent sur le campus entourés de bâtiments imposants et d'installations (salles de classe et laboratoires) modernes.

POSTECH s'est acquis une solide réputation nationale et internationale en un peu plus de deux décennies seulement, en se concentrant stratégiquement sur la science et la technologie, en restant un établissement de petite taille et en invitant des scientifiques de renommée internationale. Depuis 1997, elle figure régulièrement parmi les trois universités de tête au classement des universités coréennes et en 1998, elle a été élue « meilleure université de science et technologie » d'Asie par *AsiaWeek* (1999), puis classée, en 2010, au 28e rang des universités mondiales par le Times Higher Education(2010). POSTECH n'épargne aucun effort pour figurer parmi les 20 meilleures universités du monde d'ici dix ans.

Le système d'enseignement supérieur coréen

L'histoire de l'enseignement supérieur moderne en Corée est relativement courte. La plus ancienne université privée, l'Université de Yonsei, fondée par un groupe de missionnaires et de médecins américains, a célébré son 125ᵉ anniversaire en 2009. Les universités nationales sont plus jeunes encore. Le premier établissement public, l'Université nationale de Séoul, n'a que 60 ans. On l'a transformée en université polyvalente en fusionnant le Collège impérial Gyungsung dirigé par les Japonais avec d'autres écoles professionnelles public d'enseignement en deux ans réparties dans toute la région de la capitale. Bien que l'enseignement supérieur coréen ait subi l'influence de la Chine pendant plusieurs siècles jusqu'à la fin du 19ᵉ siècle, puis celle du Japon durant la période coloniale 1910-1945, le système d'enseignement supérieur coréen actuel ressemble pour l'essentiel au système américain. Cette ressemblance date du temps où l'administration militaire américaine a, à la fin de la Deuxième guerre mondiale (et non, incidemment, à la fin de la domination japonaise) jeté les bases du système éducatif coréen et contribué à la fois financièrement et sous la forme de visites en Corée d'universitaires américains, à conseiller les établissements sur la façon de concevoir les programmes et de mettre en place l'ensemble du système. Du fait de ce rapport étroit établi entre les États-Unis et la Corée, un professeur d'université coréenne sur quatre a aujourd'hui un diplôme américain, et ces diplômés jouent un rôle particulièrement dominant dans les universités d'élite. Bien que leur pourcentage soit en diminution, les diplômés coréens font encore souvent des établissements américains du troisième cycle leur premier choix pour poursuivre des études de haut niveau.

Malgré sa brève histoire, l'enseignement supérieur coréen s'est considérablement développé. A l'heure actuelle, 3,5 millions d'étudiants des premier et deuxième cycles sont inscrits dans quelque 400 collèges et universités, et environ 80 % d'entre eux fréquentent des établissements privés. Ce pourcentage considérable d'établissements privés constitue un trait distinctif de l'enseignement supérieur coréen. Bien que les collèges et universités privés comptent plus des quatre cinquièmes des étudiants des premier et deuxième cycles, l'État les subventionne très peu. Faute de fonds publics, les établissements privés sont fortement tributaires (à hauteur d'environ 70 % en moyenne) des frais de scolarité pour leurs recettes. Les étudiants des universités privées paient généralement des frais de scolarité d'un montant deux fois plus élevé que ceux des établissements publics, où les crédits de l'État sont la principale source de recettes (à hauteur d'environ 60 %).

Au cours des dernières décennies, les établissements d'enseignement supérieur se sont diversifiés. Bien que la Corée ne dispose pas de système de classification pour les établissements de cette catégorie (comme celui de la Fondation Carnegie pour l'avancement de l'enseignement aux États-Unis), les universités coréennes se divisent en gros en plusieurs catégories selon leur mission principale (c'est-à-dire recherche et enseignement) et les disciplines offertes. Les universités nationales, y compris l'Université nationale de Séoul et les universités régionales, sont des universités de recherche qui opèrent dans les disciplines les plus diverses. La plus prestigieuse, l'Université nationale de Séoul, compte actuellement quelque 17 000 étudiants des premier et deuxième cycles et 1 500 professeurs à plein temps répartis entre 86 départements, et elle dépense environ 300 millions de dollars par an (Université nationale de Séoul, 2009). Les universités de recherche privées telles que l'Université de Yonsei et l'Université de Corée sont comparables à ces égards à l'Université nationale de Séoul. Quelques universités de recherche très réputées mais plus petites sont fortement spécialisées dans la science et la technologie, notamment l'Institut coréen d'Études supérieures en science et technologie et POSTECH. L'Institut compte 4 000 étudiants des premier et deuxième cycles, emploie environ 400 professeurs à plein temps dans 23 programmes sanctionnés par un diplôme, et dépense 100 millions de dollars par an (KAIST, 2009). Les autres universités sont des établissements qui ont fondamentalement pour mission d'enseigner et qui répondent à des besoins régionaux ou professionnels en enseignement supérieur. Ce groupe comprend toutes sortes de collèges et universités, comme des universités industrielles, pédagogiques, techniques ou ouvertes, ainsi que des établissements d'enseignement supérieur du premier cycle.

Un autre trait distinctif de l'enseignement supérieur coréen est le contrôle étroit exercé traditionnellement par les pouvoirs publics. Bien que son influence diminue progressivement, le gouvernement continue à jouer un rôle considérable dans l'enseignement supérieur et même dans les universités privées. Il continue en fait à moins intervenir directement dans la gestion ou la réglementation des établissements, pour exercer plutôt son influence par des mesures indirectes comme l'octroi de subventions soumises à la concurrence et de financement en fonction de la performance. Du fait de cette nouvelle approche, les universités très performantes ont reçu davantage de subventions au titre de divers projets récents comme Brain Korea 21 (1999-2012) et le Projet d'universités de rang mondial (2009-2012)[4]. Les universités de recherche privées, dont POSTECH, ont bénéficié considérablement de ces programmes de financement public (Rhee 2007).

Genèse d'une université nouvelle

Au moment de la création de POSTECH, les conditions d'enseignement et de recherche dans les établissements d'enseignement supérieur coréens laissaient réellement à désirer et de fait, le concept d'université de recherche était étranger à la Corée. Jusqu'à la fin des années 80, l'esprit académique n'était guère développé sur les campus universitaires, essentiellement en raison des manifestations politiques des étudiants en faveur de la démocratie et parce que les établissements manquaient de moyens pour assurer un enseignement et une recherche de qualité (Han 1983). Par exemple, même le Collège des sciences de l'ingénieur de l'Université nationale de Séoul, qui avait un taux d'encadrement excessivement élevé, ne parvenait pas à fournir un nombre suffisant d'ordinateurs pour l'enseignement de la science et de l'ingénierie. De plus, en 1985, les dépenses d'éducation par étudiant n'atteignaient que 1 500 dollars, soit environ 10 à 20 % seulement du niveau du Japon (17 000 dollars) et des États-Unis (8 000 dollars). L'État n'a commencé que dans les années 80 à accorder une aide considérable à la recherche universitaire, notamment dans les domaines de la science et de la technologie, créant la Fondation coréenne pour la Science et l'Ingénierie en 1977 et la Fondation coréenne pour la Recherche en 1981 (Umakoshi 1997). Pendant ce temps, les entreprises privées locales ont commencé à s'implanter au sein d'universités existantes ou à en créer de nouvelles. Par exemple, Hyundai a fondé le Collège d'ingénierie d'Ulsan Engineering en 1970 et en 1977, Woo Joong Kim, alors président de Daewoo, a participé à la reprise du Collège d'ingénierie d'Ajou, le transformant en université en 1980 et enfin, le Groupe LG a créé l'Institut de technologie numérique de Yonam en 1981. Entre le début des années 70 et les années 80, les entreprises privées se sont intéressées à l'enseignement supérieur et ont formé des ressources humaines dans les domaines de la science et de la technologie.

La POSCO, créée en 1973 avec l'aide d'une partie du fonds d'indemnisation japonais et les compensations accordées pour la période de domination japonaise a remporté un succès inattendu avec une assistance technique du Japon. Un Japon préoccupé a ainsi évité un transfert de technologie supplémentaire à la Corée. Jugeant son propre développement technologique indispensable, la POSCO a créé ultérieurement en 1987 l'Institut de recherche en science et technologie industrielles. POSTECH a été créée la même année pour gérer cet institut ainsi que pour assurer un enseignement de haut niveau aux élèves ingénieurs et ouvrir la voie à un futur développement technologique. Puis, en 1986, le haut responsable de la POSCO, Tae Joon Park, a précisé dans ses remarques inaugurales l'objectif qui devait être celui de POSTECH :

Je tiens à réitérer que POSTECH qui ouvre ses portes aujourd'hui va non seulement former des leaders nationaux animés d'une vision claire de l'avenir de la nation, d'une vive intelligence et d'idéaux humanistes pour la société de demain, comme le ferait toute université traditionnelle, mais aussi, qu'en tant qu'établissement d'avant-garde, elle va ouvrir la voie au progrès de notre nation dans les domaines de la science et de la technologie. Au nom du progrès industriel et de la compétitivité mondiale, il est absolument capital de maîtriser les technologies de pointe. La POSCO a également un besoin urgent de talents et de capacités de recherche de rang mondial afin de poursuivre son développement technologique et de devenir une entreprise de pointe dans les années 90. À cette fin, la POSCO continuera à accroître ses investissements dans la recherche et le développement et il est certain que nous avons créé cette université axée sur la recherche (POSTECH), convaincus qu'un lien étroit entre l'industrie, un institut de recherche industrielle et une université nous permettra de réaliser notre rêve. (POSTECH, 2007)

L'idée de créer la nouvelle université de recherche a suscité alors une vive opposition. Les parties prenantes au sein du gouvernement et de la POSCO se demandaient si la POSCO pourrait apporter continuellement une aide suffisante à l'université jusqu'à ce qu'elle devienne financièrement indépendante. La POSCO s'est montrée à la hauteur en fournissant à POSTECH une aide financière suffisante et fiable grâce à ses dynamiques activités commerciales mais du point de vue de la stabilité financière, elle a pris un grand risque. Lorsque les plans de création de POSTECH ont pris forme, la communauté locale s'est montrée rétive elle aussi car elle comptait sur une université polyvalente aux nombreux effectifs qui puisse répondre à ses besoins d'enseignement supérieur. À l'époque, avec une population de 200 000 habitants, Pohang était la seule ville du pays dépourvue d'université offrant un cursus de quatre ans. Toutefois, POSTECH a fait part de son aspiration à devenir une petite université de recherche se consacrant exclusivement à la science et à la technologie. Malgré ces obstacles et grâce au leadership inébranlable de Tae Joon Park, POSTECH a été créée.

Débuts de POSTECH

Dès sa création, conformément aux vœux de son fondateur et haut responsable Tae Joon Park, POSTECH, s'est donné pour but de devenir une université de recherche pépinière de talents dans les domaines de la science et la technologie, en prenant comme modèle l'Institut de techno-logie de Californie. Park a visité cette université à l'occasion d'un voyage d'affaires à Los Angeles au printemps 1985, lorsqu'il a envisagé la création de POSTECH, rencontrant le conseil d'administration de cet établis-sement pour demander conseil à ses membres. La visite à l'Institut de Technologie de Californie a apparemment aidé Park à préciser et concré-tiser ses idées sur POSTECH. Il a prévu que celle-ci devrait avoir pour but de devenir non pas une université polyvalente, mais plutôt un petit établissement se consacrant à la recherche de pointe en science et techno-logie. Ses demandes précises à l'équipe fondatrice de l'université reflètent essentiellement les caractéristiques d'une université de recherche contem-poraine type : faible taux d'encadrement, forte proportion d'étudiants du troisième cycle par rapport à leurs homologues des premier et deuxième cycles, faible coût net des études, logement des étudiants sur le campus et environnement du campus de bonne qualité. Ces caractéristiques, qui figuraient dans le nouveau plan, représentaient une rupture marquée par rapport aux universités coréennes des années 80.

Le leadership exercé par Tae Joon Park à ce stade était important mais insuffisant pour créer une université de recherche. Les approches novatrices suivantes adoptées par les administrateurs de l'université à divers stades permettent de mieux comprendre ses premiers succès.

Tout d'abord, POSTECH a attribué tous les postes de professeurs à plein temps à des titulaires de doctorats, dont 60 à 70 % étaient des scientifiques coréens réputés vivant à l'étranger (les docteurs en science et en sciences de l'ingénieur étant rares en Corée à l'époque). Ces scientifiques sont revenus volontairement en Corée du fait de leur attachement à la cause du développement national. Néanmoins, l'offre de l'université était certainement alléchante : d'excellentes conditions de recherche, un enseignement réduit à deux ou trois cours par an, une année sabbatique tous les six ans, un salaire compétitif parmi les plus élevés de Corée, et un logement près du campus. Le processus unique de recrutement des professeurs en deux temps en vigueur dans les débuts de POSTECH est intéressant : tout d'abord, comme on l'a vu, l'université a recruté un petit nombre de scientifiques coréens chevronnés vivant à l'étranger et à la réputation internationale bien établie, et ensuite, elle leur a demandé à tous de commencer à rechercher de jeunes universitaires prometteurs dans leur discipline. Depuis lors, le noyau dur du corps enseignant a réussi à attirer chaque année un grand nombre de jeunes et brillants universitaires.

En ce qui concerne les étudiants de POSTECH, les élèves de première année admis l'année inaugurale figuraient dans les 2 % de meilleurs élèves de leur lycée. L'université avait institué un système d'admission hautement compétitif[5] et à titre de mesure incitative supplémentaire, tous les nouveaux se voyaient promettre une dispense des frais de scolarité et un logement gratuit en dortoir. En faisant notamment appel aux médias, l'université a réussi à joindre les meilleurs élèves du secondaire du pays, et elle a organisé sur le campus un « camp scientifique » et dans les grandes villes, des conférences sur les modalités d'admission. Jusqu'alors, les activités promotionnelles de ce genre n'étaient pas pratiquées par les universités et encore moins par les établissements d'élite, surtout dans les années 80, lorsque le rapport entre l'offre et la demande était à l'avantage des établissements d'enseignement supérieur. Après le succès inespéré avec lequel POSTECH a recruté de brillants sujets les premières années, les étudiants du troisième cycle de prestigieuses universités pensaient à elle pour y effectuer des recherches de pointe et y faire carrière. Les étudiants du troisième cycle étaient attirés par POSTECH non seulement parce que les études y étaient gratuites et qu'elle offrait un logement dans des appartements bien équipés sur le campus, mais aussi parce qu'ils avaient accès à des laboratoires dotés des installations les plus modernes et de systèmes informatiques de pointe, ce qui n'était le cas d'aucune autre université à l'époque.

À sa création, POSTECH n'a pas adopté de procédures administratives inspirées de celles d'autres universités de référence, mais à importé à la place les propres techniques et systèmes de gestion de la POSCO, bien que de façon sélective. Ces techniques et systèmes avancés ont permis une gestion efficace de l'université. Dans l'ensemble, le rôle du système et le personnel administratifs de POSTECH s'est révélé très positif, contrairement aux autres établissements nationaux et privés, où les enseignants se heurtaient à une bureaucratie lente et inefficace.

L'étude de cas d'universités nouvelles qui ont échoué a également contribué au succès initial de POSTECH. Des responsables de l'Université nationale de Séoul et de l'Université d'Ajou ont généreusement suggéré des méthodes à suivre pour créer une université, en conseillant en fait la prudence compte tenu des échecs qu'ils avaient eux-mêmes essuyés. Ils ont insisté sur le fait qu'il fallait formuler un plan académique avant d'établir un plan des installations physiques. En fait, les stratégies de recrutement des enseignants ont été formulées pour éviter les résultats peu flatteurs obtenus par l'Université d'Ulsan (située à Ulsan, ville industrielle située à environ 65 kilomètres au sud de Pohang). Le Collège de Sciences de l'ingénieur de l'Université d'Ulsan, fondé par le Groupe Hyundai en 1970, a eu des difficultés à attirer des professeurs de science et d'ingénierie titulaires d'un doctorat, et il a dû se contenter de titulaires d'une maîtrise. De plus, il n'a pas réussi à attirer un nombre suffisant d'étudiants qualifiés, d'où l'admission d'étudiants peu qualifiés provenant de la communauté locale. Presque inévitablement et sans l'avoir voulu, l'Université d'Ulsan s'est transformée en une université polyvalente offrant un cycle d'études de quatre ans, ce qui est loin d'être le propre d'un institut de science et de technologie. POSTECH a donc veillé à ce que tous les postes d'enseignants soient attribués à des titulaires d'un doctorat, et elle a rendu les normes d'admission des étudiants de première année plus strictes que celles pratiquées par l'Université de Yonsei et l'Université de Corée, qui étaient et restent les meilleures universités privées de Corée.

Gouvernance et leadership

L'Entreprise universitaire[6] créée par la POSCO détient l'autorité exécutive en dernier ressort et prend les décisions concernant les grandes questions académiques, financières et de politique générale. Plus précisément, le Conseil d'administration de POSTECH au sein de l'entreprise est similaire à celui d'une université privée américaine. L'un et l'autre comptent un certain nombre de membres extérieurs délibérant et prenant des décisions pour l'université. Le Conseil d'administration de POSTECH est toutefois beaucoup plus petit — comptant par exemple cinq fois moins de membres que celui de l'Institut de Technologie de Californie — bien que les deux universités soient comparables par l'importance de leurs effectifs. Pour cette raison, le président du Conseil d'administration se trouve être relativement plus influent que les autre membres dans la gestion courante de l'université. Toutefois, la gestion autonome de l'université est garantie depuis le début. Le président confie ainsi au recteur l'autorité en matière de gestion, notamment le pouvoir de nommer des enseignants. Cela est inhabituel dans les universités privées coréennes, où le président, qui est généralement le propriétaire de l'université ou un membre de sa famille, participe activement à la gestion de l'établissement. Dans bien des cas également, des membres de la famille siégeant au conseil d'administration ou exerçant les fonctions d'administrateurs principaux interviennent dans le processus de décision sur des points importants tels que le recrutement d'enseignants et la gestion financière de l'établissement. Parfois, des formes d'ingérence pour défendre les points de vue ou les intérêts de la famille tout entière ou de certains de ses membres ont souvent entraîné des différends au sujet du recrutement d'enseignants, ou même pire, des cas de corruption (par exemple, le détournement de fonds de l'université). Malgré la grande influence du président de POSCO, POSTECH n'a jamais signalé d'incidents de ce genre.

Gestion de l'établissement

Depuis sa création, POSTECH n'a cessé d'établir ses propres plans de développement et tout récemment, une vision et stratégie nouvelles — VISION 2020 pour une université de rang mondial — ont été inaugurées. POSTECH a donc pour but de faire partie des 20 meilleures universités de recherche du monde d'ici à 2020. Pour y parvenir, elle a sélectionné 11 indicateurs de performance dans cinq domaines, les progrès réalisés par rapport à ces indicateurs sont suivis et les résultats obtenus sont affichés chaque année sur le Web. Ces objectifs ambitieux montrent clairement non seulement l'aspiration de POSTECH, mais aussi l'écart de performance qui la sépare encore des meilleures universités américaines. POSTECH s'efforce de combler son retard en recourant essentiellement à trois stratégies : sélectivité et approche concentrée, collaboration pour la recherche, et internationalisation. POSTECH ne pouvant pas facilement s'assurer les services de professeurs dans chaque discipline du fait de sa petite taille, elle choisit stratégiquement des domaines de recherche à fort impact et elle encourage également les enseignants à collaborer dans le cadre de projets réalisés en équipe et offrant des possibilités de synergie.

Pour renforcer la recherche en collaboration, POSTECH a mis en place un système de double nomination, c'est-à-dire la nomination conjointe des enseignants par au moins deux départements, et elle encourage activement la recherche interdisciplinaire. L'université reconnaît également que l'internationalisation est une nécessité si elle veut parvenir à un rang mondial, et elle n'épargne aucun effort pour attirer d'éminents universitaires de l'étranger.

Une autre caractéristique distinctive de la gestion de POSTECH est l'autorité qu'a le recteur de désigner les chefs de département. Dans la plupart des universités coréennes, ces derniers sont nommés par les différents départements pertinents et n'ont qu'un minimum d'autorité pour gérer les affaires courantes du département pendant deux ans, par roulement. En revanche, à POSTECH, les chefs de département n'ont pas de mandat de durée fixe et assument également directement la responsabilité du recrutement de nouveaux enseignants et de l'évaluation de leur performance dans leurs propres unités. Il s'agit là d'une évolution très intéressante de la gestion de l'établissement car elle va à l'encontre de la tendance qui prévaut en Corée et qui est à la centralisation. En responsabilisant l'échelon intermédiaire de la direction, POSTECH a parfaitement réussi à recruter des scientifiques qualifiés et les garder à son service.

Recherche et lien entre l'université et l'industrie

Depuis sa création, POSTECH s'est dotée de scientifiques hautement compétents et leur a offert sans doute les meilleures conditions pour effectuer des recherches à fort impact. Il ne fait pas de doute que malgré un personnel enseignant peu nombreux, les recherches de POSTECH ont donné d'excellents résultats. En 2008, ses enseignants ont publié 1 464 articles au niveau aussi bien national qu'international, soit une moyenne d'environ six par enseignant, c'est-à-dire le plus haut niveau enregistré parmi les universités coréennes, comparable à celui des grandes universités américaines. En plus du nombre respectable d'articles publiés — et compte tenu de leur qualité et de ses faibles effectifs — POSTECH figure parmi les 20 premières universités mondiales pour le nombre de citations par enseignant.

Parmi les excellents départements de recherche de POSTECH, le Département intégré de chimie et des biosciences ainsi que le Département des matériaux et dispositifs sont particulièrement remarquables. Dans le premier de ces départements, on compte parmi les enseignants un certain nombre de lauréats de prix et récompenses scientifiques, en plus de ceux qui jouent un rôle prédominant dans les projets liés à Brain Korea 21. Par ailleurs, le Département des Sciences de la vie a été récemment désigné pour recevoir une aide financière au titre d'un programme financé par l'État aidant les universités à progresser vers le statut d'université de rang mondial. Au Département des matériaux et des dispositifs, qui nécessiterait des installations de premier ordre dans n'importe quelle université, POSTECH offre des conditions de recherche exceptionnelles, notamment en créant un accélérateur de particules et un Centre national de technologie des nanomatériaux.

Pour continuer à mener des recherches débouchant sur des résultats remarquables, POSTECH a renforcé l'allocation stratégique des ressources, la recherche en collaboration et comme on l'a vu, les partenariats internationaux de recherche. Elle a choisi de mettre l'accent sur des domaines de recherche dans lesquels les enseignants peuvent bénéficier des effets de synergie découlant de recherches effectuées en collaboration, et elle a également invité des universitaires internationaux à y participer. L'avenir paraît prometteur en ce qui concerne les recherches faisant l'objet d'une collaboration internationale active. Il est à noter qu'à partir de 2009 et jusqu'en 2014, POSTECH a effectué et effectuera des recherches de pointe supplémentaires en collaboration avec 23 universitaires renommés au plan international, invités au titre du Projet d'universités de rang mondial. L'université envisage en outre de renforcer la collaboration internationale en coopérant avec l'Institut Max Planck en Allemagne et RIKEN, institut de recherche en sciences naturelles exploitant SPring-8 (installation de rayonnement synchrotron) au Japon.

Comme on l'a vu, la POSCO, l'entreprise qui a créé POSTECH, a vu dans la collaboration industrielle l'une des principales fonctions de l'université, ce qui l'a amenée à créer l'Institut de recherche en science et technologie industrielles (RIST) à proximité des principaux bâtiments du campus. L'affiliation industrielle comporte certains risques, dont le principal est de compromettre l'intégrité de la recherche à cause d'un conflit d'intérêt entre le corps enseignant et une entreprise sponsor. De même, le potentiel de recherche pourrait être entravé par le décalage apparent entre les recherches demandées et celles que les enseignants préféreraient entreprendre. En fait, certains enseignants de POSTECH travaillant au RIST comme chercheurs adjoints se sont sentis frustrés par ce conflit, mettant généralement en jeu la recherche appliquée d'un côté et la recherche fondamentale de l'autre. Cette situation est compréhensible, sachant que dans les années 80, la POSCO avait besoin de recherche scientifique appliquée correspondant à des programmes ou à des questions spécifiques à l'entreprise, tandis que la plupart des enseignants avaient été formés — généralement dans des universités et centres de recherche américains — pour la recherche fondamentale.

Cette tension était particulièrement aiguë durant les dix premières années de l'université, lorsque tous les enseignants nouvellement recrutés étaient tenus d'avoir une double nomination, RIST et académique, mais le différend a été progressivement réglé, et ce pour deux raisons. La POSCO a tout d'abord renoncé à sa politique de double nomination et a commencé à accorder des crédits de recherche directement à différents enseignants. Ensuite, comme la POSCO avait de plus en plus besoin de technologie et de connaissances de pointe pour maintenir son avantage compétitif sur ses concurrents mondiaux, elle a commencé à prendre conscience du fait que la recherche fondamentale effectuée par le personnel de POSTECH lui était plus utile que la recherche appliquée. Cette tension pourrait toutefois subsister, mais sous une autre forme. Bien que l'accroissement des fonds publics de recherche ait donné aux enseignants de POSTECH plus de liberté pour choisir des thèmes de recherche plus en rapport avec leurs centres d'intérêts, les agences gouvernementales parrainantes ont mis davantage l'accent sur des domaines stratégiques nationaux que sur des résultats de la recherche susceptibles d'être rapidement commercialisés. Les statistiques montrent qu'à l'échelon de l'ensemble de l'université, la recherche appliquée représente environ 75 % du montant total des fonds publics accordés aux activités universitaires de recherche et développement (MEST 2009). C'est presque exactement la proportion de fonds publics de POSTECH servant à financer l'ensemble de la recherche. L'université a récemment bénéficié d'environ 98 millions de dollars de fonds publics et d'environ 33 millions de dollars de sources privées (POSTECH, 2009). La recherche appliquée reste ainsi prédominante.

L'impartialité et l'esprit communautaire caractérisent depuis longtemps la communauté scientifique internationale, mais une récente étude montre que la majorité des scientifiques des universités coréennes semblent être favorables à la commercialisation de la recherche (Bak 2006). Ce point de vue pourrait s'inscrire dans une perspective nationaliste qui voit dans cette commercialisation un moyen légitime de défendre les intérêts nationaux. Le soutien continu du Gouvernement coréen aux applications commerciales de la recherche scientifique a encouragé les universités coréennes à participer activement au processus. Avec l'appui de la POSCO et d'organismes gouvernementaux, POSTECH s'efforce depuis longtemps d'accroître la valeur commerciale de sa recherche, en particulier en créant un système d'appui administratif et en exploitant une pépinière d'entreprises parallèlement à des opérations de capital-risque.

Le système avancé que POSTECH a mis en place en 2006, le Système d'utilisation des technologies, gère l'interaction de la recherche, des brevets et du transfert de savoir. Actuellement, 11 entreprises sont en gestation dans la pépinière d'entreprises de POSTECH, qui a investi 6,3 millions de dollars dans ses entreprises à capital-risque. De plus, au cours des 20 dernières années, 26 enseignants ont fondé des entreprises pour commercialiser le produit de leurs recherches. La valeur des transferts de connaissances en 2009 est estimée à environ deux millions de dollars, soit l'équivalent d'environ 3 % par enseignant, ce qui constitue le niveau le plus élevé de Corée.

Le cursus, l'enseignement et l'apprentissage, et la vie des étudiants

Les élèves les plus brillants, correspondant aux 1 % des meilleurs lycéens coréens, choisissent POSTECH. Ces étudiants apprécient les défis de leur vie académique et consacrent un nombre exceptionnel d'heures à étudier durant les semestres. Ils demandent en échange à l'université de les aider à se retrouver parmi l'élite représentant 0,1 % des diplômés des universités coréennes. POSTECH n'épargne aucun effort pour améliorer les hautes compétences de ses étudiants en matière scientifique et technologique. Dans le cursus normal, les principales caractéristiques de l'enseignement des premier et deuxième cycles à POSTECH sont des classes le plus souvent peu nombreuses, la progression des cours en anglais dans les diverses disciplines, et l'intensification des cours de mathématiques. Quant au programme des premier et deuxième cycles, les classes peu nombreuses (20 étudiants au maximum) constituent plus de 60 % du total, et le faible taux d'encadrement offre aux étudiants de très amples possibilités d'interaction avec leurs professeurs et d'améliorer sensiblement leurs compétences intellectuelles.

POSTECH envisage également d'intensifier son enseignement en anglais et de donner tous les cours dans cette langue pour faire de ses étudiants de futurs dirigeants mondiaux. Elle exige pour cela que ses étudiants de première et deuxième années prennent des cours d'anglais intensifs donnés par des instructeurs de langue maternelle anglaise. À leur arrivée, les étudiants de première année doivent passer un test d'anglais. Selon leurs résultats, ils sont tenus de s'inscrire à un cours d'anglais comptant un total de neuf niveaux (ils prennent le plus souvent six ou sept cours). Pour être admis au cours final, ils doivent être capables de rédiger un essai en anglais. Les étudiants qui achèvent la totalité du cours avec succès reçoivent le Certificat d'anglais de POSTECH. Il est significatif que l'université ait annoncé qu'à partir de 2010, tous les cours sauf ceux d'enseignement général seraient donnés exclusivement en anglais.

En même temps, l'accent est mis davantage sur l'enseignement des mathématiques. Tous les étudiants de première année sont tenus de s'inscrire à un cours avancé de mathématiques. L'intensification de l'enseignement des mathématiques semble être davantage liée à la philosophie de l'éducation de POSTECH qu'à un quelconque fléchissement du niveau de préparation des diplômés de l'enseignement secondaire. En fait, selon l'administrateur chargé des affaires académiques, l'accent mis sur les mathématiques a pour but de renforcer la formation de base requise des étudiants en sciences de l'ingénieur des premier et deuxième cycles, et de contribuer à un niveau de culture générale plus élevé. Cet enseignement intensif des mathématiques reflète en tout état de cause la concurrence acharnée que se livrent les établissements d'élite, en ce sens que POSTECH s'efforce de conserver la longueur d'avance que lui a valu sa réputation, acquise de haute lutte, d'excellence en matière d'enseignement. Comme la majorité des universités de recherche, toutefois, POSTECH est confrontée au problème que pose le désintérêt croissant des enseignants pour l'enseignement des premier et deuxième cycles. Bien qu'il n'existe pas de solution simple à ce problème particulier (Bok 2006 ; Lewis 2006), POSTECH s'efforce d'utiliser à la fois la « carotte et le bâton ». Par exemple, des incitations financières sont accordées aux enseignants disposés à élaborer un programme visant à accroître l'apprentissage actif et la créativité des étudiants. L'université a également institué l'évaluation des cours par les étudiants, auxquels en sont communiqués les résultats. L'intérêt généralement limité que portent les enseignants de POSTECH à l'enseignement ne signifie pas nécessairement que celui qu'ils dispensent est médiocre. Bien au contraire, malgré le manque d'enthousiasme des professeurs pour l'enseignement, une récente enquête effectuée à la fois auprès des étudiants actuels de tous niveaux a montré que ceux-ci étaient très satisfaits de la qualité générale de l'enseignement qui leur était dispensé. Toutefois, ils se sont plaints surtout du manque de communication avec leurs professeurs en dehors de la salle de classe. Cette situation est regrettable, parce que l'interaction avec les enseignants est connue pour être un ingrédient important dans l'épanouissement des étudiants d'une université (Pascarella et Terenzini 2005).

La profession d'universitaire

Bien que POSTECH ne compte pas de lauréats du Prix Nobel parmi son personnel à plein temps, 16 lauréats de prix scientifiques nationaux, 115 enseignants récompensés par des médailles ou des prix internationaux et des centaines de lauréats de prix nationaux témoignent de son excellence. Un tel succès dans le recrutement d'enseignants devrait être attribué au rôle fondamental que jouent les divers départements dans ce domaine. Maintenant courante dans les universités de recherche de Corée, cette pratique était rarement mise à l'essai à l'époque où POSTECH l'a adoptée pour la première fois. Bien que le département établisse le plan de recrutement et déclenche le processus, plusieurs mesures ont été prises pour empêcher quiconque d'exercer une influence excessive ou illégitime sur les décisions en matière de recrutement. Le processus de recrutement est généralement le suivant : a) un comité de sélection comprenant de trois à cinq professeurs titulaires d'un département, plus un examinateur extérieur, examine les documents des candidats et en recommande un nombre suffisant, généralement cinq ou plus, pour des pourparlers ouverts et une entrevue ; b) les candidats en lice retenus passent une entrevue, après quoi un comité du personnel du département recommande le candidat le plus qualifié à un comité du personnel universitaire comprenant huit professeurs titulaires représentant plusieurs départements, plus le directeur des affaires académiques ; et c) les membres du comité du personnel de l'université, tous nommés par le président, effectuent un examen final.

Une fois recruté comme professeur adjoint ou associé, l'heureux élu doit répondre aux conditions minimum de promotion, qui varient d'un département à l'autre. En général, pour qu'un professeur associé obtienne une promotion, il doit avoir donné au minimum trois cours ayant fait l'objet d'évaluations positives de la part des étudiants, publié au moins quatre articles de recherche (huit pour être promu au rang de professeur) dans des revues internationales de premier plan, et mené des activités professionnelles appropriées au sein comme à l'extérieur de l'université. Malgré ces normes rigoureuses, la plupart des candidats ont réussi à passer avec succès l'examen relatif à une promotion. Entre 1997 et 2007, cinq professeurs adjoints et un professeur associé ont quitté l'université parce qu'ils ne répondaient pas aux normes en vigueur. De plus, comme les conditions à remplir pour obtenir une promotion sont devenues encore plus strictes, les professeurs ont dû publier des articles supplémentaires dans des revues plus réputées pour pouvoir rester à POSTECH et en fait, être reconnus au plan international. Récemment, l'université a imposé des conditions encore plus strictes, exigeant par exemple que tous les professeurs adjoints demandent à passer leur examen de titularisation[7] dans les sept ans suivant leur nomination initiale. Ceux qui échouent n'ont qu'une année de sursis. Reste à savoir si des normes aussi strictes permettent d'attirer de jeunes universitaires prometteurs, ou si elles ne les découragent pas au contraire de choisir POSTECH.

Établissement en pleine évolution, POSTECH, a tenté de diverses façons de se transformer par ses propres moyens au cours des 20 dernières années. Un changement remarquable concernant la profession d'universitaire est l'introduction en 2000 d'une grille de rémunération fondée sur la performance. Avec ce nouveau système, le salaire des enseignants est lié non pas à l'ancienneté, mais aux résultats obtenus au cours des trois années précédentes en matière d'enseignement, de recherche et de service public. L'université a perfectionné ce système de rémunération en permettant au président d'accorder des incitations, suivant six niveaux hiérarchiques, aux deux tiers seulement des professeurs éligibles compte tenu de leurs contributions annuelles à l'université, à l'industrie et à l'économie nationale. POSTECH a été l'un des premiers champions du système de rémunération fondé sur la performance, qui est maintenant largement utilisé dans les universités coréennes privées, essentiellement pour intensifier la concurrence entre les enseignants.

Internationalisation

L'internationalisation a été au cœur de l'aspiration de POSTECH à devenir une université de recherche de rang mondial depuis sa fondation. POSTECH se voyait comme une université offrant l'excellence en matière d'enseignement et de recherche aux étudiants coréens, qui n'auraient ainsi pas besoin d'aller faire des études à l'étranger. Pour y parvenir, POSTECH a mis en place un réseau de recherche avec des universités d'élite du monde entier. Dans les premiers temps, cette approche a été rendue possible par les relations personnelles de ses enseignants avec des établissements tels que l'Université de Californie, Berkeley, et l'Université Carnegie Mellon (États-Unis), l'Imperial College de Londres, l'Université de Birmingham (Royaume-Uni), l'Université d'Aix-la-Chapelle (Allemagne), et l'Université de Technologie de Compiègne (France). Depuis lors, POSTECH a continué à renforcer sa collaboration internationale en matière de recherche avec des partenaires étrangers d'Allemagne, des États-Unis, de France et du Japon. En 1996, elle a créé l'Association des universités de recherche d'Asie de l'Est avec des universités aussi réputées que l'Université de Tokyo et l'Université de Science et technologie de Hong Kong, ainsi que 14 autres universités de pays de la région. Plus récemment, le siège du Centre de Physique théorique d'Asie-Pacifique, centre international de recherche scientifique fondamentale, a été transféré au campus de POSTECH en 2001, et POSTECH encourage la création d'une branche coréenne de l'Institut Max Planck pour la recherche. En outre, POSTECH a, comme on l'a vu, créé un partenariat stratégique avec RIKEN, institut japonais de recherche en sciences naturelles exploitant le SPring-8 (installation de rayonnement synchrotron), ce qui n'a fait que consolider sa base de recherche de pointe.

POSTECH a également développé régulièrement ses programmes internationaux d'échange d'étudiants. Elle compte actuellement 71 universités sœurs dans 19 pays, environ 387 étudiants de POSTECH ont étudié quelque temps (un semestre ou deux) à l'étranger et 295 étudiants étrangers ont fait de même chez elle. Depuis 2004, POSTECH envoie à l'étranger une moyenne de 90 étudiants par an dans le cadre du programme d'été qui permet aux étudiants de suivre des cours d'été dans des universités étrangères de haut niveau. De plus, par le biais de l'Association des Universités de recherche d'Asie de l'Est, un programme d'échanges universitaires intitulé Student Camp and Cross

Straits Symposium et auquel participent POSTECH et l'Université nationale de Pusan en Corée et l'Université de Kyushu au Japon est offert aux doctorants qui étudient l'environnement, l'énergie et les matériaux. Au total, 1 500 étudiants ont participé à ce programme dans le cadre de dix échanges de 1999 à 2008. Malgré sa collaboration active avec des établissements étrangers, POSTECH ne compte cependant qu'un nombre insignifiant d'étudiants et universitaires étrangers à plein temps. En 2009, l'université comptait environ 10 % de professeurs étrangers, quelque 4 % d'étudiants étrangers de troisième cycle, et aucun étudiant des premier et deuxième cycles. Ces pourcentages étonnamment faibles d'universitaires et d'étudiants étrangers sont peut-être imputables à ce que l'université se trouve dans une ville de province à laquelle il manque une dimension internationale.

Néanmoins, une série d'annonces publiques récentes indique clairement que POSTECH prend au sérieux son internationalisation. En février 2010, elle a fait savoir aux médias qu'elle inviterait dix lauréats du Prix Nobel ou des médaillés dans certaines disciplines comme professeurs à plein temps cette même année. Chaque universitaire invité toucherait un salaire d'un million de dollars, à quoi s'ajouterait un montant supplémentaire de quatre millions de dollars sous forme de crédits de recherche et pour couvrir les frais de séjour de l'intéressé pendant trois ans à POSTECH. Le montant total à verser serait cinq fois plus élevé que celui payé aux universitaires étrangers participant au Projet d'universités de rang mondial financé par l'État. POSTECH collabore également avec la ville de Pohang pour ouvrir près du campus une nouvelle école internationale allant du jardin d'enfants à la terminale. De plus, POSTECH se présentera bientôt comme un campus bilingue où les langues officielles seront l'anglais et le coréen. Suivant ce plan, tous les cours de premier et deuxième cycles (à l'exception des cours d'enseignement général) et les cours de troisième cycle seront donnés exclusivement en anglais. Tous les séminaires et réunions académiques auxquels un étranger est présent utiliseront l'anglais comme première langue. De plus, chaque document officiel à diffuser dans l'université sera rédigé à la fois en coréen et en anglais.

Finances

Le budget de POSTECH est passé de 15 millions de dollars au moment de sa création en 1987 à 170 millions de dollars en 2009. Les cinq premières années, POSTECH était en moyenne dépendante financiè-rement à 80 % de l'Entreprise universitaire, mais ce pourcentage a été ramené progressivement à environ 30 % ces dernières années. La contri-bution réduite de l'entreprise aux recettes de POSTECH a été compensée pour une large part par l'accroissement des recettes de la recherche, qui a atteint 40 % durant la même période. Malgré ces changements intervenus dans la composition des recettes, l'université a maintenu à moins de 10 % la proportion des frais de scolarité dans le total des recettes. Il convient toutefois de noter que pour des raisons telles que l'absence d'une culture de la philanthropie dans la société coréenne et le nombre relativement très faible d'anciens élèves de POSTECH, les dons ne représentent que moins de 5 % des recettes totales.

POSTECH a développé les recherches en collaboration avec des entreprises autres que la POSCO et en même temps, elle a participé activement à des projets financés par l'État. Néanmoins, le fonds de recherche de la POSCO assure encore la plus grande part (environ 50 %) des recettes de la recherche. Le lien étroit de l'université avec la POSCO et les injections de fonds de cette dernière ont paradoxalement pour effet de limiter la collaboration de l'université avec d'autres entreprises et par conséquent, son aptitude à obtenir des dons d'autres sources. C'est la raison pour laquelle les campagnes d'appel de fonds n'ont pas donné de résultats jusqu'à présent. L'université a levé à peine 4,3 millions de dollars depuis 1995 mais du point de vue de sa dotation, POSTECH est sans doute l'établissement privé le plus riche de Corée, avec un capital d'une valeur de deux milliards de dollars en 2009. L'université n'a pas de concurrents nationaux pour ce qui est des dépenses d'enseignement par étudiant (environ 70 000 dollars), soit un niveau environ cinq fois supérieur à celui qui prévaut généralement dans les universités coréennes (MEST et KEDI 2009, 116).

Malgré les contrôles considérables exercés par l'État, les universités privées de Corée ne reçoivent qu'un minimum de subventions, et POSTECH ne fait pas exception à la règle. Jusqu'au milieu des années 90, les fonds publics injectés dans l'université représentaient à peine 3 % des recettes totales. Au cours de la dernière décennie (2000-2010), POSTECH a toutefois enregistré une progression sensible des crédits publics de recherche, des bourses et même des budgets de fonctionnement. En 2008, environ 30 % des crédits de recherche provenaient de sources publiques, essentiellement par l'intermédiaire du ministère de l'Éducation, de la Science et de la Technologie. L'État a également accordé des bourses intégrales à tous les étudiants inscrits jusqu'à l'obtention de leur diplôme, à condition qu'ils aient régulièrement une moyenne supérieure à 3,3 (sur 4,3). Cette largesse soudaine peut être attribuée essentiellement à une modification des politiques gouvernementales de financement. Des programmes de financement compétitifs — tels que Brain Korea 21 (1999-2012) et le Projet d'universités de rang mondial (2008-2012) — ont largement contribué à l'accroissement des fonds publics accordés aux universités privées dotées d'excellentes capacités de recherche. Le financement fondé sur la performance, institué en 2008 et toujours en vigueur, se traduit par l'affectation de fonds publics à certains établissements d'enseignement supérieur publics et privés en fonction d'un petit nombre d'indicateurs de performance choisis par le gouvernement. En 2010, POSTECH a ainsi reçu deux millions de dollars au titre de ce type de financement. Bien que l'accroissement des fonds publics ait aidé POSTECH à se maintenir au niveau de ses concurrents internationaux, il n'enchante guère de nombreux enseignants, qui craignent que ces subventions n'entraînent une forte ingérence du secteur public (voir la section suivante).

Aide et contrôle de l'État

Le rôle de la POSCO dans le développement de POSTECH est sans équivalent, mais le Gouvernement coréen a également joué un rôle important, à la fois par l'aide qu'il a apportée et comme régulateur. Cette situation n'est pas propre à POSTECH. L'octroi de fonds publics est toujours subordonné à l'application d'une politique de l'enseignement supérieur. Il est également courant que l'État contrôle les universités privées par une politique, par la régulation et au moyen de divers instruments administratifs[8]. Au cours des 20 dernières années, POSTECH est devenue davantage tributaire de l'aide financière de l'État, ce qui a entraîné de nombreux changements dans ses programmes, les conditions de la recherche et la gestion de l'établissement.

Tout d'abord, la participation de POSTECH aux projets Brain Korea 21 et le Projet d'universités de rang mondial a eu pour effet de modifier les programmes de troisième cycle. Le gouvernement a exigé des universités qu'elles regroupent les programmes de premier et deuxième cycles en unités interdisciplinaires plus grandes (*hakbu*) pour participer aux nouveaux projets. POSTECH a donc réorganisé ses six départements des premier et deuxième cycles en trois divisions, la Division des Sciences moléculaires et des Sciences de la vie, la Division d'Électrotechnique et d'Informatique et la Division de Mécanique et d'Organisation industrielle, ainsi qu'une école — l'École des Biosciences des systèmes et de Bio-ingénierie. Plus récemment, pour participer au Projet d'universités de rang mondial, POSTECH a créé de nouveaux programmes interdisciplinaires au niveau des premier et deuxième cycles, notamment un programme intégré de biosciences et de biotechnologie, la Division de Science des matériaux avancés et la Division des l'Ingénierie de la convergence en TI. L'État subventionnera l'université à hauteur de 83 millions de dollars jusqu'en 2012, si les programmes en question donnent les résultats escomptés.

Le partenariat de POSTECH avec l'État a par ailleurs amélioré grandement les conditions de recherche à l'université. Par exemple, la troisième Pohang Light Source, achevée en 1994, est une installation de recherche exemplaire de 150 millions de dollars construite près du campus de POSTECH. L'État a contribué à hauteur d'environ 60 millions de dollars à sa construction, et elle est exploitée et gérée par le Laboratoire d'accélérateur de Pohang (centre de recherche annexe de POSTECH) en tant qu'installation destinée aux utilisateurs nationaux (le budget de fonctionnement de 20,5 millions de dollars est actuellement financé par l'État). POSTECH a récemment demandé au ministère de l'Éducation, de la Science et de la Technologie que soit réalisée une étude de faisabilité sur la création d'une quatrième source de lumière à Pohang. Environ 400 millions de dollars ont été affectés à cette étude, et un plan d'exploitation détaillé doit paraître prochainement. Il existe également un Centre national pour la Technologie des nanomatériaux, centre de recherche supervisé directement par POSTECH et en construction sur le campus depuis 2004. Le ministère de l'Économie du savoir apporte une aide financière atteignant 90 millions de dollars pour cinq ans. De plus, l'Institut de Robotique intelligente de Pohang (créé au début de 2000), le Centre national de recherche fondamentale, le Centre de recherche sur les technologies de l'information, le Laboratoire national de recherche et le Centre de recherche sur les systèmes micro-électromécaniques (MEMS) de la Défense nationale fonctionnent tous avec des fonds provenant du budget de l'État.

On constate des effets plus sensibles de l'intervention de l'État sur POSTECH dans la gestion de l'établissement, domaine dans lequel l'université est traditionnellement la moins exposée à des ingérences extérieures. Au cours des dix dernières années, l'État a augmenté ses subventions au budget de fonctionnement des universités ainsi que les crédits de recherche accordés aux universités privées pour atteindre les objectifs de sa politique de l'enseignement supérieur. Il finance par exemple les universités publiques et privées en se référant à des indicateurs de performance au niveau des établissements concernant l'emploi des diplômés, la qualité de l'enseignement dispensé, l'aide financière, et les dépenses d'éducation par étudiant. Dans le cadre de ce système de financement, POSTECH a reçu environ 350 000 dollars en 2008. L'État finance également des universités qui ont institué le système de chargé d'admission, nouveau système d'admission encouragé par l'administration actuelle, suivant lequel les candidats sont jugés non seulement en fonction de leurs résultats aux concours d'entrée à l'université et durant leurs études secondaires, mais aussi et surtout, en fonction de leur milieu socioéconomique et culturel et de leur potentiel académique. Après avoir reçu une aide financière appropriée — en l'occurrence, environ 300 000 dollars — POSTECH a dûment sélectionné tous les étudiants admis en 2010 en utilisant cette nouvelle procédure d'admission et il devrait continuer d'en aller ainsi tant que l'aide financière apportée à cet effet sera maintenue. Il est clair que de nouveaux programmes de financement tels que ceux-ci, qui contraignent POSTECH à accepter ce que lui impose le gouvernement en ce qui concerne ses buts et ses méthodes de sélection de ses étudiants, risquent de n'être ni appropriés ni utiles à une université privée.

On peut estimer à certains égards que l'aide financière de l'État a contribué à la transformation de POSTECH en une université de recherche. Il est toutefois impossible de faire abstraction des aspects négatifs de cette contribution, qui a réduit l'autonomie de l'université de par sa participation dans certains domaines d'étude définis par l'État, ou à travers l'intervention des pouvoirs publics dans la gestion de l'université. Il est difficile de dire si ces changements durables, corollaire des interventions gouvernementales, auront un effet positif sur POSTECH. Si le gouvernement accentue son rôle régulateur, il risque fort de compromettre les chances de croissance de l'université.

Environnement évolutif et nouveaux défis

Les points forts actuels de POSTECH tiennent à la qualité de ses enseignants, au talent et à l'ardeur au travail de ses étudiants, ainsi qu'à des conditions de recherche exceptionnelles. Pour parvenir au statut d'université de rang mondial, POSTECH doit, comme les autres universités de cette catégorie, inviter encore plus d'universitaires et d'étudiants de talent, indépendamment de leur pays d'origine, pour apporter un appui de haut niveau à la recherche et à l'enseignement. POSTECH risque toutefois de se heurter à toutes sortes de difficultés en raison de l'intensification de la concurrence entre les universités, du fait qu'il manque à son emplacement une dimension internationale, et aussi parce que sa culture de la collaboration et l'état de ses finances laissent à désirer et qu'elle pratique une gestion interne à courte vue.

POSTECH affronte une concurrence accrue non seulement du fait de la mondialisation, mais aussi à cause des nouvelles universités de recherche et de la concurrence que celles-ci se livrent, et aussi en raison du pouvoir de négociation accru dont disposent les étudiants coréens (Peterson et Dill 1997). De nouvelles universités publiques de science et de technologie ont récemment été créées dans des villes proches, et les universités concurrentes au plan interne se développent rapidement et s'emploient activement à recruter des enseignants, ce qui incite d'autant plus ces derniers à s'installer à Séoul ou dans d'autres grandes villes. Cette bataille pour le talent entre les universités de recherche est attribuable en partie à l'accroissement des subventions à la recherche compétitives de l'État comme Brain Korea 21 et les projets d'universités de classe mondiale en Corée. De plus, si plusieurs universités américaines offrant de solides programmes d'ingénierie s'installent comme prévu à Incheon, près de Séoul, la concurrence risque même de s'intensifier. Bien que l'aide de l'État à l'enseignement supérieur n'ait pas encore diminué en Corée, le nombre croissant d'universités scientifiques et technologiques de haut niveau risque d'entraîner une dispersion de cette aide, ce qui peut constituer une nouvelle menace pour POSTECH, qui est située dans une ville vulnérable où les infrastructures sociales et culturelles et les conditions d'enseignement laissent à désirer. Ces facteurs imposeront des problèmes d'autant plus ardus à POSTECH qu'elle s'efforce de renforcer et améliorer sa position d'université de rang mondial en attirant et en recrutant davantage de professeurs, d'étudiants et de chercheurs étrangers.

Pour pouvoir affronter la concurrence internationale, POSTECH doit effectuer des recherches à fort impact. Comme on l'a vu, elle n'y parviendra qu'en trouvant de nouveaux domaines de recherche dans lesquels elle jouit d'un avantage compétitif et en effectuant des recherches en collaboration et ayant des effets de synergie marqués. Les progrès de POSTECH en matière de recherche risquent d'être entravés à la fois par sa vulnérabilité au pouvoir qu'a le gouvernement d'imposer des programmes de recherche et à une culture de la collaboration peu répandue chez les professeurs. Bien que le gouvernement ait tenté d'aider POSTECH à s'engager dans des recherches en collaboration avec l'étranger, cette aide n'a pas l'échelle suffisante et en tout état de cause, elle a tendance à se concentrer sur les domaines stratégiques gouvernementaux de la science et de la technologie qui caractérisent la perspective à relativement court terme de la recherche appliquée. Cette aide ne peut donc aucunement interférer avec le développement de la recherche scientifique fondamentale à POSTECH, ni même le retarder. Pour de nombreuses raisons, toutefois, la collaboration interdisciplinaire en matière de recherche entre enseignants n'atteint pas le niveau souhaité. POSTECH espère établir un espace de recherche distinct, semblable à celui qu'offrent les laboratoires médiatiques de l'Institut de technologie du Massachusetts, où des recherches de ce genre en collaboration sont possibles.

Au cours des dernières années, à POSTECH où seulement quelques étudiants et professeurs étrangers à plein temps sont présents à un moment donné, l'anglais est devenu suffisamment populaire pour être adopté officiellement comme langue d'enseignement. Bien que cela ne soit pas rare dans les universités coréennes d'aujourd'hui, il s'agit manifestement d'une tendance croissante dans l'enseignement de la science et des sciences de l'ingénieur. Par exemple, à l'Université de Yonsei, université de recherche privée, un cours du premier cycle sur deux en moyenne est donné en anglais, de même que sept des dix programmes de sciences de l'ingénieur qu'offre cette université. À la pointe de cette tendance, POSTECH a commencé en 2010 à donner tous ses cours exclusivement en anglais, sauf ceux d'enseignement général.

Une raison sous-jacente à l'augmentation du nombre de cours donnés en anglais est l'idée que cela permettra d'attirer davantage d'étudiants et d'universitaires étrangers. Il est permis d'en douter. Les étudiants peuvent apprendre en classe ainsi qu'à l'extérieur. Ils apprennent également aussi bien de leurs professeurs que de leurs pairs. En ce sens, l'accent mis actuellement sur l'utilisation d'une certaine langue d'enseignement n'est donc pas, pour les étudiants étrangers, une raison suffisante pour choisir POSTECH, et cela risque en outre d'entraver l'apprentissage des étudiants coréens du fait qu'ils ont rarement une connaissance de la langue suffisante pour participer aux cours donnés en anglais.

L'obtention d'un financement suffisant et sûr constitue un autre élément clé de la démarche de POSTECH pour devenir une université de rang mondial. Ses deux principales sources de recettes actuelles — l'entreprise fondatrice (POSCO) et l'État — sont incertaines à long terme. La dotation elle-même ne consiste qu'en actions de la POSCO dont le cours fluctue au gré de la conjoncture économique. Pendant les dix premières années qui ont suivi la création de POSTECH, l'énorme soutien de la POSCO a contribué à la croissance de POSTECH, mais il a fortement diminué depuis lors. Bien que l'aide publique ait pris un peu d'ampleur au cours de la dernière décennie, elle ne saurait être considérée comme stable à long terme, comme le montre l'expérience d'autres pays développés. Par exemple, les apports publics à l'enseignement supérieur aux États-Unis dépendent fortement du contexte économique et ont tendance à diminuer progressivement (Gladieux, King et Corrigan 2005). L'encouragement récent à la constitution en sociétés d'universités publiques en Corée peut être considéré comme une tentative de la part de l'État pour réduire la charge financière que lui impose son soutien à l'enseignement supérieur (Rhee 2007). Néanmoins, comme on l'a vu, du fait quelle a effectivement un mécène (la POSCO), POSTECH a davantage de difficultés à faire appel à d'autres parrains et donateurs potentiels pour obtenir une aide en faveur de son développement institutionnel. De plus, étant donné qu'elle n'a que 20 ans d'âge et qu'elle ne compte que 300 étudiants des premier et deuxième cycles, elle ne peut guère compter sur des dons de ses anciens élèves.

La part actuelle des recettes de POSTECH que représentent les frais de scolarité (10 % au maximum) ainsi que leur faible niveau (inférieur de moitié environ à celui de ses concurrents privés) peut lui donner une excellente raison de les augmenter. Néanmoins, le relèvement des frais de scolarité n'est pas une bonne solution, et ce pour toutes sortes de raisons. Tout d'abord, la politique publique s'y oppose[9]. Ensuite, l'entreprise universitaire, qui est responsable des finances de l'établissement, a depuis longtemps pour politique de maintenir les frais de scolarité à un niveau inférieur à 10 % du montant total des recettes. Par ailleurs, les concurrents publics — l'Université nationale de Séoul et l'Institut coréen de Hautes études en science et technologie — maintiennent leurs frais de scolarité à un niveau correspondant à environ 50 % de ceux pratiqués par les établissements privés. Enfin, depuis sa création, POSTECH est bien connue et admirée pour les bourses d'études intégrales qu'elle accorde à ses étudiants, ce qui est l'une des raisons majeures pour lesquelles tant de brillants lycéens de milieux modestes ou à revenu moyen font de POSTECH leur premier choix. Enfin, le relèvement des frais de scolarité au même niveau que ceux des concurrents privés rapportera six millions de dollars supplémentaires par an — soit seulement 3 % environ du montant total des recettes annuelles. Les coûts dépasseraient largement les gains financiers assurés par cette augmentation. Un relèvement des frais de scolarité doit néanmoins être sérieusement envisagé à long terme, et ce pour au moins deux raisons. Tout d'abord, les universités nationales seront bientôt considérées comme constituées en sociétés. Dans ce cas, si l'on en croit l'expérience des autres pays, une augmentation marquée est probable. Par ailleurs, du fait que les effectifs de POSTECH comprennent un nombre croissant d'étudiants venant de milieux aisés, POSTECH pourrait adopter une politique similaire à celle des universités américaines de la « Ivy League », qui apportent une aide financière considérable aux étudiants de milieux modestes, tout en faisant payer davantage les autres.

Pendant ses huit premières années d'existence, POSTECH a été dirigée par le Dr Hogil Kim un visionnaire et physicien nucléaire de renommée mondiale. Le fondateur de POSTECH, Tae Joon Park, avait accueilli le Dr Kim à bras ouverts, lui confiant l'entière responsabilité de la gestion de l'université. Sous la direction du président Kim, des bases solides ont été jetées pour faire de POSTECH une université de recherche[10] mais depuis sa mort, qui a été une grande perte pour elle, l'université a malheureusement connu des problèmes de direction. Aucun nouveau président nommé depuis lors n'est resté en poste plus de quatre ans et les vice-présidents et directeurs exécutifs des services administratifs n'ont cessé de se succéder (généralement à intervalle de deux ans). Il est certainement préoccupant de confier ainsi pendant de brefs laps de temps la responsabilité des affaires exécutives et administratives à des enseignants maison qui manquent d'expérience de l'administration et d'aptitudes à diriger, ce qui représente un obstacle potentiellement sérieux pour une université qui aspire à se transformer en un établissement de rang mondial.

Conclusion

POSTECH est l'une des rares universités privées non américaines qui puisse parvenir au plus haut niveau. Elle continue à aspirer aux classements les plus élevés. Elle espère de fait placer un jour à un endroit conçu à cet effet au centre de son campus le buste d'un de ses propres enseignants en l'honneur du premier lauréat coréen d'un Prix Nobel scientifique. Cette étude de cas tente d'analyser comment une petite université privée relativement nouvelle d'un pays non anglophone pourrait parvenir au statut d'université de rang mondial malgré les défis auxquels elle se trouve confrontée. Compte tenu des résultats de cette analyse, il est à espérer que les parties prenantes à l'enseignement supérieur des pays en développement y verront plus clair sur la façon de procéder pour créer chez eux des universités de rang mondial. Ces observations montrent que l'on peut y parvenir en faisant preuve d'un leadership visionnaire, en responsabilisant les subordonnés, en créant un environnement très favorable et en établissant un partenariat avec les pouvoirs publics. De plus, POSTECH reste confrontée à divers types de nouveaux défis pour lesquels il n'existe aucune solution aisée.

Pour passer à un statut plus élevé, la dynamique POSTECH s'apprête à expérimenter une idée discutable mais audacieuse consistant à utiliser une langue étrangère — en l'occurrence l'anglais — comme principale langue d'enseignement pour les étudiants en sciences et en ingénierie. On pourra certainement tirer de nombreux enseignements du succès ou de l'échec de cette tentative.

Notes

1. La POSCO était à l'origine une entreprise publique privatisée en 2000.

2. L'Île de Jeju est une destination de vacances exotique située au large de la côte sud de la Corée.

3. Pour plus de simplicité, on utilise tout au long du présent document les valeurs actuelles et un taux de change fixe (1 000 pour 1) entre le won coréen et le dollar.

4. Brain Korea 21 a commencé en 1999 et durera jusqu'à 2012, fournissant une aide financière aux étudiants du troisième cycle participant à des projets de recherche. Au cours de la première phase, qui s'est terminée en 2007, le gouvernement a transféré un montant de 1,3 milliard de dollars à 564 équipes de recherche au niveau national. Pour la seconde phase qui a commencé en 2008, deux milliards de dollars sont réservés au financement de 568 équipes de recherche de 74 universités. Le projet d'Universités de rang mondial, qui a démarré en 2008, est un programme de subvention à l'enseignement supérieur du Gouvernement coréen qui a pour but de créer de nouveaux programmes académiques dans des domaines porteurs et d'améliorer la collaboration internationale en matière de recherche et d'enseignement en invitant d'éminents universitaires du monde entier. Le gouvernement aura investi 825 millions de dollars dans ce programme entre 2008 et 2012 (MEST 2008).

5. POSTECH a reconnu combien il est important qu'une université de recherche quelle qu'elle soit attire d'éminents enseignants et d'excellents élèves. Certains craignent toutefois que le niveau exigé des candidats à des études de premier et deuxième cycles soit trop élevé. Le président Hogil Kim, exprimant de façon amusante sa détermination, a répondu : « Même s'il n'y a qu'un seul candidat, cela n'a pas d'importance car les enseignants pourront alors se consacrer exclusivement à la recherche » (POSTECH 2007, 98).

6. En droit coréen, une université est fondée soit par l'État, soit par une entreprise universitaire. Un particulier ou une entité privée peuvent ainsi créer à l'avance une entreprise universitaire, après quoi une université privée peut être financée à travers l'entreprise.

7. Le système de poste permanent a été institué à POSTECH en 1998.

8. Bien que l'on discute toujours sur le point de savoir si les politiques coréennes en matière d'enseignement supérieur sont d'essence néolibérale, il faut reconnaître que la Corée, qui était jusqu'à maintenant un pays de type dirigiste, est en train de se transformer en un pays en transition vers un système de sensibilisation ou d'orientation du consommateur dans lequel le marché détermine les comportements des universités (Reeves-Bracco et al. 1999 ; Rhee 2008).

9. Selon la Loi relative à l'enseignement supérieur modifiée au début de 2010, l'augmentation des frais d'études ne devrait pas dépasser de plus d'une fois et demie le taux d'inflation moyen des prix à la consommation des trois dernières années. Les établissements qui ne respectent pas cette directive s'exposent à des pénalités administratives ou financières, ou à ces deux types de pénalité, imposées par le ministre de l'Éducation, de la Science et de la Technologie.

10. Le Dr Kim a rendu possibles la conception et la construction de la Pohang Light Source, près du campus.

Références

AsiaWeek. 1999. "Best Science and Technology Schools." http://www-cgi.cnn.com/ASIANOW/asiaweek/universities/scitech/2.html. Accessed August 3, 2009.

Bak, Hee-Je. 2006. "Commercialization of Science and Changing Normative Structure of the Scientific Community." *Korean Journal of Sociology* 40 (4): 19–47.

Bok, Derek. 2006. *Our Underachieving Colleges: A Candid Look at How Much Students Learn and Why They Should Be Learning More*. Princeton, NJ: Princeton University Press.

Gladieux, Lawrence E., Jacqueline E. King, and Melanie E. Corrigan. 2005. "The Federal Government and Higher Education." In *American Higher Education in the Twenty-First Century: Social, Political, and Economic Challenges*, ed. Philip G. Altbach, Robert O. Berdahl, and Patricia J. Gumport, 163–97. Baltimore: Johns Hopkins University Press.

Han, Zun-Sang. 1983. *The Sacrifice of Korean Higher Education*. Seoul: Moonumsa.

KAIST (Korean Advanced Institute of Science and Technology). 2009. "University statistics." KAIST, Daedeok, Republic of Korea. http://www.kaist.ac.kr. Accessed August 5, 2009.

Lewis, Harry R. 2006. *Excellence Without a Soul: How a Great University Forgot Education.* New York: Public Affairs.

(MEST) Ministry of Education, Science and Technology. 2008. *National Project Towards Building World Class Universities.* Seoul: MEST.

————. 2009. *Science and Technology Annual Report.* Seoul: MEST.

MEST and KEDI (Ministry of Education, Science and Technology and Korean Educational Development Institute). 2009. *2008 University Public Information Analysis Report* SM 2009–01. Seoul: KEDI.

Pascarella, Ernest T., and Patrick T. Terenzini, 2005. *How College Affects Students: A Third Decade of Research.* Vol. 2. San Francisco: Jossey-Bass.

Peterson, Marvin W., and David D. Dill. 1997. "Understanding the Competitive Environment of the Postsecondary Knowledge Industry." In *Planning and Management for a Changing Environment,* ed. M. W. Peterson, D. D. Dill, L. A. Mets, and Associates, 3–29. San Francisco: Jossey-Bass.

POSTECH (Pohang University of Science and Technology). 2007. *A History of Pohang University of Science and Technology: 1986–2006.* Pohang, Republic of Korea: Dong-in Forum.

————. 2009. "Annual Financial Report." POSTECH, Pohang, Republic of Korea. http://thome.postech.ac.kr/user/postech/es/2010/aif-1.pdf.

Reeves-Bracco, Kathy, Richard C. Richardson, Jr., Patrick M. Callan, and Joni E. Finney. 1999. "Policy Environments and System Design: Understanding State Governance Structures." *Review of Higher Education* 23 (1): 23–44.

Rhee, Byung S. 2007. "Incorporation of National Universities in Korea: Dynamic Forces, Key Features, and Challenges." *Asia Pacific Journal of Education* 27 (3): 341–57.

————. 2008. "Neoliberalism and Challenges of Korean Higher Education Policy. *Journal of Politics of Education* 15 (2): 7–25.

Seoul National University. 2009. "University statistics." Seoul National University, Seoul. http://www.academyinfo.go.kr/?process=schoolDisclose00&schoolCd=51012000&orgcode=1&sry_yy=2008&. Accessed August 5, 2009.

Times Higher Education. 2010. "The World University Rankings 2010." London. http://www.timeshighereducation.co.uk/world-universityrankings/2010-2011/top-200.html.

Umakoshi, Toru. 1997. *Establishment and Development of Modern Universities in Korea.* Seoul: Kyoyookbook.

CHAPITRE 5

L'Université nationale de Singapour et l'Université de Malaya : Racines communes et voies différentes

Hena Mukherjee et Poh Kam Wong

Dans leur caractérisation des universités de recherche de rang mondial, Jamil Salmi (2009) et Philip G. Altbach et Jorge Balan (2007) appellent l'attention sur le classement international des universités comme institutions de recherche et leurs responsabilités dans la création de nouvelles connaissances, avec pour principe fondamental l'innovation scientifique et technologique. Dans le monde entier, l'enseignement supérieur est de plus en plus apprécié pour ses liens avec le développement économique et pour ses contributions majeures au produit intérieur brut (PIB) d'un pays (Hatakenaka 2004), et reconnu pour son rôle de catalyseur dans le développement de l'économie et de la société du savoir.

L'impact des activités d'enseignement, d'apprentissage et de recherche des universités lié à l'expansion accélérée du savoir est suivi de près, ce qui entraîne entre les établissements une concurrence à l'échelon mondial pour se procurer des ressources humaines et financières. Les décideurs et les leaders d'établissement se réfèrent à des repères internationalement reconnus, dont il est avéré qu'ils renforcent les universités, les rendant plus compétitives parmi leurs pairs et plus attractives pour les étudiants, les enseignants, les chercheurs, les employeurs, les organismes de financement et l'industrie. Les universités des pays industrialisés semblent avoir l'avantage (par exemple les Universités Harvard, Stanford et Cambridge), comme en témoignent les produits et résultats de leurs recherches, ainsi que leurs places dans les classements mondiaux des universités, mais les universités plus récentes d'Asie (comme l'Université de Hong Kong et l'Université nationale de Singapour) se défendent bien.

Les gouvernements des pays émergents comptent également sur leurs établissements d'enseignement supérieur pour participer à la croissance de leur économie du savoir, en particulier au niveau des produits compétitifs découlant de l'innovation et de la recherche. On examinera dans le présent chapitre les voies empruntées par deux universités — l'Université nationale de Singapour (Singapour) et l'Université de Malaya (Malaisie), qui ont des racines communes. Le King Edward VII College of Medicine créé en Singapour en 1905 a fusionné avec le Raffles College en 1949 pour former l'Université de Malaya, à Singapour. L'expansion de cette université, ajoutée à l'accession à l'indépendance par rapport au Royaume-Uni sous la forme de deux pays distincts (Malaya en 1957 et Singapour en 1959) a abouti à la scission de l'université en deux branches en 1959, l'une située à Singapour et l'autre à Kuala Lumpur. En 1962, à la suite de la décision des Gouvernements de Singapour et de Malaya (la Malaisie a été formée en 1963 avec l'inclusion des États du Sabah et du Sarawak, à Bornéo), les deux établissements sont devenus dans leurs pays respectifs des universités nationales autonomes, l'Université de Singapour et l'Université de Malaya. L'Université de Singapour a fusionné avec l'Université Nanyang en 1980 pour former l'Université nationale de Singapour.

Immédiatement après la séparation de Singapour et de la Malaisie et la création des deux universités en 1962, ces dernières se sont efforcées de renforcer leur personnel enseignant et de consolider leurs programmes d'enseignement. L'une et l'autre ont acquis une assez bonne réputation en Asie du Sud-Est. Les populations multiraciales qu'elles desservent dans les deux pays ont la même composition, mais avec des proportions différentes (voir tableau 5.1). Ce caractère multiracial est particulièrement important en Malaisie, où la politique éducative est influencée par les différentes opportunités offertes aux étudiants et aux enseignants qui sont au cœur de tous les établissements d'enseignement supérieur.

La présente analyse tente de répondre à plusieurs questions. Quelles ont été les caractéristiques favorables au développement de ces deux établissements dans leur contexte institutionnel et politique particulier ? Quelles décisions importantes ont été prises en ce qui concerne la sélection des étudiants et le recrutement des enseignants, comment les meilleurs enseignants ont-ils été attirés et gardés ? Les activités de recherche des universités sont-elles assurées d'un financement stable et suffisant ? Dans quelle mesure les stratégies d'internationalisation des étudiants et du corps enseignant ont-elles été un succès ? La recherche de réponses à ces questions amène à poser une dernière question : quels enseignements peut-on tirer de l'expérience de l'Université nationale de Singapour (NUS) et de l'Université de Malaya (UM) et partager avec la communauté universitaire mondiale, en particulier avec des collègues de pays émergents aspirant à figurer parmi les universités de recherche de rang mondial ?

Tableau 5.1   Répartition de la population en groupes ethniques à Singapour et en Malaisie

%

Groupe ethnique	Singapour (4,8 millions d'habitants)	Malaisie (28,7 millions d'habitants)
Bumiputras[a]	14	65
Chinois	77	26
Indiens	8	8
Autres	1	1

Sources : Les chiffres relatifs à Singapour proviennent de « Population Trends 2009, » site Web du Département de la Statistique de Singapour, http://www.singstat.gov.sg/pubn/popn/population2009.pdf. Les chiffres relatifs à la Malaisie proviennent de « Population, Household and Living Quarters (2010) », site Web du Département de la Statistique de Malaisie, http://www.statistics.gov.my/ccount12/click. php?id=1620. a. Les Malais et les groupes autochtones de Sabah et du Sarawak sont appelés Bumiputras.

Contexte de l'action des pouvoirs publics après la séparation

Le Gouvernement singapourien s'est rendu compte à un stade précoce du rôle que jouent les universités pour appuyer la croissance économique, et au début des années 70, lorsque « la stratégie à forte intensité de main-d'œuvre a progressivement fait place à une stratégie fortement axée sur la technologie . . . une nouvelle philosophie de l'enseignement supérieur a vu le jour à Singapour » (Seah 1983, 14). De ce fait, être à l'avant-garde de l'enseignement et de la recherche n'a cessé d'être une priorité pour la NUS depuis 1962, l'excellence en matière de recherche étant devenue un objectif de plus en plus important depuis la fin des années 80. En revanche, après 1970, les objectifs institutionnels de l'UM ont reflété la Nouvelle politique économique, un plan de discrimination positive en faveur des Malais et de groupes autochtones mis en place à la suite des terribles émeutes raciales de 1969, qui ont coûté la vie à des centaines de gens de part et d'autre de la ligne de fracture raciale. Les troubles civils, dus en partie à ce que les Malais jugeaient insuffisants leurs progrès dans le domaine de l'éducation et en matière économique, ont été à l'origine de changements de grande envergure, qui ont abouti à la Nouvelle politique économique, qui considérait l'éducation comme un instrument vital pour atteindre ses objectifs.

La Nouvelle politique économique a été conçue pour assurer l'intégration et l'unité nationales grâce à une double stratégie : a) éliminer la pauvreté en élevant les niveaux de revenu de tous les Malaisiens et en leur offrant de meilleures possibilités d'emploi, et b) restructurer la société malaisienne pour corriger les déséquilibres économiques de façon à réduire et éliminer ultérieurement l'identification d'une race à telle ou telle fonction économique. Cette politique était censée ne durer que 20 ans, mais elle s'est poursuivie sous d'autres appellations : Politique nationale de développement et plus récemment, Nouveau modèle économique. Un résultat important de la Nouvelle politique économique a été l'imposition de quotas ethniques pour l'admission des étudiants, selon un rapport de 55 Bumiputras pour 45 non-Bumiputras, conformément à leur proportion respective au sein de la population malaisienne. Ces quotas ont été maintenus jusqu'à l'institution d'un système méritocratique en 2002, mais les proportions n'ont guère varié depuis lors.

En dehors du système de quotas pour les étudiants, la Nouvelle politique économique s'est traduite par l'octroi d'un nombre accru de bourses aux étudiants bumiputras, des programmes de préparation à l'examen d'entrée à l'université destinés à faciliter leur accès aux établissements d'enseignement supérieur, l'utilisation du malais à la place de l'anglais dans l'ensemble du système éducatif dès 1983, des écoles et collèges pré-universitaires créés pour les enfants bumiputras des zones rurales, et des opportunités accrues offertes aux étudiants bumiputras pour faire des études scientifiques. À l'UM et au gouvernement, l'impact de cette politique a été tel qu'à la longue, les membres du personnel bumiputra se sont adjugé presque tous les postes de haut niveau, tant dans les domaines de la gestion et de l'administration que dans celui de l'enseignement.

Alors que la NUS continuait à répondre aux exigences d'une économie en expansion qui s'efforçait de devenir compétitive au plan international, l'anglais restant la langue de l'enseignement et de la recherche, l'UM a commencé un exercice d'introspection du fait que le niveau de connaissance de l'anglais baissait au profit de la langue nationale — le bahasa malais — et que les objectifs sociaux de la Nouvelle politique économique devenaient prioritaires. L'université auparavant classée au premier rang s'est trouvée incapable de rivaliser avec succès avec les universités de la Région du point de vue de l'innovation stratégique et de la production. La concurrence économique de pays comme la Chine, la République de Corée et Taïwan (Chine) a révélé qu'à moins de fournir à l'industrie des hautes technologies à forte valeur ajoutée, la Malaisie serait incapable de se défendre. Il n'était plus question de s'en remettre à l'avantage que conférait une main-d'œuvre peu coûteuse au moment précis où une main-d'œuvre bon marché — mais chinoise — entrait en lice.

La NUS s'est développée dans un contexte politique et économique dans lequel le leadership politique n'a cessé de souligner sans ambiguïté que la mise en valeur du capital humain était l'objectif primordial car le pays était pauvre par ailleurs en ressources naturelles. Dès la création de la NUS, les politiques nationales de développement de l'éducation (Low, Toh et Soon 1991) étaient fondées nettement sur la méritocratie et la nécessité de disposer de diplômés susceptibles de contribuer à la croissance de Singapour comme centre majeur de services financiers et d'échanges internationaux. À mesure que l'économie singapourienne dépendait de moins en moins d'activités manufacturières à forte intensité de main-d'œuvre et de capital et de plus en plus d'activités fondées sur le savoir, le rôle de la NUS s'est élargi progressivement pour accorder une large place à la recherche à partir de la fin des années 80 et à la commercialisation de la technologie à partir du début des années 2000 (Wong, Ho et Singh 2007). De plus, la mission de la NUS a cessé de se limiter à former une main-d'œuvre pour le secteur tertiaire et a consisté principalement à devenir une université à vocation mondiale, s'efforçant de s'assurer les services ou la présence des meilleurs enseignants et étudiants du monde entier, et d'avoir un impact sensible sur le monde par la création et la diffusion de savoir. Pour lui assurer la flexibilité dont elle avait besoin pour transformer son rôle dans l'économie nationale, le ministère de l'Éducation a constitué la NUS en société au milieu des années 2000.

Au milieu des années 90, la Malaisie a adopté pour le sous-secteur de l'enseignement supérieur quatre textes de loi historiques qui ont fourni un cadre réglementaire à un secteur privé dynamique tout en établissant des paramètres stricts pour la gestion des universités publiques, à savoir a) la Loi de 1996 relative au Conseil national de l'enseignement supérieur, pour créer un conseil chargé de formuler une politique pour le secteur de l'enseignement supérieur en Malaisie ; b) la Loi de 1971 relative aux universités et collèges, modifiée en 1996 pour permettre la constitution en sociétés des universités publiques et moderniser la gestion de ces dernières ; c) la Loi de 1997 relative au Conseil du Fonds national pour l'enseignement supérieur, organisme de prêt aux étudiants et d) la Loi de 1996 relative au Conseil national d'accréditation. Ce dernier texte de loi a abouti à la Loi de 2007 relative à l'Agence malaisienne de qualifications, qui a mis au point le cadre de qualifications malaisien en vue d'unifier et d'harmoniser toutes les qualifications malaisiennes. Malgré les efforts ainsi déployés pour réformer le système d'enseignement, la politique de discrimination positive en faveur des Bumiputras est restée en vigueur.

Entre 2004 et 2009, la NUS a figuré dans les classements Times Higher Education-QS World University (*THE-QS* 2008, 2009) parmi les 20 premiers établissements mondiaux en 2004, 2005 et 2006, et parmi les 30 premiers en 2008 et 2009, l'UM, quant à elle, rétrogradant progressivement entre 2004 et 2008 de la 89e à la 230e place (pour remonter à la 180e place en 2009). Du fait de l'importance considérable accordée aux classements par les médias et au sentiment que le niveau de l'UM était en déclin, le public malaisien a commencé à se poser des questions et à réclamer des actions concrètes. Une des premières mesures prises par la direction de l'UM a consisté à réviser ses buts et processus institutionnels. Sans rejeter les objectifs à long terme de la Nouvelle politique économique, la direction a fixé de nouveaux objectifs institutionnels dans les années 2000, reconnaissant que la réserve de talents devait être élargie au-delà des quotas d'étudiants existants et des politiques du personnel autocentrées. L'adoption en 2002 d'une politique d'admission au mérite, fondée sur des examens reconnus, a été la mesure prise pour ratisser plus large à la recherche de talents. L'UM avait notamment pour mission de devenir « un établissement d'enseignement supérieur de renommée internationale dans les domaines de l'innovation, de la publication et de la recherche » (UM 2008, 21). Les nouvelles priorités ont imposé de nouveaux défis.

Il est largement reconnu que la mise en œuvre de politiques de discrimination positive en Malaisie a nui au système d'enseignement supérieur, sapant la compétitivité économique du pays et poussant certains éléments (essentiellement chinois et indiens) vers des pays à caractère plus méritocratique comme Singapour. Dans l'intervalle, le gouvernement a annoncé le Nouveau modèle économique appelé à remplacer la Nouvelle politique économique (NEAC 2010). Pour transformer la Malaisie en une économie à haut revenu d'ici à 2020, avec un revenu par habitant censé passer de 7 000 dollars à 15 000-20 000 dollars, le Nouveau modèle économique a pour but d'instituer des politiques radicales de réforme économique afin d'accroître la compétitivité du pays. Ses auteurs ont vu dans « l'insuffisance de l'innovation et de la créativité » et dans le « manque de capital humain qualifié » deux des facteurs critiques contribuant à la faiblesse de la croissance économique actuelle (NEAC 2010, 22) et à l'incapacité à participer à l'économie du savoir.

Politique linguistique

Maintenant la possibilité d'étudier dans sa langue maternelle au sein du système scolaire de Singapour, Lee Kuan Yew, le premier Premier ministre après l'accession à l'indépendance, a accordé une importance particulière à l'anglais comme langue commune liant d'une part les citoyens de toutes origines ethniques entre eux, et d'autre part Singapour avec l'économie mondiale. En dehors de leur langue maternelle, les élèves du secondaire ont la possibilité d'étudier le français, l'allemand ou le japonais, et le Centre d'enseignement des langues du ministère de l'Éducation offre des cours gratuits de la plupart des autres langues non enseignées à l'école. La variété des langues dans lesquelles l'enseignement est dispensé à l'école, de même que l'utilisation de l'anglais comme langue d'enseignement dans tout le système, préparent bien les diplômés de la NUS à opérer au niveau international. La nécessité de bien connaître l'anglais est une question qui ne se pose pas à la NUS, et cette politique répond de façon satisfaisante à ses objectifs internationaux.

En Malaisie, le malais a succédé en 1971 à l'anglais comme langue d'instruction dans les écoles publiques d'enseignement général, l'enseignement étant par ailleurs dispensé en chinois (mandarin) et en tamil au niveau primaire. Dans l'enseignement secondaire, seule la filière en malais relève des pouvoirs publics. Les élèves des écoles chinoises ont le choix entre cette filière, ou bien ils se dirigent vers des écoles secondaires chinoises privées, généralement bien gérées (au nombre d'une soixantaine). Il n'existe pas d'écoles secondaires tamiles. Dans toutes les écoles, l'anglais est enseigné comme une matière distincte, et les enseignants ne sont pas tous bien formés.

Des impératifs politiques ont accéléré le calendrier du passage de l'anglais au malais, qui s'est effectué au milieu des années 70 plutôt qu'en 1983

(Chai 1977). Le niveau de connaissance de cette langue chez les enseignants et les élèves était variable, et le soutien au niveau des infrastructures, comme les manuels et les matériels de référence, était en anglais. D'ambitieux programmes de formation linguistique ont été mis en place, accompagnés d'efforts accélérés pour traduire les textes anglais en malais et rédiger de nouveaux manuels.

Les Malais ont bénéficié du changement rapide de langue d'enseignement, en particulier les ruraux. Toutefois, le résultat à court terme de cette politique, en dehors de l'amélioration des notes obtenues par les étudiants malais, a été l'incapacité ou la réticence de beaucoup d'entre eux à s'accommoder de l'anglais. On a laissé passer des occasions d'utiliser l'anglais, qui est actuellement la langue mondiale de la recherche, de la publication, du discours scientifique et des articles électroniques, et un outil de mobilité croissante. Les étudiants régurgitaient leurs notes de cours, peu disposés à citer des textes, revues et sources de référence en langue anglaise. L'accent mis sur le malais s'est accompagné d'un intérêt pour la langue, la culture et l'histoire malaises, et cette tendance se serait manifestée de toute façon compte tenu de l'expertise académique et de la structure des financements publics. Les efforts d'internationalisation de l'enseignement et de la recherche ont entraîné un regain de tension entre les deux options, l'une consistant à renforcer l'anglais et l'autre à soutenir le malais, langue nationale et langue de la nation malaise. En l'absence de mesures politiques en faveur de l'utilisation généralisée de l'anglais, la participation des jeunes Malaisiens à la création globale de savoir restera limitée.

Pendant ce temps, la soixantaine d'écoles secondaires chinoises indépendantes ont vu augmenter en flèche le nombre de candidats à leur concours d'entrée extrêmement difficile. Les parents malais et indiens y inscrivent en nombre croissant leurs enfants, jugeant les écoles chinoises qualitativement supérieures et appréciant la discipline qui y règne. Ils sont par ailleurs convaincus qu'en apprenant le mandarin, leurs enfants ont de meilleures chances de trouver un emploi auprès de la dynamique communauté d'affaires chinoise. La plupart des universités malaisiennes privées, la NUS (depuis 1998) et une centaine d'établissements étrangers acceptent l'examen de sortie des écoles chinoises — le United Education Certificate — pour admettre leurs étudiants. En réponse aux appels lancés par des groupes de pédagogues chinois, le Gouvernement malaisien a décidé de modifier progressivement le droit que confère ce certificat d'être admis dans les universités publiques, un critère clé étant l'obtention de qualifications en malais (*The Sun* 2010, 3).

Financement

Les universités de recherche de rang mondial se caractérisent par des niveaux de financement stables et plus élevés que dans les universités polyvalentes axées sur l'enseignement plutôt que sur la recherche. Une tradition de solide soutien financier de l'État, à quoi s'ajoute le succès avec lequel elles savent mobiliser elles-mêmes des fonds propres, marque généralement l'expérience financière des universités de recherche réputées.

Alors que le budget de l'éducation du Gouvernement singapourien représente pratiquement la même proportion du PIB national depuis 1962 — soit environ 3 % — la proportion de ce budget allant à l'enseignement supérieur est passée de 10,8 % à 19,8 % entre 1962 et 2007. En chiffres absolus, cette part s'élève à environ 1,31 milliard de dollars en 2007, ce qui indique que les trois universités ont une solide assise financière grâce à l'État. Le budget de fonctionnement annuel de la NUS pour 2008-2009 a atteint 1,55 milliard de dollars, dont 58 % de subventions publiques, alors qu'il ne dépassait pas 287,72 millions de dollars en 1990 (NUS 1990, 2009). En 2008, le revenu total de l'UM s'élevait à 280 millions de dollars, dont environ 68 % consistaient en subventions du gouvernement fédéral (UM 2009). Ce montant se décomposait ainsi : 11 % de commissions diverses, 10 % de revenu d'investissements, 5 % d'amortissement des subventions et 6 % d'autres formes de revenu (UM 2009, 298).

Bien que les dépenses publiques d'éducation en Malaisie aient constitué environ 25 % du budget national pendant un certain temps, il est clair que les montants absolus ne sont pas comparables à ceux de Singapour. La proportion importante du budget national qu'elles représentant témoigne certes du grand intérêt porté par le gouvernement à l'éducation, mais du fait de pratiques inefficaces au niveau du budget des établissements qui seront évoquées plus loin, les fonds sont loin d'être utilisés de façon optimale. De plus, l'économie malaise n'a pas connu une croissance comparable à celle d'autres pays de la région. Le tableau 5.2 indique une augmentation du PIB par habitant en termes réels pour Hong Kong (Chine), la Corée, la Malaisie et Singapour entre 1970 et 2005, date à laquelle la Corée, qui était derrière la Malaisie en 1970, a vu son revenu par habitant atteindre un niveau trois fois supérieur à celui de la Malaisie. Le PIB par habitant de Singapour, qui représentait le double de celui de la Malaisie en 1970 s'est envolé et lui était cinq fois supérieur en 2005. Ces chiffres expliquent que les ressources financières disponibles pour tous les secteurs soient inférieures.

Un point préoccupant pour les planificateurs est l'absence, dans le cadre des dépenses publiques d'éducation en Malaisie, de niveaux stables d'allocations aux divers sous-secteurs. Entre 1970 et 2006, les dépenses publiques totales d'éducation, qui représentaient 3,98 % du PIB en 1970 ont plafonné en 2002 à 7,66 % avant de retomber 4,67 % en 2006. Un effet concret en est la réduction des dépenses publiques par étudiant de l'enseignement supérieur (en pourcentage du PIB par habitant) de 97,83 % en 2002 à 59,72 % en 2006 (FMI, 2009). La même année, les dépenses annuelles par étudiant à la NUS (6 300 dollars) étaient plus élevées qu'à l'UM (4 053 dollars), même compte tenu de la différence de coût de la vie entre Singapour et la Malaisie, celui-ci étant seulement 1,3 fois supérieur à celui de la Malaisie en 2006 (IMD, 2006). La diminution des crédits se

Tableau 5.2   Produit intérieur brut en Malaisie, République de Corée, RAS de Hong Kong (Chine) et Singapour en 1970 et 2005

Économie	PIB par habitant, 1970 (en USD courants)	PIB par habitant, 2005 (en USD courants)
Malaisie	394,1	5 141,6
Corée, Rép.	278,8	16 308,9
Singapour	913,8	26 892,9
Hong Kong (Chine)	959,2	25 592,8

Source : FMI 2009.

traduit par une aide réduite au développement des établissements. Cette tendance apparaît également dans les crédits de recherche allocations, qui n'évoluent pas de façon cohérente au fil des ans.

Les frais de scolarité des étudiants de l'UM sont fortement subventionnés, et ils ne représentaient que 940 000 dollars, soit 3 % du budget de fonctionnement en 2008, contre 16,6 % à la NUS la même année. Une comparaison des frais de scolarité moyens dans ces deux universités pour les programmes des premier, deuxième et troisième cycles pour les étudiants locaux et étrangers fait apparaître un niveau de subvention élevé pour les étudiants locaux à l'UM, tandis que la NUS semble fonder ses frais de scolarité pour les étudiants locaux davantage sur le principe du recouvrement des coûts. La subvention annuelle par étudiant local accordée par le Gouvernement malaisien pour une licence d'économie est actuellement légèrement inférieure à 4 783 dollars. Pour les étudiants en médecine, les frais de scolarité annuels s'élèvent à 780 dollars, tandis que la subvention annuelle par étudiant est de 9 856 dollars (Fernandez-Chung 2010). À la NUS, en 2009, les frais de scolarité annuels moyens pour les étudiants locaux et étrangers pour un programme d'humanités du premier ou deuxième cycle étaient de 4 560 et 6 840 dollars respectivement, selon le Secrétariat de la NUS. Dans un contexte caractérisé par les incertitudes de la croissance économique dans le monde entier et les coûts toujours croissants de l'enseignement supérieur, les hauts niveaux actuels de subvention risquent de ne pas pouvoir être maintenus à long terme, et de meilleures stratégies de partage des coûts doivent être encouragées.

Les capacités de mobilisation de fonds de l'UM ne lui permettent pas de combler l'écart entre les crédits publics et les niveaux de dépenses que nécessitent l'enseignement et une recherche universitaire de classe internationale. Les stratégies visant à accroître et diversifier les sources de revenu consistent notamment à créer un Fonds de dotation encore modeste, dont les avoirs atteignaient près de 124 millions de dollars en 2008 (selon l'économat de l'UM), à tirer des revenus accrus des contrats de consultants (0,89 % des recettes annuelles en 2008) et à mettre sur pied de nouveaux programmes axés sur le marché. Ce qui rend encore plus rares les ressources de l'UM, c'est la rigidité des modalités de financement, consistant essentiellement en une méthode fondée sur le coût marginal historique et négocié (lié aux intrants) en ce qui concerne la répartition des fonds entre les universités publiques. Des rubriques budgétaires approuvées comme les niveaux de rémunération et les commissions laissent peu de marge de manœuvre à l'UM, qui soumet des bilans mensuels au ministère des Finances pour démontrer que les dépenses ont bien été effectuées comme prévu. Cette pratique est en vigueur malgré l'introduction en 1997 du Système de budgétisation modifiée, qui fonctionne comme un système de crédits budgétaires axés sur les résultats. Le retard dans l'application de cette nouvelle approche présente l'inconvénient de nuire à l'efficacité des établissements et ne leur permet guère de s'adapter rapidement au changement.

Problèmes de gestion et d'administration auxquels doit s'attendre l'Université

Au cours des décennies écoulées depuis 1962, on a assisté à une complexité croissante de la gestion, de l'administration et de l'organisation générale de la NUS et de l'UM. La direction des ces établissements a dû s'adapter à l'existence maintenant universellement reconnue de liens profonds entre la croissance économique et l'éducation. Les leaders et administrateurs d'universités, issus le plus souvent de la fonction publique, ont dû acquérir un certain esprit d'entreprise, et apprendre à travailler avec l'industrie et à collaborer à des projets communs et à la commercialisation de produits dans le contexte d'outils électroniques de plus en plus complexes et perfectionnés. La direction a dû se charger de vérifier l'actualisation et la mise à jour des programmes, de la pédagogie et des techniques d'évaluation pour s'adapter à la croissance et au changement dans certains domaines. La croissance économique, qui a besoin de stimuler l'innovation locale ainsi que la création de nouvelles connaissances, a poussé les établissements à ne plus se vouer uniquement à leur mission de base qui est d'enseigner pour se consacrer en outre à la recherche. Ce changement de politique impliquant un rôle majeur dans le domaine de la recherche a été mis en œuvre avec une plus grande intensité de ressources et davantage de résultats à la NUS qu'à l'UM.

L'évolution des buts fonctionnels des universités s'est accompagnée de changements d'ordre physique et logistiques qui ont représenté autant de défis pour les nouveaux instituts, centres et facultés et pour des effectifs d'étudiants et un personnel toujours plus nombreux. De plus, les deux universités ont dû élaborer des politiques pour internationaliser le personnel universitaire et de recherche ainsi que les étudiants sans perdre de vue l'effet de ces politiques sur les programmes et sur les ressources financières et humaines.

Le contexte extérieur de l'enseignement du troisième cycle est également en pleine évolution. Auparavant en situation de monopole, les deux universités ont dû élaborer des stratégies compétitives pour s'assurer des ressources humaines et financières à mesure que d'autres établissements d'enseignement supérieur se créaient. Singapour compte trois universités publiques, et la Malaisie 20. Il existe dans les deux pays toutes sortes de programmes de jumelage et de partenariat avec des universités étrangères. La ville-État de Singapour s'est positionnée comme centre régional en attirant des universités étrangères renommées comme l'Institut européen d'administration des affaires (INSEAD) et l'Université de Chicago. En Malaisie, un secteur dynamique de l'enseignement supérieur privé s'est également développé avec des succursales d'universités étrangères : Université de Technologie Curtin, Université Monash, Université Swinburne (Australie) et les Universités de Nottingham et de Newcastle (Royaume-Uni).

Quels mécanismes la direction et les hauts responsables des universités ont-ils élaborés pour faire face à des changements aussi vastes et profonds, et quels en ont été les effets sur le développement des établissements ? Dans quelle mesure les deux universités possèdent-elles la flexibilité voulue pour s'adapter à ces changements ?

Gestion et gouvernance de l'Université

Après la scission de Singapour et de la Malaisie, le campus de Singapour de l'Université de Malaya a été rebaptisé Université de Singapour et constitué en université publique relevant du ministère de l'Éducation de Singapour. Comme l'UM, l'Université de Singapour était structurée comme organisme public, avec un vice-chancelier nommé par le cabinet et les orientations stratégiques supervisées par un conseil universitaire comptant des membres du secteur public et du secteur privé nommés par le gouvernement. À l'Université de Singapour comme à l'UM, les enseignants et les membres du personnel administratif étaient traités comme des fonctionnaires et leur grille salariale était rattachée à celle de la fonction publique. Bien que ce mode de gouvernance ait été maintenu lorsque l'Université de Singapour est devenue l'Université nationale de Singapour, une autonomie accrue a été accordée au fil des ans à l'administration de l'université, qui a finalement été constituée en société au milieu des années 2000. On a observé parallèlement une évolution des pratiques administratives de l'université qui ont substitué le modèle américain au modèle britannique. Par exemple, la structure hiérarchique de type britannique comprenant des assistants, des maîtres de conférences et d'autres postes a été remplacée par le système hiérarchique américain, et le titre de vice-chancelier par celui de président.

Entre 1962 et le milieu des années 70, la fixation des politiques et la prise des décisions à l'UM comme à la NUS, relevaient du Conseil univer-sitaire, au sein duquel le secteur privé et le gouvernement étaient repré-sentés, ce dernier par le ministère de l'Éducation puis par le ministère de l'Enseignement supérieur (créé en 2004). Le ministre de l'Enseignement supérieur nomme le vice-chancelier et ce dernier nomme les doyens. L'inertie de ce système centralisé empêchait la direction de l'UM d'agir au mieux de ses intérêts, la privant de la souplesse que leur autonomie confère aux solides universités de rang mondial. Un service central du ministère de l'Enseignement supérieur s'occupe de la sélection des étudiants et de leur répartition entre les divers départements. L'accord du gouvernement est nécessaire pour les nouveaux programmes et l'homologation des cours dont 30 % du contenu est nouveau. Les décisions relatives aux recrutements, aux licenciements et aux salaires ne sont pas prises de façon totalement indépendante du ministère de l'Enseignement supérieur, ce qui fait qu'il est difficile à la direction de l'université de remplacer le personnel improductif et de récompenser le personnel performant. Certains changements ont eu lieu au cours de la dernière décennie. Les activités sur le campus, en dehors de celles à caractère politique, ont retrouvé un certain dynamisme. En 2009, dans le cadre d'un mouvement réformiste impulsé par une nouvelle direction, il y a eu des élections libres pour les postes de doyens (occupés par seulement quatre groupes d'enseignants).

La Nouvelle politique économique a réussi à réduire la pauvreté ainsi que les déséquilibres économiques interethniques, mais sa mise en œuvre a accru le coût des transactions, à cause de la « recherche de rente, le clientélisme . . . (qui engendrent) une corruption généralisée, problème auquel il convient de s'attaquer sérieusement » (NEAC 2010, 7). Dans le but de gagner la confiance des intéressés et d'améliorer la transparence, la responsabilisation et la gouvernance dans son ensemble, les procédures administratives des universités telles que les critères de promotion du personnel et les évaluations effectuées par des évaluateurs académiques internes et externes sont maintenant communiquées (depuis 2009) sur le réseau électronique de chaque université, ce qui fait que l'on est passé de débats reposant sur un accès limité voire nul à l'information, à un forum de discussion plus ouvert. Ces pratiques peuvent changer la gestion et la culture académique de l'université en faisant que la prise des décisions repose non plus sur des relations personnelles, mais sur des objectifs institutionnels agréés et sur la réussite individuelle.

Leadership

Depuis 1962, la direction de la NUS a démontré l'intérêt que présente la stabilité de personnel dans ses fonctions, avec seulement cinq vice-chanceliers durant la période écoulée, dont la plupart étaient d'éminents universitaires de renommée internationale. Cette expérience contraste avec celle de l'UM, où dix vice-chanceliers se sont succédé pendant la même période, et dont quelques-uns seulement étaient reconnus comme des universitaires de haut niveau et deux étaient des hauts fonctionnaires étrangers au milieu universitaire. Beaucoup n'ont exercé qu'un mandat de trois ans et au moins deux n'ont pas terminé leur premier mandat. Rares sont ceux qui ont acquis suffisamment d'expérience de la direction d'un établissement d'enseignement grand et complexe dans un environnement très politisé. Beaucoup ont donc suivi systématiquement des directives gouvernementales rigides, sans guère se soucier d'autonomie managériale, académique et financière.

Du fait de la publicité négative qu'ont value aux principales universités de Malaisie leurs médiocres classements internationaux, les autorités ont doté l'UM d'une nouvelle direction en nommant en 2008 un vice-chancelier ayant fait ses preuves dans une université efficace liée à l'État. Son programme de changement institutionnel traduit une tentative d'adopter les politiques et les pratiques des universités de recherche internationales couronnées de succès, privilégiant le développement d'une culture des travaux de recherche. Il est confronté à un défi redoutable, qui est de tenter de gagner le personnel aussi bien administratif qu'académique à ses vues réformistes.

Planification stratégique

Au début des années 80, la NUS avait eu pour politique de limiter le nombre de cours traditionnels pour pouvoir développer l'enseignement professionnel dans des domaines tels que les sciences de l'ingénieur, l'architecture, la construction et la gestion immobilière. Les politiques gouvernementales en vigueur pour répondre aux besoins en personnel de haut niveau ont continué à influer sur les admissions à l'université dans les domaines à caractère scientifique et technologique, de même que l'attention constante accordée aux forces du marché pour réduire les risques de chômage pour les diplômés. Ces dernières années, face à l'évolution des besoins de l'économie, la NUS a inauguré de nouvelles écoles telles que l'École de politiques publiques Lee Kuan Yew et de nouveaux programmes pluridisciplinaires, notamment dans le domaine de la bio-ingénierie. La planification stratégique de l'UM s'est concentrée sur le niveau d'entrée des étudiants ; inspirée par la Nouvelle politique économique, la répartition s'est faite à raison de 55 % de Bumiputras et de 45 % de non-Bumiputras, et il s'agissait ainsi d'accroître le nombre de Bumiputras admis dans les domaines de la science et de la technologie et dans les programmes professionnels considérés comme des priorités nationales plutôt que de plafonner le nombre d'inscrits aux cours. Les objectifs du ministère de l'Enseignement supérieur d'une répartition de 60 % des étudiants dans les programmes scientifiques et technologiques et de 40 % dans les programmes de lettres donnent une orientation.

Autonomie et capacité d'adaptation au changement

À Singapour, après l'adoption en 2006 par le Parlement d'un projet de loi relatif à la constitution en société de la NUS, l'autonomie accrue qui lui a ainsi été conférée a permis à cette dernière d'accélérer le processus de transformation organisationnelle dans lequel elle s'était engagée à la fin des années 90 pour mieux relever le défi de la concurrence mondiale. Par exemple, la NUS avait commencé dès avant 2006 à offrir des rémunérations globales plus compétitives pour recruter des enseignants à l'étranger, mais le fait d'être constituée en société lui a donné, en tant qu'organisation sans but lucratif, davantage de flexibilité pour structurer les offres, notamment en offrant de généreuses subventions pour démarrer des recherches, et des horaires réduits d'enseignement les premières années pour les chercheurs de haut niveau. Cela a également accru la flexibilité du leadership et de la direction de la NUS dans des pratiques institutionnelles telles que l'octroi d'une indemnité d'ajustement au marché pour les enseignants dans des domaines dans lesquels la demande du marché est forte (par exemple la médecine et les finances) et le recrutement de doyens et de directeurs de département par l'intermédiaire de comités de sélection internationaux.

L'autonomie accrue qui lui a été progressivement accordée a permis à la NUS de saisir les opportunités nouvelles de façon plus proactive et adroite. Face aux besoins identifiés, la NUS a pu par exemple mettre en place assez rapidement une large gamme de nouveaux programmes éducatifs interdisciplinaires portant notamment sur les nanotechnologies et les médias numériques interactifs. Pour contribuer à la diversité des méthodes éducatives, la NUS a créé une nouvelle école de médecine (en collaboration avec l'Université Duke, aux États-Unis) inspirée du modèle d'écoles de médecine américaines destinées aux étudiants du troisième cycle et axées sur la recherche, tout en continuant à développer l'école de médecine existante de style britannique destinée aux étudiants des premier et deuxième cycles. Dans le cadre de son programme d'expansion du campus, la NUS met également en place un nouveau système de collège assurant une formation en régime d'internat, adaptant des éléments du système de ce genre existant au Royaume-Uni dans les Universités de Cambridge et d'Oxford.

La Loi relative à la constitution en sociétés des établissements d'enseignement supérieur en Malaisie a été adoptée en 1997. Comme dans le cas de la NUS, cette loi était censée permettre aux universités de se gérer comme des personnes morales et de réduire les formalités administratives et la paperasse, de même que les retards dans le processus de décisions. Cette loi avait notamment pour caractéristiques critiques d'assurer l'autonomie financière des établissements d'enseignement supérieur, la liberté de nommer les directeurs d'université, les doyens et les directeurs d'instituts, et celle de sélectionner les étudiants. Toutefois, le cadre législatif qui aurait ouvert la voie à l'autonomie de l'université n'a jamais été véritablement appliqué. La raison officielle invoquée a été que dans le contexte d'austérité budgétaire consécutif à la crise financière de 1997, les universités seraient dans l'incapacité de fonctionner sans fonds publics. L'UM a perdu l'occasion de se gérer elle-même et est restée une exécutante de la politique et des décisions gouvernementales, faisant dire à certains que

l'autonomie universitaire était systématiquement sapée en Malaisie. L'Université de Malaya, qui jouissait d'une certaine autonomie à ses débuts, a maintenant rejoint des universités plus récentes qui sont directement contrôlées ou fortement influencées par le gouvernement. Les libertés fondamentales du personnel de l'université et des étudiants ont été si fortement réduites. . . qu'il n'est pas surprenant que la qualité et les normes des universités locales s'en trouvent affectées (Ali 2009, 266).

On a assisté dans les années 80 et 90 à un formidable progrès technologique. Faute d'une compréhension suffisante des technologies, et de la vision, des ressources et du savoir-faire nécessaires, l'UM — et de fait, le gouvernement — n'ont pas agi assez rapidement aux niveaux systémique et institutionnel pour prendre des mesures en vue de tirer parti des technologies nouvelles. Le système d'information de gestion en matière d'éducation, par exemple, laisse cruellement à désirer, là où il en existe un. Au niveau institutionnel, les bases de données relatives aux étudiants et au personnel pour l'UM et celles provenant du ministère de l'Éducation pour l'ensemble du pays n'ont été disponibles sous forme électronique qu'après 2002. Cette modernisation a été poursuivie par le ministère de l'Enseignement supérieur après sa création en 2004 (Ministère de l'Enseignement supérieur 2005, 2006, 2007). Il est davantage reconnu aujourd'hui qu'à mesure que les activités de recherche se développent et se complexifient, une performance de haut niveau en matière informatique et une gestion efficace des bases de données deviennent des éléments indispensables de l'environnement de la recherche.

Enseignement secondaire et préparation à l'enseignement supérieur

À Singapour comme en Malaisie, les écoles secondaires financées par l'État suivent un programme commun centralisé débouchant sur des examens communs. Les succès à répétition de Singapour à la TIMSS (Trends in International Mathematics and Science Study) témoignent de la renommée internationale du système d'enseignement secondaire de ce pays. Par exemple, pour les enfants âgés de 13 ans, Singapour s'est classé en tête des cycles TIMSS de 1995 et 2003 en mathématiques tout comme en sciences, et aux troisième et premier rangs respectivement, lors du cycle le plus récent (Salmi 2009). La Malaisie a participé aux évaluations TIMSS des élèves de huitième année en 1999 (28 pays), 2003 (44 pays) et 2007 (49 pays). Bien que le classement de la Malaisie se soit amélioré entre 1999 et 2003 (Banque mondiale 2007, 48), ses scores moyens en mathématiques et science en 2007 sont restés nettement inférieurs à ceux de Singapour (474 contre 593 et 471 contre 567, respectivement) et d'autres économies émergentes d'Asie de l'Est.

Le programme scolaire à Singapour est régulièrement examiné et révisé, comme cela a été par exemple le cas du programme de niveau A (équivalent au baccalauréat) en 2007, ce qui élargit le choix d'options des étudiants aux examens. Une nouvelle discipline, le savoir et l'investigation, a été conçue pour exposer les étudiants à la construction et à la nature du savoir, créant la nécessité d'une approche interdisciplinaire. Pour être admis à l'université, il faut suivre avec succès le cours de savoir et d'investigation ou passer l'examen général, qui mesure la culture générale. Environ 25 % d'une cohorte de niveau A sont admis dans une des trois universités de Singapour.

Une étude longitudinale sur le passage de l'école au marché du travail a analysé les expériences d'étudiants sept ans après avoir quitté l'école en Malaisie. Elle a conclu que le système d'enseignement public avait été « responsable dans une large mesure d'un système d'apprentissage fondé sur la mémoire conçue pour l'étudiant moyen » (Nagaraj et al. 2009) plutôt que stimulant et encourageant la pensée créative et l'excellence. Les conclusions de l'étude ont indiqué que le système attisait la crainte de donner la mauvaise réponse, de promouvoir la conformité et l'uniformité plutôt que la réflexion originale et créative, l'apprentissage par cœur et la mémorisation apparaissant comme le facteur clé de succès aux examens (Wong 2004, 159-60). L'apprentissage par cœur, la mémorisation, l'uniformité et la conformité encouragent l'aversion au risque, mais non l'apparition de penseurs originaux (*The Economist* 2000). Ces conclusions n'augurent rien de bon pour les arrivants dans le système d'enseignement supérieur censés réaliser les plans de la Malaisie visant à former à l'avenir des chercheurs très performants.

Étudiants étrangers des premier, deuxième et troisième cycles

Les principaux ingrédients des universités de recherche de rang mondial sont les étudiants et les enseignants. Les bonnes universités de recherche internationales sont connues pour être très sélectives, admettant les *étudiants* les plus brillants au niveau national et international, augmentant la proportion d'étudiants du troisième cycle par rapport à ceux des premier et deuxième cycles, et recrutant des *enseignants* parmi l'élite du monde entier.

La NUS admet traditionnellement des élèves ayant terminé 12 années d'études primaires et secondaires et obtenu d'excellents résultats au concours d'entrée. Bien que les qualifications exigées par les divers départements varient selon la popularité de ces derniers, la tendance générale est de rendre les conditions plus strictes au fil des ans, en particulier pour les cours très demandés, comme les cours de médecine, de droit et de gestion d'entreprise. Soucieuse d'encourager la créativité, la NUS a adopté une approche plus globale en 2003, lorsque qu'elle a pris en considération des caractéristiques comme la capacité de raisonnement, le sens critique et les aptitudes à diriger, par l'inclusion des scores obtenus au Test d'aptitude numéro 1 des États-Unis (SAT 1), qui mesure les capacités d'analyse et l'aptitude à résoudre des problèmes, des points supplémentaires étant par ailleurs accordés dans la décision relative à l'admission pour une participation à des activités périscolaires. Les départements sont également autorisés à réserver un certain pourcentage de places à des candidats qui excellent dans des domaines extrascolaires.

Un système d'enseignement secondaire efficace forme des diplômés qui répondent aux critères d'admission à la NUS, dont les effectifs ont augmenté régulièrement, passant de 2 149 étudiants des premier, deuxième et troisième cycles en 1962 à 29 761 en 2000 (NUS 1962, 2000). Bien que les critères d'admission deviennent plus stricts, la proportion d'excellents étudiants étrangers a également augmenté au fil des ans, en particulier en provenance de Malaisie, d'Indonésie, de Chine et d'Inde. Depuis 2000, les effectifs totaux sont relativement stables, atteignant le chiffre de 30 350 en 2008, et ils devraient rester plus ou moins inchangés dans un proche avenir. Bien que les étudiants des premier et deuxième cycles aient prédominé les premières années (environ 95 % des effectifs totaux entre 1962 et 1970), la proportion d'étudiants du troisième cycle a augmenté régulièrement pour dépasser 23 % en 2008, et l'objectif à long terme est de la faire passer à 33 %. Le taux d'encadrement est passé de 11 étudiants par enseignant en 1980 à 18 pour un en 2000, pour retomber à 14 pour un en 2008. Le nombre d'étudiants par rapport à celui des enseignants et des chercheurs était de dix pour un en 1990, et il est tombé à huit pour un en 2008, ce qui est conforme à l'objectif de l'université qui est d'amener efficacement les étudiants à s'engager dans des activités d'apprentissage et de recherche au niveau de l'université.

La répartition des étudiants entre les départements a évolué au fil des ans en fonction de l'évolution de la demande de main-d'œuvre de l'économie de Singapour. Entre 1970 et 2008, c'est la proportion d'étudiants dans le domaine des sciences de l'ingénieur qui a augmenté le plus, passant d'environ 14 % à quelque 27 % au niveau aussi bien des premier et deuxième cycles qu'à celui du troisième cycle. Toutefois, la médecine voit sa proportion des effectifs diminuer régulièrement, puisque celle-ci est tombée de 27 % à 5,6 % pour les étudiants des premier et deuxième cycles, et de 47 % à 8 % pour ceux du troisième cycle. En ce qui concerne les lettres et les sciences sociales, la proportion d'étudiants des premier et deuxième cycles est restée stable aux environs de 20 % durant la même période, mais pour le troisième cycle, elle est tombée de 25 % en 1970 à 10 % en 2008.

De nombreuses innovations ont eu lieu au fil des ans au niveau des programmes afin d'exposer les étudiants aux pratiques industrielles, les faire participer à la recherche et leur permettre d'établir des contacts au niveau international. En 1999, la NUS a inauguré un programme de base inspiré de celui de l'Université Harvard pour assurer un enseignement général mettant l'accent sur la rédaction, le sens critiques et l'appréciation des rapports entre les disciplines. En juillet 2001, un nouveau Programme universitaire a été lancé pour offrir davantage de flexibilité au niveau du programme aux brillants éléments désireux de poursuivre des études à caractère davantage interdisciplinaire. En plus de programmes d'enseignement novateurs, la NUS a beaucoup investi dans les infrastructures éducatives et la pédagogie. Un système avancé d'apprentissage de la gestion, l'environnement intégré d'apprentissage virtuel, permet d'assurer en tout lieu un apprentissage électronique. Ce système a été largement adopté par l'ensemble des départements et commercialisé ultérieurement par l'intermédiaire d'une entreprise-rejeton.

On peut considérer que des programmes d'échanges internationaux soigneusement planifiés répondent à la fois aux objectifs d'internationalisation et d'apprentissage par l'expérience de la NUS, ce qui a pour effet d'améliorer les résultats de la recherche à long terme. Des partenariats remarquables donnent un avantage à la NUS. Par exemple, un programme de partenariat avec l'Institut de Technologie du Massachusetts a été inauguré en 1998 pour permettre aux meilleurs étudiants du troisième cycle de la NUS dans les domaines des sciences de l'ingénieur d'avant-garde et des sciences de la vie de suivre des cours donnés conjointement par les deux établissements et d'effectuer des recherches sous la supervision d'enseignants des deux universités. En dehors de l'utilisation de la technologie de vidéoconférence, les étudiants de la NUS participant à ce programme ont passé un ou deux semestres à l'Institut de Technologie du Massachusetts. Ce programme a été un tel succès qu'il débouche non plus sur un diplôme de la seule NUS, mais sur un double diplôme. En 2000, le nouveau programme de « Collège à l'étranger » de la NUS a été inauguré pour permettre aux étudiants du premier cycle de la NUS ayant l'esprit d'entreprise de faire des stages d'un an dans des start-ups de haute technologie de Silicon Valley (Californie) tout en suivant des cours de gestion d'entreprise à l'Université Stanford. Ce nouveau programme de la NUS a été élargi depuis lors pour inclure des partenariats dans cinq autres grands centres des hautes technologies, à savoir à Philadelphie avec l'Université de Pennsylvanie, à Stockholm avec le KTH (Institut royal de Technologie), à Shanghai avec l'Université de Fudan, à Bangalore avec l'Institut indien des sciences et à Beijing avec l'Université de Tsinghua.

Les étudiants malaisiens ont deux moyens principaux d'entrer dans une université publique. Le premier consiste à obtenir le Certificat malaisien d'études secondaires (dont l'acronyme local est STPM) fondé sur un examen national normalisé qui sanctionne 13 ans d'enseignement primaire et secondaire, ainsi que le deuxième cycle du secondaire. Le second moyen consiste à suivre un programme d'un an ou de deux ans (pour les élèves plus faibles) de préparation à l'examen d'entrée dans l'enseignement supérieur, élaboré et offert par divers établissements à l'issue de 11 ans de scolarité. La politique introduite en 2002 consistant à admettre des candidats au mérite, sur la base de leurs résultats au STPM et aux examens d'entrée, soulève d'importantes questions sur le double mode d'entrée. Tous les étudiants admis sont tenus d'avoir une moyenne générale minimum de 2,5 à 3 sur 4, mais la mesure dans laquelle ces normes et évaluations scolaires très différentes se valent est une question plus ou moins occultée. Bien que ces différentes méthodes assurent un accès accru, elles ne constituent pas une garantie de qualité à l'entrée.

Comme dans le cas de la NUS, les effectifs de l'UM ont eu tendance à augmenter puisque l'on comptait 8 545 étudiants en 1971 et 27 396 en 2009, avec les problèmes découlant de la présence d'étudiants aux performances médiocres au niveau de l'entrée, d'un personnel expérimenté insuffisamment nombreux, et d'une politique linguistique compromettant la pertinence des programmes et des matériels pédagogiques. Dans les années 60 et 70, les effectifs de l'UM étaient fortement concentrés dans les sciences sociales et les humanités, en partie à cause du coût réduit de l'établissement et du développement de ces disciplines, des débouchés offerts par une administration postcoloniale en pleine expansion, et l'admission accrue de Bumiputras qui étaient excessivement nombreux dans des domaines tels que les études islamiques et malaises. En 2008, toutefois, les effectifs en science, technologie et médecine atteignaient près de 40 % et 60 % en lettres et sciences humaines et se rapprochaient donc des pourcentages du Plan de développement de l'éducation de la Malaisie pour 2001-2010 fixés comme objectifs, à savoir 60 % pour la science et la technologie et 40 % pour les lettres et les sciences humaines (Ministère de l'Éducation 2001).

L'UM s'est efforcée de revitaliser et de donner un caractère global à ses programmes en utilisant des repères internationaux. Les contributions d'évaluateurs externes, de comités de liaison avec l'industrie, d'employeurs et des étudiants eux-mêmes sont prises en compte par les comités de conception et d'examen des programmes, avec également pour projet d'améliorer les habitudes d'apprentissage des étudiants. Pour attirer les étudiants vers la recherche, l'administration a institué des mécanismes (tels que le Projet obligatoire pour les étudiants) au niveau du premier cycle, avec des options de recherche. Pour améliorer la qualité de l'enseignement et de l'apprentissage, l'UM s'est efforcée d'améliorer les taux d'encadrement. Ceux qui ont été fixés comme objectifs par l'Agence malaisienne de qualifications sont de 25 étudiants par enseignant, de 15 pour un en sciences et de quatre pour un pour les programmes cliniques. Les chiffres cités en 2010 indiquent un taux global de 12 pour un, de six pour un pour les arts et les sciences sociales, sept pour un en sciences, huit pour un en sciences de l'ingénieur et de deux pour un en médecine. Dans le cas du personnel enseignant, ces nombres incluent les assistants et le personnel à temps partiel.

Effectifs du troisième cycle

En 2002, deux politiques de réforme ont été engagées, visant à augmenter de 50 % les effectifs du troisième cycle et à recruter activement des étudiants étrangers. En 2008-2009, les étudiants du troisième cycle représentaient 35 % des effectifs totaux, et la proportion d'étudiants étrangers était passée à 12,3 %. Le nombre total d'étudiants en maîtrise et en doctorat à l'UM en 2008 représentait 33 % des effectifs totaux de 26 963, soit beaucoup plus que les 461 étudiants du troisième cycle de 1971 (soit 15 % des effectifs totaux de l'époque). En 1971, les doctorants en lettres, en sciences de l'ingénieur et en sciences constituaient respectivement environ 34 %, 4 % et 25 % du nombre total de doctorants et en 2008, parmi les 2 246 doctorants, ces pourcentages étaient passés respectivement à moins de 10 %, plus de 9 % et près de 14 %. Bien que les chiffres absolus aient augmenté en sciences et en ingénierie, en proportion du nombre total d'inscrits dans des programmes de doctorat, il reste à l'UM des progrès à faire pour développer les compétences dans les domaines de recherche stratégique. Du fait que les politiques d'admission des étudiants des premier et deuxième cycles n'ont pas pour but majeur de sélectionner les meilleurs étudiants du pays (bien que des efforts aient été faits pour être plus sélectif), ces étudiants ne figurent pas non plus parmi les étudiants de troisième cycle se consacrant à la recherche, la plupart d'entre eux sont des diplômés du premier cycle de l'UM. L'adoption de la politique d'internationalisation des effectifs constitue un moyen d'accroître la réserve de talents, et cette politique est suivie à la fois par la NUS et l'UM.

Internationalisation des étudiants

Conformément à la stratégie nationale visant à promouvoir l'immigration d'étrangers hautement qualifiés pour suppléer au manque de personnel local, à la fin des années 90, la NUS s'est fixé un objectif plus large consistant à attirer des chercheurs étrangers de talent à Singapour, tout en exposant les étudiants locaux à des influences internationales. De plus, à l'instar de pays occidentaux comme les États-Unis (Fiske 1997), le Gouvernement singapourien a reconnu que l'éducation proprement dite pouvait constituer un secteur d'exportation de première importance. À la fin des années 90, il a créé un programme stratégique visant à transformer l'économie insulaire en centre d'éducation majeur d'Asie se considérant comme le « Boston de l'Orient ». Aujourd'hui, les écoles et universités locales font régulièrement de la publicité sur les conditions d'admission, offrant une généreuse aide financière. Les étudiants chinois et indiens voient dans le système éducatif de Singapour un moyen de sortir du système malaisien, dans lequel ils ont le sentiment d'être désavantagés du point de vue aussi bien du choix d'une université que des débouchés professionnels. Le gouvernement s'est également fixé pour but d'attirer dix universités de premier rang de diverses régions du monde pour créer des campus à Singapour (Olds 2007).

Les étudiants étrangers restent attirés par la réputation internationale de Singapour pour la recherche et l'enseignement universitaire, les installations d'enseignement et de recherche, l'utilisation de l'anglais comme langue d'enseignement, d'excellentes conditions de vie dans une société cosmopolite et l'accès à une importante aide financière. En 2008, les étudiants étrangers représentaient 34,6 % des effectifs totaux, 22,3 % des étudiants du premier cycle et 57,8 % des étudiants du troisième cycle. Les quatre principaux pays d'origine des étudiants étrangers à la NUS sont traditionnellement la Chine, l'Inde, la Malaisie et l'Indonésie, mais le nombre d'étudiants provenant d'autres pays comme le Viet Nam est lui aussi en augmentation rapide.

En 2008, les étudiants étrangers représentaient 12,3 % des effectifs totaux de l'UM, à savoir 5 % des effectifs des premier et deuxième cycles et 26 % de ceux du troisième cycle. Les efforts déployés par la Malaisie pour devenir un centre régional d'éducation ont été renforcés par le plan du ministère de l'Enseignement supérieur visant à accroître le nombre d'étudiants étrangers du premier cycle de 5 % par an et celui des étudiants du troisième cycle, de 25 % par an. Les dix pays comptant le plus grand nombre d'étudiants inscrits en 2008 étaient, par ordre décroissant, la République islamique d'Iran, l'Indonésie, la Chine, l'Iraq, la République du Yémen, le Soudan, l'Arabie saoudite, la Somalie et la Thaïlande. Toutefois, la valeur ajoutée apportée par les étudiants étrangers du troisième cycle aux produits de la recherche et de l'innovation n'a toujours pas été évaluée.

Le nombre d'étudiants étrangers venus étudier à la NUS dans le cadre d'un échange est également en augmentation, avec une moyenne annuelle de 1 000 entre 2005 et 2008. La NUS a pour but de donner une expérience éducative à l'étranger à plus de la moitié de ses élèves de premier et deuxième cycles. En 2009, l'UM a accueilli 991 étudiants étrangers dans le cadre d'échanges, tandis que 1 008 étudiants se sont rendus à l'étranger et qu'il est prévu de faire participer 25 % de chaque cohorte d'étudiants des premier et deuxième cycles à des programmes à l'étranger.

Développement du corps enseignant

S'étant fixé comme objectif stratégique la transformation de la NUS en une université compétitive au plan international, les hauts responsables de la NUS ont placé régulièrement la barre de plus en plus haut ces dernières années pour recruter des professeurs d'université et les garder à leurs services, et ce processus s'est nettement accéléré depuis la fin des années 90. Les principaux instruments de politique générale consistent à a) augmenter progressivement les salaires et la rémunération globale et à les rendre plus flexibles et liés à la performance pour être plus compétitifs au plan international, en particulier pour les plus brillants éléments ; b) accroître l'aide financière à la recherche et fournir des installations et des infrastructures pour la recherche ; c) rendre systématiquement plus strictes les conditions de promotion et de titularisation ; et d) augmenter la flexibilité des horaires des enseignants, et notamment réduire leur nombre d'heures d'enseignement pour permettre à ceux qui obtiennent d'excellents résultats dans leurs recherches de s'y consacrer davantage. En reportant de 55 à 65 ans l'âge limite des nouvelles recrues, la NUS a également placé la barre plus haut pour l'occupation d'un poste, et ce dans un souci d'excellence. De plus, la NUS a décidé, à titre exceptionnel, d'offrir de façon sélective une prolongation de contrat uniquement aux enseignants en poste qu'elle a l'intention de conserver à son service, ce qui facilite le passage à un degré d'excellence supérieur.

Amélioration des qualifications

L'amélioration progressive de la qualité des enseignants de la NUS se mesure à un certain nombre d'indicateurs indirects. Tout d'abord, la proportion de titulaires d'un doctorat parmi eux a fortement augmenté au fil des ans, atteignant 99 % en 2005 chez les professeurs de sciences de l'ingénieur, contre 50 % seulement en 1970, tandis que pour les sciences, les arts et sciences sociales et la gestion d'entreprises, cette proportion était en

2003 de 88,7 %, 80,2 % et 79,8 % respectivement. Dans des disciplines professionnelles comme la médecine, le design et l'architecture et le droit, l'augmentation a été plus progressive en raison de la nature des pratiques professionnelles en jeu. Par ailleurs et de façon plus significative, la productivité et la qualité moyennes de la recherche chez les enseignants de la NUS se sont l'une et l'autre nettement améliorées au cours des deux dernières décennies.

La question d'une saine direction de la recherche et de l'enseignement à l'UM n'a jamais été plus pertinente que lorsqu'il s'agit de la productivité, de l'innovation et de la commercialisation de la recherche. On constate chez le personnel de l'UM une amélioration progressive des qualifications du niveau du doctorat, en particulier dans les domaines scientifiques et technologiques. En 1999, 37 % seulement du personnel étaient titulaires d'un doctorat, et ce pourcentage est passé à 61 % en 2009, ou 75 % (objectif fixé par l'UM pour la proportion de titulaires d'un doctorat) si l'on prend en compte les équivalences. De plus, l'UM a rendu la possession d'un doctorat obligatoire à partir du niveau des assistants, tandis que les meilleurs étudiants locaux et étrangers du troisième cycle, en particulier dans les programmes à caractère scientifique et technologique, sont considérés comme de futures recrues potentielles comme enseignants.

Attirer durablement des talents

Les universités de rang mondial ont généralement pour caractéristique d'attirer et de garder à leur service des enseignants chevronnés, quelle que soit leur nationalité ou leur origine ethnique. Bien que l'on ne dispose pas de données pour les années antérieures, une comparaison de la composition du corps enseignant de la NUS entre 1997 et 2005 montre une tendance à une rapide augmentation du personnel international pour les catégories « enseignants » et « chercheurs ». En 1997, 61 % des 1 414 enseignants de la NUS étaient singapouriens, contre 48 % en 2005 (Wong, Ho et Singh à paraître), les autres enseignants provenant, par ordre décroissant, de Malaisie, Inde, Chine, autres pays asiatiques, États-Unis, Canada et divers autres pays. La forte présence d'enseignants malaisiens à la NUS (10,8 % en 2005, contre 12,8 % en 1997) reflète un phénomène à plus grande échelle de perte nette de talent de la Malaisie au profit de Singapour depuis la séparation politique intervenue entre les deux pays. En fait, sachant que de nombreux Malaisiens ont pris ultérieurement la nationalité singapourienne, la proportion de Malaisiens dans le corps enseignant de la NUS était probablement plus importante que ne l'indiquent ces statistiques.

Cette situation n'est pas passée inaperçue en Malaisie. En 2008, environ 500 000 Malaisiens travaillaient à l'étranger, et la moitié d'entre eux avaient fait des études supérieures. Considérant qu'un système éducatif médiocre contribue à l'épuisement global des ressources humaines qualifiées, il faut en arriver à la triste conclusion que « Nous ne développons pas les talents et ceux que nous avons nous quittent. La situation du capital humain en Malaisie arrive à un stade critique. Le taux d'émigration des Malaisiens qualifiés augmente rapidement . . . » (NEAC 2010, 6). Parmi les causes généralement attribuées à l'émigration figurent de meilleures perspectives d'emploi et d'activité économique, des salaires plus élevés, et des conditions de travail et chances de promotion meilleures.

En 2008, la NUS avait commencé depuis au moins une décennie à diversifier ses sources internationales de recrutement d'enseignants, du fait que la concurrence mondiale pour le talent s'intensifiait En particulier, entre 1997 et 2005, la proportion d'enseignants étrangers avait dépassé 50 %. La Malaisie restait le principal pays d'origine des enseignants de la NUS, mais d'autres sources (en particulier l'Inde, la Chine et l'Amérique du Nord) ont contribué sensiblement, ces dernières années, à l'accroissement du nombre aussi bien d'enseignants que de chercheurs. Les enseignants et chercheurs chinois représentaient respectivement 4,5 % et 32,2 % de l'ensemble en 1997. En 2005, les enseignants chinois représentaient 6,9 % d'un corps enseignant comptant 1 765 membres, tandis que les chercheurs chinois représentaient 42,4 % de l'ensemble des chercheurs, au nombre de 1 087 (NUS 1998, 2005). Cette politique d'élargissement de la base d'enseignants et de chercheurs hautement qualifiés a été très positive pour la NUS, tant du point de vue de la quantité et de la qualité des résultats de la recherche que de la densité des réseaux de collaboration internationale.

Jusqu'à une date récente, la proportion d'étrangers dans le personnel des universités malaisiennes publiques était plafonnée à 5 %, mais la politique actuelle du ministère de l'Enseignement supérieur encourage les établissements d'enseignement supérieur à porter cette proportion à 15 % d'ici à 2015. À l'UM, les effets du recrutement de personnel étranger se font davantage sentir à mesure que le nombre de recrutements augmente, à quoi s'ajoute l'effet des pratiques de discrimination positive liées à la Nouvelle politique économique. En ce qui concerne le recrutement d'universitaires par l'UM entre 2001 et 2009, on constate les caractéristiques suivantes : a) les recrues restent majoritairement des Bumiputras ; b) les Malaisiens non-bumiputras constituent un tiers de l'ensemble du personnel, et leur nombre a diminué en 2009 ; c) en général, la réduction de la proportion de personnel local, en particulier non-bumiputra, dans les différentes catégories, semble compensée par un accroissement du nombre d'étrangers occupant des postes de professeurs et de maîtres de conférences ; et d) la proportion constamment élevée d'assistants bumiputras entre 2001 and 2009 laisse à penser qu'à mesure que les membres non-bumiputras des deux premiers niveaux académiques prendront leur retraite, que le nombre de recrutements d'étrangers augmentera et que les maîtres de conférences et assistants actuellement en poste graviront les échelons du système (à titre de fonctionnaires titularisés), la proportion de Malaisiens non-bumiputras de haut niveau continuera à diminuer.

Les efforts visant à accroître la proportion d'enseignants internationaux se poursuivront pour deux raisons principales : a) le manque d'expertise locale dans des programmes clés de recherche et d'enseignement, en particulier au niveau postdoctoral ; et b) l'accent accru mis sur la recherche et le fait que l'on ratisse par conséquent plus large pour recruter des chercheurs hautement qualifiés. La plupart des membres étrangers du personnel (presque tous titulaires d'un doctorat et travaillant essentiellement dans les domaines des sciences et de l'ingénierie) sont originaires d'Asie du Sud, d'Asie du Sud-Est et du Moyen-Orient. L'UM a eu des difficultés à attirer les candidats étrangers les plus qualifiés et expérimentés compte tenu de sa réputation relativement limitée en matière de recherche et de publication, et de ses rémunérations totales peu attractives.

Rémunérations totales

Les données comparatives provenant du secrétariat général des deux universités sur les salaires du personnel à la NUS et à l'UM ont montré que les rémunérations totales offertes par la NUS étaient très supérieures à celles offertes par l'UM, même compte tenu des différences de coût de la vie relatif. Les primes annuelles au mérite accordées aux enseignants de la NUS peuvent dépasser deux mois de salaire, et le salaire, avec d'éventuelles réductions du salaire de base des enseignants peu performants. À l'UM, les prestations ne sont pas soumises à l'impôt sur le revenu, et les ressortissants étrangers reçoivent les mêmes niveaux de salaire et de prestations que les Malaisiens, à l'exception d'une indemnité de logement de 469 dollars pour tous les niveaux. Au niveau professionnel, des incitations spéciales sont accordées au personnel dans les domaines des sciences de l'ingénieur, de la comptabilité, de l'architecture et de la géodésie. La NUS offre des incitations similaires qui sont ajustées chaque année aux taux du marché. Les hauts salaires offerts au personnel local et étranger montrent que la NUS est consciente de la concurrence mondiale pour le talent, et de la nécessité de conserver les services des individus les plus qualifiés pour suivre, voire dépasser, le rythme de la croissance économique dans la région et dans le monde. La politique de la NUS en matière de ressources humaines inclut également un programme de séduction agressif en direction de la diaspora. Les politiques de la Malaisie en matière de ressources humaines, comme le démontre leur niveau institutionnel à l'UM, peuvent contribuer efficacement à imiter les modèles de Singapour susceptibles de donner de bons résultats. Ce processus pourrait démarrer plus tôt que prévu du fait que le Premier ministre a récemment créé et préside maintenant le Talent Enterprise, organisme essentiellement chargé d'attirer durablement des talents internationaux, notamment auprès de la diaspora malaisienne en offrant entre autres des « rémunérations totales (qui seront) . . . compétitives au plan international » (*New Straits Times* 2010).

Évaluation de la performance du personnel

Tout en s'efforçant de rendre plus compétitives au plan international les rémunérations qu'elle offre, la NUS a progressivement introduit des évaluations plus exigeantes de la performance de son personnel. En particulier, les critères de titularisation et de promotion sont devenus beaucoup plus stricts ces dernières années et se rapprochent de ceux qu'appliquent les meilleures universités du monde. La NUS a en particulier mis davantage l'accent sur l'évaluation de l'impact des recherches effectuées par ses enseignants tel qu'on peut le mesurer aux citations dans l'Index des citations scientifiques (SCI), l'Index des citations en sciences sociales (SSCI) et aux articles publiés dans des revues d'élite.

Pour l'UM, les objectifs nouvellement fixés concernent l'évaluation de la performance du personnel en ce qui concerne les publications classées par l'Institut des publications scientifiques (ISI), les heures d'enseignement et les cours, la supervision des doctorants et des étudiants en maîtrise, l'encadrement des étudiants effectuant des recherches, les crédits de recherche obtenus, la qualité minimum de l'enseignement dispensé (sur la base des évaluations des étudiants), les missions de consultation effectuées et l'efficacité de la contribution aux tâches administratives exigées dans le cadre des responsabilités des enseignants et des départements. L'importance considérable accordée aux articles cités par l'ISI est semble-t-il liée aux critères de classement des universités de recherche de rang mondial. Bien que les liens entre la recherche, les articles cités par l'ISI et les opportunités de promotion incitent fortement à améliorer les publications, on risque de négliger une approche plus mesurée qui consisterait à créer une culture institutionnelle analytique et novatrice fondée sur l'esprit académique et la recherche.

Gestion de la recherche et du développement

La NUS a régulièrement accru son budget de la recherche et du développement (R&D), en particulier ces dernières années et parallèlement à cette augmentation des dépenses directes de R&D, les investissements dans les infrastructures de R&D ont progressé. C'est ainsi que la NUS a créé des liens avec les réseaux académiques internationaux par le biais de son réseau informatique (BITNET), devenant ainsi un des premiers pays d'Asie à faire partie de ce réseau. La NUS a également été l'une des premières universités asiatiques à assurer un accès à l'Internet à l'échelon de l'ensemble du campus. En 1989, elle s'est raccordée à l'un des deux seuls superordinateurs de Singapour, renforçant ainsi le rôle de l'université dans la mondialisation des technologies et compétences en matière informatique. En 1991, la NUS a mis en place NUSNET, réseau à fibre optique à l'échelon de l'ensemble du campus et en mai 1995, sa bibliothèque est devenue la première de la région à mettre en place un système de gestion et de récupération électroniques de documents en texte intégral.

La NUS a également été l'une des premières universités d'Asie à créer dans les années 90 un bureau de liaison pour les licences technologiques et l'industrie chargé de gérer le portefeuille croissant de propriété intellectuelle de l'université et les collaborations avec l'industrie dans le domaine de la R&D. Ce bureau avait créé progressivement un système de divulgation des inventions et de commercialisation des technologies inspiré des meilleures pratiques des principales universités d'Amérique du Nord, et

comprenant l'application d'accords normalisés de recherche en collaboration avec des parties extérieures ; l'assignation du droit de propriété intellectuelle à l'université ; la répartition équitable du produit des droits de
licence entre les divers enseignants et départements et l'administration
centrale conformément à l'intérêt porté à la commercialisation des technologies, et la prise de participations au capital au lieu de l'octroi de droits de
licence lorsque une technologie de la NUS est transférée sous licence à une
entreprise-rejeton créée par un enseignant ou un étudiant de la NUS.

Sous l'effet de l'augmentation rapide des produits de la recherche et de
la simplification du système PI (protocole Internet) d'appui à la gestion, le
nombre d'accords de recherche en collaboration, d'inventions divulguées et
de brevets accordés à la NUS a augmenté rapidement depuis le début des
années 2000, parallèlement à un accroissement correspondant du produit
des droits de licence liés à des technologies. Le nombre d'accords de
recherche en collaboration avec des parties extérieures est passé de
109 durant la période 1995-1997 à 394 entre 2005 et 2007. Le nombre de
brevets délivrés par l'Office des brevets des États-Unis à la NUS est passé
de 40 entre 1990 et 1999 à 204 durant la période 2000-2008, tandis que le
nombre d'accords de licence est passé dans le même temps de 60 à 198. Le
produit total des droits de licence a également augmenté, passant de
335 000 dollars (203 091,80 [au taux du 1er janvier 1999]) en 1996-1999
à 3,3 millions de dollars (2,29 millions de dollars [au taux du 1er janvier
2008]) durant la période 2003-2008 (voir Wong, Ho et Singh, à paraître,
pour de plus amples détails).

Au début des années 2000, dans le cadre de la nouvelle vision définie par
le nouveau vice-chancelier de la NUS de l'époque, à savoir devenir une
« entreprise du savoir mondial» l'université a commencé à renforcer encore
davantage son soutien à la commercialisation des technologies en créant
explicitement « NUS Enterprise », nouvelle division organisationnelle
chargée de promouvoir la commercialisation des technologies et l'esprit
d'entreprise à l'échelon global. Relevant directement du vice-chancelier,
NUS Enterprise a non seulement absorbé les fonctions d'octroi des droits de
licence technologiques et de bureau de liaison avec l'industrie au sein d'un
Bureau de liaison avec l'industrie de plus grande envergure, mais aussi créé
un Centre d'entreprenariat au niveau de l'université qui a intégré les
fonctions d'éducation à la gestion d'entreprise et de promotion et de
sensibilisation à l'esprit d'entreprise et le soutien à la gestation de spin-offs
de la NUS (voir Wong, Ho et Singh 2007). Depuis sa création en 2002,
la pépinière d'entreprises de la NUS a apporté son soutien à plus de
70 spin-offs créées par des professeurs, des étudiants et d'anciens élèves
diplômés de fraîche date. Plus de dix entreprises de ce genre ont bénéficié
d'investissements complémentaires d'investisseurs extérieurs, et une
d'elles, tenCube, a été récemment rachetée par McAfee Inc. (voir Wong, Ho
et Singh, à paraître).

En 1982, 0,05 % de la main-d'œuvre malaisienne, soit environ 13 % du
personnel scientifique du pays, se consacrait à la R&D, soit un pourcentage

très faible par rapport à la moyenne de 0,5 % enregistrée dans les pays nouvellement industrialisés, dont Singapour (Singh 1989). Autre contraste : le nombre de 500 personnes seulement pour un million se consacrant actuellement à la R&D en Malaisie, contre 5 500 par million à Singapour, qui n'est dépassé à cet égard dans le monde que par la Suède, avec 6 000 scientifiques par million de travailleurs (NEAC 2010, 53, figure 13).

Au cours de la dernière décennie, l'UM a investi dans ses infrastructures de recherche et les a améliorées conformément à son objectif, qui est d'aider les projets de R&D à promouvoir des approches pluridisciplinaires et à accroître la productivité. Huit grappes de recherches interdisciplinaires telles que des groupes s'occupant de biotechnologie et des produits bio ainsi que des sciences de la durabilité ont été créés. L'Institut de gestion et de suivi de la recherche organise la promotion, la gestion, la coordination et le suivi des activités de tous les organismes de recherche. La collaboration avec l'industrie est encore à un stade très précoce, et les universités publiques attendent beaucoup du plan soutenu par le ministère de l'Enseignement supérieur et récemment annoncé. Il s'agit du Plan stratégique de renforcement de la collaboration entre l'université, l'industrie et la collectivité, qui est censé inclure les petites et moyennes entreprises.

Des problèmes de personnel subsistent à beaucoup d'égards, en ce sens que l'on a besoin de responsables de haut niveau, internationaux et expérimentés pour indiquer la voie à suivre et obtenir des gains de productivité, avec le concours d'équipes de personnel subalterne, d'étudiants du troisième cycle qualifiés et de techniciens compétents pour assurer une gestion efficace des laboratoires et du matériel. Tout aussi vital est un solide soutien aux infrastructures techniques comme des installations technologiques pour l'information et les articles. Actuellement, la bande passante la plus rapide et le coût des connexions à des lignes à haut débit en Malaisie (4 Mbps [mégabits par seconde], qui est de 76 dollars) est beaucoup plus élevé qu'à Singapour (100 Mbps pour un coût de 84,68 dollars). Dans la région, la bande passante la plus rapide de Malaisie est cinq fois plus lente et plus de trois fois plus coûteuse que la plus lente de Corée (NEAC 2010, 186).

La NUS a mis de plus en plus l'accent sur la recherche ces dernières années, comme en témoigne le fait qu'elle a plus que triplé ses dépenses de recherche au cours de la dernière décennie, celles-ci étant passées de 89,5 millions de dollars en 1997 à 321 millions en 2007. Par rapport au montant total des dépenses de fonctionnement de l'université, les dépenses de recherche sont passées d'environ 12 % en 2000 à plus de 27 % en 2007. Depuis la constitution de l'université en société, les crédits de recherche ont été davantage axés sur la performance et plus ciblés du fait que la NUS s'est positionnée de manière à exceller dans des niches et à être compétitive pour attirer des financements extérieurs. L'essentiel des dépenses de recherche va donc aux sciences de l'ingénieur et à la médecine, cette dernière recevant une part croissante des crédits du fait de la place de plus en plus importante accordée aux sciences biomédicales dans la stratégie nationale de R&D de Singapour ces dernières années (NUS 2000, 2002, 2008a, 2008b).

À la différence de la NUS, le financement de la recherche à l'UM n'a pas été constant ou en augmentation régulièrement au fil des ans. Le montant des crédits publics de recherche est tombé de 26,6 millions de dollars en 2002 à 8,1 millions en 2004 et six millions en 2006, avant de remonter à 41,2 millions en 2008 (UM, 2010). Ce dernier chiffre comprend des ressources additionnelles fournies pour quatre universités désignées comme universités de recherche en 2008. Les sources de financement de la recherche étaient diverses. En dehors de la subvention annuelle du ministère de l'Éducation, un financement était assuré par des départements du ministère de la Science, de la Technologie et de l'Innovation (le plus souvent sur une base compétitive), la Fondation japonaise Toray (également sur une base compétitive) et diverses entreprises privées, des fondations et organismes locaux et des universités étrangères. Les comptes non audités pour 2008 ont fait apparaître une évolution positive des crédits de recherche, qui ont représenté une part du budget annuel passée de 7 % en 2006 à 22 % en 2008 (UM 2008, 25).

Faute de données sur les dépenses de recherche, les niveaux de production de la recherche n'ont pas été examinés. En désignant des fonds supplémentaires pour quatre universités de recherche, y compris l'UM, le ministère de l'Enseignement supérieur compte obtenir de meilleurs résultats en concentrant les ressources sur les établissements offrant le meilleur potentiel plutôt qu'en les dispersant entre 20 universités publiques. Une contribution annuelle équivalant à environ 31,2 millions de dollars et accordée en dehors de toute concurrence à chacune des quatre universités de recherche depuis 2008 constitue une évolution positive, mais d'importance secondaire lorsque l'on fait une comparaison avec la NUS. Les choses évoluent, et l'on constate qu'alors que la subvention annuelle accordée aux universités de recherche par le ministère de l'Enseignement supérieur constitue une allocation directe, les crédits d'autres ministères (tels que le ministère de la Science, de la Technologie et de l'Innovation), les financements extérieurs et les fonds intra-universitaires accordés aux chercheurs de l'UM doivent être obtenus dans le cadre d'une concurrence avec d'autres entités.

Mesures de la performance et indicateurs de succès

Le chemin emprunté par les universités vers l'excellence en matière de recherche et d'enseignement est marqué de mesures indiquant leur degré d'avancement et la distance qu'il leur reste à parcourir. Parmi ces mesures figurent les classements extérieurs des universités, la productivité : produits de la recherche, publications internationales faisant l'objet d'un examen par les pairs, citations reçues et nombre moyen de citations par publication ; et la reconnaissance internationale des enseignants mesurée à l'attribution de postes de direction sur invitation et à l'appartenance à des organisations professionnelles, à la participation sur invitation à des conférences et des associations de haut niveau, et à l'obtention de récompenses.

Classement international global

Étant entendu que la méthodologie utilisée pour les classements est très controversée, le présent chapitre utilise les données disponibles provenant de récents exercices. Dans des domaines académiques clés (tableau 5.3), la NUS obtient son meilleur classement en technologie, puis en biomédecine, tandis que c'est cette dernière discipline qui vient au premier rang pour l'UM, suivie des sciences sociales. C'est dans les domaines de la science et la technologie que l'écart entre les deux universités paraît le plus grand.

Documents et citations figurant dans le SCI et le SSCI

Ce qui est peut-être l'un des résultats les plus utiles des classements mondiaux des universités est le fait que les responsables du gouvernement et de l'enseignement supérieur sont de plus en plus conscients de l'importance des publications et des citations, ce qui contribue à des changements de politique dans certains établissements d'enseignement supérieur en ce qui concerne les résultats des enseignants en matière de recherche. Ces publications servent d'indicateurs quantitatifs de productivité et de moyen important de transfert de connaissances. À l'aune de cet indicateur, on constate un écart marqué entre les produits de la recherche de l'UM et des autres universités de recherche malaisiennes d'une part, et

Tableau 5.3   Rang de la NUS et de l'UM dans les classements mondiaux des universités, 2004-2009

	2004	*2005*	*2006*	*2007*	*2008*	*2009*
NUS						
Total	18	22	19	33	30	30
Biomédecine	25	15	9	12	17	20
Science	35	34	22	25	31	27
Technologie	9	9	8	10	11	14
Sciences sociales	10	13	11	20	18	20
Lettres et sciences humaines	17	56	22	21	30	23
UM						
Total	89	169	192	246	230	180
Biomédecine	—	82	56	107	127	132
Science	—	—	95	124	197	244
Technologie	—	—	—	166	179	201
Sciences sociales	—	83	49	119	137	167
Lettres et sciences humaines	—	45	—	233	190	178

Source : Classements THE-QS World University , http://www.topuniversities.com/worlduniversityrankings/.
Note : — = non disponible. Les classements de 2007 ne sont pas strictement comparables à ceux des années antérieures à cause de la méthodologie différente utilisée par QS.

celui de principaux pays asiatiques d'autre part. Le tableau 5.4 montre que 3 440 documents produits par l'UM entre janvier 1999 et février 2009 sont cités par le SCI et le SSCI, soit environ un tiers seulement du chiffre obtenu par l'université au classement le plus proche en dehors de la Malaisie, à savoir l'Université de Science et de Technologie de Hong Kong, qui a publié 10 400 articles durant la même période. La NUS a dans le même temps publié deux fois plus d'articles que cette dernière. La différence est encore plus grande si l'on prend en compte la différence de taille entre les deux universités, l'Université de Science et de Technologie de Hong Kong comptant quelque 400 enseignants, contre 1 918 pour l'UM en 2008.

Les universités malaisiennes se situent également un peu derrière les autres par le nombre de citations, que ce soit par article ou par enseignant. En ce qui concerne les articles, les trois universités malaisiennes sans exception ont reçu environ quatre citations par article tandis que la plupart des universités auxquelles elles sont comparées en ont reçu plus de sept (tableau 5.4). Le nombre de publications de la NUS citées par le SCI et le SSCI en sciences de l'ingénieur a été multiplié par 25 à partir d'une moyenne de 37 par an durant la période 1981-1983 pour atteindre 941 par an entre 2001 et 2003, tandis qu'en médecine, leur nombre a pratiquement décuplé pour passer de 62 à 602 et qu'il était multiplié par 4,5 (de 20 à 90) en économie et gestion d'entreprise. La qualité des publications, mesurée au nombre moyen de citations par publication les trois années suivantes a également été en forte augmentation, passant de 1,45 à 5,66 pour les sciences de l'ingénieur, de 3,16 à 11,33 pour la médecine et de 0,32 à 6,36 pour l'économie et la gestion d'entreprise.

Tableau 5.4   Publications et citations d'un certain nombre d'universités malaisiennes par rapport à d'autres universités asiatiques de premier plan, janvier 1999-février 2009

Université	Économie	Nombre d'articles	Nombre de citations	Nombre de citations par article
Universiti Sains Malaisie	Malaisie	3 250	13 257	4,08
Université de Malaya	Malaisie	3 439	14 316	4,16
Universiti Kebangsaan Malaisie	Malaisie	1 528	5 624	3,68
Université de Science et Technologie de Hong Kong	RAS de Hong Kong (Chine)	10 402	96 281	9,26
Université de Hong Kong	RAS de Hong Kong (Chine)	18 700	187 339	10,02
Université nationale de Séoul	Corée, Rép.	33 779	271 702	8,04
Université nationale de Taïwan	Taiwan, Chine	27 255	196 631	7,21
Université de Tsinghua	Chine	23 182	121 584	5,24
Université de Tokyo	Japon	67 864	882 361	13,00
Université nationale de Singapour	Singapour	28 602	236 388	8,26

Source : Wong, Ho et Singh (à paraître), d'après les Indicateurs scientifiques essentiels ISI de Thomson Reuters.

Le tableau 5.5 compare la performance de la NUS et de l'UM en matière de publication concernant les recherches effectuées dans quatre domaines académiques majeurs entre 1981 et 2003. Comme on peut le constater, l'UM se situe derrière la NUS non seulement par le *nombre* d'articles publiés au plan international et cités par le SCI et le SSCI pendant cette période dans la totalité des quatre domaines considérés, mais aussi par la *qualité* de leur publications mesurée au nombre moyen de citations reçues durant les cinq années suivant la date des publications.

Bien que le débat se poursuive parmi les enseignants de l'UM sur l'utilisation des articles et citations de l'ISI comme indicateur qualitatif, les universités malaisiennes ont récemment mis au point leurs propres politiques consistant à encourager et appuyer les publications par leur personnel académique. La nouvelle stratégie de la direction de l'UM pour améliorer la culture académique dans son ensemble fait dépendre de façon précise les promotions des publications et citations de l'ISI. Cet impératif s'applique aussi à l'admission des doctorants, qui doivent avoir publié au moins deux articles cités par l'ISI. Un point préoccupant est le statut de la bonne cinquantaine de revues propres à l'UM, dont certaines sont régulièrement publiées depuis trois ou quatre décennies et qui se sont créées leur propre clientèle. On se demande comment ce changement d'orientation affectera ces revues et les ressources dont elle dispose actuellement.

Tableau 5.5   Publications et citations de l'UM et de la NUS, 1981-2003

Année	Domaines concernant les sciences de l'ingénieur		Domaines médicaux		Domaines économiques		Entreprenariat et gestion	
	UM	NUS	UM	NUS	UM	NUS	UM	NUS
Nombre d'articles								
1981–83	9	111	132	186	11	51	2	8
1991–93	40	586	192	747	5	32	0	45
2001–03	146	2 823	324	1 808	6	123	6	148
Taux de citation moyen par publication								
1981–83	1,00	1,45	2,85	3,16	0,09	0,35	6,50	0,13
1991–93	1,40	2,54	4,43	6,24	0,40	2,47	—	3,69
2001–03	3,83	5,66	5,08	11,33	3,17	3,89	0,17	8,41

Source : Calculs de l'auteur fondés sur Thomson Reuters, Web of Science.
Note : — = non disponible. Les données ne concernent que des revues citées dans le SCI et le SSCI ; le taux de citation est calculé comme suit : le nombre de citations en cinq ans de publication établi (par exemple, le nombre de citations durant la période 1981-1986 est établi pour les articles publiés en 1981, et ainsi de suite). Le nombre total de publications et de citations pour chacune des trois périodes (1981-1983, 1991-1993 et 2001-2003) est ensuite établi, et en fonction de ce chiffre, on calcule le taux moyen de citation par taux de publication.

L'une des conséquences du système de classement mondial des universités est le système de classement utilisé par le ministère de l'Enseignement supérieur pour les universités publiques malaisiennes, à savoir le Système de classification des établissements d'enseignement supérieur malaisiens (SETARA en malais) suivant une enquête sur la réputation des universités réalisée l'année précédente (Agence malaisienne de qualifications 2010). Les résultats de la première enquête SETARA, portant sur sept des universités les plus cotées, ont été publiés en 2008, et l'UM a été classée au premier rang national. Lors de l'enquête SETARA de 2009, l'Agence a examiné l'enseignement et l'apprentissage des étudiants de premier cycle dans les universités publiques et privées, notamment sur les campus dépendant d'universités étrangères, en les classant en six catégories, la Sixième étant la catégorie exceptionnelle. Aucun établissement n'y a été classé, et l'UM a été l'un des 18 établissements d'enseignement supérieur publics et privés classés dans la Cinquième catégorie (Agence malaisienne de qualifications 2009). Compte tenu du leadership et de la direction actuels et de l'émulation entre les quatre universités de recherche du pays, l'UM investira probablement l'énergie et les ressources nécessaires pour rester au premier rang au niveau national.

Nombre de brevets délivrés

Malgré ses défauts, la délivrance de brevets peut servir d'indicateur supplétif des inventions technologiques qui présentent un intérêt économique potentiel. En particulier, le nombre de brevets accordés par le Bureau des brevets des États-Unis sert souvent d'indicateur international de référence pour assurer la comparabilité entre les pays, du fait que les États-Unis constituent le plus grand marché du monde (Trajtenberg 2002). Alors que la NUS a fortement augmenté le nombre des brevets qui lui ont été délivrés après l'an 2000 (ce nombre étant passé d'une moyenne de quatre brevets par an délivrés par les États-Unis durant la période 1990-1999 à une moyenne de 22,7 brevets par an entre 2000 et 2008), l'UM n'obtient que des résultats négligeables dans ce domaine depuis 1990 (deux brevets seulement lui ayant été délivrés par les États-Unis depuis 1990) (Wong, Ho et Singh, à paraître).

Ming Yu Cheng (à paraître) a soutenu que le faible nombre de brevets délivrés aux universités malaisiennes était peut-être dû en partie à une politique gouvernementale qui a délimité clairement les rôles joués, dans le domaine de la recherche, par les universités et les instituts publics de recherche. Le Cinquième plan de Malaisie, mis en œuvre de 1986 à 1990, stipulait que les universités mettraient davantage l'accent sur la recherche fondamentale (40 %) que les instituts publics de recherche (10 %) (Cheng, à paraître). Toutefois, son hypothèse selon laquelle l'importance accrue accordée à la recherche fondamentale ne produit pas une recherche ayant une valeur commerciale est erronée, et ce parce qu'un grand nombre des principales universités du monde, dont l'Institut de Technologie du

Massachusetts et l'Université Stanford, qui sont fortement axées sur la recherche fondamentale, ont également obtenu un grand nombre de brevets. De même, l'augmentation rapide du nombre de brevets délivrés aux principales universités asiatiques comme la NUS et l'Université de Tsinghua au cours des dix dernières années a coïncidé avec l'importance croissante accordée à la recherche fondamentale. Plutôt que la distinction entre recherche fondamentale et recherche appliquée, c'est la qualité de la recherche et la concentration stratégique sur son importance économique (la recherche fondamentale dite stratégique, ou « quadrant de Pasteur ») qui compte.

Réputation, reconnaissance, récompenses et collaborations internationales

La reconnaissance accordée par leurs pairs aux établissements et aux divers universitaires et chercheurs est un important indice de qualité, fondé sur une évaluation par les pairs dans le cadre d'invitations à faire partie de sociétés académiques et professionnelles d'élite, sur la participation à des conférences académiques et professionnelles de haut niveau, sur l'élection dans des organismes mondiaux et des récompenses prestigieuses. Par exemple, en 2007, l'École de politiques publiques Lee Kuan Yew est devenue le premier établissement en dehors de l'Europe et de l'Amérique du Nord à faire partie du prestigieux Réseau mondial des politiques publiques. La même année, le président de la NUS Shih Choon Fong a reçu le Prix du « Chief Executive Leadership » attribué par le Council for Advancement and Support of Education. La NUS est également devenue en 2006 un membre fondateur de l'Alliance internationale des universités de recherche comprenant dix membres. Au niveau des enseignants, un nombre croissant de programmes débouchant sur un diplôme conjoint ont été créés entre la NUS et d'autres universités de premier plan (comme l'Université de Californie, Los Angeles ; l'Institut Karolinska et l'Université de Pékin), ce qui témoigne du prestige croissant de la NUS au sein de la communauté académique internationale.

Dans le passé, la performance de l'UM et sa participation aux activités académiques internationales dépendaient d'initiatives individuelles du personnel plutôt que de pratiques communes à l'ensemble de l'université. Au cours des cinq dernières années, à mesure que les universités malaisiennes sont devenues plus compétitives, l'UM s'est bien défendue en tant qu'établissement participant à des événements internationaux dans les domaines de la recherche et de l'innovation comme le Salon international des inventions, techniques et produits qui se tient à Genève. Les enseignants de l'UM, notamment dans le domaine de la médecine, s'emploient maintenant très activement à solliciter et obtenir une accréditation au niveau des unités. C'est ainsi qu'en 2008, par exemple, l'unité d'endoscopie gastrointestinale a été désignée comme l'un des 16 centres d'excellence mondiaux par l'Organisation mondiale d'endoscopie digestive.

L'UM continue de s'employer à obtenir une accréditation internationale, clé d'une reconnaissance mondiale pour des programmes d'enseignement comme sa licence de chirurgie dentaire de la part du Conseil général dentaire du Royaume-Uni et d'autres établissements professionnels. Des programmes de doctorat conjoints avec des universités réputées comme l'Imperial College de Londres, l'Université de Melbourne et l'Université de Sydney sont les signes prometteurs d'une renommée internationale croissante.

Leçons tirées

La comparaison entre la NUS et l'UM est instructive. Le cas de Singapour montre comment une réflexion stratégique orientée vers le développement national et la croissance économique peut devenir le moteur de l'excellence académique, permettant à une université d'un pays récemment industrialisé une ascension rapide dans le club des meilleures universités du monde. Pour l'UM, cet examen de tout ce qu'a accompli la NUS met en relief l'attention que celle-ci a accordée à la continuité du leadership, à une politique linguistique nationale équilibrée prenant en compte l'environnement économique global, à l'investissement dans la planification stratégique, au développement des étudiants et des investissements dans le domaine de la pédagogie, à des financements réguliers et plus que suffisants ainsi qu'à des ressources humaines qualifiées, et à la création d'infrastructures académiques et de recherche adaptées à un contexte aussi bien local qu'international.

Les décennies que la NUS a mises pour se transformer progressivement pour gravir les échelons de l'excellence mondiale témoignent de la transformation plus profonde de l'économie singapourienne, passée du tiers monde au premier monde (Lee 2000). À un moment où Singapour se prépare inexorablement à affronter la concurrence en tant qu'économie du savoir du XXIe siècle, la NUS n'aspire plus simplement à répondre aux besoins éducatifs de la population locale, mais s'est mis en tête de devenir une « entreprise mondiale du savoir » qui non seulement excelle au plan international dans les missions traditionnelles de recherche et d'enseignement, mais se donne en outre une « troisième mission » consistant à devenir une université « entrepreneuriale » qui fait éclore des entreprises-rejetons dynamiques dans le domaine des hautes technologies, et génère la prospérité économique en commercialisant les technologies (Etzkowitz et al. 2000 ; Wong, Ho, and Singh à paraître). Qui plus est, l'histoire de la NUS offre à l'UM et à d'autres universités de pays émergents un exemple de « développement . . . prenant la forme d'un processus d'intégration *au sein* de l'économie mondiale, plutôt que d'un processus de développement parallèle ou séparé » (Lall et Urata 2003).

Le défi auquel est confrontée l'UM est celui auquel se heurte tout établissement ou toute organisation qui doit modifier sa mission et ses priorités, ce qui affecte des principes de travail, des règlementations et des systèmes de gestion financière profondément enracinés (Salmi 2009, 39-43). L'histoire de l'UM démontre que les politiques nationales peuvent entraver sérieusement le développement institutionnel d'une université publique. Cette situation peut avoir d'importantes conséquences à long terme qui limitent la capacité de l'université à tendre vers l'excellence académique et à affronter la concurrence internationale étant donné qu'il faut de nombreuses années pour acquérir ce type de capacité institution-nelle. De même, la NUS tout comme l'UM montre que le leadership au sein des établissements peut tirer parti de sa compréhension, de son expérience et de son savoir pour mettre au point des stratégies permettant de susciter un changement institutionnel positif.

Les politiques de discrimination positive ont fonctionné à l'UM, comme en témoignent l'augmentation des effectifs et la mobilité sociale dans les milieux universitaires pour le groupe ethnique considéré comme le plus défavorisé. L'attention qu'accorde la Malaisie aux objectifs de justice sociale est certes importante, en fournissant des informations aux établissements des sociétés pluralistes, mais elle soulève également la question consistant à équilibrer les objectifs sociaux avec l'impératif de compétitivité et de qualité des établissements. Si l'UM parvient à mettre en œuvre ses politiques de la nouvelle génération, consistant à appliquer le principe du mérite à l'admission des étudiants ainsi qu'au recrutement, à la formation et à la promotion du personnel, et aux plus compétents, en dehors de toute considération de race ou de nationalité, elle aura les moyens d'aller de l'avant.

Toutefois, un grave obstacle aux aspirations de l'UM à un rang mondial tient au bas niveau de financement disponible, à quoi s'ajoutent des pratiques de gestion financières inefficaces. Le niveau constamment élevé des ressources financières de la NUS lui permet d'offrir les meilleures infrastructures d'enseignement et de recherche, les meilleures infrastruc-tures de télécommunications et les meilleures conditions de vie, ce qui aide à attirer de bons étudiants du troisième cycle et des enseignants et chercheurs hautement qualifiés aux niveaux local et international. Face à la diminution des crédits publics et à la nécessité de réagir à la rapidité du changement, l'UM doit s'employer sérieusement à renforcer sa capacité de génération de revenu et de mobilisation de fonds, tout en assurant une gestion d'un bon rapport coût-efficacité, avec une synergie entre les services et les fonctions des différentes catégories de personnel, à savoir le personnel de direction et le personnel administratif, académique, technique et auxiliaire. Il est probable que la direction de l'université tout comme le gouvernement souhaiteront consolider les gains récents, en utilisant les classements mondiaux et nationaux et des mécanismes internes d'incitation comme sources de motivation pour ceux qui sont à la traîne.

La transformation d'une université en fonction d'une vision nouvelle et de nouveaux objectifs est une entreprise courageuse. Elle exige également des politiques qui gardent le cap à long terme, en combinant « des politiques

nationales, des capacités institutionnelles et l'intégration des connaissances »
(Mammo et Baskaran 2009, 141).

Références

Ali, Syed Husin. 2009. "Death Knell to Varsity Autonomy." In *Multiethnic Malaysia: Past, Present and Future*, ed. Lim Teck Ghee, Alberto Gomes, and Azly Rahman, 265–70. Puchong, Malaysia: Vinlin.

Altbach, Philip G., and Jorge Balán, eds. 2007. *World Class Worldwide: Transforming Research Universities in Asia and Latin America*. Baltimore: Johns Hopkins University Press.

Chai, Hon-Chan. 1977. *Education and Nation-building in Plural Societies: The West Malaysian Experience*. Development Studies Centre, Monograph. 6. Canberra: Australian National University, National Centre for Development Studies.

Cheng, Ming Yu. Forthcoming. "University Technology Transfer and Commercialization: The Case of Multimedia University, Malaysia." In *University Technology Commercialization and Academic Entrepreneurship in Asia*, ed. P. K. Wong, Y. P. Ho, and A. Singh, chapter 12. Cheltenham, UK: Edward Elgar.

The Economist. 2000. "The Tiger and the Tech: Asia has gone Internet-mad and its star-struck governments talk of reinventing their economies. Do they have a chance?" February 3. http://www.economist.com/node/279308?story_id=E1_NSJPDR.

Etzkowitz, Henry, Andrew Webster, Christiane Gebhardt, and Branca Regina Cantisano Terra. 2000. "The Future of the University and the University of the Future: Evolution of Ivory Tower to Entrepreneurial Paradigm." *Research Policy* 29 (2): 313–30.

Fernandez-Chung, Rozilini M. 2010. "Access and Equity in Higher Education (Malaysia)." Paper presented at the Higher Education and Dynamic Asia Workshop, Asian Development Bank, Manila, June.

Fiske, Edward B. 1997. "Is U.S. Less Hospitable? Boom in Foreign Students Seems to Be Over." *International Herald Tribune*, February 11.

Hatakenaka, Sachi. 2004. "Internationalism in Higher Education: A Review." http://www.hepi.ac.uk/466-1127/Internationalism-in-Higher-Education--A-Review.html.

IMD (International Institute for Management Development). 2006. World Competitiveness Online database. IMD, Lausanne, Switzerland. https://www.worldcompetitiveness.com/OnLine/App/Index.htm.

IMF (International Monetary Fund). 2009. *World Economic Outlook: Crisis and Recovery*. Washington, DC: IMF.

Lall, Sanjaya, and Shujiro Urata, eds. 2003. *Competitiveness, FDI and Technological Activity in East Asia*. Cheltenham, UK: Edward Elgar.

Lee, Kuan Yew. 2000. *From Third World to First: The Singapore Story*, 1965–2000. London: Harper Collins.

Low, Linda, Toh Mun Heng, and Soon Teck Wong. 1991. *Economics of Education and Manpower Development: Issues and Policies in Singapore.* Singapore: McGraw Hill.

Malaysian Qualifications Agency. 2009. "SETARA: 2009 Rating System for Malaysian Higher Education Institutions." http://www.mqa.gov.my/.

———. 2010. SETARA: Rating System for Malaysian Higher Education Institutions. http://www.mqa.gov.my/.

Mammo, Muchie, and Angathevar Baskaran. 2009. "The National Technology System Framework: Sanjaya Lall's Contribution to Appreciation Theory." *International Journal of Institutions and Economics* 1 (1): 134–55.

Ministry of Education. 2001. *Malaysia Education Development Plan 2001–2010.* Kuala Lumpur: National Printing Press.

Ministry of Higher Education. 2005. *Annual Report, 2004.* Kuala Lumpur: National Printing Press.

———. 2006. *Annual Report, 2005.* Kuala Lumpur: National Printing Press.

———. 2007. *Annual Report, 2006.* Kuala Lumpur: National Printing Press.

Nagaraj, Shyamala, Chew Sing Buan, Lee Kiong Hock, and Rahimah Ahmad. 2009. *Education and Work: The World of Work.* Kuala Lumpur: University of Malaya Press.

NEAC (National Economic Advisory Council). 2010. *New Economic Model for Malaysia, part 1.* Kuala Lumpur: Malaysian National Press.

New Straits Times (Kuala Lumpur). 2010. "Competing for Talent." December 8.

NUS (National University of Singapore). 1962. *Annual Report 1961/62.* Singapore: NUS.

———. 1990. *Annual Report 1989/90.* Singapore: NUS.

———. 1998. *Annual Report 1997/98.* Singapore: NUS.

———. 2000. *Annual Report 2000.* Singapore: NUS.

———. 2002. *Research Report 2001/02.* Singapore: NUS.

———. 2005. *Annual Report 2005.* Singapore: NUS.

———. 2008a. *Annual Report 2008.* Singapore: NUS.

———. 2008b. *Research Report 2007/08.* Singapore: NUS.

———. 2009. *Annual Report 2008/09.* Singapore: NUS.

Olds, Kris. 2007. "Global Assemblage: Singapore, Foreign Universities, and the Construction of a Global Education Hub." *World Development* 35 (6): 959–75.

Salmi, Jamil. 2009. *The Challenge of Establishing World-Class Universities.* Washington, DC: World Bank.

Seah, Chee Meow. 1983. *Student Admission to Higher Education in Singapore.* Singapore: Regional Institute of Higher Education and Development.

Singh, Jasbir Sarjit. 1989. "Scientific Personnel, Research Environment, and Higher Education in Malaysia." In *Scientific Development and Higher Education: The Case of Newly Industrializing Nations,* ed. Philip G. Altbach, Charles H. Davis, Thomas O. Eisemon, Saravanan Gopinathan, H. Steve Hsieh, Sungho Lee, Pang Eng Fong, and Jasbir Sarjit Singh, 83–186. New York: Praeger.

The Sun, (Kuala Lumpur). 2010. "Government Ready to Recognize UEC." April 6.

THE-QS (Times Higher Education-QS). 2008. "World University Rankings." http://www.topuniversities.com/university-rankings/world-university-rankings/2008.

————. 2009. "World University Rankings." http://www.topuniversities.com/university-rankings/world-university-rankings/2009.

Trajtenberg, Manuel. 2002. "A Penny for Your Quotes: Patent Citations and the Value of Innovations." In *Patents, Citations, and Innovations: A Window on the Knowledge Economy*, ed. A. B. Jaffe and M. Trajtenberg, 25–50. Cambridge, MA: MIT Press.

UM (University of Malaya). 2008. *Annual Report 2007*. Kuala Lumpur: University of Malaya Press.

————. 2009. *Annual Report 2008*. Kuala Lumpur: University of Malaya Press.

————. 2010. "Information on Areas of Evaluation, Part B, Vol. 1, Main Report." Quality Management Enhancement Center, UM, Kuala Lumpur.

Wong, Joseph Kee-Kuok. 2004. "Are the Learning Styles of Asian International Students Culturally or Contextually Based?" *International Educational Journal* 4 (4): 154–66.

Wong, Poh Kam, Yuen Ping Ho, and Annette Singh. 2007. "Towards an Entrepreneurial University Model to Support Knowledge-Based Economic Development: The Case of the National University of Singapore." *World Development* 35 (6): 941–958.

————. Forthcoming. "Towards a Global Knowledge Enterprise: The Entrepreneurial University Model of National University of Singapore." In *University Technology Commercialization and Academic Entrepreneurship in Asia*, ed. Wong, P.K., Y.P. Ho, and A. Singh, chapter 7. Cheltenham, UK: Edward Elgar.

World Bank. 2007. *Malaysia and the Knowledge Economy: Building a World-Class University System*. Washington, DC: World Bank.

CHAPITRE 6

Vers un statut de rang mondial ? Le système ITI et ITI Bombay

Narayana Jayaram

Dans le secteur de l'enseignement supérieur indien, les Instituts de Technologie indiens (ITI) sont des îlots d'excellence. Conçus comme une innovation dans le domaine de l'enseignement technologique en dehors du système universitaire de type classique, les ITI ont vu leur nombre passer de cinq (à savoir ceux des établissements d'origine créés durant la période 1950-1963) à 16 en 2010. Les diplômes qu'ils délivrent sont reconnus et respectés dans le monde entier. Le succès que les anciens élèves d'ITI ont obtenu dans divers milieux et dans diverses professions n'a pas peu contribué au renom de ces établissements.

Il n'est donc pas surprenant que les ITI soient régulièrement mieux classés que les autres écoles d'ingénieur (au nombre de plus de 1 200) dans le cadre du système universitaire indien. Ils occupaient les huit premières places parmi les dix meilleures écoles d'ingénieur, selon une enquête Survey Outlook-GfK-Mode effectuée en juin 2009 auprès de 300 parties prenantes dans six des grandes agglomérations indiennes. Les seuls établissements indiens à figurer dans les classements du Times Higher Education-QS World University dans la catégorie des universités de sciences de l'ingénieur et de TI en 2008 étaient des ITI, à savoir ITI Bombay (36e) et ITI Delhi (42e). Dans le classement des universités mondiales de l'Université Jiao Tong de Shanghai, l'un des trois établissements d'enseignement indiens figurant parmi les 500 meilleures universités du monde était ITI Kharagpur. Ainsi, si des établissements indiens peuvent aspirer au statut d'université de rang mondial en dehors de l'Institut des Sciences d'Inde (Bangalore), ce sont bien les cinq ITI d'origine.

Le succès du système ITI ne semble cependant pas être allé sans de fortes pressions : « Son autonomie est sérieusement amoindrie, ses infrastructures sont à bout de souffle, les laboratoires ne sont plus dans la course, le nombre d'enseignants diminue et la concurrence pour être admis impose aux candidats un stress malsain » observe Shashi K. Gulhati (2007, couverture de l'ouvrage), professeur qui a pris récemment sa retraite après avoir enseigné 40 ans à ITI Delhi. Le système ITI semble être à la croisée des chemins : « il peut couler à pic ou être sur le point d'atteindre de nouveaux sommets » (Gulhati 2007, viii). Qu'est-ce qui explique le succès du système ITI, et quels défis doit-il relever pour conserver son niveau d'excellence actuel ? On s'efforcera de fournir une réponse en trois parties dans le présent chapitre, la première partie portant sur le système ITI en général, la deuxième présentant une étude de cas sur ITI Bombay et la troisième constituant une réflexion sur les problèmes des ITI et les possibilités de les préserver et d'en reproduire le modèle.

Le système ITI

Origine et développement

En mars 1946, deux membres indiens — Sir Ardeshir Dalal et Sir Jogendra Singh — du Conseil exécutif du Gouvernement colonial ont insisté pour que soit créé un comité chargé d'orienter le développement de l'enseignement technique dans l'Inde d'après-guerre. Ce comité de 22 membres dirigé par Nalini Ranjan Sarkar a soumis son rapport intérimaire recommandant la création de quatre instituts techniques différents des écoles d'ingénieur de type classique. Ces instituts ont été conçus de manière à assurer le dynamisme et la flexibilité d'organisation rendus nécessaires par le développement des connaissances et l'évolution de la société. Sachant que le pays était encore dirigé par les Britanniques, il est intéressant de noter que le modèle proposé par le Comité Sarkar était l'Institut de Technologie du Massachusetts, plutôt qu'un établissement britannique comme l'Imperial College de Londres (Indiresan et Nigam 1993, 339).

Quoique provisoires, les recommandations du Comité Sarkar ont été bien accueillies par un visionnaire comme le Pandit Jawaharlal Nehru qui a exercé le premier les fonctions de Premier ministre de l'Inde indépendante. Le premier ITI a été fondé en mai 1950 à Kharagpur, près de Calcutta (l'actuelle Kolkata), et trois établissements additionnels ont été créés à Bombay (rebaptisée depuis lors Mumbai) en 1958, à Madras (l'actuelle Chennai) en 1959 et à Kanpur en 1959. En vertu d'un texte de loi du

Parlement (Loi de 1961 relative aux Instituts de technologie), ces instituts ont été qualifiés d'« établissements d'importance nationale ». L'Ecole d'ingénieur créée à New Delhi en 1961 a été rebaptisée ITI Delhi en 1963 (par un amendement à la Loi de 1961). La structure et le fonctionnement de ces cinq ITI pionniers — Kharagpur, Bombay, Madras, Kanpur et Delhi — tels qu'ils sont définis par la Loi relative aux Instituts de Technologie sont connus sous le nom de système ITI.

Quatre des cinq ITI d'origine ont été créés en collaboration ou avec l'assistance active d'organisations internationales ou de gouvernements étrangers : ITI Bombay, avec le concours de l'Organisation des Nations Unies pour l'éducation, la science et la culture et de l'ex-Union soviétique ; ITI Madras, avec l'assistance de la République fédérale d'Allemagne ; ITI Kanpur, dans le cadre du Programme indo-américain avec l'aide d'un consortium de neuf universités américaines et ITI Delhi, avec le concours du Royaume-Uni. Depuis 1973, date à laquelle ont cessé tous les programmes internationaux d'assistance et de partenariat, les instituts se débrouillent tous seuls avec un appui financier du gouvernement.

Pendant les trois décennies qui ont suivi la création des cinq ITI d'origine, aucun nouvel ITI n'a été créé. Puis, en réponse à l'agitation estudiantine du début des années 90 en Assam, État du Nord-Est du pays, le premier ministre Rajiv Gandhi a promis la création d'un ITI dans cet État. C'est ainsi qu'en 1994, ITI Guwahati a été fondé. En 2001, l'Université de Roorkee (en Uttarakhand, dans le Nord du pays) qui était à l'origine le Thomson College of Civil Engineering créé en 1854 et rebaptisé après l'indépendance — a été incorporé au Système ITI sous le nom d'ITI Roorkee. Le système ITI comprenait ainsi sept instituts en 2001.

En octobre 2003, le premier ministre Atal Bihari Vajpayee a annoncé qu'il était prévu de créer davantage d'ITI « en modernisant les établissements universitaires existants qui ont un potentiel prometteur » (Upadhyaya 2005). Créé in novembre 2003, le Comité S. K. Joshi a recommandé que soient sélectionnés cinq établissements susceptibles d'être transformés en ITI. En mars 2008, the Gouvernement indien a identifié les huit États — Andhra Pradesh (Hyderabad), Bihar (Patna), Gujarat (Gandhinagar), Himachal Pradesh (Mandi), Madhya Pradesh (Indore), Orissa (Bhubaneswar), Penjab (Rupnagar), et Rajasthan — dans lesquels il était prévu de créer de nouveaux ITI, et il a recommandé de convertir l'Institut de Technologie (Université hindoue de Banaras) en ITI. Le système ITI comprenait donc 16 instituts en mars 2010.

Deux examens approfondis du système ITI ont été réalisés par le ministère du Développement des ressources humaines. Un comité présidé par le professeur Y. Nayudamma a effectué le premier et soumis son rapport en 1986. Ce rapport est devenu le document directeur pour le second examen réalisé par un comité présidé par le professeur P. Rama

Rao (second comité d'examen), qui a soumis son rapport en 2004 (Gouvernement indien 2004). Comme c'est le cas pour les comités de ce genre nommés par le gouvernement, les deux rapports contenaient chacun une série de recommandations qui ont été acceptées « en principe », mais seulement celles qui ont été jugées acceptables par le gouvernement ont été mises en œuvre. Au-delà de ces deux examens systémiques, chacun des cinq ITI d'origine a procédé à des évaluations portant sur des aspects précis — organisation, programme et autres questions — pour s'adapter à des situations évolutives.

Organisation du système ITI

Le Président de l'Inde est appelé le Visiteur (rang honorifique le plus élevé du système ITI, comparable au chancelier des universités d'État, gouverneur ès qualités de l'État) de tous les ITI et exerce des pouvoirs résiduels. Le Conseil des ITI, qui relève directement du Visiteur, comprend le ministre du Gouvernement indien chargé de l'enseignement technique, les présidents et directeurs de tous les ITI, le président de la Commission des subventions universitaires, le directeur général du Conseil de la Recherche scientifique et industrielle, le président de l'Institut des sciences de l'Inde, trois membres du Parlement, le secrétaire du ministère du Développement des ressources humaines et trois personnes désignées respectivement par le Gouvernement indien, le Conseil national de l'enseignement technique et le Visiteur.

Sous l'autorité du Conseil des ITI se trouve le Conseil d'Administration — organe exécutif de chaque ITI — dont le président est désigné par le Visiteur, et dont relèvent le directeur, le responsable académique et le directeur général des ITI. Contrairement au système en vigueur dans les universités, le directeur d'un ITI n'est pas le président du Conseil d'Administration, son organe directeur. Au lieu de limiter sa liberté, cette situation semble le protéger des pressions du gouvernement et des syndicats et lui donner une certaine latitude pour prendre d'importantes décisions (Indiresan et Nigam 1993, 349-50). Au-dessous du directeur, on trouve le directeur adjoint, les doyens et les chefs de département. Le secrétaire est le responsable administratif des ITI et supervise les opérations courantes. Sous l'autorité des chefs de département se situent les enseignants (professeurs, professeurs associés et professeurs adjoints).

Bien que le Conseil des ITI donne les grandes orientations, la gouvernance interne de chaque ITI relève de son Conseil d'Administration et ses politiques académiques courantes sont décidées par son conseil académique consultatif. Celui-ci rassemble tous les professeurs d'un institut et quelques représentants des étudiants, et le directeur en est le président ès qualités. Le conseil académique définit les programmes, approuve les cours et les cursus, prescrit les évaluations et les examens, ratifie les résultats et nomme les comités chargés d'étudier telle ou telle question académique. Pour assurer le respect des normes éducatives, le conseil consultatif examine périodiquement les activités d'enseignement, de recherche et de formation de l'institut. À la différence des universités, les ITI peuvent réagir aux situations et mettre des changements en œuvre sans tarder.

En tant qu'« établissements d'importance nationale », les ITI fonctionnent de façon autonome. Ils échappent dans l'ensemble aux ingérences politiques ou administratives du gouvernement central ou des États dans lesquels ils sont situés. Bien que les gouvernements des États de chaque région soient représentés au sein du Conseil d'Administration, ils n'exercent aucun contrôle sur la prise de décisions au niveau des instituts sur des questions comme le recrutement des enseignants ou les programmes. Il est remarquable que chaque ITI ait eu comme présidents de son Conseil d'Administration des personnalités éminentes provenant de sphères d'activité en rapport avec le système.

La haute direction des instituts déplore cependant les obstacles administratifs rencontrés au niveau du gouvernement, et les enseignants se plaignent d'obstacles similaires au niveau des instituts. Si l'on considère l'extrême degré de dépendance des ITI à l'égard des fonds publics, on peut comprendre que le gouvernement détermine le volume des subventions accordées à chaque ITI, et que l'administration en contrôle l'octroi. À ces deux égards, les ITI se heurtent souvent à des difficultés, et comme ils reçoivent des subventions du ministère des Finances, ils sont tenus de respecter des normes comptables et d'audit strictes. Sur ce point, les enseignants connaissent souvent des difficultés, mais ces obstacles bureau-cratiques ne sont rien en comparaison de ceux auxquels se heurtent les universités en raison de leur dépendance humiliante envers les gouverne-ments des États et des ingérences politiques auxquelles elles sont soumises.

Qui plus est, les activités politiques des étudiants sont restées biencontrôlées dans les ITI. Les associations d'étudiants échappent étonnamment à l'influence des partis politiques, et l'agitation estudiantine est pratiquement inconnue. Les étudiants respectent le calendrier académique, de même que les enseignants et l'administration. Ainsi, d'un point de vue fonctionnel, le système académique est extraordinairement efficace, et l'on observe à ce point de vue un contraste marqué avec le reste du système universitaire, dans lequel le calendrier académique est continuellement perturbé par l'agitation estudiantine. Même les universités réputées n'échappent pas à la calamité que constituent la politique et les mouvements d'étudiants, auxquels les partis politiques s'intéressent vivement.

Effectifs

L'admission aux ITI fait l'objet d'une concurrence intense. Les candidats désireux d'être admis au programme de licence de technologie de quatre ans et au programme intégré de licence et maîtrise de technologie de cinq ans se présentent à un concours annuel national (l'Examen d'entrée commun aux ITI), connu pour sa rigueur et sa transparence. Pour être admis aux programmes de troisième cycle, il faut passer divers examens d'entrée, notamment le test d'aptitude aux sciences de l'ingénieur pour la maîtrise de technologie, le doctorat et certains programmes de maîtrises scientifiques, ainsi que l'admission conjointe aux programmes de maîtrise de science, et l'examen d'entrée conjoint pour les études de gestion. L'admission aux programmes de maîtrise de philosophie et de doctorat repose essentiellement sur une entrevue personnelle, bien que les candidats puissent également être tenus de passer des tests écrits.

L'Examen d'entrée commun aux ITI est un examen d'entrée phare organisé par un ITI désigné par roulement. Il s'agit d'un examen à caractère scientifique qui contrôle les connaissances du candidat en chimie, mathématiques et physique, ouvert seulement aux candidats ayant fait des études secondaires complètes (d'une durée de 12 ans) et obtenu un score d'au moins 60 % à leur examen qualificatif, et qui est organisé par un conseil de l'éducation reconnu. Le nombre des candidats qui se présentent à cet examen a augmenté régulièrement au fil des ans. C'est ainsi qu'à celui d'avril 2010, près de 450 000 candidats se sont présentés pour environ 7 400 places. Étant donné le nombre moyen très élevé de candidats en concurrence pour une place, cet examen constitue « un filtre très efficace » (Gouvernement indien 2004, 3)[1]. Les candidats mieux classés ont manifestement davantage d'options au niveau des instituts et des programmes d'étude.

Certains estiment que tel qu'il est conçu, l'Examen d'entrée, si difficile qu'il puisse être, « ne permet pas de faire la différence entre les brillants sujets et les éléments du genre besogneux » (Deb 2004, 48). Parce que cette différenciation est « fondamentale pour le système ITI », le fait que l'examen soit devenu chaque année plus difficile est considéré comme « la principale menace qui pèse aujourd'hui sur le JEE [Examen d'entrée conjoint] — et sur ses organisateurs » (Deb 2004, 48). Pour améliorer leurs chances de succès (si faibles qu'elles puissent être) à un examen extrêmement exigeant, la plupart des candidats aux ITI s'inscrivent à des cours particuliers qui les préparent à l'examen d'entrée commun aux ITI. Il est bien connu que, les aspirations des classes moyennes (« le rêve ITI ») étant ce qu'elles sont, les étudiants consacrent quatre ou cinq ans de leur vie à cet examen d'entrée, « ce qui fait du JEE un test d'endurance plutôt que d'intelligence ou de talent pour les sciences » (Deb 2004, 53).

Toutefois, à tout moment, 16 000 étudiants des premier et deuxième cycles et 12 000 étudiants du troisième cycle étudient dans les sept ITI, à quoi s'ajoutent les universitaires menant des activités de recherche (MPhil et doctorat). En 2002-2003, des ITI sont sortis 2 274 diplômés des premier et deuxième cycles, 3 675 diplômés du troisième cycle (y compris les titulaires de doubles diplômes), et 444 docteurs. Le taux d'encadrement dans les ITI va d'un professeur pour six étudiants à un pour huit, ce qui constitue un grand luxe pour une université indienne.

Discrimination protectrice

Depuis sa création, le système ITI applique des principes méritocratiques à l'admission, le mérite étant déterminé par un examen d'entrée commun aux ITI. Toutefois, les ITI suivent depuis 1973 une politique de discrimination protectrice (sorte de discrimination positive) consistant à réserver 15 % des places à des candidats appartenant à des castes d'indigents traditionnellement exclues et reconnues officiellement (castes homologuées) et 7,5 % à des tribus vivant en marge de la société et elles aussi reconnues officiellement (tribus homologuées). Depuis 2008, ce système est appliqué également à d'autres classes défavorisées à hauteur de 27 %. Ainsi, 49,5 % des places sont réservées.

De plus, pour permettre aux candidats des castes et tribus homologuées (mais non à ceux d'autres classes défavorisées) d'affronter la concurrence des candidats de la catégorie générale à l'admission, les ITI leur donnent un avantage sous forme du droit d'avoir des notes inférieures de cinq points de pourcentage (55 %) à celles des candidats de la catégorie générale (60 %) à l'examen de qualification (à savoir l'examen sanctionnant les études secondaires). De même, la barre pour pouvoir se présenter à l'Examen d'entrée commun aux ITI est placée à un niveau beaucoup plus bas puisque l'on exige seulement les deux tiers de la note obtenue par le dernier étudiant admis dans la catégorie générale. Également, l'âge limite pour se présenter à cet examen, qui est de 25 ans pour les étudiants catégorie générale, est repoussé à 30 ans pour les membres des castes homologuées et des tribus homologuées.

La politique de places réservées appliquée dans le système ITI est très différente de celle suivie par d'autres établissements d'enseignement financés par l'État. Parmi les candidats de castes et tribus homologuées qui ne répondent pas au critère assoupli (et consistant à placer la barre plus bas), un certain nombre se voient offrir un cours préparatoire (comprenant des cours d'anglais, de physique, de chimie et de mathématiques) dans l'ITI concerné. Après une année d'étude, les candidats qui parviennent à obtenir une note supérieure au niveau exigé à l'examen de fin de semestre sont admis à poursuivre les cours réguliers. Toutefois, les critères à remplir pour être reçu aux examens ou obtenir le diplôme sanctionnant un cours restent inchangés.

La question des places réservées est un sujet de controverse dans le système ITI. D'après P. V. Indiresan et N. C. Nigam (tous deux anciens directeurs d'ITI), elle a « fait entrer dans le système ITI un grand nombre d'étudiants médiocres qui ont les plus grandes difficultés à s'accommoder du système en dépit de mesures correctives » (Indiresan et Nigam 1993,

357-58). Environ 50 % des « places réservées restent vacantes du fait que les candidats [des castes et des tribus homologuées] ne parviennent pas à obtenir les notes minimum requises », et que parmi ceux qui sont admis, environ 25 % ne terminent pas le programme car ils sont incapables de faire face à ses exigences (Indiresan et Nigam 1993, 358). Il n'est pas surprenant que l'extension de la stratégie de places réservées aux autres classes défavorisées ait suscité de vives protestations (même dans des ITI, où les protestations sont inconnues en temps normal). Selon Indiresan et Nigam (1993, 358), « les places réservées et les problèmes qui en ont résulté ont entraîné une ingérence politique dans le fonctionnement des ITI » (voir également Gulhati 2007, 34-35).

Questions concernant les enseignants

Le calibre du Système ITI tient foncièrement au haut niveau et à la compétence de ses enseignants. Au fil des décennies, le système a attiré de brillants universitaires et des enseignants dévoués, ce qui a beaucoup contribué à la naissance et à la durabilité de la « marque » ITI. Le nombre total d'enseignants n'a cependant guère augmenté. En 2003, les sept ITI comptaient au total 2 375 enseignants, soit un nombre inférieur de 27 % à la normale (Gouvernement indien 2004, 49). Il ne fait pas de doute que la procédure de sélection des enseignants des ITI est rigoureuse par rapport à celle en vigueur dans les collèges de sciences de l'ingénieur du système universitaire. La plupart des enseignants ont un doctorat, condition nécessaire pour tous les postes de titulaires. Il n'empêche que beaucoup de brillants universitaires pourraient facilement trouver des emplois mieux payés et très prestigieux en dehors du système ITI, tant en Inde qu'à l'étranger.

De plus, les enseignants nommés dans les premières années d'existence du système ont pris leur retraite. Le deuxième comité d'examen a constaté avec inquiétude que « plus de 80 professeurs sont partis à la retraite depuis 2000-2001 », soit une diminution de 7 % du nombre total (Gouvernement indien 2004, 49). De nouveaux recrutements au niveau d'entrée (c'est-à-dire à celui de professeur adjoint) peuvent boucher les trous, mais sans fournir aux établissements le personnel expérimenté dont ils ont besoin. La structure de pyramide inversée (les professeurs étant en effet plus nombreux que les professeurs adjoints) est préoccupante, en ce sens que le nombre de professeurs (1 041) et de professeurs associés (562) est environ 2,5 à 2,9 fois supérieur, respectivement, à celui des professeurs adjoints (636) (Gouvernement indien 2004). Bien que cela puisse dénoter l'existence d'un pourcentage supérieur de professeurs de haut niveau, cela n'est pas un bon signe pour le système en place car le départ à la retraite des enseignants chevronnés créera un vide qui ne sera pas facile à combler.

Le profil d'âge des enseignants est plus ou moins similaire dans les sept ITI : pour les professeurs, il est de 51 à 56 ans, pour les professeurs associés, de 40 à 49 ans, et pour les professeurs adjoints, de 33 à 34 ans. Plus préoccupant est le fait que « le nombre d'enseignants âgés de moins de 35 ans ne constituent qu'un faible pourcentage de l'ensemble du corps enseignant » (Gouvernement indien 2004, 51) et que la plupart des professeurs des ITI de Chennai, Delhi, Kharagpur et Roorkee peuvent prendre leur retraite dès 2010 et qu'ils seront nombreux à saisir cette opportunité. Le deuxième comité d'examen a recommandé un relèvement de l'âge de la retraite de 62 à 65 ans, modification en cours depuis lors. En fait, si un institut constate qu'il a besoin des services d'un enseignant retraité, l'intéressé peut rester en poste jusqu'à l'âge de 70 ans. Cette modification a donné un certain répit au système.

La pénurie d'enseignants qualifiés pose un problème considérable et va d'un minimum de 10 % au ITI Bombay à un maximum de 60 % au ITI Guwahati, et est comprise entre 14 % et 37 % dans les cinq autres ITI. Si les ITI créés à Chennai, Delhi et Mumbai ont des difficultés à recruter des enseignants qualifiés, on peut imaginer ce qu'il en sera pour les huit nouveaux ITI. À en juger par l'expérience d'ITI Guwahati fondé il y a 15 ans, il faudra des décennies avant que les nouveaux ITI puissent recruter ne serait-ce que 50 % des enseignants dont ils ont besoin. Cette situation est inquiétante pour le système ITI.

Pour renforcer la réserve de candidats à des postes d'enseignants, le ministère du Développement des ressources humaines a décidé d'autoriser la nomination de non-titulaires de doctorat comme « assistants » (cadre universitaire de quatrième catégorie) et de réserver 10 % des postes à cette catégorie. Bien que cette approche soit censée être une « clause d'habilation » pour les ITI, cette initiative est souvent qualifiée de rétrograde parce qu'elle banaliserait leurs normes ambitieuses. Ce n'est pas que les candidats titulaires d'un doctorat fassent défaut, contrairement à la situation dans les premiers temps des ITI, durant lesquels ils étaient très peu nombreux, et ils sont maintenant de 40 à 50 pour chaque poste. Comme l'a dit un des doyens de l'ITI de Bombay, « nous sommes extrêmement sélectifs au niveau du recrutement » (voir Mukul et Chhapla 2009, 19).

Jusqu'à une date récente, selon les normes gouvernementales applicables aux établissements financés par l'État, les ITI ne pouvaient nommer que des ressortissants indiens à des postes d'enseignants, et il leur était interdit de nommer même des anciens élèves illustres si ceux-ci avaient changé de nationalité après avoir émigré. Les normes ont cependant été modifiées, et des ressortissants étrangers peuvent maintenant être nommés dans le cadre d'un contrat d'une durée maximum de cinq ans. Il est également envisagé d'établir une liste d'enseignants étrangers pour des contrats de brève durée.

Chose étonnante, la mobilité des enseignants d'un ITI à l'autre semble limitée. Un enseignant souhaitant changer d'institut doit passer par le même processus de recrutement que n'importe quel candidat extérieur. Il devrait être possible d'être muté temporairement ou à titre permanent car cela apporterait un sang neuf au système et enrichirait l'environnement académique d'un institut. Cela permettrait également de faire face à des pénuries critiques de personnel dans certains départements et de renforcer certains domaines technologiques.

Le fait que les jeunes et brillants éléments n'optent pas pour des postes d'enseignement constitue un problème général de l'enseignement supérieur en Inde. Pendant longtemps, en termes relatifs, la rémunération globale des enseignants des ITI n'était que légèrement supérieure à celle offerte dans le système universitaire, et elle était franchement ridicule en comparaison de celle à laquelle pouvait prétendre dans le secteur privé un étudiant fraîchement diplômé d'une ITI (voir Pushkarna 2009, 16). Mécontents de la rémunération qui leur était offerte, les enseignants d'ITI Bombay ont pris une initiative sans précédent en faisant une grève d'une journée le 24 août 2009 (Chhapla 2009b). Le gouvernement a depuis lors décidé de donner suite à cet égard aux recommandations formulées par le Comité Govardhan Mehta chargé d'examiner la question des rémunérations.

Le deuxième comité d'examen a souligné la nécessité d'examiner sans tarder la rémunération globale des enseignants des ITI. Il a recommandé de l'augmenter en l'assortissant d'une indemnité professionnelle. En économie de marché, la rémunération régule la rareté des enseignants qualifiés et compétents. Ce climat prévaut en particulier dans les ITI si l'on considère la demande dont font l'objet les meilleurs enseignants dans le monde entier. Ce dont on a peut-être le besoin le plus urgent, c'est d'un système d'émoluments lié à la performance en dehors de la rémunération globale minimum normalisée des enseignants.

Les enseignants des ITI jouissent d'une autonomie totale sur le plan académique. Ils peuvent mettre à jour les programmes en fonction des évolutions les plus récentes et entreprendre des projets de recherche stimulants.

Au fil des décennies, les cinq ITI d'origine se sont dotés d'une infrastructure enviable (bibliothèques, laboratoires et installations annexes) du moins pour l'Inde, qui offre les meilleures conditions d'apprentissage à leurs étudiants et les meilleures installations de recherche à leurs enseignants. La productivité de ces derniers ne semble cependant pas à la hauteur. En 2002-2003, en moyenne, chaque enseignant formait 2,70 étudiants (0,96 étudiant des premier et deuxième cycles, 1,55 étudiants du troisième cycle et 0,19 doctorant) et produisait 1,4 publication de recherche, rapportait 830 000 roupies[2] par an par des services de consultation et des recherches sponsorisées et gérait 10,5 étudiants (Gouvernement indien 2004, 27). Le deuxième comité d'examen a également constaté que « dans l'ensemble, les départements de sciences de l'ingénieur ont produit un plus grand nombre de publications que les départements scientifiques, les centres de recherche et les départements de lettres/gestion » (Gouvernement indien 2004, 67). Comme dans tout système, la productivité académique des enseignants est inégale, et des moyennes ne fournissent pas une image réaliste de la situation. Par conséquent, lorsque l'on pense à des émoluments liés à la performance, il faut prendre dûment en compte les activités d'enseignement, de recherche et de vulgarisation auxquelles se livrent les enseignants.

Programmes académiques

La licence de technologie en quatre ans est le premier diplôme le plus courant offert par les ITI. Certains ITI offrent également des doubles diplômes (licence de technologie et diplômes intégrés de maîtrise de technologie en cinq ans et de maîtrise de sciences en cinq ans). Le calendrier académique suit le système de semestres. Les deux premiers semestres, tous les étudiants en licence de technologie et préparant le double diplôme suivent une filière commune (portant sur les principes fondamentaux de la physique, de la chimie, de l'électronique et de la mécanique). Dans certains ITI, un unique cours thématique est également offert dans un département. Les meilleurs éléments ont la possibilité de changer de département à la fin de la première année, mais ils le font rarement.

À partir de la deuxième année (troisième semestre), les étudiants se dirigent vers leurs départements respectifs, mais ils doivent cependant suivre quelques cours de haut niveau dans d'autres départements pour améliorer leur culture générale. En fin de troisième année, les étudiants réalisent un projet d'été en entreprise ou dans un institut académique. Lors de leur dernière année d'études, s'ils le désirent, ils sont placés dans des entreprises et des organisations par l'intermédiaire du service de placement de l'institut.

Parmi les programmes de troisième cycle (de deux ans) offerts par le système ITI, celui de maîtrise de technologie est le plus courant, suivi du programme de maîtrise de science. Certains ITI offrent un programme de maîtrise de gestion d'entreprise mais l'admission à ce programme est réservée aux ingénieurs et aux titulaires d'un diplôme de troisième cycle en sciences. Certains ITI offrent des programmes spécialisés comme des maîtrises de design, de sciences et technologies médicales ou d'urbanisme, des diplômes de troisième cycle en technologie de l'information, en droit de la propriété intellectuelle de troisième cycle, en opérations et gestion maritimes, etc. Tous les ITI offrent des doctorats et certaines maîtrises de philosophie comme diplômes de haut niveau fondés sur la recherche. Il est à noter qu'à eux tous, les ITI rassemblent plus de 60 % de l'ensemble des diplômes de doctorat en sciences de l'ingénieur décernés en Inde.

Le système ITI applique un système d'unités de valeur pour l'évaluation de la performance des étudiants, les cours étant pondérés en fonction de leur importance dans le programme. Un système d'évaluation continue mettant dûment l'accent sur les travaux dirigés a été suivi régulièrement. L'apprentissage s'effectue essentiellement dans les bibliothèques, les laboratoires et les centres d'informatique. L'évaluation de l'enseignement (tant des programmes que des enseignants) est une norme bien ancrée.

L'anglais est la langue d'enseignement des ITI, et même les étudiants reçus à l'examen d'entrée commun aux ITI et admis dans le système ITI doivent améliorer leur connaissance de cette langue s'ils veulent avancer dans leurs études. Comme on l'a vu, les candidats des castes et tribus homologuées — qui sont admis à titre de catégorie spéciale (pour le cours préparatoire) — doivent être reçus à un examen d'anglais. Bien entendu, les politiciens qui sont opposés à l'anglais, dans lequel ils voient un vestige du colonialisme, critiquent la position des ITI au sujet de l'utilisation de cette langue mais ces critiques ne sont guère parvenus à susciter les mêmes changements que dans les universités d'État.

Financement et ressources

Bien qu'autonomes, les ITI sont fondamentalement des établissements financés par l'État. Ils reçoivent des subventions disproportionnées par rapport aux universités : « Tandis que le montant total des fonds publics attribués à la plupart des autres collèges de sciences de l'ingénieur est d'environ 100 à 200 millions de roupies par an, le montant attribué à chaque ITI varie entre 900 et 1,3 million de roupies par an » (Wikipedia 2008). Le budget total du système ITI est néanmoins très inférieur à celui de son modèle, l'Institut de Technologie du Massachusetts, mais grâce aux dons de leurs anciens élèves et de l'industrie, certains ITI sont parvenus à obtenir une solide dotation, dont les intérêts aident à financer de nombreuses activités de développement. De plus, à la différence des universités financées par l'État, les ITI génèrent des ressources additionnelles. Ainsi, pour chaque roupie dépensée par l'État, les ITI contribuent 0,24 roupie supplémentaire par le biais de recherches sponsorisées et de services de consultant, ce qui ajoute un montant net de 0,16 roupie à la dotation de l'État. Le recouvrement de fonds sous forme de frais de scolarité ne représente que 0,06 roupie (Gouvernement indien, 2004, 29).

Avec les importantes subventions publiques qu'ils reçoivent, les ITI subventionnent les frais de scolarité des étudiants du premier cycle à hauteur d'environ 80 %, et ils accordent des bourses à tous les étudiants en maîtrise de technologie et à tous les doctorants pour encourager les étudiants à suivre des études plus poussées. Le coût supporté par les étudiants du premier cycle, y compris les dépenses de logement et de nourriture, est d'environ 50 000 roupies par an, tandis que les dépenses directes liées à l'Institut qui sont à la charge des étudiants s'élèvent à 72 000 roupies.

Fuite des cerveaux

Si l'on considère les sommes considérables investies par l'État dans le système ITI et le montant annuel des dépenses publiques liées aux ITI, et le fait que les études dans les ITI sont très fortement subventionnées, l'émigration des anciens élèves des ITI à l'étranger — autrement dit la fuite des cerveaux — a suscité une très grande attention. Le deuxième comité d'examen a estimé qu'en mars 2003, environ 30 % des anciens élèves (au nombre d'environ 133 245) travaillaient à l'étranger. Selon une autre estimation, depuis 1953, près de 25 000 diplômés d'ITI se sont installés aux États-Unis (Friedman 2006, 127-28).

Certains ont soutenu que cette fuite des cerveaux était inévitable du fait du décalage existant entre l'orientation du système ITI et la nature de l'industrialisation en cours dans une économie de type dirigiste. Pour citer Thomas L. Friedman (2006, 127), « jusqu'au milieu des années 90, l'Inde ne pouvait pas offrir de bons emplois à la plupart de ces brillants ingénieurs ». De plus, les envois de fonds des diplômés d'ITI expatriés assuraient d'importantes rentrées de devises, en particulier durant la période de déficit commercial marqué.

Toutefois, depuis les années 90, on a observé un renversement de tendance dû à la mondialisation ainsi qu'aux changements intervenus dans la politique industrielle du pays : le gouvernement encourage maintenant les entrepreneurs parmi les diplômés d'ITI, il y a eu un flux régulier d'investissements étrangers, l'industrie manufacturière et le secteur des services ont été stimulés et les emplois techniques ont été délocalisés d'Amérique du Nord et d'Europe de l'Ouest. Tous ces changements ont créé des débouchés en Inde pour les candidats à un diplôme d'ITI. Non seulement le pourcentage de diplômés d'ITI allant à l'étranger a diminué (tombant de 70 % à 30 %), mais le pays est également devenu attractif pour les anciens émigrés (Wikipedia 2008, note de bas de page 62).

En tant qu'« établissements d'importance nationale », les ITI sont véritablement représentatifs de l'ensemble de l'Inde par la composition de leurs enseignants et de leurs étudiants. Durant leurs cinq décennies d'existence, chacun des cinq ITI d'origine a acquis un nom et une identité qui lui sont propres. La perspective d'un développement des ITI de création plus récente comparable à celui des cinq ITI d'origine constitue une importante question, en particulier si l'on considère que le système ITI est à la croisée des chemins. Pour réfléchir à cette question, on trouvera ci-après une étude de cas décrivant le succès d'ITI Bombay.

L'ITI de Bombay : une étude de cas

L'Institut de Technologie indien de Bombay, appelé familièrement ITI Bombay, est le deuxième ITI le plus ancien. Il a été créé en 1958 avec le concours de l'Organisation des Nations Unies pour l'éducation, la science et la culture (UNESCO), avec une contribution du Gouvernement soviétique. Jusqu'à 1973, l'Institut a reçu une assistance considérable sous la forme de matériel et de compétences techniques, et plus précisément des services de 59 experts et 14 techniciens provenant d'établissements soviétiques réputés et qui ont aidé l'Institut à ses débuts. L'UNESCO a également offert 27 bourses de formation en URSS à des enseignants indiens. Dans le cadre de l'accord bilatéral de 1965, le Gouvernement soviétique a apporté une assistance supplémentaire. Le Gouvernement indien a pris en charge toutes les autres dépenses, notamment le coût des projets de construction et les dépenses de fonctionnement.

L'Institut a commencé sa première session académique le 25 juillet 1958, dans un immeuble loué de Bombay avec 100 étudiants sélectionnés parmi plus de 3 400 candidats pour les programmes de licence de technologie. Lorsque la construction des bâtiments a été terminée sur l'immense campus de Powai de 220 hectares, situé dans la banlieue nord de la ville, l'Institut a quitté ses locaux temporaires pour s'installer à l'emplacement idyllique qu'il occupe actuellement. Au moment où ITI Bombay a fêté son jubilé d'or en 2008, son campus était doté d'infrastructures complètes et était devenu un des hauts lieux de Mumbai. Avec plus de 6 000 personnes (étudiants, professeurs et membres du personnel auxiliaire) vivant sur le campus de Powai, l'ambiance d'ITI Bombay était celle d'une petite ville.

L'emblème de l'Institut est la devise « Gyanam Paramam Dhyeyam » (ce qui signifie en sanscrit « le savoir est le but ultime »). L'Institut a pour objectif d' « être la source d'idées nouvelles et d'innovations dans les domaines de la technologie et de la science », et pour mission « de créer une atmosphère dans laquelle prospèrent les idées nouvelles, la recherche et le goût de l'effort intellectuel, et qui favorise l'apparition des leaders et des innovateurs de demain » (ITI Bombay 2009d, 2). Le programme de l'Institut reflète son espoir de voir ses diplômés devenir les leaders de demain. En plus des cours professionnels qu'il offre, ITI Bombay accorde la plus grande importance à l'acquisition de bases solides dans les sciences fondamentales (physique, chimie et mathématiques) et à la familiarisation avec des matières comme la philosophie et les sciences sociales. L'accent mis sur les sciences fondamentales est censé répondre, du moins en partie, à la crainte d'une obsolescence rapide de la technologie. Si une importance considérable est accordée aux lettres et aux sciences sociales, c'est pour aider les étudiants à jouer un rôle plus positif dans la société dans laquelle ils vivent. En dehors des facilités qu'il a offertes pour l'enseignement supérieur, la formation et la recherche dans divers domaines des sciences de l'ingénieur et de technologie, l'Institut a contribué au progrès scientifique et technologique de l'Inde ainsi qu'à son développement industriel et à sa croissance économique.

ITI Bombay est aujourd'hui reconnu comme l'un des rares centres d'excellence académique du pays et l'UNESCO en a fait son premier site du patrimoine du savoir en 2008 (ITI Bombay 2008, 1). Les anciens élèves d'ITI Bombay ont remporté des succès dans différents domaines et à divers titres, notamment comme ingénieurs, directeurs et planificateurs, consultants et conseillers, enseignants, chercheurs et entrepreneurs de rang mondial, tant en Inde qu'à l'étranger. En dépit des différences de méthodologie des classements d'universités, ITI Bombay est considéré comme un des meilleurs instituts techniques du monde : il a terminé à la 36e place dans les classements de Times Higher Education — QS World University pour les sciences de l'ingénieur et les universités de TI, et s'est classé à la 174e place parmi les 200 meilleurs établissements d'enseignement supérieur du monde en 2008, ratant une place parmi les cent premiers en raison de son faible score sur deux points, les enseignants et étudiants étrangers (Mukul 2009, 13).

Il n'est pas étonnant qu'au cours des dernières cinq années ITI Bombay soit devenu, de tous les ITI, celui qui est le plus recherché des étudiants. Parmi ceux qui ont obtenu les meilleurs résultats à l'examen d'entrée commun à tous les ITI (c'est-à-dire l'élite nationale des candidats à des études de sciences de l'ingénieur aspirants) 52, 46, 50, 54 et 69 respectivement ont opté pour lui en 2005, 2006, 2007, 2008 et 2009. Au total, 178 (soit 35,6 %) des 500 meilleurs candidats, soit le groupe le plus nombreux, ont opté pour ITI Bombay en 2009 (Chhapla 2009a). L'emplacement de l'Institut dans la capitale financière et artistique du pays, sa réputation de rigueur académique et la qualité de vie sur son campus ainsi que ses chiffres record en matière de placement sont autant de facteurs qui ont contribué à l'attraction croissante qu'il exerce.

Organisation académique
Sous l'égide du Conseil des ITI, ITI Bombay est dirigé par un Conseil d'Administration dont le président est nommé par le Visiteur. Ce conseil comprend des directeurs ; quatre experts dans les domaines de l'éducation, de la science ou des sciences de l'ingénieur nommés par le conseil ; deux professeurs nommés par le conseil consultatif, ainsi qu'un spécialiste des technologies ou un industriel réputés, nommés chacun par le gouvernement des États de Goa, du Gujarat, du Karnataka et du Maharashtra. Le secrétaire général est le secrétaire du conseil. Depuis 2000, le conseil bénéficie de l'assistance d'un comité consultatif constitué d'éminents experts dans les domaines intéressant l'institut et ses anciens élèves éminents. Le deuxième comité d'examen a constaté que ce mécanisme

apportait une contribution positive à l'Institut et l'a donc recommandé également aux autres ITI (Gouvernement indien 2004, 42).

Pour toutes les questions académiques, l'organe suprême est le conseil consultatif, qui a l'autorité et la responsabilité de préserver des normes d'éducation, d'instruction et d'examen pour les divers programmes d'étude et pour toute autre question académique d'une façon générale. Tous les professeurs d'ITI Bombay sont membres du conseil consultatif, qui est présidé par le directeur. Celui-ci est épaulé par un directeur adjoint. Il existe une division du travail harmonieuse entre les fonctions académiques et les fonctions connexes : il y a sept doyens en titre dont chacun a une autorité et un domaine de responsabilité bien définis. Le secrétaire général est chargé de l'administration générale de l'institut, et il est épaulé en cela par cinq administrateurs (et membres du personnel auxiliaire) qui sont chargés de domaines administratifs précis. Le Bureau académique, qui relève du doyen des programmes académiques, facilite et coordonne les tâches académiques et en particulier l'enseignement et l'évaluation des étudiants. Il est également dépositaire des diplômes et des registres académiques de tous les étudiants et apporte un appui administratif au conseil consultatif. Le Bureau académique agit en contact étroit avec les services du Doyen des affaires estudiantines, qui s'occupe des problèmes extrascolaires des étudiants et coordonne leurs diverses activités extrascolaires.

ITI Bombay offre une grande variété de programmes et de sessions d'étude en sciences de l'ingénieur (son domaine d'élection), design, sciences pures, gestion, lettres et sciences sociales, organisés en 14 départements spécialisés, dix centres multidisciplinaires et trois écoles d'excellence. Compte tenu de l'autonomie dont jouit l'Institut, ces programmes et cours sont flexibles de façon à pouvoir relever le défi du changement. L'Institut met l'accent sur les bases de l'enseignement et l'apprentissage, et la pédagogie et l'évaluation y sont adaptées. Chaque année, plus de mille étudiants passent par l'Institut en y obtenant différents diplômes.

Une caractéristique particulière de l'organisation académique d'ITI Bombay est son programme de formation continue. Les cours offerts dans ce domaine comprennent des cours de brève et longue durée sur des questions intéressant l'industrie et la recherche, des cours sur place réservés à une certaine entreprise ou organisation (soit sur place, soit à l'Institut), des cours spécialisés de longue durée et des cours du soir de troisième cycle à l'intention de professionnels. Certains cours s'adressent à un grand nombre de participants de tout le pays grâce à la diffusion par vidéo de conférences complétées par l'utilisation de manuels. L'utilisation du Web et de la transmission par satellite pour donner des cours virtuels est une innovation qui permet à certaines personnes qui n'y auraient pas accès autrement d'acquérir des connaissances technologiques poussées.

Faisant les concessions voulues pour les idiosyncrasies individuelles pour lesquelles les professeurs sont bien connus, l'Institut a eu la chance d'être dirigé par un personnel compétent. À la différence des universités publiques où le poste de vice-chancelier est maintenant pourvu en fonction de critères politiques et de considérations extra-universitaires, ITI Bombay a eu pour dirigeants des professeurs d'envergure ayant obtenu des résultats probants. Dans l'ensemble, il n'y a pas d'ingérence du gouvernement ni de responsables politiques, mais l'Institut doit compter avec Shiv Sena, parti hindou nationaliste d'extrême-droite qui contrôle les syndicats de personnel auxiliaire.

Effectifs

Comme on l'a vu, ITI Bombay a attiré au fil des ans les meilleurs des candidats reçus à l'examen commun aux ITI d'admission à ses programmes de premier cycle. De même, les programmes de troisième cycle attirent les meilleurs des candidats passant avec succès le Test d'aptitude aux sciences de l'ingénieur, reçus à l'examen d'admission commun et satisfaisant aux autres procédures d'admission. Toutefois, du fait que l'obtention d'une maîtrise de technologie et d'un doctorat n'est pas l'objectif prioritaire des titulaires d'une licence de technologie, le calibre des étudiants à ce niveau n'est pas élevé, et la norme éducative est donc révisée en baisse. Le nombre d'étudiants admis chaque année a augmenté régulièrement, passant de 1 135 en 1998-1999 à 1 754 en 2008-2009 (soit une progression de 54,54 %). Le nombre d'admissions au programme de premier et deuxième cycles (y compris à un programme débouchant sur un double diplôme et au cours préparatoire) a augmenté de façon particulièrement spectaculaire puisqu'il est passé de 319 en 1998-1999 à 652 en 2008-2009 (soit un accroissement de 107,07 %). Les effectifs dans les divers programmes sont les suivants : licence de technologie, double diplôme et cours préparatoire, 652 ; maîtrise et doctorat de science, 162 ; maîtrise de philosophie, 12 ; maîtrise de design 49 ; maîtrise de gestion, 86 ; maîtrise de technologie, 596 ; et doctorat, 197[3].

En 2007-2008, on comptait 5 507 étudiants, dont 2 313 (42 %) dans les premier et deuxième cycles et 3 194 (58 %) dans le troisième cycle. On prévoit qu'en 2014-2015, leur nombre total atteindra 8 250 (soit un accroissement de 49,81 %), dont 2 750 (33,33 %) étudiants des premier et deuxième cycles et 5 500 (66,67 %) du troisième cycle. L'augmentation des effectifs au niveau du premier cycle en 2008-2009 tient en partie à l'entrée en vigueur de la première phase de la réservation (9 %) de quotas de places pour des étudiants provenant d'autres classes défavorisées (27 %), et les deux phases restantes (correspondant à 9 % chacune) seront mises en œuvre en 2009-2010 et 2010-2011.

Enseignants

« Recruter et conserver un personnel de haute qualité à l'Institut a toujours été un défi. La situation est devenue difficile avec la nouvelle politique de places réservées suivie par le Gouvernement indien pour l'admission d'étudiants à tous les niveaux », fait observer l'ancien directeur, le professeur Ashok Misra (ITI Bombay 2008, 12). En 2007-2008, on comptait 433 enseignants à plein temps et 31 professeurs adjoints. Le personnel de l'Institut comprend une très forte proportion de professeurs, à savoir environ 50 %, et quelque 25 % de professeurs associés et autant de professeurs adjoints. Il manque environ 10 % d'enseignants. L'âge moyen des professeurs et des professeurs associés et adjoints d'ITI Bombay est de 51, 42 et 36 ans respectivement (Gouvernement indien 2004, 51), et il est dans l'ensemble plus bas que dans les autres ITI.

La répartition des enseignants entre les diverses disciplines est la suivante : sciences de l'ingénieur (61 %), sciences (26 %) et lettres, sciences sociales et gestion (13 %). Environ 44 % des enseignants sont titulaires d'au moins un diplôme du système ITI (voir Gouvernement indien 2004, 5). Presque tous sont titulaires d'un doctorat et il est à noter que 158 (36,49 %) l'ont obtenu dans une université étrangère et 74 (17,09 %) à l'ITI Bombay même. Le pourcentage de diplômes obtenus à l'Institut par des enseignants qui y enseignent, qui n'est pas une mauvaise chose en soi, serait plus élevé si l'on considère que beaucoup d'autres enseignants peuvent être titulaires d'au moins un diplôme délivré par l'Institut.

À la différence des universités, ITI Bombay a pour pratique (comme d'autres ITI) de mettre continuellement des annonces d'emploi sur son site Web. Les candidatures sont sollicitées toute l'année, et la procédure de sélection est engagée lorsque l'Institut parvient à une masse critique de candidatures à examiner en cas de besoin urgent de nomination dans tel ou tel département, centre ou école. Même dans ce cas, les procédures de l'Institut sont définies de façon plus rigide que dans le système en vigueur même à l'Institut scientifique d'Inde.

Recherche et développement

À la différence de leurs homologues de la plupart des écoles d'ingénieur qui se consacrent essentiellement à l'enseignement et à l'évaluation des étudiants, les enseignants d'ITI Bombay participent à des projets de recherche et de consultation parrainés par des organisations gouvernementales et par des centres de création industrielle privés[4]. Ils ont entrepris des projets de ce genre pour le ministère des Sciences et de la Technologie, l'Agence gouvernementale pour l'Électronique, l'Agence pour l'Espace, l'Agence de Développement aéronautique, le Département de l'Économie nucléaire et la Commission du pétrole et du gaz naturel. Certains projets de recherche sont financés par des agences internationales.

Il existe également des projets de collaboration et de consultation avec de nombreuses industries, notamment à l'étranger. En moyenne, une année donnée, les enseignants participent à environ 400 à 500 projets sponsorisés.

Les projets de recherche sponsorisés exigent une capacité d'innovation, un travail d'équipe dynamique et la création d'installations de recherche modernes. Ces projets renforcent l'interaction entre l'Institut et l'industrie, ce qui est loin d'être le point fort de l'enseignement supérieur indien. Les activités sponsorisées de recherche et de consultation constituent également une source de recettes supplémentaires. ITI Bombay a fixé des normes claires pour le partage des recettes tirées de la commercialisation de sa propre propriété intellectuelle.

Le Centre de recherche et de consultation industrielles d'ITI Bombay coordonne les projets de recherche et de consultation sponsorisés en assurant la liaison nécessaire avec l'industrie et d'autres sponsors de la recherche. Sous les auspices de ce centre, les départements académiques, les centres et les écoles ont créé des installations expérimentales en aérodynamique, biotechnologie, physique des basses températures, micro-électronique, applications des microprocesseurs, télédétection, robotique et télématique ainsi que dans d'autres domaines. Mis en place au prix de mille difficultés au bout de plusieurs décennies, ces laboratoires et facilités à la pointe du progrès sont une source d'immense fierté pour l'Institut. Le Centre de design informatisé répond aux besoins en matière de génie chimique et métallurgique. En plus de ce centre informatique principal, de nombreux autres groupes de recherche d'ITI Bombay disposent d'installations informatiques auxquelles ont accès les enseignants pour des tâches informatiques particulières. La Bibliothèque centrale[5], l'atelier central et l'imprimerie complètent l'infrastructure nécessaire à des travaux de recherche de qualité.

Pour attirer des candidats ayant un potentiel de recherche, l'Institut offre des bourses de recherche (aux détenteurs d'un diplôme de premier, deuxième ou troisième cycles avec ou sans expérience) et des stages d'été (pour les étudiants en avant-dernière année et les étudiants du troisième cycle). Les étudiants retenus travaillent sur des projets de recherche et peuvent éventuellement être admis à des programmes de troisième cycle ou de doctorat à condition de répondre aux conditions d'admission de l'Institut. Les enseignants et les étudiants reçoivent une assistance financière généreuse pour participer à des conférences internationales. ITI Bombay a institué plusieurs récompenses pour les résultats exceptionnels obtenus par des enseignants en matière de recherche et de développement.

De l'enseignement à l'entreprenariat
ITI Bombay a pour mission institutionnelle d'encourager et promouvoir l'entreprenariat. En 1999, il a adopté le concept de pépinière d'entreprises et il accueille maintenant la Société pour l'innovation et l'entreprenariat,

qui fournit « un environnement permettant de traduire le savoir et l'innovation en la formation d'entrepreneurs talentueux » (ITI Bombay 2009a, 1). En avril 2009, pour promouvoir les activités de recherche et les innovations de l'institut, son Centre de recherche et de consultation industrielles a organisé un événement intitulé TechConnect (ITI Bombay 2009b). Un grand nombre de produits des laboratoires de recherche de l'Institut et de la Société pour l'innovation et l'esprit d'entreprise ont été présentés. Il est à noter qu'ITI Bombay détient à présent plus de 80 brevets dans diverses filières des sciences de l'ingénieur (ITI Bombay 2009b) et a présenté au moins 53 demandes principales (ITI Bombay 2009d, 10-11).

Anciens élèves

Les anciens élèves d'ITI Bombay constituent un précieux atout pour l'Institut. Leur site Web (http://www.ITIbombay.org) est l'un des premier sites d'anciens élèves crée pour un établissement d'enseignement indien. Ils disposent de deux organisations officielles : le Fonds d'ITI Bombay pour le patrimoine et l'Association des anciens élèves d'ITI Bombay. Le Fonds d'ITI Bombay pour le patrimoine a le statut d'organisation caritative publique relevant de la Section 501(c)(3) du fisc des États-Unis, et il a pour mission de financer et promouvoir l'éducation et la recherche parmi les étudiants, les enseignants et les anciens élèves d'ITI Bombay. Il a levé plus de 20 millions de dollars et aide les nouvelles écoles sur le campus — École des Technologies de l'information Kanwal Rekhi et l'École de gestion Shailesh J. Mehta[6]. L'Association des anciens élèves d'ITI Bombay est enregistrée sous la Section 25 de la Loi relative aux entreprises indiennes (1956) et a pour mission de renforcer les relations entre les anciens élèves, de les aider de différentes façons et d'entretenir leurs liens avec l'*alma mater*. Cette association a joué un rôle clé dans la mise en place du réseau d'anciens élèves et pour soutenir les chapitres locaux du monde entier. Le Fonds pour le patrimoine d'ITI Bombay et l'Association des anciens élèves tiennent ensemble l'annuaire et le site Web des anciens élèves de telle sorte que ceux-ci puissent rester en contact les uns avec les autres et avec leur *alma mater*.

Relations internationales

Les relations d'ITI Bombay avec les établissements et les organisations de l'étranger se sont développées au fil des décennies. Pour coordonner et superviser les programmes internationaux, l'Institut dispose maintenant d'un Bureau des relations internationales et d'un doyen pour les relations internationales. Ce bureau travaille également avec le ministère du Développement des ressources humaines et le ministère des Affaires extérieures pour toutes les questions en rapport avec les protocoles d'accord d'ITI Bombay avec des établissements et organisations de l'étranger.

L'Institut est membre de LAOTSE (Liens avec l'Asie par l'organisation de stages et d'échange d'étudiants), réseau international d'universités d'Europe et d'Asie dans le cadre duquel il échange des étudiants et des universitaires de haut niveau avec les universités d'autres pays. Parmi les récentes initiatives de collaboration internationale de l'Institut figurent le programme de doctorat conjoint avec l'Université Monash (Australie) et la recherche en nanosciences et technologie avec l'Université de Cambridge (Royaume-Uni). Compte tenu de ses procédures d'admission complexes et strictes, l'Institut n'est pas en mesure d'attirer des étudiants étrangers.

Financement et mobilisation de ressources

ITI Bombay gère l'un des plus gros budgets des établissements d'enseignement supérieur du pays, son bilan pour 2007-2008 s'étant élevé en effet à plus de 5 743 milliards de roupies. Ses recettes se montent à environ 1 544 milliards de roupies, dont environ 1 074 milliards (soit 69,56 %) provenaient de l'État. En termes absolus, il apparaît que le financement a fortement augmenté au cours des dernières deux décennies, mais il faut également tenir compte de la dépréciation de la roupie durant cette période. Plus de 48 % de ses recettes, soit plus de 69 % des crédits publics, servent à payer les salaires, les avantages sociaux et les retraites des enseignants et autres catégories de personnel. Les dépenses de développement de l'Institut sont couvertes en grande partie par des fonds provenant de projets de recherche sponsorisés et les recettes de services de consultation. En 2007-2008, les projets de recherche ont rapporté 731 millions de roupies (soit 10 % de plus que l'année précédente) et 180 nouveaux projets, 440 millions de roupies. De même, les services de consultants ont rapporté 167 millions de roupies (soit 20 % de plus que l'année précédente). Il a déjà été question des dons et dotations d'anciens élèves et d'entreprises.

Dans l'ensemble, ITI Bombay est moins tributaire de l'État que les universités, qui dépendent des fonds publics à hauteur de 85 à 90 %. Néanmoins, si l'Institut souhaite véritablement devenir un établissement de rang mondial, il doit cesser de dépendre de l'aide de l'État. Cet impératif paraît particulièrement important si l'on considère l'ingérence gouvernementale (et politique) croissante dans le système ITI, phénomène inconnu au cours des premières décennies de son développement. ITI Bombay a donc un long chemin à parcourir.

Conclusion : où va le système ITI ?

Au cours des cinq dernières décennies, le système ITI a créé une marque dont ses anciens élèves sont les fiers ambassadeurs. En commençant par le modèle autonome qui a été élaboré pour encourager l'excellence en technologie, les auteurs de la politique de l'éducation ont marqué une rupture avec le système moribond des universités d'État. Cette autonomie a été bien utilisée par les ITI pour relever les défis du changement et se rapprocher des meilleurs établissements mondiaux pour l'enseignement de la technologie. Le système ITI est hautement compétitif et seuls les meilleurs candidats sont retenus. Malgré la campagne soutenue du gouvernement pour mettre en œuvre sa politique de discrimination positive et en élargir le champ au nom de la justice sociale, le système ITI a maintenu son niveau de qualité et la méritocratie y est encore en vigueur.

La qualité de leur enseignement est le point fort des ITI : bien que l'accent soit mis sur les sciences fondamentales, leurs cours couvrent des domaines à l'avant-garde de la technologie et des sciences de l'ingénieur. Le système est très sélectif en ce qui concerne le recrutement des enseignants et le taux d'encadrement dans les cinq instituts d'origine est considéré comme un luxe pour l'Inde. Le programme de formation continue d'ITI Bombay a contribué à une amélioration de la qualité de l'enseignement des sciences de l'ingénieur dans le pays. Bien que constituant un appendice de l'enseignement, le système a créé une énorme capacité de recherche et de développement, en particulier dans le domaine de la technologie appliquée. Les installations modernes — laboratoires, bibliothèques et centres informatiques — des cinq instituts d'origine sont les meilleures du pays. Le concept de pépinière d'entreprises adopté par ITI Bombay pour stimuler l'esprit d'entreprise chez les étudiants a donné des résultats positifs.

Une évaluation comparative d'établissements divers par rapport à des indicateurs quantitatifs aussi bien qu'à des normes qualitatives est une tâche difficile et souvent ingrate. Il s'agit dans une large mesure de savoir qui compare quels établissements et à quelle fin. Une comparaison avec les écoles d'ingénieur d'Inde (voir tableau 6.1) ferait certainement apparaître les ITI comme des îlots d'excellence, bien au-delà de ce que les universités pourraient faire ou imaginer. Cette situation est remarquable si l'on considère tous les obstacles à l'excellence de l'enseignement en Inde, pays où d'énormes pressions s'exercent en faveur de la massification, de la médiocrité et de l'abaissement général des normes académiques. Toute évocation de l'excellence sera qualifiée d'élitiste et contraire aux principes de justice sociale. Toutefois, si l'on compare les ITI avec les universités occupant les classements mondiaux — y compris avec l'Institut de Technologie du Massachusetts, modèle dont s'inspirent les ITI, ces derniers ont encore un long chemin à parcourir. Pour se rapprocher de leur modèle, les ITI doivent effectuer d'énormes investissements en ressources, faire preuve d'une motivation de tous les instants et un travail acharné. En même temps, la tendance au déclin est préoccupante et peut-être l'effort supplémentaire consenti par le système ne lui permettra-t-il que de se maintenir au niveau qui est actuellement le sien.

Tableau 6.1   Les ITI et les universités d'État : une étude toute en contrastes

ITI	Universités d'État
Les ITI sont créés en vertu d'une Loi du Parlement ; le Président de l'Inde est le Visiteur de tous les ITI.	Les universités sont créées en vertu d'une Loi de l'organe législatif d'un État ; le gouverneur de l'État est le chancelier de l'université au sein dudit État.
Le Conseil des ITI est un organe de décision suprême pour tous les ITI — « le système ITI »	Certains États ont un cadre législatif commun pour leurs universités ; il n'existe pas d'organe suprême d'élaboration des politiques.
Le champ d'action académique est couvert par le Conseil national de l'enseignement technique.	Le champ d'action académique est couvert par la Commission des subventions universitaires.
En tant que responsable académique et exécutif, le directeur (responsable académique nommé) n'est pas le président de l'organe directeur, à savoir le Conseil d'administration.	En tant que responsable académique et exécutif, le vice-chancelier (nommé en fonction de considérations essentiellement politiques) préside l'organe directeur — Syndicat ou Conseil exécutif.
Les ITI dépendent financièrement du gouvernement central, mais se procurent des fonds au moyen de projets, de services de consultants et grâce au soutien de leurs anciens élèves.	Les universités sont dans un état de dépendance humiliant à l'égard des fonds publics et ne s'autofinancent pratiquement pas.
Les ITI jouissent d'une plus grande autonomie fonctionnelle.	Les universités ne disposent que d'une autonomie fonctionnelle très limitée ; les directives de l'État l'emportent.
Le gouvernement n'intervient pas dans le processus de décision d'un institut.	L'État intervient dans le processus de décision des universités.
Il n'y a pas d'ingérences politiques.	Des ingérences politiques se produisent aussi bien pour les questions de politique que pour les affaires courantes.
Le nombre d'ITI est limité, et leur expansion est planifiée et réglementée (au moins au cours des cinq premières décennies).	Les universités sont nombreuses et aucune expansion n'est prévue.
Le recrutement des enseignants et l'admission des étudiants se font à l'échelle de l'ensemble de l'Inde, et les ITI ont une optique cosmopolite.	Le recrutement des enseignants et l'admission des étudiants sont largement réservés à tel ou tel État ou à la région dans laquelle il se trouve ; les universités ont des perspectives purement locales.
L'accent est mis sur la technologie et son application avec de solides bases en sciences.	Il existe de nombreuses spécialisations, et l'accent est mis en particulier sur la pratique de sciences de l'ingénieur dans les collèges spécialisés.
Bien que l'enseignement soit le point fort des ITI, la recherche est encouragée ; les enseignants se consacrent activement à la recherche.	L'enseignement, à l'exclusion de la recherche, est la norme.

(suite à la page suivante)

Tableau 6.1   (suite)

ITI	Universités d'État
Bien que l'enseignement soit le point fort des ITI, la recherche est encouragée ; les enseignants se consacrent activement à la recherche.	L'enseignement, à l'exclusion de la recherche, est la norme.
Il existe une structure et un processus flexibles : les ITI s'adaptent à des situations évolutives et mettent en œuvre des changements sans tarder.	Il existe une structure et un processus rigides en ce sens que les universités ne sont pas en mesure de s'adapter aux changements au moment voulu.
Les enseignants jouissent d'une autonomie fonctionnelle en matière d'enseignement et d'évaluation.	Les enseignants enseignent et évaluent des cours approuvés selon un mode normatif.
Pour être admis, il faut passer avec succès un test organisé au niveau national, et être reçu à l'examen d'entrée commun aux ITI.	Admission sur titres, sans aucun examen d'entrée.
La méritocratie est la norme, malgré la politique de discrimination protectrice suivie par le gouvernement.	La médiocrité est la règle.
Il existe un taux d'encadrement favorable.	Les classes sont nombreuses, et le taux d'encadrement n'est pas favorable.
L'anglais est la langue exclusive d'enseignement et d'évaluation.	La langue locale est la principale langue d'enseignement ; même là où c'est l'anglais, les étudiants ont la possibilité de passer leurs examens dans la langue locale.
Le militantisme estudiantin est sous contrôle ; il n'existe aucun parrainage politique de groupes d'étudiants, et le calendrier académique est respecté.	Le militantisme étudiant n'est soumis à aucun contrôle, les étudiants sont très politisés et le calendrier académique est périodiquement perturbé par des troubles.
Un processus d'évaluation continue est mené par l'enseignant ; un système de notation fondé sur les unités de valeur est utilisé.	Un système d'évaluation annuelle et semestrielle est appliqué ; on recourt à une évaluation externe.
L'évaluation par les étudiants des cours et des enseignants est la norme.	Il n'existe pratiquement pas d'évaluation des cours et des enseignants par les étudiants.
Les titres universitaires délivrés par les ITI sont reconnus dans le monde entier.	Les titres universitaires délivrés n'ont pas de prestige, même en Inde.
Les anciens élèves sont fiers de l'être, bien organisés, constituent des agents de mobilisation actifs et agissent en quelque sorte comme des ambassadeurs des ITI.	L'idée d'une organisation d'anciens élèves n'existe pas.

Source : Auteur.
Note : Comparaisons fondées sur des observations générales.

Le système ITI est confronté à des défis aussi bien externes qu'internes. « Une université doit jouir de trois libertés fondamentales, à savoir la liberté de décider quel sera le contenu de l'enseignement, à qui enseigner, et qui enseignera. Nous constatons aujourd'hui que ces libertés sont sapées progressivement » ont déploré d'ancien directeurs d'ITI, Indiresan et Nigam, au début des années 90 (1993, 359). Le phénomène d'érosion auquel ils ont fait allusion concerne le fait de réserver des places pour des candidats de castes et tribus homologuées et les ingérences politiques qui en ont résulté dans le fonctionnement des ITI. Ce problème a été aggravé par l'extension de la stratégie de places réservées à d'autres classes défavorisées en 2008, bien que le bilan de l'expérience, dans le cas des castes et des tribus homologuées, ait été manifestement négatif à la fois pour les ITI et pour les étudiants acceptés dans le cadre des quotas de réservation. Le gouvernement s'est efforcé de répondre aux critiques en augmentant le nombre de places, ce qui n'a fait que soumettre le système à une pression accrue.

C'est ici que l'autonomie fonctionnelle des ITI est sérieusement compromise. Leur dépendance continue à l'égard des fonds publics est une invitation ouverte à une ingérence politique accrue. De récentes décisions gouvernementales concernant la création d'un poste d'assistant dans un ITI, la non obligation désormais d'être titulaire d'un doctorat pour occuper ce poste, le lancement de nouveaux ITI sans préparation suffisante, la rémunération globale des enseignants et d'autres options, laissent à penser que le gouvernement a commencé à traiter les ITI comme des universités régionales sinon comme ses propres départements. La tendance croissante des responsables politiques à intervenir dans le système ITI semble liée au fait que celui-ci ne leur inspire plus autant de fierté.

Les ITI sont confrontés à des défis redoutables au plan interne également. Il s'agit notamment des difficultés rencontrées pour recruter des enseignants, de l'incapacité à déterminer des rémunérations globales appropriées, et de l'absence d'un système de récompense au mérite. Qui plus est, les ITI n'ont pas pris suffisamment en compte la nécessité de revoir les objectifs du système. Ils ont réussi à produire en grand nombre les meilleurs diplômés en sciences de l'ingénieur et technologie, mais ils doivent aller au-delà de cette mission, car la recherche et la vulgarisation ne peuvent pas être de simples appendices de l'éducation. Dans les comparaisons internationales, les ITI sont à la traîne en ce qui concerne les indices de production de la recherche, de publications et de citations. L'adaptation de leurs programmes d'enseignement et de recherche aux besoins de développement d'une économie essentiellement rurale est une autre zone grise, d'autant plus de les ITI reçoivent d'énormes fonds publics.

De plus, bien qu'existant depuis plus de cinq décennies, le système ITI n'a pas favorisé l'interaction entre les établissements qui le composent. Une synergie entre les ITI pourrait améliorer la qualité de leur enseignement et de leurs programmes de recherche. À l'heure actuelle, ce type d'interaction est extrêmement limité, de même que la mobilité des enseignants d'un établissement à un autre. Si l'on considère la soudaine expansion du système, on ne saurait guère exagérer l'importance de cette mobilité.

La rigueur des procédures d'admission dans les ITI est critiquée parce qu'elle entraîne un déplacement des efforts d'éducation au détriment des écoles d'enseignement secondaire et au profit des cours particuliers. Ces derniers coûtent cher et tous les étudiants n'ont pas les moyens financiers, l'énergie ni le temps voulus à y consacrer. De plus, les cours particuliers favorisent les couches aisées de la société. Souvent, les candidats qui échouent à l'examen d'entrée commun aux ITI sont exposés à un risque de dépression et autres problèmes psychologiques, de même que leur famille. Mais le système ITI ne peut guère se permettre d'assouplir excessivement ses normes et on ne peut pas lui imputer les déficiences des établissements d'enseignement secondaire. Assimiler la méritocratie — pierre angulaire du système ITI — à l'élitisme est une invitation à la médiocrité.

Les défis tant externes qu'internes auxquels est confronté le système ITI n'incitent guère à l'optimisme sur la capacité des ITI existants à réaliser leurs rêves de statut de rang mondial, ou sur celle des nouveaux ITI à faire aussi bien que les cinq ITI d'origine. Il est à craindre que les nouveaux ITI aient du mal à décoller et que même s'ils y parviennent, il leur faille plusieurs décennies avant d'accomplir ne serait-ce qu'une partie de ce que les cinq instituts d'origine ont réalisé en un quart de siècle d'existence.

Notes

1. Le profil des candidats admis en 2005, qui n'a guère évolué au fil du temps, est le suivant : 72 % sont des citadins, 40 % sont âgés de 18 ans, 40 % sont reçus à l'examen à leur deuxième tentative, 32 % ont un score de plus de 90 % à leur examen de fin de dixième année, 53 % proviennent d'écoles affiliées au CBSE (Conseil central de l'examen de l'enseignement secondaire), 45 % ont un père fonctionnaire et 60 % ont des parents qui sont tous deux diplômés. Il est intéressant de noter que 45 % de ces candidats ont passé l'examen dans cinq villes seulement, à savoir Delhi, Hyderabad, Jaipur, Kota et Kanpur (Gulhati 2007, 34-35).

2. En mars 2010, un dollar valait 46,24 roupies.

3. Les données statistiques citées dans cette section proviennent des Rapports annuels d'ITI Bombay et en particulier du Rapport du Directeur dans le Rapport annuel pour 2007-2008 (ITI Bombay 2008).

4. Le Deuxième comité d'examen (Gouvernement indien 2004, 7) signale le rôle important qu'a joué ITI Bombay dans le développement a) des technologies de l'avion de combat léger indien Tejas ; b) du logiciel d'analyse de l'aéroservoélasticité (qui n'est disponible dans le commerce nulle part dans le monde) ; et c) des programmes informatisés pour la dynamique des fluides.

5. La Bibliothèque centrale d'ITI Bombay a une collection comptant au total 408 805 volumes et un dépôt institutionnel ; elle dessert 7 753 membres. Elle reçoit plus de 1 100 périodiques, 12 000 revues d'électronique en texte intégral et compte 12 bases de données. C'est la première bibliothèque universitaire du pays à favoriser les soumissions en ligne des thèses et des dissertations ; sur l'Intranet de l'Institut, la bibliothèque dispose maintenant d'une base de données en texte intégral comptant 4 467 éléments soumis depuis 1999-2000.

6. Les donations d'anciens élèves (d'Inde et de l'étranger) à ITI Bombay en 2007-2008 se sont élevées à 55 millions de roupies. L'Institut a reçu d'entreprises des dons d'un montant de 70,7 millions de roupies. Lors d'une conférence tenue à New York pour fêter le jubilé d'or d'ITI Bombay, ses anciens élèves des États-Unis se sont engagés à faire un don de sept millions de dollars (voir ITI Bombay 2009c). Certains dons poursuivent un objectif précis, comme la création de chaires. La Promotion 1982 a fait un don de 1,03 million de roupies pour créer le Fonds de primes pour les nouveaux enseignants. Avec les fonds accordés par Raj Mashurwala (de la promotion 1972), le Laboratoire Suman Mashurwala de micro-ingénierie de pointe a été inauguré en avril 2007 (ITI Bombay 2008, 11-12). Le premier laboratoire indien de nanomanufacture, inauguré en novembre 2007, est un don du Fonds du patrimoine d'ITI Bombay.

Références

Chhapla, Hemali. 2009a. "IIT-B: The New Favourite Among JEE Top 100, Delhi, Chennai Next." *Times of India* (Mumbai), June 25.

——. 2009b. "IIT Profs Ask for Their Dues." *Times of India* (Mumbai), August 25.

Deb, Sandipan. 2004. *The IITians: The Story of a Remarkable Indian Institution and How Its Alumni Are Reshaping the World.* New Delhi: Viking/Penguin Books India.

Friedman, Thomas L. 2006. *The World Is Flat: The Globalized World in the Twenty-First Century.* London: Penguin Books.

Government of India. 2004. *Indian Institutes of Technology: Report of the Review Committee, 2004.* New Delhi: Ministry of Human Resource Development. http://www.iitk.ac.in/infocell/Commrev/Committee/I.pdf. Accessed August 16, 2008.

Gulhati, Shashi K. 2007. *The IITs: Slumping or Soaring.* New Delhi: Macmillan India.

IIT Bombay (Indian Institute of Technology–Bombay). 2008. "The Director's Report." In *IIT Bombay Annual Report, 2007–08,* ed. IIT Bombay, 1–22. Mumbai: IIT Bombay.

——. 2009a. "Our Vision." Society for Innovation and Entrepreneurship, IIT Bombay, Mumbai. http://www.sineiitb.org/. Accessed August 8, 2009.

——. 2009b. "TechConnect 2009: IIT Bombay Showcases Its Innovations." IIT Bombay, Mumbai. http://www.iitb.ac.in/News_09/TechConnect09.html. Accessed August 8, 2009.

——. 2009c. "IIT Bombay Alumni." http://www.alumni.iitb.ac.in/. Accessed August 8, 2009.

————. 2009d. "R&D Spectrum." IIT Bombay, Mumbai. http://www.ircc.iitb.ac .in/webnew/R&DSpectrum/index.html. Accessed August 8, 2009.

Indiresan, P. V., and N. C. Nigam. 1993. "The Indian Institutes of Technology: Excellence in Peril." In *Higher Education Reform in India: Experience and Perspectives*, ed. Suma Chitnis and Philip G. Altbach, 334–63. New Delhi: Sage Publications India.

Mukul, Akshaya. 2009. "Delhi, Mum IITs Zoom on *Times* List: Fail to Breach Top 100 Mark Only on Two Indicators—International Staff and Students." *Times of India* (Mumbai), July 10.

Mukul, Akshaya, and Hemali Chhapla. 2009. "Non-PhDs Can Be IIT Lecturers." *Times of India* (Mumbai), August 28.

Pushkarna, Neha. 2009. "For Them IIT No Green Pasture." *Times of India* (Mumbai), September 2.

Upadhyaya, Yogesh K. 2005. "The Making of New IITs." rediff.com. http://www. rediff.com/money/2005/mar/23iit.htm. Accessed March 23, 2005.

Wikipedia. 2008. "Indian Institutes of Technology." Wikipedia.org. http:// en.wikipedia.org/wiki/Indian_Institutes_of_Technology. Accessed August 16, 2008.

CHAPITRE 7

L'essor, la chute et la renaissance de l'Université d'Ibadan (Nigéria)

Peter Materu, Pai Obanya, et Petra Righetti

Les universités africaines de la « génération de 1948 » (à savoir la période précédant l'indépendance) — l'Université d'Ibadan, au Nigéria ; l'Université de Khartoum, au Soudan ; l'Université du Ghana, à Legon ; l'Université de Makerere, en Ouganda ; et l'Université Cheikh Anta Diop de Dakar, au Sénégal — étaient affiliées à des universités partenaires dans les pays colonisateurs, comme la France, le Portugal et le Royaume-Uni. Dans ce cadre, elles étaient, par l'intermédiaire de leurs partenaires, automatiquement intégrées aux systèmes français, portugais, britannique, ou autres, d'assurance de la qualité. Ces alliances administratives et éducatives étroites assuraient aux pays africains des qualifications proches des normes, de la culture et du caractère académiques des universités européennes de l'époque. Au moment de l'indépendance, l'accentuation du pouvoir de l'État sur l'enseignement supérieur a altéré l'autonomie des établissements. Les autorités nationales avaient notamment pour priorités d'élargir l'accès à un enseignement gratuit et de réfréner l'opposition politique, dont les universités étaient souvent censées être le foyer.

Entre 1985 et 2002, le nombre d'étudiants de l'enseignement supérieur en Afrique subsaharienne a été multiplié par 3,6 (de 800 000 à environ trois millions), soit une hausse de quelque 15 % par an en moyenne. La demande publique d'enseignement supérieur est déterminée d'une part par la croissance démographique globale, de l'autre par l'évolution de l'accès aux cycles inférieurs d'enseignement. L'Afrique subsaharienne compte déjà quatre fois plus de jeunes qu'en 1950. Étant donné la généralisation de l'accès aux premiers niveaux d'instruction, la demande d'admission aux études supérieures devrait s'intensifier. Dans le même temps, le système éducatif hérité du passé colonial n'a pas suivi la mutation sociale et économique des pays : il est resté ancré dans une structure classique, hiérarchique, destinée aux élites.

Devant la hausse de la demande, l'enseignement supérieur privé est en pleine expansion. Les institutions privées qui connaissent le développement le plus rapide sont les établissements supérieurs non universitaires, qui offrent généralement des cursus mettant l'accent sur les sciences sociales, l'économie et le commerce, et le droit, moins coûteux à mettre en place. Ils se livrent peu à la recherche et satisfont généralement aux intérêts des étudiants plutôt qu'à la demande du marché du travail.

L'augmentation du nombre d'inscriptions a lourdement pesé sur les ressources publiques. Les dépenses par étudiant sont passées de 6 800 dollars en 1980 à 1 200 dollars en 2002, la moyenne s'établissant dernièrement à 981 dollars dans 33 pays à faible revenu d'Afrique subsaharienne. La baisse des coûts unitaires a compromis la qualité des programmes. Les établissements d'enseignement supérieur se heurtent à des difficultés croissantes pour recruter et fidéliser les enseignants, les salles de cours sont surpeuplées, le matériel est obsolète, et il n'existe que peu de cursus post-licence. Ces phénomènes ont été exacerbés par les crises économiques et politiques qui ont secoué la région ces 40 à 50 dernières années. Étant donné cette conjoncture, les universités de la majeure partie de l'Afrique (à la possible exception de l'Afrique du Sud) ne sont pas en mesure de suivre les évolutions mondiales en matière de gestion des universités, ni celles des programmes d'enseignement, de la pédagogie et de la recherche.

Les dirigeants africains sont conscients que le développement du continent est subordonné à son aptitude à s'intégrer dans l'économie du savoir actuelle. La place de l'Afrique à l'ère de la mondialisation sera également déterminée en grande partie par sa capacité à contribuer durablement au corpus mondial de connaissances. Les universités étant les principaux noyaux de la production de savoir (via la recherche), de sa transmission (par le biais de l'enseignement), et de son application (par l'interaction avec la société au sens large), la volonté est forte que les universités africaines prennent les mesures pertinentes pour renouer avec leur ambition d'atteindre à un niveau international.

Le Nigéria, en tant que pays le plus grand et le plus peuplé d'Afrique (140 millions d'habitants), donne une image globale des structures et des enjeux éducatifs de l'ensemble de la région. Ce grand pays est doté d'une population diversifiée sur le plan ethnique et religieux. L'offre de services éducatifs tient compte de ces particularités dans le cadre d'une répartition des responsabilités entre les autorités fédérales, locales et les États. Chaque échelon de l'administration publique fournit des services au profit du groupe qu'il représente. Le budget fédéral de l'éducation couvre ainsi quatre domaines d'intérêt nationaux : a) la production de compétences très spécialisées pour le marché du travail national ; b) l'établissement de normes de formation et de qualification autorisant la naissance d'un marché du travail national pour les professions intellectuelles ; c) le renforcement de la compréhension et de la tolérance afin de dépasser les principaux clivages ethniques ; et d) la promotion d'un sentiment d'identité nationale (Banque mondiale 2006).

Le cadre constitutionnel et juridique complexe du système gêne son fonctionnement. En particulier, la répartition des responsabilités entre les trois échelons de gouvernement (qui gèrent ensemble 50 % des ressources) complique la reddition de comptes. Au sein du système fédéral, la répartition des fonctions entre le ministère de l'Éducation et ses organismes parapublics n'est pas toujours claire, ce qui laisse supposer redondance et inefficacité. Au niveau fédéral, les fonctions et responsabilités institutionnelles semblent parfois se recouper et sont désuètes en regard des évolutions récentes. Ces problèmes tiennent à l'insuffisance des compétences en matière de planification et d'analyse stratégique et à l'absence de statistiques fiables, notamment en ce qui concerne les taux d'inscription, les données financières, et les projections démographiques (Banque mondiale 2006).

Le présent chapitre se penche sur l'un des établissements africains de la génération de 1948, l'Université d'Ibadan au Nigéria. Il s'articule en trois volets qui analysent a) le lien étroit entre l'évolution politique, économique et sociale de l'État nigérian au cours des six dernières décennies et le destin de l'université ; b) les mesures prises par cette dernière pour se redynamiser ; et c) les interventions nécessaires au niveau systémique et institutionnel pour stimuler ce processus de redynamisation et mettre l'établissement sur la voie d'un statut international.

L'irruption des classements mondiaux d'universités au cours des cinq dernières années (2005-2010) a ranimé chez les établissements d'enseignement supérieur nigérians le désir d'affronter la concurrence et d'évaluer leurs résultats. Même si la valeur et les critères des classements peuvent être contestés, le fait qu'aucune université nigériane n'ait jamais figuré dans le peloton de tête a sonné l'alarme, tant dans le milieu universitaire que dans la société au sens large. Les Nigérians ont depuis entrepris d'évaluer la performance de leurs universités à l'aune de celles d'Afrique du Sud, qui s'inscrivent en tête des classements du continent africain.

Dans le pays même, la lutte entre les universités les plus anciennes pour se classer parmi les 100 premières en Afrique est visible et sensible. L'établissement nigérian qui arrive en tête de chaque classement annuel reçoit le titre de « meilleure université du pays ». L'Université d'Ibadan, souvent qualifiée d'« université d'élite » et de « première et meilleure université » de la nation, ne l'a pas encore obtenu. Pour les universités concurrentes, c'est là un élément qui tend à démontrer que la première des universités n'est plus la meilleure.

Influence de la conjoncture politique, économique et sociale du Nigéria sur l'évolution de l'Université

Une assertion d'un historien de l'Université d'Ibadan a souvent été citée : « L'histoire de l'Université d'Ibadan est, en un sens, indissociable de celle du Nigéria après la Deuxième Guerre mondiale » (Adewoye 2000, 16).

Sur le plan historique, l'évolution de l'Université s'inscrit clairement dans trois phases distinctes : les années de l'Université de Londres (1945-1962), l'émergence d'une université nationale (1962-1966), et les années de troubles (1966-1999). Chaque phase marque une étape dans l'évolution politique et socioéconomique particulière du Nigéria, et a exercé une influence majeure sur le développement de l'Université d'Ibadan.

Les années de l'Université de Londres : 1945-1962

Cette phase du développement sociopolitique et économique du Nigéria court de la fin de la Deuxième Guerre mondiale (1945) à l'obtention d'un statut complet d'université (1962) en passant par le processus d'indépendance politique (1960). Elle a été caractérisée par la formation des partis politiques nigérians (1951) et l'institutionnalisation d'une structure politique comportant trois régions, au Nord, à l'Est et à l'Ouest du pays (1952). Sont ensuite venus l'octroi de l'autonomie aux régions en 1957 et 1958 puis, finalement, l'indépendance en 1960.

Durant cette phase, les autorités fédérales et régionales ont développé les services publics, revendiquant des politiques de *nigérianisation* pour instaurer une cohésion nationale et encourager le recrutement de ressortissants nationaux dans ces services. Cette période a intensifié l'élan politique en faveur de l'autonomisation et de la décolonisation en Afrique. La Grande-Bretagne a compris que le développement de l'enseignement supérieur était essentiel pour préparer les colonies à l'émergence d'États autonomes dotés des ressources humaines appropriées pour gérer leurs affaires politiques et économiques.

Pour former une élite de dirigeants et de fonctionnaires, le Gouvernement colonial britannique a mis en place deux commissions en 1943. La commission Asquith était chargée d'examiner les « principes qui devraient guider la promotion de l'enseignement supérieur, de l'apprentissage et de la recherche, et la création d'universités dans les colonies » (Adewoye 2000, 16). La commission Elliot devait rendre compte de l'organisation et des infrastructures des centres d'enseignement supérieur existants en Afrique de l'Ouest britannique et formuler des recommandations concernant le développement ultérieur d'universités dans cette région. Les rapports qu'elles ont établis ont amené la mise à niveau des établissements postsecondaires existants dans différentes parties de l'Empire britannique. Au Nigéria, le Yaba Higher College, qui assurait depuis 1934 la formation d'une main-d'œuvre autochtone de niveau intermédiaire, a été modernisé et transféré dans la ville d'Ibadan où il est devenu la première université nigériane, officiellement inaugurée en novembre 1948.

À l'instar d'établissements équivalents (l'Université Makerere en Ouganda et l'Université du Ghana à Legon), fondés vers la même époque, l'Université d'Ibadan était affiliée à l'Université de Londres dont elle était en fait un campus extérieur et une réplique. Cela était conforme aux recommandations des commissions Asquith et Eliott selon lesquelles « ces établissements devraient aspirer dès le départ à un niveau académique équivalent à celui des universités et facultés britanniques » (Montani 1979).

Le recrutement et l'avancement du personnel (enseignant, technique et administratif) suivaient scrupuleusement les règles britanniques. Le recrutement des étudiants était extrêmement concurrentiel. L'enseignement se limitait aux disciplines britanniques classiques dans les domaines des sciences humaines (lettres classiques, anglais, histoire-géographie), des sciences (mathématiques, botanique, chimie, physique et zoologie), de l'agriculture (introduite en 1949) et de la médecine (enseignement préclinique seulement dans les premières années).

L'université s'écartait néanmoins de la norme londonienne sur deux points essentiels. Le premier était l'existence d'un campus coûteux offrant toute la gamme des services municipaux et des résidences universitaires aux enseignants et aux étudiants des cycles supérieurs. Cela devait poser plus tard de sérieuses difficultés à l'université. Le second était l'instauration d'un dispositif d'« admission de faveur » pour les étudiants non titulaires du diplôme britannique d'admission à l'université « General Certificate of Education » de niveau supérieur, qui sanctionne sept années d'enseignement secondaire. Les étudiants acceptés suite à des examens d'admission dans le cadre de ce dispositif devaient suivre une année de formation pré-universitaire avant d'être pleinement intégrés au programme d'études.

Le label « Université de Londres », la prédominance de maîtres de conférences et de professeurs de formation londonienne, les cursus dictés et contrôlés par Londres, et des procédures d'admission très sélectives et élitistes se sont associés pour renforcer le prestige de l'université dans tout le Commonwealth britannique d'alors.

D'autres facteurs ayant concouru à la notoriété initiale d'Ibadan méritent d'être mentionnés. D'abord, les autorités se sont sciemment efforcées d'attirer du personnel enseignant, technique et administratif de haut calibre, notamment par des dispositions spéciales visant à encourager les jeunes cadres et universitaires nigérians prometteurs. Ensuite, la composition des effectifs était véritablement internationale, ce qui a contribué à la richesse de la culture académique et sociale de l'université. Au cours de ces premières années, le personnel ne comptait qu'une poignée d'universitaires nigérians, procédant pour l'essentiel du Yaba Higher College, établissement qui avait précédé Ibadan. Ces enseignants nationaux constituaient moins de 10 % du corps professoral de l'université. En troisième lieu, les infrastructures physiques et pédagogiques étaient de haut niveau. Quatrièmement, le nombre d'étudiants était relativement faible, d'où des ratios enseignants-étudiants gérables. Enfin, Ibadan a intégré dès le début une culture de recherche dans sa vie universitaire. Selon Mellanby (1958, 104), « dispenser un enseignement à nos étudiants et procéder à des travaux de recherche originaux étaient nos devoirs fondamentaux. »

De 1951 environ (date à laquelle Ibadan a produit le premier groupe de diplômés de l'Université de Londres) à l'indépendance, en 1960, l'université a été en mesure de former un noyau de diplômés nigérians dotés des compétences nécessaires pour gérer les services publics dans de nombreux domaines — éducation, administration, services diplomatiques, médecine, agriculture, radiodiffusion, police, etc. Un nombre record de diplômés de l'Université d'Ibadan-Londres est également allé poursuivre des études post-licence à l'étranger, et a ultérieurement rejoint le corps professoral de l'université. Ainsi, la société nigériane a ressenti l'influence d'Ibadan dès la première décennie de son existence. La notoriété de l'université a été renforcée par l'apport substantiel de plusieurs de ses diplômés à la littérature africaine anglophone naissante.

Ces pionniers de la littérature sont demeurés une source de fierté pour la nation — Chinua Achebe, Wole Soyinka (lauréat du prix Nobel de littérature en 1986), John Pepper Clark, Chukwuemeka Ike, et d'autres encore. Cette période a également vu apparaître des universitaires nigérians formés à Ibadan qui ont plus tard acquis une renommée mondiale dans différentes disciplines — J. F. Ade Ajayi (histoire), Akin Mabogunje (géographie), Ayo Bamgbose (linguistique), et C. Agodi Onwumechili (physique), parmi bien d'autres.

Au cours de cette période, Ibadan a également posé les premiers jalons de la recherche et de l'enseignement de l'histoire de l'Afrique, sous la direction de Kenneth Dike, devenu plus tard le premier directeur nigérian de l'établissement. Le produit de ces efforts — la « Ibadan History Series » — a immédiatement été reconnu constituer l'interprétation la plus exacte du passé africain. Ibadan a pu, dans le cadre de ce projet, établir des liens avec d'autres universités africaines et des centres mondiaux d'étude et de documentation sur l'Afrique. Elle est également devenue un centre d'attraction pour les chercheurs d'origines diverses spécialisés dans l'histoire de l'Afrique.

Les recherches et les publications de l'université dans ce domaine ont par la suite amené une transformation des programmes scolaires à l'échelon pré-universitaire. Peu à peu, l'étude de l'Afrique a pris le pas sur celle des autres régions (de l'Empire britannique notamment) au niveau de l'école secondaire. L'apparition de la littérature africaine anglophone a eu des effets similaires, alimentés par la créativité littéraire des diplômés d'Ibadan, avec le concours d'autres facteurs.

Ibadan n'a cependant pas été à l'abri des critiques durant ces premières années. L'élite nigériane et certains partis politiques étaient insatisfaits de l'éventail étroit de cursus offerts par l'université. La référence aux normes européennes était jugée préjudiciable à la formation de la main-d'œuvre nécessaire aux priorités du Nigéria en termes d'édification de la nation, de diversité ethnique, d'identité, et de développement socioéconomique. Bon nombre de jeunes hommes et de jeunes femmes qualifiés (diplômés de l'école secondaire) étaient exclus de l'enseignement supérieur en raison des critères d'admission très rigoureux, et sont partis étudier au Fourah Bay College en Sierra Leone et à l'Université du Ghana à Legon. L'université n'est pas restée passive face à ces critiques. Les mesures pratiques qu'elle a prises pour y répondre et leurs retombées seront analysées plus loin.

La naissance de l'Université nationale : 1962-1966

Cette phase a coïncidé avec une époque de grandes espérances au Nigéria et dans le reste du monde. Les paroles du premier ministre britannique, Harold Macmillan, résonnaient puissamment au Nigéria lorsqu'il évoquait la naissance des nations africaines indépendantes et l'apparition remarquée de l'Afrique sur la scène mondiale.

La ferveur du Nigéria pour l'indépendance et l'organisation politiques transparaît dans les nouvelles structures de gouvernance mises en place par les trois régions constituant la Fédération (Est, Ouest et Nord). Les conseils de commercialisation des matières premières (cacao, caoutchouc, huile de palme, coton et arachide) produisaient des recettes suffisantes pour financer l'action publique. La saine concurrence entre les régions s'est traduite par des améliorations notables dans la prestation des services d'infrastructure, d'éducation, de santé, et de vulgarisation agricole.

Néanmoins, en 1959, les premiers heurts idéologiques sont apparus. La lutte pour le contrôle politique au niveau fédéral a suscité une crise à l'occasion d'élections. Le tribalisme s'est imposé parmi les thèmes dominants du discours national, et la concurrence entre les trois régions a pris un ton hostile. Le tribalisme est également devenu un élément déterminant de l'attribution des postes dans l'administration naissante et de la plupart des postes de décision. En 1964-1965, des élections fédérales contestées et les résultats du recensement national ont aggravé la situation. La situation politique s'est rapidement envenimée ; le premier coup d'État militaire est intervenu en janvier 1966, le second six mois plus tard seulement — tous deux sanglants et fortement teintés de tribalisme. La région de l'Est a déclaré son indépendance et a pris le nom de République du Biafra, décision inacceptable pour le gouvernement fédéral. Une guerre civile s'est ensuivie, qui a duré trois ans (1967-1970). Nous y reviendrons en détail à la section suivante.

S'agissant des réformes sociales, les autorités de la fédération nigériane ont, au cours de ces années, pris des mesures visant délibérément à satisfaire l'énorme demande en matière d'éducation. La région de l'Ouest a établi l'enseignement primaire gratuit en janvier 1955. La région Est, moins en mesure d'appliquer cette réforme, a dû faire appel aux collectivités locales pour financer les améliorations dans le domaine de l'éducation. La région du Nord, sans pour autant déclarer officiellement une politique d'éducation gratuite, a pris des dispositions pour élargir l'accès à l'enseignement, notamment l'ouverture de nouvelles écoles publiques, l'offre de subventions aux prestataires non gouvernementaux, et le renforcement de la supervision scolaire.

C'est également au cours de cette période que sont apparus des programmes dynamiques de bourses d'études postsecondaires à l'échelon régional et fédéral. Ils étaient destinés à former du personnel nigérian pour la fonction publique et ont conduit à la création d'établissements spéciaux pour le perfectionnement du personnel administratif subalterne (l'Institut d'administration de Zaria par exemple) des administrations régionales et locales. Des projets similaires étaient simultanément conduits dans les domaines de l'agriculture, de l'éducation, des travaux publics et de la santé. Les travaux des commissions des bourses portaient néanmoins surtout sur les études de type universitaire, au Nigéria et à l'étranger.

En avril 1959, le Gouvernement fédéral du Nigéria a créé la commission Ashby, chargée d'analyser les besoins en main-d'œuvre du Nigéria pour les 20 années suivantes (1960-1980) et d'en rendre compte (Ashby 1959). La commission a recommandé de développer et d'améliorer l'enseignement primaire et secondaire, de mettre à niveau le collège universitaire d'Ibadan pour en faire une université en bonne et due forme, et de fonder des universités à Nsukka (1960), à Ile-Ife (1962), et à Zaria (1962). Elle a également recommandé la création d'une Commission nationale des universités chargée de veiller à ce que ces établissements appliquent des normes académiques communes. Le système scolaire postsecondaire était censé produire la main-d'œuvre de haut niveau nécessaire au Nigéria dans la période suivant l'indépendance (Fabunmi 2005).

L'Université du Nigéria, Nsukka, était à plusieurs égards révolutionnaire en termes d'enseignement universitaire national. Elle a instauré des programmes d'enseignement conduisant à des diplômes professionnels dans des disciplines telles que le droit, l'éducation, la gestion, la communication de masse, l'économie domestique, l'ingénierie et l'architecture — programmes qui, pour la plupart, ne relevaient pas du cursus universitaire dans le système britannique classique dont avait hérité Ibadan. Elle a également instauré des programmes d'études en sciences sociales (sociologie, sciences politiques et psychologie), et proposé plusieurs spécialisations dans le domaine de l'agriculture — phytologie et pédologie, production animale, économie agricole, etc. En 1961, sa deuxième année d'existence, Nsukka a admis plus d'un millier d'étudiants, soit cinq fois le nombre généralement admis à Ibadan.

La réaction d'Ibadan à ces évolutions a revêtu plusieurs formes. L'université a planifié une transition du statut de collège universitaire (autrement dit un collège dépendant de Londres) à celui d'établissement autonome, et entrepris de proposer ses propres programmes à compter de l'année universitaire 1962-1963. Elle a créé de nouvelles facultés dans les domaines de l'éducation et des sciences sociales, un cursus de français à la Faculté des sciences humaines, et de nouveaux départements au sein de la Faculté d'agriculture (sylviculture, agronomie, sciences animales, pédologie, biologie agricole et économie agricole). Elle a élargi les effectifs étudiants et construit de nouvelles résidences à leur intention (conçues pour accueillir deux étudiants par chambre).

L'université a également pris des mesures d'importance à l'appui de la nigérianisation. Le premier directeur nigérian de l'établissement (Kenneth Dike) a été nommé en 1958 au poste de principal, et a pris le titre de Vice-chancelier lorsqu'Ibadan a acquis son statut d'université à part entière en 1962. Le nombre de Nigérians nommés titulaires de chaires professorales dans des domaines tels que l'histoire, les sciences politiques, l'agriculture, la médecine et les sciences naturelles a augmenté. Un plus grand nombre de professeurs nigérians ont également été nommés à des postes de directeurs ou de doyens.

Cette phase du développement de l'université a été une époque de riche ferment intellectuel. Ibadan est devenue un grand centre de conférences internationales et de travaux de recherche concertée. Un programme de formation post-licence y est né dans le cadre d'accords de coopération avec des universités étrangères. L'université a influé sur la société au sens large sous différentes formes. Le Département des études hors les murs a organisé dans tout le pays des cursus professionnels et d'études pour tous les niveaux d'instruction. L'Institut d'éducation a concouru à la professionnalisation de l'enseignement scolaire grâce à son diplôme associé (premier cycle) et son diplôme post-licence en sciences de l'éducation.

Ibadan est également devenu la « mère » des nouvelles universités nigérianes d'Ile-Ife, de Nsukka, et de Zaria. Leurs premiers vice-chanceliers, qui ont plus tard atteint une notoriété internationale, ont acquis leur expertise et conduit leurs travaux de recherche à Ibadan. Bon nombre de professeurs en étaient issus, de même que de nombreux jeunes membres du corps professoral, dont beaucoup y avaient suivi des études postdoctorales.

La renommée internationale assez élevée d'Ibadan durant cette phase de son développement peut s'expliquer par les facteurs suivants. *Primo*, cette période a consolidé le fondement solide des premières années — la composition et le calibre internationaux du personnel, l'assez bonne qualité des infrastructures, l'admission sélective des étudiants, et d'autres aspects. *Secundo*, l'université développait alors des relations avec des institutions et des fondations étrangères (essentiellement les fondations Ford, Rockefeller et Nuffield) qui finançaient des programmes et des équipements et encourageaient les projets de perfectionnement du personnel. *Tertio*, ce perfectionnement était pris au sérieux, des dispositions étant prises pour que les enseignants se tiennent informés des évolutions dans leur discipline via la participation à des conférences, des bourses de recherche et des voyages d'études, et des congés sabbatiques dans des centres d'excellence de notoriété internationale.

À terme, l'université a cependant été profondément ébranlée par les violentes mutations sociopolitiques qui secouaient le pays, enclenchées par des conflits au sujet des élections et du recensement national, qui ont ensuite conduit à deux coups d'État militaires successifs et abouti à une guerre civile. Sur le plan institutionnel, l'époque a été marquée par la politisation progressive du conseil d'administration de l'université — phénomène qui menaçait son autonomie. La dimension tribale de cette politisation s'est par la suite manifestée par la polarisation du personnel, et même des étudiants, selon des critères ethniques.

Les années de troubles : 1967-1999

Les années de troubles à Ibadan ont coïncidé avec une période d'enjeux difficiles pour l'édification de la nation nigériane, caractérisée par la guerre civile de 1967-1970 et les longues années de régime militaire qui ont suivi, avec un intermède civil (1979-1983), souvent dénommé « deuxième république ». Les troubles politiques qui ont secoué la nation ont eu de fortes retombées sur l'université.

Les années de guerre civile : 1967-1970. Les années de guerre civile ont marqué une période de bouleversements politiques profonds au Nigéria et donné un coup d'arrêt à tous les programmes de développement. L'Université d'Ibadan a assisté à l'exode de ses professeurs et des autres membres de son personnel d'origine Ibo qui, à l'instar de centaines de milliers d'Ibos fuyant d'autres parties du Nigéria, sont retournés dans leur région d'origine. Ce phénomène a été aggravé par le départ de nombreux membres non nigérians du personnel en raison des risques pour la sécurité. Le Vice-chancelier a démissionné, et l'établissement a dû être géré par le bibliothécaire de l'université, qui a assumé cette fonction par intérim. L'importation de livres et de matériel était quasiment impossible, et les fonds publics s'amenuisaient étant donné l'effort de guerre. Malgré tout, les cours étaient assurés et des diplômes étaient décernés. Les relations universitaires avec les partenaires extérieurs n'ont pas été rompues, et les programmes de perfectionnement du personnel ont été maintenus.

Le maintien des programmes d'études et le sentiment relatif de stabilité à l'université s'expliquent par le soutien persistant (académique et financier) de ses partenaires externes qui ont continué à injecter des fonds à l'appui de la recherche, du perfectionnement du personnel autochtone, du détachement d'universitaires (d'Europe, d'Amérique du Nord et du Moyen-Orient) et de la fourniture d'infrastructures matérielles (une bibliothèque de troisième cycle, le bâtiment de la Faculté d'éducation, et les nouveaux départements des sciences infirmières et de sylviculture). En outre, le Vice-chancelier par intérim était issu de l'école originale d'Ibadan-Londres (tout comme la plupart des universitaires de haut rang de l'établissement). Tous ces éléments ont permis d'assurer le maintien de traditions universitaires bien établies et de liens avec les établissements étrangers, malgré les bouleversements publics qui ont marqué ces années.

L'immédiat après-guerre : 1970-1979. Ces années ont commencé par une phase dite de « réconciliation et reconstruction » (1970–mi 1975), marquée par le règne du général Yakubu Gowon. Au cours de cette période, des efforts concertés ont été déployés pour guider le développement socioéconomique global du Nigéria, une priorité particulière étant accordée au développement de l'éducation. C'est alors qu'ont également eu lieu les premières confrontations directes entre les universités et les autorités militaires. Enfin, c'est durant cette période que s'est amorcé le déclin d'Ibadan en termes de qualité et de prestige.

L'enseignement primaire gratuit a été instauré en 1975 ; une Politique nationale d'éducation a été publiée en 1977, un plan de mise en œuvre et le secrétariat national chargé de le conduire étant établis en parallèle (Ministère fédéral de l'éducation, 1977). Une nouvelle université (la sixième du pays, qui a dans un premier temps reçu le nom de Midwest

Institute of Technology et s'appelle aujourd'hui Université de Bénin) a été fondée en 1972. La même année, Ibadan établissait un campus dans la région centrale du Nigéria ; celui-ci a acquis le statut d'université à part entière en 1975, année au cours de laquelle le nombre d'universités a connu une croissance exponentielle. Par décret militaire, le gouvernement fédéral a absorbé les universités d'État (régionales) de Nsukka, Zaria, et Benin City. Le même décret a également fait des collèges universitaires (les campus d'universités existantes) de Calabar, Jos, Maiduguri, et Port Harcourt des universités de plein droit et en a créé de nouvelles à Ilorin et Sokoto.

Du point de vue des autorités, il importait que les universités soient équitablement réparties sur l'ensemble du territoire. Il manquait toutefois à cette démarche une stratégie viable d'allocation des ressources nécessaires au fonctionnement et à la gestion de ces établissements. Cette approche a posé trois grands problèmes à Ibadan. D'abord, des membres expérimentés de son personnel sont partis, attirés par des contrats plus intéressants dans ces nouvelles universités. Ensuite, les subventions de l'État ont considérablement diminué du fait qu'elles étaient réparties sur un plus grand nombre d'universités. Le régime militaire a établi des schémas de distribution des moyens disponibles aux universités qui étaient manifestement défavorables à Ibadan, dotée d'effectifs importants et d'une infrastructure vieillissante. Enfin, l'apparition d'autres universités dans le pays a avivé la concurrence, et donc accentué la nécessité pour Ibadan de créer de nouveaux programmes et d'attirer un plus grand nombre d'étudiants, ce qui a lourdement grevé ses ressources.

Les choix stratégiques qu'avait effectués l'Université d'Ibadan au fil des décennies ont eu des conséquences manifestes durant cette période. L'université a été créée en 1948 sous forme d'établissement résidentiel et a dû fournir des services municipaux (routes d'accès, logements pour le personnel, eau et électricité) qui n'étaient pas aisément disponibles dans la ville d'Ibadan. À la longue, et sous l'effet de l'augmentation des effectifs étudiants et du personnel, ces services sont devenus trop coûteux et difficiles à assurer. De nouveaux cursus avaient été créés au fil des ans pour satisfaire à une demande croissante et à l'évolution des intérêts. À l'origine, ils étaient financés par l'État et par une aide extérieure. Ibadan a ainsi été en mesure de construire une bibliothèque de recherche, de créer des programmes d'études en sciences de l'infirmerie et en sylviculture, de moderniser ses laboratoires scientifiques, et de construire des bâtiments modernes pour les facultés de sciences sociales, d'agriculture et d'éducation. Des accords avec des organismes extérieurs ont par ailleurs en grande partie permis de financer les programmes de perfectionnement du personnel de l'université. Ces progrès ont été interrompus par les convulsions politiques provoquées par la guerre civile et le régime militaire.

Les années 70, époque à laquelle l'Université d'Ibadan est passée sous le contrôle de la dictature militaire, ont été caractérisées par des polémiques concernant l'autonomie des universités et la liberté d'enseignement. Jusqu'alors, la nomination des vice-chanceliers avait relevé de la seule responsabilité des conseils d'administration des universités. Or, avec le décret n° 23 de 1975, date à laquelle le gouvernement fédéral a pris le contrôle des universités régionales, le pouvoir de désignation et de révocation des vice-chanceliers a été conféré au chef de l'État ou au gouvernement militaire fédéral. Un comité conjoint du Sénat et du Conseil remettait une liste de trois candidats admissibles au chef de l'État (« Visiteur » de l'établissement), lequel exerçait le droit de nommer l'un d'entre eux à ce poste. Ce choix n'a pas souvent été effectué en fonction de la stature universitaire et de la compétence administrative des candidats. En 1978, le Sénat de l'Université d'Ibadan a également vu les pouvoirs qui lui avaient été conférés par la loi s'éroder sous l'effet des pressions croissantes exercées par le ministère fédéral de l'Éducation pour diminuer le nombre d'étudiants en échec (Ekundayo et Adedokun 2009, 63).

Les enseignants qui ont fait grève en 1972-1973 pour protester contre la suppression de plusieurs droits institutionnels ont été licenciés sur l'heure. En 1978, les autorités ont démis de leurs fonctions les chargés de cours d'orientation marxiste dans les établissements d'enseignement supérieur. Ces enseignants avaient relevé le niveau du débat intellectuel sur les campus et favorisé l'instauration d'un climat d'évaluation critique du régime militaire dans la société nigériane. Les autorités ont vu en eux les instigateurs de la grève du corps enseignant qui a ébranlé la nation en 1977-1978 et ordonné leur renvoi. La pensée radicale a alors entamé un repli progressif dans le pays et à Ibadan, l'université commençant pour sa part à perdre de son éclat en tant que centre de partage du savoir et de débat.

Le système de quotas, également connu sous le nom de « caractère fédéral », a aussi concouru à éroder l'autonomie de l'université. Ce système, prévu dans la constitution de 1979, visait à corriger les déséquilibres de recrutement qui, par le passé, avaient amené un groupe ethnique ou un État à constituer la majorité du personnel des organismes parapublics fédéraux (universités comprises). Il avait aussi pour objectif d'assurer l'équité et l'impartialité du processus d'admission. En vertu de ce système, l'université ne devait pas recruter les étudiants uniquement en fonction de leur qualité, mais des quotas établis par les autorités (Ekundayo et Adedokun 2009).

Ainsi, sous l'effet d'une stratégie déficiente, de la concurrence pour des crédits publics limités, de la mainmise croissante du gouvernement sur les universités et de la demande grandissante d'entretien des équipements, l'autonomie financière d'Ibadan a considérablement décliné. Tous ces problèmes surgissaient alors que les autorités avaient décrété la gratuité de l'enseignement dans les universités. À cette époque, le Nigéria était également devenu un pays producteur de pétrole et un membre puissant de l'Organisation des pays exportateurs de pétrole (OPEP) ; il ne pouvait donc plus bénéficier d'une assistance financière extérieure. Le pays connaissait en fait une période de prospérité financière (mais pas économique) qui a pourtant vu l'Université d'Ibadan perdre progressivement son prestige national et international.

La deuxième république : 1979-1983. Ce bref retour du pouvoir civil au Nigéria a suscité et déçu d'immenses espoirs. La population était soulagée de voir le régime militaire prendre fin, mais mécontente du retour de la gabegie et de la corruption. Les revenus du pétrole avaient déjà accusé une baisse au cours de la dernière année de gouvernement militaire (1978-1979), et les autorités avaient imposé diverses mesures d'austérité, rapidement levées par l'administration civile. Des importations massives de riz ont eu lieu, accompagnées d'irrégularités associées aux licences d'importation. Les élections sous contrôle civil de 1983 semblent avoir été en grande partie truquées. La conduite du recensement national a également été un échec retentissant, et le ralentissement économique s'est aggravé. Tous ces événements ont ouvert la voie à un autre coup d'État militaire, qui est intervenu le 31 décembre 1983.

Malgré sa brièveté, le régime civil a légèrement remanié le système éducatif. La politique nationale d'éducation de 1977 a été révisée en 1981, la nouveauté essentielle consistant à encourager la participation du secteur privé à l'enseignement. Cette mesure s'est immédiatement traduite par la multiplication des universités privées, créées en l'absence de toutes directives réglementaires rigoureuses.

Les autorités civiles ont également suivi une politique de « répartition géographique équitable des universités » et ont établi dans ce cadre des universités technologiques fédérales à Akure, Minna, Owerri, et Yola — poursuivant ainsi leur développement désorganisé et sans stratégie. Comme d'habitude, cette mesure s'est traduite par une nouvelle érosion des effectifs d'Ibadan, plusieurs enseignants et administrateurs expérimentés quittant l'université pour les nouveaux établissements. Ibadan a alors élargi son offre de cursus et ouvert trois nouvelles facultés : technologie, droit et pharmacie. Au début des années 80, les cours dispensés par ces dernières étaient déjà bien établis dans quelques autres universités du pays. Tous ces programmes sont exigeants en investissements, et recruter le personnel de niveau international nécessaire n'a pas été facile. Malgré une pénurie critique de moyens, l'université a poursuivi son expansion avec la création de nouveaux départements au sein des facultés existantes, notamment dans les domaines des sciences humaines, de l'éducation, des sciences sociales, de l'agriculture et de la sylviculture, et des sciences naturelles. On ignore dans quelle mesure les progrès dans le développement de ces différentes disciplines ont guidé ce processus. Toujours est-il que celui-ci a aggravé la situation financière de l'université et mis la qualité du système en péril.

À la fin de la deuxième république, en 1983, Ibadan conservait son image de première université du Nigéria et affichait la plus forte concentration de chercheurs, de revues universitaires et de résultats de recherche du pays. Néanmoins, le déclin amorcé au cours de la phase précédente s'était accentué — d'autant qu'il lui était devenu manifestement impossible de fournir les moyens humains, financiers et techniques nécessaires.

La deuxième période de régime militaire : 1983-1999. Cette période (31 décembre 1983 – 30 septembre 1999) a connu quatre gouvernements militaires et a été très éprouvante pour l'État nigérian. Elle a été marquée par un programme national d'ajustement structurel imposé par le Fonds monétaire international qui s'est accompagné d'une dévaluation considérable de la monnaie nationale, le naira. Étant donné la dépendance de l'économie à l'égard des importations, cette dévaluation a entraîné une forte hausse du coût des marchandises et une chute vertigineuse du revenu réel de la population.

La mauvaise gestion de l'économie avait caractérisé la vie nigériane depuis l'indépendance, mais elle s'est aggravée sous le régime militaire du fait que la dictature a donné lieu à une érosion complète de la transparence et de l'obligation de rendre compte dans le domaine des affaires publiques. Au milieu des années 80, la gabegie de l'État, le lancement de nombreux projets publics dispendieux, la création d'une multitude d'organismes parapublics pour chacun des services gouvernementaux, l'explosion des effectifs des ministères et l'hypertrophie de la branche exécutive du gouvernement se sont conjugués pour alimenter la corruption à une échelle phénoménale.

Dans le domaine de l'éducation, la principale nouveauté a été l'expansion vigoureuse des universités et des autres établissements d'enseignement supérieur. En 1962, seules deux des cinq universités existantes appartenaient au gouvernement fédéral, les trois autres étant régionales. En 1976, les autorités fédérales avaient pris le contrôle de toutes les universités et en avaient fondé d'autres, portant ainsi leur nombre total à 13. Ce chiffre a continué d'augmenter depuis lors.

En 1979, le gouvernement civil a autorisé les États à avoir leurs propres universités. La plupart y ont vu un symbole de souveraineté et se sont empressés d'en établir. Les universités privées qui ont proliféré pendant la période de régime civil, de 1979 à 1983, ont été fermées lorsque les militaires ont repris le pouvoir. Le gouvernement fédéral a pris le contrôle d'autres universités régionales anciennes (l'Université d'Uyo dans l'État d'Akwa Ibom, l'Université d'Abubakar Tafawa Balewa dans l'État de

Bauchi, et l'Université de Nnamdi Azikiwe dans l'État d'Anambra). Il a également fondé des universités spécialisées dans l'agriculture à Makurdi (État de Benue), à Abeokuta (État d'Ogun), et à Umudike (État d'Abia), et a même transformé l'académie militaire en université.

Cette politique d'expansion n'a fait qu'asphyxier l'enseignement supérieur. L'ingérence gouvernementale dans la gestion des universités a atteint son apogée, tandis que les financements sporadiques devenaient la norme. Les universités ont commencé à rivaliser d'ingéniosité pour s'attirer les bonnes grâces des autorités. Les travaux universitaires, lourdement restreints, se sont limités à l'enseignement en classe. Le ferment intellectuel a sombré dans l'oubli, car la liberté d'expression ne peut s'épanouir sous une dictature militaire.

C'est encore l'Université d'Ibadan qui a le plus pâti de ce climat politique et socioéconomique éminemment pernicieux. À l'époque de l'ajustement structurel, elle n'a pas su sortir de sa position de monopole pour adopter une stratégie de concurrence face à l'apparition de nouveaux établissements. Les tiraillements de la direction et de l'administration entre les différents intérêts politiques, l'incompétence des personnes nommées aux postes de responsabilité et la paralysie administrative ont provoqué l'exode du corps enseignant et la détérioration des locaux et du matériel. Les spécialistes de différentes disciplines sont partis en grand nombre vers l'Europe, l'Afrique du Sud et les États-Unis. Le personnel non nigérian encore en poste a également quitté le pays.

À l'issue de cette période, Ibadan s'est trouvée privée de ses universitaires de haut niveau ; ses locaux étaient délabrés, ses politiques déficientes continuaient de produire un nombre important d'étudiants et une structure administrative foisonnante, les subventions de l'État couvraient à peine les salaires, ses relations avec l'extérieur avaient été rompues, et ses résultats dans le domaine de la recherche étaient en profond déclin.

Tentatives de redynamisation de l'Université

Les sections précédentes ont montré comment l'État, sous différents régimes politiques et dans des circonstances historiques distinctes, peut constituer un mécanisme de transformation sociale, ou de contrôle social. L'université devient un centre de lutte pour le pouvoir dans le domaine de la liberté intellectuelle et de la production de savoir, reflétant la conjoncture politique et sociale du pays.

Cela fait aujourd'hui dix ans que le Nigéria est dirigé sans interruption par un gouvernement civil — autrement dit, le pays est revenu sur la voie de la stabilité politique. Ce nouvel état des choses a aussi influencé les efforts déployés depuis 2000 pour donner à l'Université d'Ibadan un nouveau souffle.

Nous résumons ici les choix et les évolutions institutionnels qui ont caractérisé le développement de l'Université d'Ibadan au cours de la dernière décennie, et la façon dont elle a défini ses politiques pour atteindre à l'excellence académique.

Autonomie et responsabilisation

Dans le cadre des efforts actuels de rétablissement et de démocratisation des établissements publics nigérians, les autorités ont instauré en 2000 une politique d'autonomie des universités, suivie en 2002 d'une nouvelle loi visant à établir une assise juridique pérenne à ces réformes. Le Syndicat des enseignants du supérieur a parrainé la Loi de 2003 sur l'autonomie des universités qui comporte de nouvelles dispositions régissant l'autonomie, la gestion et la réorganisation des universités au Nigéria. Ce projet prévoit essentiellement la restitution des pouvoirs du Conseil pour les questions administratives et ceux du Sénat pour les questions académiques, ainsi que la participation des étudiants dans certains domaines de la gouvernance de l'université (Onyeonoru 2008). Le nouveau cadre d'action a conféré aux Conseils universitaires la responsabilité de définir les politiques institutionnelles, de recruter les nouvelles équipes de direction et de transmettre les budgets des établissements aux autorités ; il a chargé les établissements de gérer leur propre système d'admission ; il a limité le rôle de la Commission nationale des universités aux fonctions d'assurance de la qualité et de coordination du système ; il a encadré le droit de grève du personnel ; et il a juridiquement dissocié les universités du service public, mettant ainsi terme à leur assujettissement aux politiques régissant la fonction publique en matière d'emploi, de rémunération et de prestations. Il a constitué une avancée majeure pour donner aux établissements le pouvoir de décider des questions académiques telles que les cursus, l'assurance de la qualité, le perfectionnement du personnel et l'accès à l'information. On ignore toutefois si ce cadre juridique s'est accompagné des modifications nécessaires à la composition des conseils et des sénats universitaires. À l'heure actuelle, un conseil universitaire type compte 55 % de membres issus de l'établissement lui-même, 25 % de l'administration publique, et 30 % de différentes origines, y compris le secteur privé. Le Président du Conseil est désigné par le chef de l'État, alors que les autres membres le sont par le ministre responsable de l'enseignement supérieur (Saint et Lao 2009).

Une année plus tard à peine, un projet de loi a été voté qui entamait l'autonomie des universités en conférant les principaux pouvoirs académiques, à savoir la définition du contenu des programmes d'études, le calendrier universitaire, etc., à la Commission nationale des universités. La loi a par ailleurs confié d'importants pouvoirs arbitraires au Visiteur, notamment celui de déterminer la composition et le mandat des conseils d'administration. Elle a également amplifié ceux du Vice-chancelier par rapport au recrutement et au licenciement, et donné en parallèle au Sénat le pouvoir de sanctionner les étudiants, et au Conseil celui de sanctionner le personnel (Pereira 2007, 173).

L'un des principaux freins à l'autonomie institutionnelle demeure l'absence de pouvoir de décision en matière financière. Le gouvernement fédéral maintient sa politique de gratuité des universités fédérales ; en 2002, il a publié un décret interdisant aux 24 universités fédérales d'appliquer des droits d'inscription, dont celles-ci envisageaient l'instauration dans le cadre d'une stratégie de récupération des coûts. Les mesures de cet ordre privent les universités de toute marge de manœuvre pour trouver les moyens de financer durablement les programmes et les salaires, et compliquent la tâche d'Ibadan face à la concurrence des divers établissements publics et privés autorisés à imposer des droits d'inscription (soit, d'après un recensement effectué en 2009, 26 établissements publics et 34 universités privées).

D'autres mesures limitent les pouvoirs de l'université, qui marquent la volonté des autorités de contrôler le décaissement des recettes générées en interne et d'établir des pourcentages sur l'origine des revenus (ces points sont analysés en détail à la section intitulée « Financement »).

L'Université d'Ibadan doit également veiller à offrir à son personnel et aux étudiants un environnement diversifié assez représentatif de la pluralité ethnique et religieuse du pays. Cela suppose de s'écarter quelque peu de la notion de liberté académique dans la sélection, l'enseignement et l'évaluation des étudiants étant donné la nécessité de recourir, sous une forme ou une autre, à un mécanisme de discrimination positive.

Planification stratégique

L'instabilité et les luttes d'influence des cinquante dernières années ont eu pour effet de fragmenter et de rompre la vision et la stratégie institutionnelles de l'Université d'Ibadan. À compter de 1975, celle-ci a défini des stratégies de plus long terme, motivées par la quête d'une utilité sociale (1975-1980), donnant priorité à l'expansion de l'université (1980-1985) et, plus récemment, mettant l'accent sur la révision et le resserrement des budgets (1985-1990). Elle en a par la suite élaboré d'autres sans axe de planification précis. Consciente de l'environnement concurrentiel que présentaient d'une part la multiplication des établissements privés, d'autre part l'évolution et les normes internationales que les établissements sont tenus de suivre, elle a publié en mars 2008 un plan stratégique d'internationalisation pour la période 2009-2014.

Le plan stratégique pour 2009-2014 définit les étapes à suivre pour concrétiser l'ambition de devenir un établissement d'excellence de niveau international ayant pour mission de satisfaire les besoins de la société

(Université d'Ibadan 2009b, 7). Le vice-chancelier de l'époque, Olufemi A. Bamiro, a insisté sur la nécessité d'associer les travaux et les aspirations de l'université aux priorités économiques nationales :

> Les innovations technologiques et le développement de la capacité entrepreneuriale sont des conditions préalables à la réussite des économies modernes. Les universités ont un rôle central à jouer à cet égard. L'Université d'Ibadan doit donner l'impulsion qui permettra d'atteindre au développement fondé sur les sciences et les technologies souhaité pour le Nigéria en encourageant, entre autres, les partenariats entre l'État, l'industrie et l'université. (Université d'Ibadan 2009b, ix).

Dans ce cadre, l'université a articulé son plan stratégique global selon 12 axes. Certains points prioritaires pertinents pour ce chapitre sont mentionnés au tableau 7.1 : mise en place d'une structure de gouvernance et de procédures de gestion efficaces et efficientes ; établissement de conditions propices à l'enseignement et à l'acquisition de connaissances, et favorisant l'excellence et l'innovation ; offre de programmes concurrentiels au plan mondial et utiles à l'échelon local visant à former des individus compétents, responsables et animés d'un esprit d'entreprise.

Étudiants de premier cycle, post-licence, et internationaux

L'université a réussi, ces dernières années, à diminuer régulièrement le nombre d'admissions parallèles, et s'est employée dans le même temps à augmenter celui des étudiants de cycles supérieurs (37 % des étudiants en 2009). Il s'agit de transformer progressivement Ibadan en université à vocation de recherche affichant un ratio de 60 étudiants post-licence sur 40 étudiants de premier cycle. L'augmentation du nombre de diplômés de l'université ces dernières années semblent confirmer cette orientation (figure 7.1).

Les produits de la recherche de l'université n'ont pas été convenablement inventoriés, la valeur indicative la plus proche étant le nombre de chercheurs potentiels (autrement dit les titulaires d'un doctorat). Comme le montre le tableau 7.2, le pourcentage de titulaires d'un doctorat, par rapport au nombre total de diplômes post-licence délivrés, n'a rien d'extraordinaire.

Pourtant, avec l'établissement du Centre pour l'entreprenariat et l'innovation destiné aux collaborations avec le secteur privé, du Programme de développement de leadership des étudiants et du Laboratoire multidisciplinaire central de recherche, des mesures ont été prises pour améliorer la capacité et l'utilité pratique des recherches conduites par les étudiants et les enseignants et de promouvoir les relations avec l'industrie. Pour éclairer la formulation de politiques fondées sur les résultats, la stratégie de l'université prévoit de mieux présenter le statut des publications et des résultats de recherche par faculté.

Tableau 7.1   Axes et objectifs stratégiques retenus par l'Université d'Ibadan, Plan 2009-2014

Axe stratégique	Objectif
Gestion et gouvernance	Réformer la structure pour diminuer les délais et le recoupement des fonctions.
	Renforcer les capacités pour assurer une gestion effective et efficace des ressources de l'université.
	Mettre en place une stratégie de communication performante de diffusion d'informations en vue d'obtenir une contre-réaction rapide.
Enseignement et apprentissage	Instaurer une atmosphère propice au travail d'équipe et aux opérations interdisciplinaires en matière d'enseignement, de recherche et de services.
	Encourager une culture d'excellence et d'innovation dans l'élaboration des cursus, la mise au point de leur contenu et leur mise en œuvre.
	Instituer un système de gratification reconnaissant que l'enseignement et l'apprentissage sont des éléments centraux de la diffusion du savoir, élaborer et appliquer une politique d'apprentissage par voie électronique.
	Tirer profit des relations entre l'université et l'industrie dans le cadre du processus d'acquisition de connaissances.
Recherche, développement et innovation	Instaurer et favoriser une culture de gestion efficace de la recherche qui assure le financement durable de recherches pures et appliquées innovantes.
	Promouvoir une recherche interdisciplinaire qui influera sur les besoins de la société. Encourager la commercialisation des produits de la recherche. Favoriser la recherche et la collecte de données sur les systèmes de connaissances autochtones.
Valorisation des ressources humaines	Instituer un système de gratification permettant d'attirer et de retenir du personnel de qualité. Favoriser une culture d'excellence mettant l'accent sur le mérite et les résultats dans le recrutement du personnel et la prestation de services.
	Motiver les membres de la collectivité universitaire à adopter une attitude constructive vis-à-vis de leurs responsabilités, à savoir le travail, l'apprentissage et la recherche.
	Donner aux membres du personnel et aux étudiants davantage de possibilités d'acquérir une expérience nationale et internationale. Renforcer l'engagement à assurer l'égalité, la diversité et l'équité en matière de recrutement et de valorisation du personnel.
Services à la communauté et partenariats	Inciter les anciens étudiants à entretenir des relations avec l'université tout au long de leur vie.
	Développer et approfondir les échanges de l'université avec les autorités, le secteur privé, la société civile et les communautés locales et internationales.
Finances	Mettre au point un mécanisme visant à assurer à l'université des moyens suffisants pour concrétiser sa vision, sa mission et ses objectifs.
	Rationaliser la gestion financière de l'université.
	Élaborer et mettre en œuvre un cadre de gestion des risques et de contrôle financier pour préserver les actifs et atténuer les risques.
	Instituer un mécanisme pour améliorer la budgétisation de toutes les activités de l'université.

(suite page suivante)

Tableau 7.1   *(suite)*

Axe stratégique	Objectif
Élaboration de programmes	Élaborer, en fonction de la demande et des besoins, des programmes d'enseignement de base et d'autres programmes utiles et compétitifs au plan mondial. Revoir les programmes de formation et d'enseignement de manière à favoriser l'interdisciplinarité et la valorisation des compétences. Intégrer la formation professionnelle et le développement du leadership stratégique dans les programmes de formation et d'enseignement. Intégrer à l'apprentissage les technologies de l'information et de la communication et créer un réseau et des pratiques d'enseignement à distance.
Internationalisation	Être une université dont l'enseignement et la recherche sont déterminés par les évolutions modernes et mondiales. Intégrer les services et perspectives au programme académique international. Forger des relations solides avec les communautés internationales au Nigéria.

Source : Université d'Ibadan 2009b.

Figure 7.1   Nombre d'inscriptions en premier cycle et dans les cycles supérieurs à l'Université d'Ibadan, 1948–2009

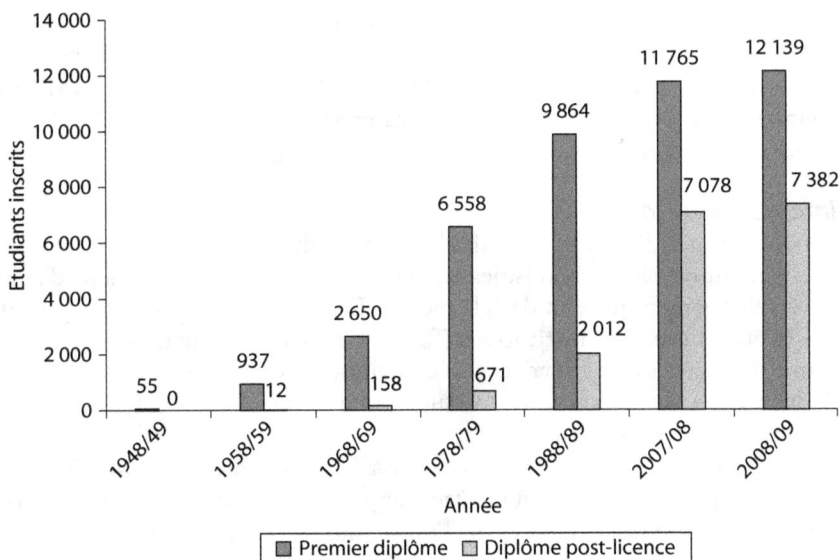

Source : Université d'Ibadan, 2009b.
Note : le chiffre ne couvre pas les diplômés de tous les programmes.

Tableau 7.2   Nombre de chercheurs potentiels (titulaires d'un doctorat) formés
sur une période de 10 ans, Université d'Ibadan, 1999-2008

Année	Diplôme de licence	Première année de master	Master	Doctorat	Total	% de doctorats
1999	126	670	12	70	878	8
2000	180	2 539	29	227	2 975	7,6
2001	13	943	18	156	1 130	13,8
2002	4 061	0	18	0	4 079	0
2003	349	3 355	36	311	4 051	7,6
2004	204	2 203	41	226	2 674	8,5
2005	362	2 271	34	209	2 876	7,3
2006	216	2 132	47	182	2 577	7,1
2007	185	2 220	36	162	2 603	6,2
2008	462	2 852	41	204	3 559	5,7
Total	6 158	19 185	312	1 747	27 402	6,4

Source : Université d'Ibadan 2008.

S'agissant de la provenance géographique, 12 863 des étudiants (68 %)
sont originaires de la zone géopolitique du Sud-Ouest du Nigéria, où se
situe l'Université d'Ibadan. La situation était meilleure, quoique pas
entièrement satisfaisante, quinze ans plus tôt. Selon les informations
disponibles, l'université comptait 307 étudiants étrangers sur un total de
12 132 (2,5 %) en 1983-1984. En 1984-1985, elle recensait 316 étrangers
sur 13 862 étudiants (2,3 %), dont la plupart venaient du Cameroun, du
Ghana et de l'Inde. Les autochtones du sud-ouest nigérian représentaient
37 % du corps étudiant en 1983-1984, et 38 % en 1984-1985. Les chiffres
concernant le personnel pour les années précédant 1998-1999 ne sont pas
aisément disponibles.

Internationalisation

Au fil des ans, l'Université d'Ibadan a pu cultiver des partenariats avec
plusieurs universités, organismes bailleurs de fonds, et organisations d'aide
au développement partout dans le monde. En octobre 2009, elle entretenait
des relations avec 111 institutions (figure 7.2). Ces partenariats revêtent la
forme d'échanges d'enseignants et d'étudiants, de recherche en collaboration,
d'élaboration de programmes d'études internationalisés, d'intensification
des programmes communs de stage, et d'autres mesures.

Avec l'assistance de la fondation John D. et Catherine T. MacArthur,
Ibadan a également établi un Centre d'apprentissage numérique. En accord
avec l'orientation stratégique de l'université, le Centre a été créé pour
apporter une solution au problème de l'accès à l'enseignement supérieur
au Nigéria. À ce jour, plus de 15 000 étudiants se sont inscrits à ces
programmes d'enseignement à distance. D'autres opérations visant à relier

Figure 7.2   Nombre de collaborations par région ou par organisme

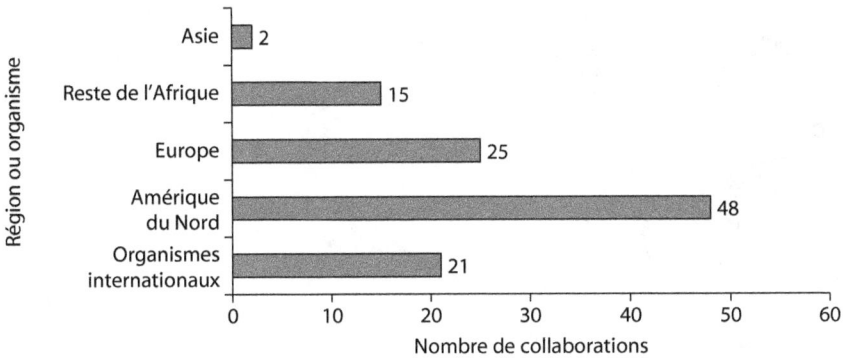

Source : Université d'Ibadan, 2009b.

l'université au savoir et aux réseaux mondiaux ont été conduites, dont la mise en place d'un accès aux revues spécialisées et aux bases de données électroniques à la bibliothèque Kenneth Dike, et la modernisation de la bibliothèque médicale pour en faire une bibliothèque de niveau international équipée d'outils d'apprentissage électroniques.

Pour guider les efforts d'internationalisation, l'université a également créé le Bureau des programmes internationaux, qui a pour mission d'enrichir la perception que les enseignants et les étudiants ont du monde, d'élargir la composition cosmopolite de l'Université d'Ibadan, de favoriser sa reconnaissance internationale, et de faire valoir son rôle en tant qu'établissement de premier plan en Afrique. Pour accomplir sa mission, le centre coordonne et appuie les programmes universitaires internationaux, produit et diffuse des informations sur les débouchés à l'étranger, encourage et soutient les partenariats internationaux, et préconise l'internationalisation des sites et des programmes (Université d'Ibadan 2010).

Développement du corps professoral

Selon les derniers chiffres (Université d'Ibadan 2009a), Ibadan comptait 1 197 enseignants en 2008. Le nombre d'étudiants inscrits en 2007-2008 étant de 18 843, nous obtenons un ratio de 16 étudiants par enseignant, chiffre qui varie selon les domaines d'études, comme le montre le tableau 7.3.

La structure hiérarchique du corps enseignant de l'université (figure 7.3) indique un pourcentage relativement élevé d'universitaires de haut rang qui seraient en mesure de diriger des équipes de recherche (professeurs : 19 %

Tableau 7.3   Ratio étudiants/enseignants à l'Université d'Ibadan, 2007-2008

Faculté	Corps enseignant	Étudiants	Ratio étudiants/ enseignants
Lettres et sciences humaines	129	2 405	18/1
Sciences sociales	101	2 991	27/1
Droit	25	510	20/1
Sciences	175	2 687	15/1
Technologie	78	1 427	18/1
Agriculture	115	1 909	17/1
Éducation	116	3 011	26/1

Source : Université d'Ibadan 2008.

Figure 7.3   Corps enseignant de l'Université d'Ibadan

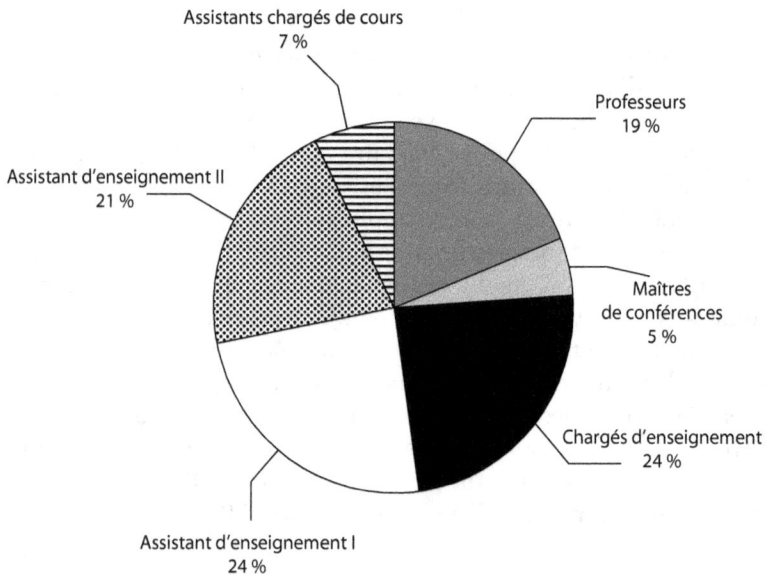

Source : Université d'Ibadan 2008.

; maîtres de conférences : 5 % ; chargés d'enseignement : 24 % — soit 48 % au total). Un assistant d'enseignement de catégorie I aurait également les qualifications requises pour superviser des travaux de troisième cycle. Ainsi, 72 % environ du corps professoral de l'université seraient en mesure d'enseigner, de conseiller et de guider les étudiants de troisième cycle (en d'autres termes, ils sont titulaires d'un doctorat).

Une véritable gageure pour Ibadan est la taille de ses effectifs non enseignants. L'université a signalé avoir procédé à un rééquilibrage dans ce domaine au fil des ans. Ainsi, les effectifs non enseignants sont passés de 4 988 en 1988-1989 à 3 263 en 2007-2008. Au cours de la même période, le nombre d'enseignants est passé de 1 135 à 1 197. Même si le ratio est toujours de trois non-enseignants pour un enseignant, ces efforts témoignent d'une nouvelle façon de procéder pour allouer et utiliser les ressources de manière plus efficiente.

Un autre problème persistant est la composition internationale du corps enseignant. Par exemple, 1 193 des 1 197 enseignants sont nigérians ; autrement dit, quatre seulement ne le sont pas, ce qui montre combien il est difficile d'attirer et de retenir les éléments talentueux. Même parmi les Nigérians, l'université doit rivaliser avec le secteur privé pour recruter les diplômés les mieux classés. L'université n'est plus considérée offrir des carrières attrayantes, les rémunérations n'étant pas assez concurrentielles.

Financement

D'après les chiffres disponibles, le financement public de l'éducation au Nigéria est passé de 2,8 % du produit intérieur brut en 1999 à 9,5 % en 2002, puis a reculé à 6 % environ au cours des trois années suivantes avant de revenir à 9,4 % en 2006 (Bamiro et Olugbenga 2010). Ce pourcentage est sensiblement supérieur aux moyennes observées en Afrique subsaharienne et dans le monde, qui s'établissent actuellement à 4,5 % et 4,3 % respectivement. En revanche, les variations des flux financiers mettent à mal la capacité de l'université à assurer une qualité et une prestation de services constantes.

Génération de recettes

Les principales sources de revenus d'Ibadan et d'autres établissements fédéraux sont les crédits publics et les fonds leur appartenant en propre, le Fonds de fiducie pour l'éducation, les droits d'inscription et taxes, les dotations, les dons et les recettes générées en interne. Les allocations budgétaires du gouvernement fédéral aux établissements d'enseignement supérieur couvrent les frais de personnel, le matériel et les services hors personnel, et les projets d'investissement. Toutes les universités fédérales reçoivent l'essentiel de leur financement (environ 90 % en moyenne) des autorités fédérales, par l'intermédiaire de la Commission nationale des universités (Hartnett 2000). Les dernières statistiques financières disponibles pour Ibadan montrent que le financement de l'État représente en moyenne 85 % de ses ressources, les fonds dérivant des frais de scolarité, 1 %, les donations, 1 %, et les recettes produites en interne, 12 %, sachant qu'elles pourraient atteindre plus de 18 % (Université d'Ibadan 2009b).

Les dépenses de l'université ont toujours dépassé le budget dont elle disposait, et ce jusqu'à 2005-2006, où, pour la première fois depuis des années, elles ont été inférieures au budget prévu (figure 7.4). Cette évolution encourageante témoigne des efforts engagés pour mettre en œuvre l'objectif stratégique consistant à établir un système de gestion financière efficace, fiable et durable (Université d'Ibadan 2009b).

Figure 7.4   Budget et total des dépenses de l'Université d'Ibadan, 2000-2009

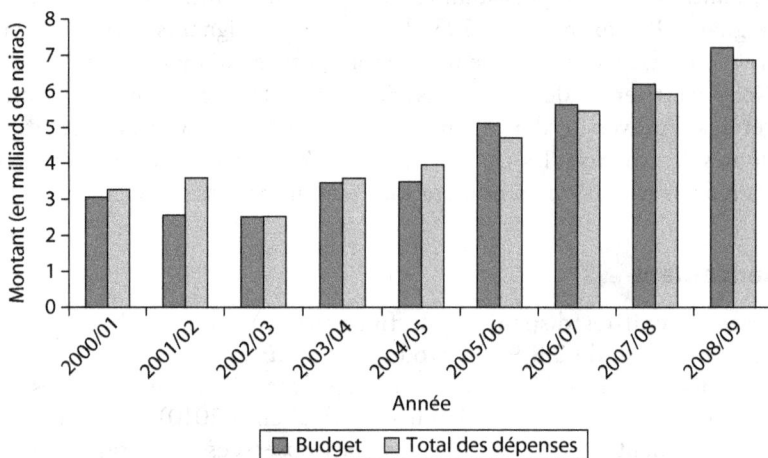

Source : Bamiro et Olugbenga 2010.
Note : Taux de change approximatif : un dollar = 150 nairas.

L'analyse des enveloppes allouées aux universités a montré que, dans l'ensemble, les sommes destinées à couvrir les frais de personnel représentaient 84,7 % du total, celles allouées au matériel et aux services hors personnel, 4,6 %, et les projets d'investissement, 10,7 %. Les procédures de budgétisation et les dépenses des universités fédérales doivent suivre la formule établie par la Commission nationale des universités, à savoir : 60 % pour les dépenses éducatives, 39 % pour l'assistance administrative, et 1 % pour les retraites et prestations (Hartnett 2000) (figure 7.5).

S'agissant des droits d'inscription et des taxes, l'Université d'Ibadan, en qualité d'établissement fédéral, n'est pas autorisée à en appliquer aux programmes de premier cycle. Les établissements fédéraux d'enseignement supérieur ne peuvent percevoir que certains droits et taxes au titre de la prestation de services tels que le logement en résidence universitaire et les sports, et des contributions limitées pour couvrir le coût des services municipaux (eau et électricité), celui des produits consommables des

Figure 7.5   Structure des dépenses au cours des 10 dernières années

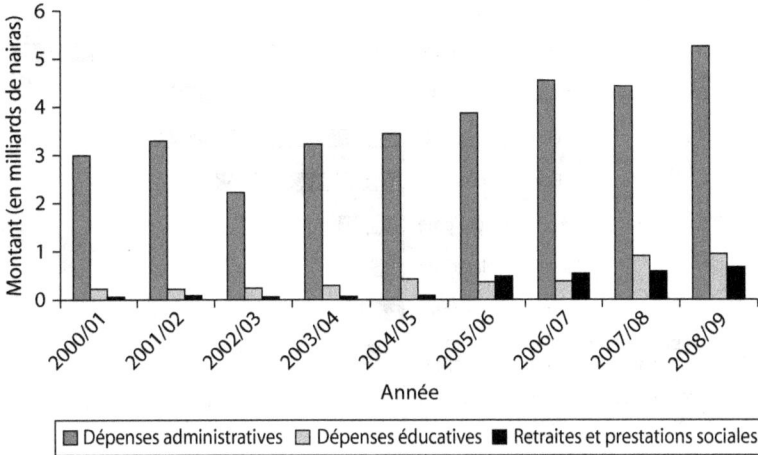

Source : Université d'Ibadan 2009b.

laboratoires dans les programmes scientifiques et d'autres postes. Ses tentatives d'augmenter ces prélèvements se sont heurtées à une levée de boucliers des étudiants.

Le gouvernement impose aux universités fédérales, par l'entremise de la Commission nationale des universités, de générer 10 % du total de leur financement annuel en interne, par des moyens diversifiés. Cette politique a amené les universités à prendre diverses mesures qui ont eu des effets contradictoires sur la conduite de leurs fonctions fondamentales de recherche et d'éducation. L'Université d'Ibadan a engrangé environ 200 millions de nairas de recettes internes en 2006 (voir le figure 7.6 pour la répartition des sources), soit environ 4,5 % de l'allocation totale du gouvernement fédéral pour cette même année (4,4 milliards de nairas). Ces recettes proviennent pour l'essentiel des droits d'inscription perçus sur les programmes post-licence. Les établissements fédéraux sont en effet autorisés à appliquer des droits pour ces programmes.

Dotations

Les sources traditionnelles de revenus de l'Université d'Ibadan sont les dotations, les dons et les donations. Les dotations couvrent les chaires professionnelles, les bourses d'études, les donations pour la mise en place de programmes présentant un intérêt pour les bailleurs, etc. Les campagnes visant à lever des fonds de dotation pour les universités nigérianes remontent aux années 50, la toute première ayant alors été lancée par le collège universitaire d'Ibadan. Entre 1988 et 1994, l'université a obtenu environ

Figure 7.6   Principales sources de recettes de l'Université d'Ibadan, juillet 2005–juin 2006

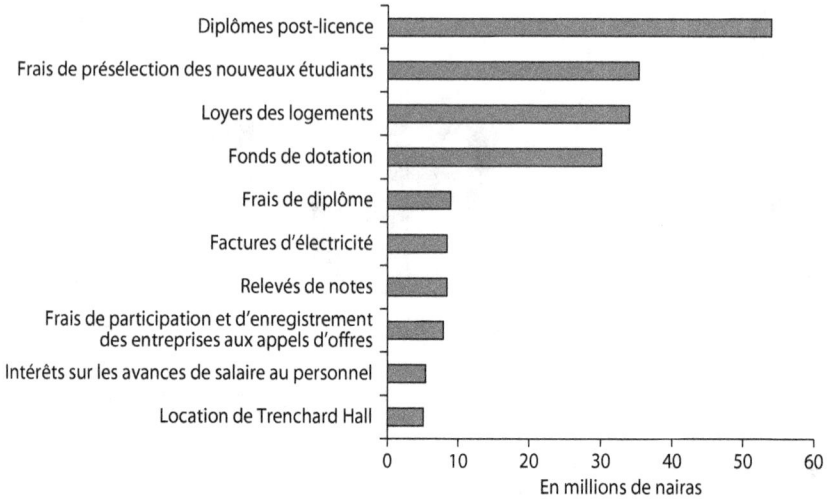

Source : Bamiro et Olugbenga 2010.
Note : Les chiffres correspondent aux recettes générées en interne.

22,02 millions de nairas sous forme de dotations et de dons (Center for Comparative and Global Studies in Education, 2001). Le fonds de dotation de l'université pour l'exécution de certains projets s'élève à 30 millions de nairas ; il est géré par un groupe fidèle d'anciens étudiants de l'université. Les anciens étudiants et les entreprises sont les principales sources de fonds qui peuvent être réinvesties.

Les dons des organismes de financement sont aussi une source majeure de financement de l'Université d'Ibadan. Ainsi, depuis 2000, la Fondation John D. et Catherine T. MacArthur lui a apporté une assistance dans les domaines cruciaux du perfectionnement du personnel et de l'infrastructure des technologies d'information et de communication. Une autre source de contribution est le Fonds de développement des technologies du pétrole, qui a créé des chaires professionnelles associées au renforcement des capacités de l'industrie pétrolière et gazière dans six universités, dont Ibadan. Cette dernière reçoit chaque année de 14 à 20 millions de nairas du Fonds, dont la contribution totalise à ce stade 60 millions de nairas (Bamiro et Olugbenga, 2010, 62).

Structure des dépenses
Comme le montre le figure 7.7, les dépenses annuelles de l'Université d'Ibadan dépassent systématiquement le budget considéré nécessaire

Figure 7.7   Principales sources de revenus et budget estimatif nécessaire pour l'Université d'Ibadan

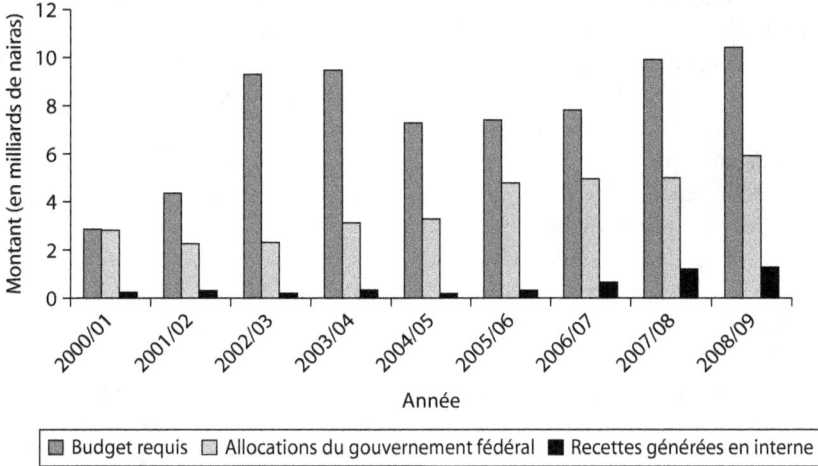

Source : Université d'Ibadan 2009b.

pour fonctionner de manière optimale. Le total des dépenses qu'elle a consacrées aux frais généraux au cours de l'année 2005-2006 s'est élevé à 417,7 millions de nairas, alors que le montant alloué par le gouvernement fédéral à ce poste était de 197,7 millions de nairas. L'université maintient sa politique de prestation de services municipaux (électricité, eau, etc.) qui absorbe l'essentiel de ses ressources (Bamiro et Olugbenga 2010, xiv).

Gestion financière

À l'échelon national, les efforts en vue d'instituer un système de comptabilité uniforme se sont intensifiés ces dernières années avec l'élaboration d'un manuel des pratiques recommandées destiné à l'ensemble des universités nigérianes. À la mise en place de ce système devait s'ajouter l'informatisation du service d'information de gestion, présentant les chiffres relatifs au personnel, aux étudiants et aux fonds du système universitaire. La mise à disposition de ces données est essentielle pour améliorer les allocations financières et la gestion des informations (Pereira 2007, 177).

La stratégie de l'Université d'Ibadan pour 2009-2014 privilégie plusieurs mesures audacieuses et novatrices en vue d'assurer la viabilité et la régularité des ressources financières. Elle prévoit de consolider ses liens avec les fondations, d'élaborer une stratégie pour encourager ses philanthropes à doter des prix et à financer des projets de recherche, d'encourager la constitution d'une association d'anciens étudiants, de mettre au point et d'appliquer un mécanisme visant à augmenter les recettes générées en interne, et de confier au Conseil du Centre de développement de l'université et au Conseil des dotations des responsabilités particulières en matière de mobilisation de fonds.

D'autres dispositions sont prévues : élaboration de programmes post-licence, établissement de loyers économiques pour les logements, suppression des subventions aux services d'électricité et aux services municipaux pour les locataires de l'université, élaboration d'une politique de conseil. L'université envisage d'augmenter les recettes internes par les moyens suivants : élaboration de programmes d'études contractuels avec le gouvernement et les entreprises privées ; organisation de programmes d'études de courte durée pour l'été et de programmes pour les étudiants étrangers ; création de résidences universitaires ouvertes à Lagos et à Abuja ; mise en place de projets d'incubateurs d'entreprises et d'une « joint venture » dans le domaine des sciences de l'agriculture (Université d'Ibadan 2009b, 75).

Elle a également pour priorités de consolider les processus et contrôles financiers de manière à supprimer le gaspillage et les goulots d'étranglement administratifs ; d'appliquer une politique de décentralisation des services de bourses et d'audit ; de développer une culture de planification et de discipline financière à l'échelon des départements, des facultés, des instituts et des collèges ; et d'appliquer une politique de récupération totale des coûts en vertu de laquelle toutes les activités devraient s'autofinancer.

L'université déploie des efforts remarquables pour générer des ressources et les administrer. Ses difficultés persisteront aussi longtemps qu'elle sera tributaire de l'État pour couvrir les coûts de fonctionnement et d'investissement pour les locaux, les programmes et les services. Les questions de financement sont également associées à la réalisation de l'objectif stratégique d'atteindre à l'excellence dans les domaines de la recherche et de l'enseignement et à une reconnaissance mondiale.

Conclusion

Les conditions dans lesquelles une université opère sont un facteur déterminant de sa réussite ou de son échec dans sa quête de l'excellence. L'Université d'Ibadan apporte la preuve de cette théorie et met en évidence le rôle central de l'environnement national dans le développement d'une institution.

Les cadres constitutionnel et juridique complexes et les trois niveaux de compétences de l'administration publique en vigueur au Nigéria compliquent la reddition de comptes et la répartition des responsabilités, et nuisent à la capacité de planification et d'exécution. Ils sont source de redondance, d'inefficacité et de mauvaise gestion — pas seulement dans le domaine de l'éducation, mais dans l'économie en général et dans la société.

La complexité du système gêne en outre l'élaboration et la planification des politiques étant donné l'absence de données détaillées aisément disponibles concernant les ressources financières et les projections démographiques (Banque mondiale 2006). Cette situation pèse inévitablement sur la capacité de l'Université d'Ibadan à planifier et à instaurer un climat novateur et accommodant pour attirer les étudiants et enseignants du meilleur niveau.

En l'absence d'un secteur privé diversifié et d'un marché du travail dynamique de demandeurs de recherches de pointe, de transferts de technologie, et de diplômés très qualifiés issus de l'université, il est difficile pour une université d'atteindre l'excellence et de l'entretenir. Bien qu'encore balbutiant, le secteur privé nigérian se développe à une rapidité remarquable (dans le secteur des télécommunications notamment), et le pays possède l'un des marchés du travail les plus dynamiques du continent. Il pourrait exploiter ces éventuels atouts pour accélérer la croissance.

Sur le plan stratégique, le Nigéria doit continuer de privilégier la diversification de l'économie et la promotion du secteur privé pour accroître la productivité et développer l'emploi. Il est encourageant de constater que les autorités commencent à prendre des dispositions cruciales en vue d'établir et d'améliorer l'infrastructure — réseau dorsal Internet, électricité, eau, routes et logements — nécessaire au pays pour affronter la concurrence mondiale.

L'image internationale du Nigéria dépend également de la capacité du gouvernement à projeter une image de stabilité et d'opportunités. Les mesures éventuellement adoptées à cet égard devraient viser à attirer les talents de l'étranger (y compris les Nigérians de la diaspora), de même que des universitaires et étudiants internationaux, dans les universités nationales. Les efforts déjà engagés pour modifier l'image du pays sont notables et doivent être intensifiés.

Sur le plan de l'action publique, les autorités doivent élaborer une politique nationale cohérente en matière d'enseignement supérieur, dans le cadre d'une approche participative mobilisant les principales parties intéressées. Elles doivent établir un juste milieu et veiller d'une part à ce que les établissements jouissent d'une forte autonomie, d'autre part à ce qu'ils rendent des comptes à leurs étudiants et la collectivité. Pour que cette méthode fonctionne, les autorités doivent envisager l'institutionnalisation d'un mécanisme d'évaluation comparative (« benchmarking ») permettant à un établissement (et à l'ensemble du système d'enseignement supérieur) de mesurer ses progrès à différents moments et de comparer ses résultats à ceux d'autres établissements et systèmes d'enseignement supérieur.

La mise en place d'un système de financement fondé sur les résultats et ancré sur un mécanisme de suivi et d'évaluation solide est éminemment souhaitable. Cette démarche suppose une révision des modes d'allocation des financements et l'octroi d'une plus grande autonomie aux universités pour administrer, gérer et générer des fonds. Une autonomie accrue donne aux universités davantage de latitude pour recruter les meilleurs enseignants et étudiants et les incite à établir des liens avec l'industrie pour préserver leur utilité et instaurer de nouvelles sources de revenus.

La course à l'excellence doit en dernière instance être guidée par l'Université d'Ibadan elle-même. L'expérience d'autres universités, ailleurs dans le monde, a montré que pour acquérir une reconnaissance mondiale, un établissement doit avoir un objectif déclaré, une stratégie cohérente, et des perspectives à long terme. Dans le fond, une solide détermination peut faire d'une université un centre attrayant de recherche et d'enseignement.

Comme l'a signalé Jamil Salmi (2009, 7) dans une publication récente, les caractéristiques d'une université de niveau international comportent

> trois jeux complémentaires de facteurs présents dans la plupart des universités de premier plan, à savoir : a) une forte concentration de talents (enseignants et étudiants) ; b) d'importants moyens permettant d'instaurer un environnement pédagogique fécond et de conduire des recherches de pointe ; et c) des modalités de gouvernance favorables qui encouragent une vision stratégique, l'innovation et l'adaptabilité, et qui permettent aux établissements de prendre des décisions et de gérer leurs ressources sans blocages administratifs.

Il faudra encore du temps à Ibadan pour atteindre l'excellence dans ces trois domaines, mais le processus est déjà engagé. L'université inaugure de nouveaux moyens de produire des revenus, consolide ses relations avec le secteur privé et supprime les subventions au logement et aux services publics. Elle met par ailleurs en place des mécanismes de gestion financière et de responsabilisation qui rehausseront l'efficience et la transparence.

En ce qui concerne la gouvernance, d'autres dispositions s'imposent pour conférer une plus grande autonomie aux universités. Une nouvelle loi en ce sens est à l'examen qui établit le cadre pour de nouvelles mesures qui permettront à l'université de mieux gérer et guider son projet à long terme. Dotée d'un système perfectionné et d'un cadre juridique favorable, l'université sera mieux placée pour définir et gérer sa propre trajectoire de développement et s'engager dans des partenariats stratégiques avec des pôles mondiaux d'excellence (universités, centres de recherche, cercles de réflexion, etc.) afin de mettre le savoir en commun et d'organiser des échanges d'enseignants, d'étudiants et de chercheurs.

La vision définie par l'Université d'Ibadan de devenir un centre de savoir régional de renom et d'améliorer son image de marque internationale est également un pas dans la bonne direction. Sa force, son intégrité, et sa sphère de responsabilité ne sont pas seulement indissociables de la stratégie de développement du Nigéria, mais présentent un intérêt pour toute la région.

Références

Adewoye, Omoniyi. 2000. "Higher Education in Nigeria: The Birth of an Idea." In *Ibadan University at 50 (1948–1999): Nigeria's Premier University in Perspective*, ed. B. A. Mojuetan, 7–22. Ibadan, Nigeria: Ibadan University Press.

Ashby, Eric. 1959. *Investment in Education*. Report of a Commission on Post-secondary Education in Nigeria. Lagos: Government Printer.

Bamiro, Olufemi A., and S. A. Olugbenga. 2010. *Sustainable Financing of Higher Education in Nigeria: A Conceptual Framework:* Ibadan, Nigeria: Ibadan University Press.

Center for Comparative and Global Studies in Education. 2001. "Higher Education Finance and Cost-Sharing in Nigeria." University of Buffalo, Buffalo, NY. http://gse.buffalo.edu/org/inthigheredfinance/files/Country_Profiles/Africa/Nigeria.pdf.

Ekundayo, Haastrup T., and M. O. Adedokun. 2009. "The Unresolved Issue of University Autonomy and Academic Freedom in Nigerian Universities." *Humanity and Social Sciences Journal* 4 (1): 61–67.

Fabunmi, Martins. 2005. "Historical Analysis of Educational Policy in Nigeria: Implications for Educational Planning and Policy." *International Journal of African and African-American Studies* 7 (2): 1–7.

Federal Ministry of Education. 1977. *National Policy on Education*. Lagos: Federal Ministry of Education.

Hartnett, Teresa. 2000. "Financing and Trends and Expenditure Patterns in Nigerian Federal Universities: An Update." Background study for the Nigerian University System Innovation Project, World Bank, Washington, DC.

Mellanby, Kenneth. 1958. *The Birth of Nigeria's University*. London: Methuen.

Motani, Nizar A. 1979. "Makerere College 1922–1940: A Study in Colonial Rule and Educational Retardation." *African Affairs* 78 (312): 357–69.

Onyeonoru, Ifeanyi. 2008. "Governance: University Autonomy and Cost Recovery Policies—Union Contestation and Sustainable University System." United Nations Educational, Scientific, and Cultural Organization, Paris. http://portal.unesco.org/education/en/ev.php-URL_ID=36322&URL_DO=DO_TOPIC&URL_SECTION=201.html.

Pereira, Charmaine. 2007. *Gender in the Making of the Nigerian University System*. Oxford, U.K.: James Currey.

Saint, William S., and Christine V. Lao. 2009. "Legal Frameworks for Tertiary Education in Sub-Saharan Africa: The Quest for Institutional Responsiveness." Working Paper 175, Africa Human Development Series, World Bank, Washington, DC.

Salmi, Jamil. 2009. *The Challenge of Establishing World-Class Universities*. Washington, DC: World Bank.

University of Ibadan. 2008. *University of Ibadan Digest of Statistics* 4 (1).

————. 2009a. *Pocket Statistics.* Ibadan, Nigeria: Planning Unit, Office of the Vice Chancellor, University of Ibadan.

————. 2009b. *Promoting Excellence in Teaching, Research, and Community Service.* Ibadan, Nigeria: University of Ibadan.

————. 2010. "Office of International Programmes." University of Ibadan, Ibadan, Nigeria. http://www.oip.ui.edu.ng/.

World Bank. 2006. "Nigeria Science and Technology Education at Post-basic Levels (STEPB): Review of S&T Education in Federally Funded Institutions." Education Sector Review Report 37973, World Bank, Washington, DC.

CHAPITRE 8

La création d'universités de recherche, publiques et privées, de rang mondial : le cas du Chili

Andrés Bernasconi

En dehors des États-Unis, presque toutes les universités de recherche de rang mondial, telles que définies par les classements internationaux, sont des établissements publics. De bonnes raisons expliquent cet état de fait : il faut du temps et de l'argent pour atteindre ce niveau et, partout dans le monde, les universités privées sont pour la plupart plus récentes que les universités publiques et ne bénéficient d'aucune subvention de l'État.

Le Chili présente pour caractéristique de posséder deux universités de premier plan, l'une publique et l'autre privée. Fait intéressant, toutes deux ont été fondées au XIXe siècle, et toutes deux reçoivent des subventions publiques. L'Université du Chili (Universidad de Chile ou UCH) et l'Université catholique pontificale du Chili (Pontificia Universidad Católica de Chile ou PUC) sont non seulement situées dans la même ville, mais rivalisent pour attirer les meilleurs étudiants et la majeure partie des crédits alloués à la recherche. À la différence de la plupart des cas évoqués dans cet ouvrage, il ne s'agit pas d'établissements nouveaux. Elles ont pour trait particulier de s'être vu conférer, dès les années 60, une mission de recherche qui s'est développée au cours des deux dernières décennies.

Le présent chapitre ne décrit cependant pas uniquement ce que ces universités ont en commun, mais ce en quoi elles diffèrent. Il s'agit d'illustrer les diverses approches envisageables pour instaurer une université de niveau mondial. Si bon nombre d'études comparatives des universités d'élite mettent en parallèle des institutions de pays distincts, cet examen de deux universités voisines se penchera sur leurs dissemblances, tout en gardant à l'esprit leurs nombreux points communs en termes de culture, de contexte politique et d'histoire nationale.

L'UCH, fondée en 1842, est la plus ancienne université chilienne, et la plus grande et la plus prestigieuse du secteur public. Plus de 25 000 étudiants y sont inscrits dans 69 programmes de premier cycle, et près de 5 000 dans plus de 100 programmes de troisième cycle, dont 31 de doctorat. L'UCH a délivré 95 doctorats en 2007. Elle compte plus de 3 300 enseignants, dont 34 % seulement sont employés à temps plein. Parmi ces derniers, 42 % sont titulaires d'un diplôme de doctorat (CRUCH 2007). Entre 2004 et 2008, l'UCH a été à l'origine de plus de 5 400 publications répertoriées par l'Institut de l'information scientifique (ISI), soit 30 % environ des résultats de recherche des universités chiliennes, le pourcentage le plus élevé[1]. Elle se place au 462e rang du classement des universités mondiales de l'université Jiao Tong de Shanghai, et au 320e du classement de l'enseignement supérieur du Times (édition 2008). Ses campus et son hôpital universitaire sont situés dans la capitale, Santiago, et proposent une gamme complète de formations dans tous les domaines d'études, réparties entre 14 facultés[2] et quatre instituts interdisciplinaires.

La PUC, fondée en 1888, dont le siège se situe à quelques rues de l'UCH, rivalise avec cette dernière pour la première place au classement des universités de prestige au Chili. Elle figure également aux classements internationaux (241e à celui de l'enseignement supérieur du Times), et se place, avec près de 3 700 publications de haut niveau au cours des cinq dernières années, au deuxième rang national pour ses travaux de recherche, après l'UCH[3]. Les effectifs étudiant et enseignant y sont moins nombreux, l'université comptant quelque 19 000 étudiants dans 41 programmes de premier cycle et 2 700 enseignants. Les 2 800 étudiants de troisième cycle se répartissent sur 63 programmes, dont 23 de doctorat, l'université ayant délivré 72 diplômes de doctorat en 2007. Trois professeurs sur quatre sont titulaires d'un diplôme de troisième cycle, et la moitié du corps enseignant y travaille à temps plein ; 45 % des enseignants sont titulaires d'un doctorat (CRUCH2007). L'université se compose de 18 facultés couvrant l'ensemble des disciplines. Elle possède également un hôpital universitaire.

L'examen de l'évolution de l'économie politique de l'enseignement supérieur chilien exposé en première partie de chapitre brossera le contexte historique des deux universités étudiées ; il présentera et expliquera par ailleurs les statistiques fondamentales. Les cas de l'UCH et de la PUC seront ensuite analysés l'un après l'autre, du point de vue des structures de gouvernance et des procédures administratives, du financement, des principaux aspects de l'enseignement, et des plans de développement. L'étude s'intéressera tout particulièrement aux progrès accomplis par les deux universités à ce jour, aux obstacles auxquels elles sont confrontées pour parvenir au plus haut niveau de la recherche mondiale, et à la façon dont elles les surmontent. La dernière partie évoquera les défis que chacune d'elles doit vaincre et les conclusions que l'on peut tirer de ces deux cas en ce qui concerne le processus d'instauration d'universités de recherche de rang mondial dans les pays à revenu intermédiaire.

L'économie politique de l'enseignement supérieur au Chili

Les premières années : l'édification de la nation et la formation professionnelle

Le Chili a commencé à s'affranchir du régime colonial de l'Espagne l'année même où était fondée l'Université de Berlin. Néanmoins, l'UCH créée en 1842 n'a pas été inspirée par la Prusse, mais par un mélange original de l'Université impériale française (1806), de l'Institut de France, et des universités du siècle des Lumières écossais. À l'Université impériale française, elle a emprunté son rôle de surintendant du système national d'éducation et, plus tard, son souci de former des cadres supérieurs au service de la nation. Les nouvelles facultés de l'université, centres d'érudition (sans étudiants), ressemblaient aux académies de l'Institut de France. Des universités écossaises, Andrés Bello, fondateur de l'UCH, a retenu la place accordée au savoir pratique, utile, dont était dépourvu le modèle d'Oxbridge (Serrano 1994, 69–78). En 1927, le Gouvernement chilien a retiré à l'UCH la fonction de surintendant de l'éducation et l'a remplacée par une mission de recherche scientifique. Néanmoins, c'est seulement dans les années 50 et 60 que les premiers centres de recherche scientifique ont été institutionnalisés au sein de l'UCH (Mellafe, Rebolledo et Cárdenas 1992, 163–66, 221–24).

L'histoire de la PUC, deuxième université fondée au Chili, ne se distingue pas de celle de l'UCH pour ce qui est de la priorité accordée à l'enseignement et de son arrivée tardive dans le domaine de la recherche. Si la création de la PUC en 1888 a été motivée par une réaction conservatrice au libéralisme et à la sécularisation de la politique et de la société chiliennes, elle partageait avec l'université publique la tradition « napoléonienne » selon laquelle la mission essentielle de l'université était de former des membres des professions supérieures.

Les premières étapes d'une mission de recherche

À la fin des années 60, les huit universités publiques et privées chiliennes, entièrement financées par l'État, se consacraient presque exclusivement à un enseignement de premier cycle conduisant à des diplômes professionnels — conformément à la tradition latino-américaine, également illustrée dans le présent ouvrage par le cas du Mexique — mais étaient fréquentées par 7 % à peine de la cohorte âgée de 20 à 24 ans en 1967 (Brunner 1986, 17). Alors que les universités réunissaient plus de 80 % du personnel du secteur national naissant de la recherche et du développement, un seul programme de doctorat existait au Chili en 1965, à l'UCH. En 1967, 5 % seulement des enseignants de cette université étaient titulaires d'un diplôme de doctorat et deux tiers des professeurs y travaillaient à temps partiel (Brunner 1986, 25, 27, 30). L'état de préparation à la recherche semblait encore plus embryonnaire dans les autres universités chiliennes.

C'est pendant le mouvement de réforme universitaire que la recherche s'est vu conférer une place centrale dans la mission de l'université. Ce mouvement, caractérisé par de vifs débats quant à la nature de l'université et son rôle dans la société chilienne et par l'expérimentation de nouvelles formes d'organisation et de gestion des établissements, était très proche en esprit des événements qu'avaient connus les campus américains et les rues de Paris en 1968 (Hunneus 1988). La réforme amena des mutations sans précédent : explosion des effectifs, passés de 55 000 étudiants en 1967 à 146 000 en 1973 (Brunner 1986, 32) ; réorganisation de la gestion et de la structure des établissements ; instauration de l'élection des recteurs et des doyens par le corps professoral, et établissement d'une représentation des étudiants et du personnel administratif au sein des organes de direction. Au système de chaire, d'origine européenne, se substitua celui des départements caractéristiques du modèle américain.

Entre 1969 et 1973, les crédits publics doublèrent (Arriagada 1989, 130-31), essentiellement pour financer l'embauche de professeurs à temps plein censés conduire des travaux de recherche, ce qui mettait fin au paradigme de l'université « à vocation professionnelle ». Néanmoins, étant donné la pénurie de chercheurs qualifiés, la production scientifique ne connut en réalité aucun développement. La polarisation politique qui suivit l'élection du président (socialiste) Salvador Allende en 1970 s'empara rapidement des universités, chacune devenant une sorte de concentré microcosmique des conflits politiques et sociaux du pays.

Le régime militaire et son héritage

Le coup d'État militaire de 1973 mit fin à cette effervescence. Le régime dirigé par le général Augusto Pinochet (1973-1990) plaça à la tête des huit universités des recteurs militaires qui assumèrent toutes les fonctions de gestion précédemment réparties entre différents responsables et organes de direction. Les unités d'enseignement soupçonnées d'un activisme de gauche, réel ou supposé, surtout dans le domaine des sciences sociales, firent l'objet de purges et de réductions d'effectifs. Les réformes de la gouvernance furent abolies. Les dépenses publiques consacrées à l'enseignement supérieur déclinèrent, passant de 2,11 % du produit intérieur brut en 1972 à 0,47 % en 1988, les effectifs reculant pour leur part de 26 % entre 1973 et 1989. L'UCH fut la plus durement frappée, et vit ses crédits publics fondre de 30 % entre 1974 et 1980 tandis que la PUC, plus proche du gouvernement, fut en grande partie épargnée par les restrictions budgétaires au cours de cette période. En 1981, les nombreux établissements régionaux de l'UCH furent restructurés en 14 petites universités publiques indépendantes (Arriagada 1989, 27-33).

Pour compenser le déficit budgétaire, les universités sabrèrent les dépenses salariales, qui reculèrent de 24 % entre 1981 et 1988 (Lehmann 1990, 72), augmentèrent les droits d'inscription, et se mirent en quête d'autres sources extérieures de financement. L'autofinancement des universités chiliennes passa de 8 % en moyenne en 1973 à 27 % en 1980 (Brunner 1986, 47), et atteignit 41 % en 1987 (Lehmann 1990, 54). Un fonds public de prêts d'études fut créé en 1981 pour aider les étudiants face à la hausse des droits d'inscription imposés par les établissements. Ce fonds et le budget alloué aux projets de recherche sont les seuls postes des dépenses publiques consacrées à l'enseignement supérieur qui augmentèrent durant le régime militaire. De fait, le financement du FONDECYT (Fondo Nacional de Desarrollo Científico y Tecnologíco, ou Fonds national de développement scientifique et technologique), le fonds chilien pour la recherche, fut multiplié par 18 entre 1982 et 1989 (Arriagada 1989, 117). La période comprise entre 1979 et le retour de la démocratie en 1990 a vu l'aide de l'État à la recherche et au développement progresser de 30 %, le nombre de publications scientifiques répertoriées par l'ISI doubler, et le nombre de professeurs d'université titulaires de mastères ou de doctorats tripler (Bernasconi 2007).

Afin d'élargir l'accès à l'enseignement supérieur sans en augmenter le coût pour l'État, on autorisa la création de nouvelles universités et établissements techniques et professionnels postsecondaires privés en 1981. Ces établissements étaient censés survivre sans subventions publiques, ce qui est encore le cas aujourd'hui. La démocratie a été restaurée au Chili en 1991, mais l'architecture générale du système d'éducation supérieure définie par le régime militaire est demeurée en grande partie inchangée.

La structure actuelle de l'enseignement supérieur

À l'heure actuelle, les 61 universités chiliennes comptent 510 000 inscrits auxquels s'ajoutent 260 000 étudiants de 135 établissements postsecondaires non universitaires. Au total, ces chiffres correspondent à un taux brut d'inscription de près de 40 % de la cohorte d'âge habituelle. Le secteur privé représente 93 % des établissements et 75 % des inscriptions. Sur le segment universitaire, 66 % des étudiants sont inscrits dans des établissements privés. Le financement a également été privatisé, les sources non publiques représentant quelque 15 % des dépenses nationales consacrées à l'enseignement supérieur (OCDE 2009, 225). Ces chiffres placent le Chili en tête des pays en termes de participation et de financement privés de l'enseignement tertiaire. Les droits de scolarité appliqués dans l'enseignement supérieur privé et public chilien sont les plus élevés au monde, en pourcentage du revenu par habitant, seules les universités américaines étant plus coûteuses selon cet indicateur (OCDE 2009, 228).

Le montant des dépenses publiques allouées à l'enseignement supérieur au Chili est très faible en regard des normes internationales : 0,3 % du produit intérieur brut (PIB), alors que la moyenne des pays de l'Organisation de coopération et de développement économiques (OCDE) s'établissait à 1,3 % en 2004. L'insuffisance des financements publics est compensée par l'apport des sources privées, essentiellement les droits d'inscription des universités, publiques et privées. En conséquence, le total des dépenses allouées à l'enseignement supérieur, de sources publiques et privées, représente 2 % du PIB national — taux supérieur à la moyenne de 1,4 % de l'OCDE, les financements privés comptant pour 85 % de ce total (OCDE 2009, 225).

La structure de financement des universités concorde avec ces chiffres : globalement, les crédits procédant directement du budget de l'État représentent tout juste 17 % des revenus des 25 universités subventionnées sur fonds publics (OCDE 2009, 229). Le reste provient des fonds alloués à la recherche et des fonds d'investissements en capital — qui émanent également de l'État, mais sont distribués sur une base concurrentielle — des droits d'inscription, de donations, des honoraires de conseils, de la formation continue, etc.

Comme déjà signalé, la recherche n'a pas été victime des coupes budgétaires pratiquées au cours de la période militaire ; elle a continué de prospérer après 1990, et, avec elle, les indicateurs de production généralement associés à la science. Les dépenses en recherche et développement ont progressé, passant de 0,51 % du PIB en 1990 à 0,67 % en 2007. Les effectifs travaillant dans les domaines de la science et de la technologie ont triplé depuis 1990, atteignant plus de 30 500 personnes en 2004, de même que le nombre de publications universitaires répertoriées par l'ISI, qui s'est élevé à plus de 3 500 en 2007. Le nombre de diplômes de doctorat délivrés a décuplé depuis 1990, 287 ayant été obtenus en 2007.

Bien que le financement public de l'enseignement supérieur au Chili demeure faible en regard des chiffres internationaux, il a globalement quadruplé depuis 1990. Cela dit, cette hausse des subventions visait pour l'essentiel à financer des fonctions et objectifs particuliers. En effet, si les financements de base (à savoir les dotations globales sans conditions) ont augmenté du double environ au cours des deux dernières décennies, l'aide aux étudiants a été multipliée par quatre, et les financements alloués à la recherche par près de sept au cours de la même période (Ministère de l'éducation 2010). Cette structure de l'aide publique a influé sur les priorités des universités, qui ont privilégié l'augmentation du taux d'inscription en premier cycle (pour augmenter les revenus des droits d'inscription), la prestation de services d'assistance technique et d'expertise, et le développement de capacités de recherche pour tirer profit de ces sources de recettes publiques.

Le paradigme de l'université de recherche

L'UCH et la PUC sont les meilleures universités du Chili et comptent parmi les plus cotées d'Amérique latine — en termes de prestige, de qualité des étudiants, des résultats de recherche des enseignants, et de réussite des diplômés. Elles se classent invariablement, et de loin, au sommet des classements des universités chiliennes. Les étudiants qui obtiennent les meilleures notes à l'examen national d'admission à l'enseignement supérieur optent dans leur immense majorité pour l'UCH ou la PUC. À elles deux, ces universités publient plus de la moitié des études répertoriées par l'ISI émanant de chercheurs travaillant au Chili, et leur part des financements nationaux alloués à la recherche sur une base concurrentielle se situe aux environs de 60 %. Plus de 60 % des présidents chiliens ont fait leurs études à l'UCH, et ses diplômés, avec ceux de la PUC, constituent plus de la moitié de l'élite économique et politique du pays.

Or, ni l'UCH ni la PUC ne sont des universités de recherche (Bernasconi 2007) — si l'on entend par là une université dont la mission et la fonction fondamentales consistent à conduire des travaux de recherche (Altbach 2007) qui lui permettent de maintenir un taux d'inscription élevé dans les programmes de troisième cycle, en partie grâce aux étudiants internationaux, surtout au niveau du doctorat, et (conformément aux évolutions et prévisions mondiales plus récentes) de réaliser des transferts de technologie appréciables qui apportent à l'économie locale des gains de productivité et de compétitivité. Cela ne signifie pas pour autant que les travaux de recherches effectuées à l'UCH et à la PUC ne sont pas utiles, ou que la production de connaissances présentant une valeur économique est absente de leurs préoccupations. Au contraire, les deux universités ont au cours des trente dernières années mis en place des capacités de recherche substantielles et obtenu des résultats notables, et s'efforcent actuellement de renforcer leur structure scientifique et leur pertinence au service de l'économie.

Néanmoins, comme en attestent les données synthétiques présentées au tableau 8.1, la fonction primordiale de ces universités demeure l'enseignement de premier cycle : les inscriptions en troisième cycle représentent 15 % à peine des inscriptions à l'UCH, et encore moins

Tableau 8.1   Données de base concernant l'Université du Chili et l'Université catholique pontificale du Chili, 1992-2007

	1992		1998		2007	
	UCH	PUC	UCH	PUC	UCH	PUC
Nombre d'étudiants inscrits						
Total	18 617	12 660	24 259	17 170	30 702	22 035
Troisième cycle	1 247	482	2 184	1 163	4 569	2 806
% du total	7	4	9	7	15	13
Étudiants étrangers (1990)	373	108	—	—	1,400	1 257
% du total	2	1	—	—	5	6
Nombre de doctorats délivrés	9	7	51	16	95	72
Enseignants					*2008*	
Total	5 230	1 818	3 106	2 088	3 354	2 732
Temps plein	2 164	753	1 336	813	1 154	1 371
% du total	41	41	43	39	34	50
Titulaires d'un doctorat	381	424	398	553	758	—
% du total	7	23	13	26	23	—
À temps plein titulaires d'un doctorat	266	294	273	346	489	623
% à temps plein	12	39	20	43	42	45
Recherche						
Publications répertoriées par l'ISI	536	60	728	310	1 123	739
Projets du FONDECYT	201	121	213	182	295	234
Financement	*1991*					
Total des revenus						
(en millions de dollars)[a]	172	164	280	281	520	453
Financements publics						
(en millions de dollars)[a]	70	33	56	42	56	51
% des revenus	40	20	20	15	11	11
Vente de produits et de services						
(en millions de dollars)[a]	49	98	142	197	320	346
% des revenus	29	60	51	70	62	76

Sources : CRUCH 1992, 1998, et 2007, à l'exception des chiffres concernant les étudiants étrangers pour 2007, obtenus sur le site de l'UCH (http://www.uchile.cl/) et de la PUC (http://www.uc.cl/), du nombre de publications répertoriées par l'ISI, obtenu sur le Web of Knowledge de Thomson Reuters (ex-ISI, le nombre de projets du FONDECYT (y compris les dons au titre de tous les instruments du FONDECYT), obtenu via la base de données du FONDECYT, http://ri.conicyt.cl/575/channel.html, et les chiffres relatifs aux diplômes des enseignants de la PUC, pour lesquels on n'a pu utiliser l'*Anuario Estadístico* de 2007 (CRUCH 2007), la PUC ayant réuni dans la même catégorie les professeurs titulaires d'un doctorat et les professeurs qui sont docteurs en médecine et spécialisés. Aux fins de comparabilité avec l'UCH, on a préféré recueillir les données pour 2008 sur le site Web de la PUC, auprès d'une source qui recense séparément les professeurs titulaires d'un doctorat et les docteurs en médecine.

Note : — = non disponible.

a. Aux fins de comparaison, tous les chiffres relatifs aux financements pour 1991 et 1998 ont d'abord été exprimés en pesos chiliens pour l'année 2007, puis, de même que les données de 2007, convertis en dollars au taux de 530 pesos chiliens pour un dollar en vigueur en mars 2010.

à la PUC ; aucune des deux universités n'a délivré plus de 100 diplômes de doctorat en 2007 (tableau 8.1). Qui plus est, la majorité des professeurs à temps plein des deux établissements ne sont pas encore titulaires d'un doctorat. Par ailleurs, la composition du corps professoral, en termes de temps consacré à l'université, s'écarte également de ce que l'on attend d'une université de recherche : la moitié des professeurs de la PUC et les deux tiers de ceux de l'UCH sont des assistants à temps partiel, chiffre proche des 42 % enregistrés sur le campus principal de l'Institut de technologie de Monterrey — l'autre exemple latino-américain examiné dans cet ouvrage (chapitre 9) par Francisco Marmolejo.

Nonobstant les différentes définitions d'une université de recherche, le tableau 8.1 montre la forte progression de la participation à la recherche au cours des deux dernières décennies. Le nombre de professeurs à temps plein titulaires d'un doctorat a augmenté dans les deux établissements — pas seulement en chiffres absolus, qui ont doublé, mais aussi en pourcentage des effectifs. Les publications scientifiques de grande diffusion et les subventions à la recherche affichent des schémas similaires de croissance, de même que le nombre d'étudiants du troisième cycle en pourcentage des inscriptions, qui a doublé à l'UCH et triplé à la PUC entre 1992 et 2007.

Compte tenu des financements, ces évolutions sont intervenues alors que les revenus des deux universités (corrigés pour l'inflation) ont triplé depuis 1991, essentiellement sous forme de revenus autonomes par opposition aux subventions publiques directes, qui ont légèrement augmenté pour la PUC et diminué, concrètement, pour l'UCH. En fait, les deux établissements sont tributaires de transferts pour un peu plus de 10 % de leur budget, les droits d'inscription, les honoraires pour services d'assistance technique ou d'expertise et les recettes des entreprises appartenant aux universités représentant plus de 60 % des revenus de l'UCH et 75 % de ceux de la PUC. Le reliquat — à savoir les revenus autres que les transferts directs de l'État ou les recettes d'exploitation dérivant de sources privées — se compose essentiellement de crédits à la recherche d'autres fonds alloués sur une base concurrentielle par l'État, en fonction des projets de développement et des plans d'investissement présentés par les universités. La baisse des crédits publics affectés à l'UCH et leur augmentation pour la PUC résultent de la formule d'allocation des ressources appliquée par les autorités. Cette formule récompense les universités qui affichent les plus forts pourcentages d'enseignants à temps plein titulaires de doctorats et de publications du corps enseignant, un indicateur qui place la PUC en tête de l'UCH depuis 20 ans. Cette dernière, en revanche, obtient de meilleurs résultats pour les crédits à la recherche alloués sur une base concurrentielle, les programmes de doctorat, et les projets d'investissement en capital. Comme ces fonds ont augmenté, ils compensent très largement le recul des financements de base.

En somme si, lorsqu'on les mesure à l'aune des grandes universités de recherche aux États-Unis et dans d'autres pays avancés l'UCH et la PUC ne peuvent encore être considérées comme des universités de recherche, elles n'en ont pas moins régulièrement et sciemment progressé en ce sens au cours des deux décennies écoulées, et ce dans un contexte financier où la concurrence pour obtenir les fonds privés et publics est une stratégie déterminante.

L'université du Chili

L'UCH est et a de tout temps été l'une des institutions les plus respectées au Chili :

> Elle a organisé et encouragé l'enseignement à tous les niveaux ; elle a été le centre de la vie intellectuelle du pays, a diffusé le savoir scientifique, concouru à établir les professions spécialisées et formé l'une des classes dirigeantes les plus éclairées et les plus brillantes de la région. Aujourd'hui encore, l'UCH conserve sa position prédominante.... et son statut d'université nationale dans un système généralement considéré comme le modèle pour l'Amérique latine. Elle figure d'ailleurs régulièrement aux palmarès informels des meilleures universités de la région (Levy et Bernasconi 1998, 464).

À compter des années 50, l'UCH a ajouté à son rôle de formation de spécialistes une mission de recherche, sollicitant à cette fin l'aide des États-Unis — les fondations Ford et Rockefeller et l'Université de Californie ont été à cette époque des partenaires stratégiques — et, dans les années 60, a commencé à mettre en place une structure professionnelle d'enseignants à temps plein titulaires de diplômes supérieurs et ses propres programmes de troisième cycle (Levy et Bernasconi 1998, 464-67).

La réforme de 1968 a instauré une structure de gestion partagée entre les enseignants, les étudiants et les administrateurs, remplacé le système de chaires par une organisation départementale à l'intérieur des unités d'enseignement et des programmes, donné priorité à la réforme des structures génératrices d'injustice ancrées dans la société chilienne par le biais de l'éducation, de la recherche et de la vulgarisation, et amené une hausse considérable des inscriptions, de 27 000 en 1967 à près de 66 000 en 1973 (Brunner 1986, 31-40).

Le régime militaire (1973-1990) a supprimé le système de gestion partagée, fermé les unités d'enseignement consacrées aux sciences sociales, aux humanités et aux arts et licencié leur personnel et, en 1980, le nombre d'inscriptions était tombé à 48 800 (Brunner 1986, 49). La réforme de l'enseignement supérieur de 1981 a amputé l'UCH de toutes ses antennes régionales, transformées en petites universités indépendantes. Lorsque la démocratie a été restaurée en 1990, l'UCH comptait 18 000 étudiants, et la part des financements publics dans son budget était passée à 37 %, baisse que les droits d'inscription, instaurés au début des années 80, avaient pour objectif de compenser.

Avec le rétablissement du régime démocratique, les enseignants ont pu élire des doyens et un *nouveau* recteur, normaliser la gestion de l'institution et renouer avec le dynamisme intellectuel des décennies antérieures. Néanmoins, les tensions des années précédentes ont eu des conséquences durables qui, ajoutées aux difficultés structurelles, ont compliqué l'adaptation à un environnement en pleine mutation.

Gouvernance et gestion

À la différence des autres universités publiques chiliennes, l'UCH n'a pas de conseil d'administration. Son organe supérieur de direction se compose du Sénat universitaire (l'assemblée du recteur) et de 36 membres élus de l'université : 27 enseignants, sept étudiants et deux membres du personnel administratif — choisis par leurs pairs. Le rôle du Sénat consiste à définir une politique et à arrêter le plan de développement stratégique de l'Université. Il a pour fonctions d'approuver le budget, de ratifier la politique et les règlements de l'Université, d'instaurer ou de supprimer des programmes et des unités d'enseignement, et d'approuver les emprunts et la vente de biens immobiliers.

Le pouvoir exécutif appartient au recteur, au Conseil de l'université, et aux doyens des facultés. Le Conseil de l'université se compose du recteur, du chancelier, des doyens et de deux conseillers externes désignés par le Président du Chili. Pour une université publique, le rôle effacé des autorités dans la gouvernance de l'UCH peut paraître surprenant mais, vu sous un autre angle, il correspond d'une certaine manière à l'intervention tout aussi faible de l'État dans les finances de l'institution. Outre sa fonction délibérative dans la gestion courante de l'université, le Conseil est également chargé de soumettre à l'examen du Sénat universitaire les questions qui relèvent de la compétence de ce dernier. Son rôle central dans l'établissement du budget crée une sorte de conflit d'intérêts insti-tutionnalisé que seule une entente tacite entre les doyens, en vertu de laquelle les allocations traditionnelles de financement aux facultés ne sont pas contestées, permet de réfréner. Ce pacte prive l'administration de l'université de son outil le plus efficace et conduit souvent à une impasse.

Le recteur et les doyens sont élus par un corps professoral. Les facultés sont diversement composées de départements, centres et écoles. Les directeurs de départements sont également élus ; les autres responsables d'unités d'enseignement sont désignés par le doyen. Les doyens gouvernent avec l'assistance d'un conseil de faculté.

Sur le plan administratif, l'UCH est un établissement public autonome. Son statut général est approuvé par une loi du Congrès mais, dans les limites de ce statut et des directives générales applicables à tous les services de l'administration publique, elle est autorisée à établir son propre règlement intérieur et à s'organiser librement. À la différence des universités publiques d'autres pays, les universités d'État chiliennes fixent leurs propres droits de scolarité, définissent les critères et les quotas d'admission des étudiants, créent ou suppriment des programmes, ouvrent ou ferment des campus, et achètent ou vendent des biens immobiliers. Les enseignants sont des fonctionnaires mais ne sont pas assujettis au régime ordinaire de la fonction publique. L'université définit pour eux un régime de travail particulier. Le personnel administratif, en revanche, est soumis au régime général de la fonction publique.

Le degré de décentralisation des facultés à l'UCH est très élevé ; les membres de l'Université voient souvent en elle une fédération de facultés. Cette caractéristique, présente depuis la fondation de l'Université, est accentuée par le fait que les doyens rendent compte aux enseignants de la faculté qui les ont élus, et non au recteur, et a été renforcée par la réduction des crédits publics, qui a forcé les unités d'enseignement à produire leurs propres revenus. En conséquence, l'administration centrale est souvent dépourvue des moyens politiques et financiers dont elle aurait besoin pour orienter l'université vers des objectifs stratégiques.

Les responsables de l'Université se plaignent constamment de la charge que les règles et procédures de l'administration publique font peser sur l'UCH et l'empêchent de rivaliser avec les universités privées. À la différence des universités privées, l'UCH ne peut, sauf autorisation spéciale du Congrès, offrir à son personnel des incitations à la retraite anticipée, même si elle est en mesure de les financer. Le licenciement de membres du personnel non enseignant exige une enquête quasi-judiciaire sur la faute ou le manquement professionnel présumés, procédure aux résultats incertains qui peut durer des mois, voire des années — à tel point que rares sont les directeurs qui tentent de congédier les employés inefficaces. De ce fait, les services administratifs regorgent d'emplois inutiles dont ils supportent la charge financière. Par ailleurs de nombreux contrats et décisions des autorités requièrent un contrôle préalable de légalité des services du Contrôleur financier national. Cette procédure est longue, détourne des ressources sur des démarches administratives sans valeur ajoutée, et empêche l'UCH de saisir les occasions qui se présentent. Par ailleurs, l'Université ne peut contracter des prêts d'une durée supérieure au mandat restant à couvrir du Président du Chili en exercice, sauf autorisation spéciale du Congrès. Cette règle est applicable à toutes les entités du secteur public ; elle a pour objectif d'empêcher un gouvernement de contracter des prêts qui devront être remboursés par le gouvernement suivant. Rationnelle en termes de finances publiques, elle est très préjudiciable à l'Université qui est obligée d'établir ses prévisions, au mieux, sur la base de prêts de quatre ans — la durée du mandat présidentiel.

Finances

Le régime militaire laissait derrière lui un lourd héritage : tout au long de cette période, l'UCH n'avait pu actualiser les salaires en fonction de l'inflation, et les investissements dans l'infrastructure avaient pour ainsi dire été inexistants. Lorsque les attentes et demandes refoulées de la communauté universitaire ont pu s'exprimer librement, elles ont dû être gérées principalement par l'endettement, la situation économique de l'université n'ayant guère évolué après 1990. Sous l'effet des déficits chroniques, l'endettement a triplé entre 1990 et 1997 et atteint un niveau tel que le service de la dette asphyxiait toute tentative de l'Université de mettre en place des projets stratégiques.

En 1998-1999, il a été décidé de déclarer en faillite les services commerciaux non rentables, comme l'imprimerie universitaire et les librairies. Les budgets alloués au développement culturel des arts du spectacle ont été réduits, et les unités d'enseignement auxquelles ces derniers étaient rattachés ont été invitées à atteindre l'équilibre financier. Ces mesures arrêtées par l'administration centrale ont toutefois été impuissantes à remédier aux principaux facteurs de déficit — les salaires au niveau des unités d'enseignement. L'équipe de gestion du recteur et les doyens ont donc dû convenir d'un nouveau modèle de budgétisation pour l'UCH, qui visait à maîtriser les déficits mais au prix d'une décentralisation croissante. En effet, en 2004, la part des revenus dérivant des droits d'inscription du premier cycle des facultés a été portée à 80 %, contre 33 à 55 % auparavant ; cet argent, ajouté aux recettes des droits d'inscription du troisième cycle, de la recherche et de l'assistance technique, devait leur permettre d'équilibrer leur budget. Les doyens ont été autorisés à définir le nombre d'inscriptions et le montant des frais de scolarité — autrement dit, la quantité et les prix.

Les facultés reçoivent par ailleurs la majeure partie des crédits publics alloués à l'UCH, selon des critères de répartition traditionnels. Les tentatives engagées ces dix dernières années pour modifier cette formule de manière à y intégrer des indicateurs de résultats se sont heurtées à la résistance des doyens au sein du Conseil de l'université et n'ont pas abouti.

De ce fait, à l'heure actuelle, les fonds de l'université sont pour l'essentiel générés par les facultés ou transférés de l'administration centrale aux facultés, dont chacune dispose de son propre mécanisme d'allocation interne, ce qui réduit considérablement l'aptitude du recteur à mobiliser des financements pour orienter l'université vers des objectifs communs. Le recteur ne peut l'emporter sur les doyens, et ce n'est qu'après maints efforts de persuasion et de nombreuses négociations que des réformes peuvent être amorcées, si tant est qu'elles le soient.

La décentralisation financière s'est avérée probante pour les facultés en mesure de lever des fonds privés, comme les facultés d'ingénierie, d'économie et de commerce, et de médecine. Elle s'est aussi révélée assez avantageuse pour les facultés de sciences fondamentales, qui disposent d'un accès assuré aux subventions et aux programmes de recherche publique en développement constant. Les perdants dans ce dispositif d'autofinancement sont les facultés spécialisées dans les humanités, les sciences sociales et les arts — qui ont moins de débouchés sur le marché — et les modes de production de savoir qui ne sont pas pleinement validés par la communauté scientifique nationale, prisonnière des habitudes et des normes des sciences naturelles et exactes. Ce problème va au-delà de l'UCH : c'est l'enseignement supérieur dans son ensemble qui accuse un retard dans les domaines des humanités, des sciences sociales et des arts au Chili. Dans le contexte de marché actuel de l'économie politique de l'enseignement supérieur au Chili, une injection de fonds publics semble être la seule solution à ce problème. Le deuxième scénario envisageable serait que les grandes universités (comme l'UCH, qui concentre la majeure partie de son potentiel dans ces trois secteurs) réorientent les ressources discrétionnaires à ces branches d'études. Or, les ressources de cette nature sont rares à l'UCH et, pour les raisons de gouvernance exposées ci-dessus, il est difficile de les utiliser de cette façon.

Positionnement et objectifs stratégiques

L'université se considère comme chef de file national, mais elle est consciente que la mondialisation, la société du savoir et l'intensification de la concurrence avec l'enseignement supérieur privé exigent une plus grande attention aux problèmes de gestion (UCH 2007, 12). Par ailleurs, dans son dernier rapport sur l'UCH (2004), la Commission nationale d'accréditation a souligné que l'hétérogénéité de ses unités d'enseignement était l'obstacle majeur au développement de l'université. Si certaines sont des centres de recherche orientés sur la production et la diffusion de savoirs nouveaux, d'autres ont peu progressé au-delà de la fonction d'enseignement de base, remplie pour l'essentiel par des professeurs-assistants. La décentralisation incontrôlée pourrait avoir favorisé cet état des choses. La Commission nationale d'accréditation a également appelé à appliquer une définition plus précise de certains objectifs et indicateurs de développement, et davantage d'instruments de suivi et de contrôle. Elle a observé que l'absence de suivi diminuait l'efficacité et l'efficience des processus éducatifs à l'UCH.

Pour sa part, un rapport d'autoévaluation qui a servi de base à l'accréditation a recensé les principaux atouts de l'UCH : a) ses orientations stratégiques en 1999 ; b) la qualité de son enseignement ; c) la qualité et les effectifs croissants des étudiants de premier cycle ; d) le nombre plus élevé de programmes accrédités de troisième cycle (notamment au niveau du doctorat) ; et d) les procédures rigoureuses d'évaluation et de promotion des enseignants. Le rapport énumérait également ses principales faiblesses : a) une infrastructure archaïque et un matériel insuffisant pour accompagner la croissance de l'établissement ; b) un corps enseignant vieillissant[4] ; c) des règles d'administration publique qui empêchent l'université de réagir rapidement aux ouvertures extérieures ; d) des systèmes d'information et des indicateurs de gestion lacunaires ; e) un financement institutionnel dissocié des priorités stratégiques et alloué en interne selon des critères purement historiques ; et f) un manque de réactivité généralisé de la communauté universitaire à l'environnement concurrentiel dans lequel l'université doit opérer. En bref, selon les résultats de l'accréditation, les principaux écueils au développement de l'université semblaient se rapporter à des questions de gouvernance, de gestion et de financement plutôt que d'enseignement.

Peu de temps après, l'UCH a publié son plan stratégique 2006-2010. Celui-ci vise à renforcer la position de leader national de l'UCH dans le domaine de l'éducation par une offre de programmes caractérisés par un pluralisme idéologique et parfaitement en phase avec les besoins du Chili. Il a pour objectif de mettre en place des mécanismes améliorés de sélection, d'évaluation de l'état de préparation et de suivi des étudiants, et à renforcer les relations avec les anciens élèves. L'Université souhaite infléchir le taux de déperdition des effectifs et améliorer les indicateurs de durée des études pour les diplômés. Elle a pour autres objectifs de relever le taux d'entrée en troisième cycle, de développer l'enseignement de l'anglais et les programmes d'enseignement général et d'intensifier l'utilisation des technologies de l'information. Au niveau du troisième cycle, il s'agit d'augmenter le nombre de programmes, notamment au niveau du doctorat, et d'en faire des cursus prisés par les étudiants latino-américains ; de créer des filières de formation continue ; d'entretenir des liens enrichissants avec le secteur des entreprises ; de renforcer l'encadrement universitaire ; et de multiplier les programmes d'échanges internationaux d'étudiants. Dans le secteur de la recherche, l'UCH prévoit de faire une plus grande place aux sciences sociales et aux humanités, où elle est moins présente, et de prêter davantage attention à la recherche appliquée et au développement technologique, une branche également moins performante de son activité aujourd'hui. Sa stratégie consiste à embaucher de nouveaux talents universitaires et à promouvoir des centres, des projets et programmes interdisciplinaires.

Une initiative essentielle pour progresser dans la réalisation de ces objectifs a été l'adoption du Plan d'amélioration institutionnelle, un accord conclu entre les autorités nationales et l'UCH, qui financera les mesures que l'Université doit appliquer pour réaliser ses deux objectifs de gestion fondamentaux :

- la réforme de la structure de l'administration centrale de l'université de sorte que le recteur, les vice-recteurs et d'autres responsables centraux soient libérés des tâches administratives et puissent se concentrer sur

l'élaboration et le suivi des politiques, les fonctions de gestion étant transférées aux campus ;
- la mise en place d'un système de gestion informatique de rang mondial pour organiser et assurer sur une plate-forme intégrée et en temps réel le suivi de toutes les activités et ressources de l'université, à tous les niveaux.

Affaires universitaires

L'UCH recrute certains des meilleurs étudiants du Chili, n'étant devancée sur ce plan que par la PUC : 33 % des 2 000 premiers reçus à l'examen national d'admission à l'université choisissent d'y étudier. Les enquêtes conduites auprès des cadres d'entreprise et des directeurs des ressources humaines citent régulièrement les diplômés de cette université parmi les plus recherchés par les employeurs. L'UCH emploie par ailleurs certains des professeurs les plus talentueux du pays, surtout dans ses écoles professionnelles et les départements scientifiques. Plus de 40 % des bourses d'études de doctorat au Chili sont accordées à des étudiants de l'UCH. Son réseau de bibliothèques en compte 49, riches de trois millions de volumes, et offre l'accès à une collection électronique de plus de 18 000 revues spécialisées.

L'université s'alarme pourtant de l'état de ses programmes d'enseignement. Dans son rapport d'autoévaluation aux fins d'accréditation, l'UCH met en avant la rigidité des plans d'études, la spécialisation professionnelle excessive au détriment d'une culture générale solide, la décentralisation extrême de la conception et de la mise en œuvre de programmes d'études comportant très peu de contenu et de normes communes dans des dizaines de facultés ou départements, et la qualité inégale de l'enseignement. Les étudiants semblent avoir peu de possibilités de s'initier aux approches multidisciplinaires, à des méthodes participatives novatrices et à l'utilisation des technologies de l'information dans l'éducation. Les données factuelles relatives au maintien des effectifs, à la progression et aux résultats des étudiants et des professeurs, et l'employabilité des diplômés sont, dans le meilleur des cas, fragmentaires.

Sur la base de ce diagnostic, l'UCH a engagé une refonte de ses programmes de premier cycle qui vise à consolider l'enseignement général, à responsabiliser davantage les professeurs vis-à-vis de leur enseignement, à intensifier le recours aux technologies pour favoriser la modernisation des méthodes d'enseignement, et encourager la poursuite des études après le premier diplôme. Pour cela, il faudra améliorer le champ, la régularité et la fiabilité des données relatives au processus éducatif.

La recherche est dynamique dans les disciplines des sciences naturelles et exactes et dans certaines écoles spécialisées, comme les écoles d'ingénierie et de médecine. L'UCH estime que 340 professeurs équivalents à temps plein seulement ont pris une part active aux travaux de recherche en 2004 (UCH 2004, 127). Les axes de recherche sont définis en fonction des intérêts des chercheurs et de leur aptitude à mobiliser des fonds extérieurs bien plus que par les priorités et les budgets institutionnels. En conséquence, l'établissement n'a guère de moyens d'orienter la recherche vers l'amélioration de l'enseignement ou le transfert de technologie, ou dans toute autre direction stratégique. Cette situation est peut-être aussi à l'origine du développement insuffisant des technologies scientifiques à l'UCH, mesuré par le nombre de brevets. Quatorze brevets nationaux et internationaux seulement lui ont été délivrés avant 2004. Le nombre de demandes déposées a cependant accusé une forte hausse depuis 2005 : avant 2004, 22 seulement avaient été soumises, mais 90 ont été recensées entre 2005 et 2008 (UCH 2008, 24). La recherche appliquée, sous la forme de services de conseil ou d'assistance technique à l'administration publique et à l'industrie, occupe cependant une place nettement plus importante et représente un pourcentage appréciable des recettes opérationnelles de l'UCH.

L'université compte encore peu d'étudiants et de professeurs étrangers, ce qui est généralement le cas dans tout le pays. L'UCH reçoit chaque année 1 400 étudiants étrangers environ, mais la plupart sont des étudiants de premier cycle qui viennent pour des programmes d'études de courte durée, alors qu'elle envoie quelque 200 étudiants chiliens étudier à l'étranger chaque année.

L'université catholique pontificale du Chili

La PUC a été fondée par l'archevêque de Santiago en 1888. L'ambition de la nouvelle université était de former des cadres dans la tradition morale de l'Église catholique romaine. Grâce aux financements apportés par des donateurs, la PUC a créé ses premiers programmes d'études (droit et mathématiques), auxquels se sont bientôt ajoutés l'architecture et l'ingénierie.

Au cours des années 20, la PUC s'est vu conférer par la loi le statut de « collaboratrice de la mission éducative de l'État » et un financement public modique lui a été accordé. Pendant des décennies, l'appui financier de l'État a été irrégulier ; il s'est stabilisé dans les années 50, et en est venu à représenter plus de 80 % de ses revenus en 1970 (Levy 1986, 79-80).

L'hôpital universitaire de la PUC est entré en service dans les années 40 et, dix ans plus tard, l'université a fait œuvre de pionnier dans la mise au point de la technologie télévisuelle au Chili (Krebs, Muñoz et Valdiviseo 1994). Aujourd'hui le Réseau de soins de santé et la station de télévision Canal 13 TVUC sont tous deux des filiales de premier plan de l'université, et génèrent une part substantielle de ses recettes non opérationnelles.

La réforme de 1968, en instaurant la participation des professeurs et des étudiants et des fonctions universitaires autres que l'enseignement, insuffla un nouvel élan à la démocratisation de la gouvernance. On assista alors à la création de nombreux centres interdisciplinaires et instituts spécialisés, à l'établissement d'un fonds destiné à financer les projets de recherche et au doublement des effectifs enseignants entre 1967 et 1970. Or, en 1973, comme dans d'autres universités, le gouvernement de fait du Chili nomma un nouveau recteur à la tête de la PUC, ce qui mit un terme aux expériences de démocratisation et à l'effervescence de la recherche. Si la PUC subit par la suite sa part d'ingérence politique, le comportement des autorités militaires à son égard a généralement été jugé bienveillant par comparaison au traitement réservé aux autres universités. L'amiral en retraite qui occupait le poste de recteur est resté longtemps en fonction et a bénéficié d'une relative indépendance à l'égard du gouvernement. Le rôle protecteur de l'Église catholique a certainement joué, de même que l'influence des professeurs et des diplômés de la PUC au sein du gouvernement militaire, leur soutien à l'université, et l'opposition qu'avaient en grande partie marqué les professeurs et les étudiants de l'établissement au gouvernement socialiste du président Allende (1970-1973).

Au milieu des années 80, les autorités et le Vatican ont décidé d'un commun accord de désigner un recteur civil, choisi au sein de l'université. Le nouveau recteur, qui est resté en fonction 15 ans, a mis l'université sur la voie d'une croissance et d'un développement autonomes qu'elle continue de suivre aujourd'hui. Alors que les dirigeants universitaires, partout, prévoyaient que la fin du régime de Pinochet s'accompagnerait d'un revirement de sa politique de privatisation, la PUC tablait sur le maintien du programme de financement de l'enseignement supérieur introduit avec les réformes de 1981. En outre, les autorités de l'université voyaient dans son indépendance financière une forme de protection contre l'intervention de l'État et une question de loyauté envers ses racines et son inspiration catholiques. L'université a fondé sa stratégie sur l'hypothèse d'une absence totale de financements publics, ce qui l'a obligée à relever considérablement ses droits d'inscription ; entre 1987 et 1992, ceux-ci ont augmenté de 40 % en termes réels (Koljatic 1999, 350). Néanmoins, comme ces revenus ne suffiraient pas, l'université a dû mettre en place une politique de diversification des sources de financement, inciter les facultés à générer leurs propres revenus, obtenir des gains d'efficacité dans les services administratifs et académiques, et mieux utiliser les infrastructures existantes via l'augmentation du nombre d'inscriptions en premier cycle (Bernasconi 2005, 253). L'hôpital universitaire a été agrandi et restructuré en une entreprise rentable, et la gestion de la chaîne de télévision a été professionnalisée, également dans l'idée d'en faire un centre de profit pour l'université. La réduction de 20 % des effectifs administratifs s'est accompagnée d'une augmentation du nombre et de la qualité des enseignants. Ces réformes sont intervenues dans le cadre d'une politique dynamique de décentralisation qui visait à transférer le pouvoir de décision et la responsabilité opérationnelle de l'administration centrale au doyen et, dans le cas des divers services auxiliaires comme l'hôpital, la station de télévision et l'institut professionnel DUOC, à ses cadres dirigeants (Koljatic 1999, 354 ; Bernasconi 2005, 257).

Aujourd'hui, la PUC arrive régulièrement en tête des classements nationaux des universités publiés par les médias. De manière générale, elle se place au premier rang au Chili, au quatrième rang en Amérique latine, et au 241e rang mondial selon le classement de l'enseignement supérieur du Times (2008). Elle recrute les deux tiers environ des cent premiers reçus à l'examen national d'admission à l'université, et plus de la moitié des mille premiers. Elle produit un quart de la recherche scientifique chilienne. Sept de ses revues consacrées à la recherche sont répertoriées par l'ISI (contre trois seulement pour l'UCH). Le nombre d'articles qu'elle publie chaque année, négligeable au début des années 90, a dépassé les 700 en 2007. En termes de publication d'articles, de délivrance de diplômes de doctorat et de subventions à la recherche, la PUC se classe au deuxième rang national, après l'UCH, mais avec une avance confortable sur la troisième place.

Comme dans le cas de l'UCH, toutes ces évolutions positives sont intervenues alors que l'université devait de plus en plus compter sur des sources privées de financement. Les transferts directs de l'État finançaient 95 % de son budget en 1973. Au milieu des années 80, ils n'assuraient plus que 70 % de ses revenus. En 1992, ils en représentaient 20 %, et 11 % aujourd'hui. Ses revenus ont cependant triplé entre 1992 et 2007 grâce à sa capacité de mobilisation de fonds privés.

Acquérir une notoriété internationale en tant qu'université de recherche est un objectif stratégique explicite de la PUC. Elle a choisi 2038, date de son 150e anniversaire, pour le réaliser. Nous examinons dans les paragraphes qui suivent les progrès accomplis à ce stade et les difficultés auxquelles elle doit encore faire face pour acquérir ce statut international.

Gouvernance et gestion

Compte tenu de son statut d'université pontificale, la mission et la structure juridique de la PUC sont définies en dernière instance par l'Église catholique romaine, au niveau du Vatican et à l'échelon local (diocésain). Son plus haut responsable est le grand chancelier, *ex officio* archevêque de Santiago. Le recteur, un laïc depuis 1968, est nommé par le pape à partir d'une liste non contraignante et réservée de candidats établie par l'archevêque de Santiago sur la base de la recommandation d'un Comité de sélection universitaire. La plupart des membres de ce Comité sont élus par l'ensemble des professeurs titulaires et associés, le grand chancelier désignant les autres.

À l'instar d'autres universités catholiques au Chili, la PUC n'a pas de conseil d'administration. L'instance collégiale la plus élevée est le Conseil supérieur, composé du recteur et de son équipe de direction, des doyens, de quatre membres du corps enseignant désignés par un groupe de deux représentants par faculté, et de deux étudiants représentant le conseil étudiant.

À la PUC, les droits des enseignants en matière de gouvernance s'expriment plus fortement par leur participation aux organes directeurs des facultés que par l'élection des autorités. Les conseils de faculté sont élus par les professeurs. L'élection directe des dirigeants par le corps enseignant n'intervient qu'au niveau des départements. Les doyens ne sont pas élus, mais choisis par des Comités de sélection constitués de notables des facultés et d'un représentant du recteur.

La légitimité non électorale des doyens est bien adaptée au modèle de décentralisation en vertu duquel la PUC opère. Les doyens sont désignés en fonction de leurs compétences de gestion et pas uniquement de leur statut universitaire ou de leur popularité parmi leurs collègues. Ils jouissent d'une vaste autonomie pour diriger leur faculté dès lors qu'ils le font dans les limites des budgets approuvés par l'administration centrale (Koljatic 1999, 354). Cette dernière définit la politique générale de l'université, administre les fonds centraux alloués à la recherche et à la promotion d'un enseignement innovant, établit et gère des centres et des projets mixtes et interdisciplinaires, veille au respect des normes communes en matière de création de nouveaux programmes de diplômes, de qualité de l'infrastructure et de technologies de l'information à l'échelon de l'université, et conduit la procédure de planification intégrée et budgétaire de l'université, laquelle sera expliquée plus loin (Koljatic 1999, 354-55).

Finances

Tout comme l'UCH à la fin des années 90, la PUC a connu un déséquilibre financier dû à la chute des subventions publiques et la présence d'un personnel universitaire et administratif pléthorique et inefficace. La crise y a cependant atteint son acmé dix ans plus tôt, et a été résolue de façon plus radicale qu'à l'UCH. En tant qu'établissement privé, la PUC disposait d'une plus grande marge de manœuvre pour réduire le personnel, se heurtait à moins d'entraves politiques à l'augmentation des droits d'inscription, et avait la possibilité de refinancer sa dette par des prêts à long terme.

Au cours des années 90, la PUC a également su établir une base de recettes stable grâce à ses entreprises affiliées, essentiellement la chaîne de télévision et les centres médicaux, qui, à la fin de la décennie, étaient à l'origine de plus de 60 % de ses revenus (Bernasconi 2005, 255). Ce conglomérat compte désormais parmi ses entreprises majeures, outre les réseaux de services de santé et la station de télévision, plusieurs sociétés immobilières chargées d'exploiter les actifs immobiliers de valeur de l'université et la DICTUC (*Dirección de Investigaciones Científicas y Tecnológicas de la Pontificia Universidad Católica de Chile* ou Direction de la recherche scientifique et technologique de l'Université pontificale catholique du Chili), une société d'expertise, de formation et d'essais d'ingénierie créée au milieu des années 90 dont l'activité n'a pris une dimension substantielle (avec une pépinière d'entreprises par exemple) qu'au cours des quatre dernières années. En 2005, la société holding Empresas UC a été fondée pour contrôler et diriger l'ensemble des entreprises à but lucratif affiliées à la PUC. Il s'agissait de séparer l'administration de ces entreprises de celle de la branche académique, tout en maintenant l'obligation de rendre compte de la première à la direction de l'université, qui est représentée au conseil d'administration de la société holding et de ses différentes entreprises.

Les allocations budgétaires aux facultés sont définies en fonction des plans quinquennaux de la PUC et revêtent la forme de contrats annuels entre l'administration centrale et celles-ci. Les facultés s'engagent à réaliser certains projets et à prendre certaines mesures pour faire progresser les objectifs stratégiques de l'institution, l'administration centrale s'engage à verser les financements nécessaires. Par ailleurs, le budget permanent donne priorité aux salaires du personnel déjà en fonction et au budget destiné à la génération autonome de revenus, fondé sur les recettes que les facultés dégagent de l'enseignement de troisième cycle et de la formation continue, des subventions aux frais généraux des projets de recherche, et des services de conseil et d'assistance technique.

Les facultés ne conservent pour leurs propres besoins que les recettes qu'elles produisent, diminuées de 10 % versés à l'administration centrale au titre des frais généraux. En dehors de ces recettes, tous les revenus de la PUC sont collectés par l'administration centrale et distribués aux facultés une fois les budgets négociés. Autrement dit, les droits d'inscription en premier cycle, les transferts budgétaires du secteur public, et les bénéfices des entreprises rattachées à l'administration centrale sont répartis entre les facultés en dehors de tout quota préétabli. En comparaison à l'UCH, cette structure de financement donne à l'administration centrale de la PUC des moyens budgétaires beaucoup plus importants pour établir ses plans et ses stratégies. Si une faculté a besoin de fonds supplémentaires pour financer de nouveaux projets, elle doit soit persuader l'administration centrale que ces projets contribuent plus que d'autres au programme de développement de l'université et méritent à ce titre un appui central, soit les dégager de ses propres revenus.

Positionnement et objectifs stratégiques

L'identité catholique de l'université et sa mission de servir à la fois le Chili et l'Église catholique figurent en évidence dans son plan stratégique et dans ses autres principes d'orientation. Son dernier plan, qui couvre la période 2005-2010, voit dans cette loyauté le fondement de sa tradition et de son développement futur. Parmi ses points forts, l'université cite les mandats relativement longs de ses recteurs (dix seulement en plus de 120 ans), qui autorisent une planification et un suivi à long terme ; la responsabilité dont elle a fait preuve dans la gestion de ses ressources, surtout en temps de crise ; son aptitude à innover tant sur le plan des cursus académiques que de l'organisation structurelle ; et une culture institutionnelle relativement libre de la politisation caractéristique des universités en Amérique latine.

Compte tenu de son prestige, la PUC ambitionne d'outrepasser les limites du système d'enseignement supérieur chilien et de faire rayonner son influence dans toute l'Amérique latine et dans le monde, et s'est donné 20 ans pour devenir une université de recherche de renommée internationale. Selon ses plans, il lui faudra pour réaliser ce projet renouveler les programmes d'enseignement et leur contenu, développer la recherche et les programmes de doctorat, intensifier son internationalisation, renforcer l'influence de ses programmes de vulgarisation, de ses services de proximité et de son engagement public, et assurer le perfectionnement de son personnel académique et administratif.

S'agissant des programmes de recherche et de troisième cycle, la PUC est bien consciente que ses résultats varient selon les facultés et qu'elle doit mettre en place ou consolider des groupes de recherche de niveau international dans le domaine des sciences sociales, comme elle l'a fait dans ceux des sciences naturelles et exactes. Ainsi, alors que les enseignants titulaires d'un doctorat constituent au moins les trois quarts des professeurs équivalents temps plein des facultés de chimie, physique, biologie et mathématiques, ils en représentent entre 50 et 75 %, voire moins, dans celles des sciences sociales, de commerce et d'économie, de littérature, d'éducation, de droit, de communication, d'architecture et d'art. Les chiffres relatifs aux crédits à la recherche, aux doctorants, et aux publications sont également supérieurs dans les sciences naturelles et exactes et dans les sciences appliquées et la technologie.

Le souci d'internationalisation de la PUC devrait, comme l'envisage son plan stratégique, l'amener à devenir le principal centre d'études de troisième cycle en Amérique latine. Ce projet ne suppose pas seulement une intensification des échanges d'étudiants et d'enseignants et une augmentation des recrutements internationaux, mais aussi la mise en place de normes collectives mondiales dans chaque discipline ou spécialité au moyen, par exemple, d'une accréditation internationale.

Enfin, pour progresser sur tous ces fronts d'importance stratégique, l'université est consciente du rôle crucial de ses professeurs, administrateurs et employés, et de la nécessité d'assurer la stabilité financière par une structure de revenus diversifiée et une utilisation efficace et efficiente de ses ressources. La PUC se propose d'améliorer ses méthodes de recrutement, de promotion, de fidélisation, de rémunération, de valorisation, d'évaluation du personnel et son régime de retraite afin de se donner les moyens de choisir et de retenir les plus talentueux. Elle insiste sur l'importance des technologies de l'information pour obtenir des gains d'efficacité et confirme son attachement à un modèle de gestion décentralisée, mais se dit aussi plus en phase avec le plan de développement stratégique de chaque faculté, aligné sur celui de l'institution.

Affaires académiques

Ces dernières années, des progrès ont été observables dans tous les axes de développement énoncés dans le plan stratégique de la PUC. Ainsi, dans le domaine du renforcement des facultés, l'université a récemment engagé une réforme audacieuse des règlements qui établit des critères plus rigoureux de sélection, de promotion et d'évaluation des enseignants, et confère par ailleurs à l'administration centrale une plus grande influence sur ces procédures. L'une des modifications les plus notables est l'obligation pour tous les professeurs titulaires de mener des travaux de recherche et d'enseigner ; les enseignants qui ne font que l'un ou l'autre, ou remplissent une autre fonction académique unique reçoivent le statut d'assistant. Les résultats en matière d'enseignement et de recherche conditionnent désormais les promotions, alors qu'auparavant des accomplissements dans un seul de ces domaines suffisaient. Un diplôme de doctorat, un diplôme de fin d'études équivalent, ou des compétences reconnues équivalentes au plan international (pour les beaux-arts par exemple) sont désormais exigées pour toute nomination à un poste titularisé, alors que par le passé un diplôme de mastère suffisait.

S'agissant de l'internationalisation, l'université a régulièrement progressé dans l'accréditation internationale de certains de ses programmes. L'école de commerce est accréditée par l'*Association to Advance Collegiate Schools of Business* ; la faculté d'ingénierie par l'*Accreditation Board for Engineering and Technology* ; l'architecture par l'Institut royal des architectes britanniques ; la médecine par l'*Association of American Medical Colleges* ; et le journalisme par l'*Accrediting Council on Education in Journalism and Mass Communications*.

La PUC est confrontée à deux enjeux pour développer la recherche. Le premier, dans le domaine des sciences naturelles et exactes, consiste à enrichir leur brillante production en sciences fondamentales par une intensification des échanges avec les entreprises aufin de stimuler l'innovation scientifique d'intérêt économique. Le second, pour les humanités et sciences sociales, consiste à les ancrer fermement dans la recherche pour qu'elles aillent au-delà de la mission fondamentale des écoles spécialisées de se consacrer exclusivement à l'accumulation et à la transmission du savoir. Pour développer son programme de recherche et de développement, l'université a établi des conseils d'entreprise au sein desquels ses responsables et des cadres dirigeants représentant les intérêts technologiques de différents secteurs (plutôt que d'entreprises particulières) comme les établissements viticoles, les usines à papier, les producteurs de fruits, les sociétés minières, et les entreprises de production d'énergie. Il s'agit d'offrir aux dirigeants d'entreprise un cadre où ils pourront discuter de problèmes de production avec l'université, qui leur proposera des solutions issues de la recherche. Pour les sciences sociales et les humanités, en revanche, la stratégie fondamentale consiste à renforcer les références et compétences de la faculté en matière de recherche, processus que les nouveaux règlements, examinés plus haut, devraient favoriser.

Conclusions

Le système d'enseignement supérieur chilien est une singularité en Amérique latine, en termes de structure de financement et de degré de privatisation. Dans ce contexte, l'UCH et la PUC enregistrent des résultats remarquables sur les indicateurs d'efficacité et d'efficience, comme le nombre de publications par chercheur, les dépenses publiques par étudiant, et les taux d'inscription et de réussite, par rapport à d'autres universités latino-américaines de premier plan, en Argentine, au Brésil et au Mexique (voir par exemple les données relatives à la production scientifique de l'Institut de technologie de Monterrey, au chapitre 9). Néanmoins, la prochaine phase de développement de ces deux universités nécessitera un soutien et une implication stratégique plus marqués des autorités. Pour l'UCH, ce développement sera aussi sans doute conditionné par les réformes internes, comme nous le verrons plus loin.

L'université du Chili : les prochaines étapes
Certains des problèmes auxquels se heurte l'UCH sont le fruit des politiques publiques et seule une intervention des autorités permettra d'y remédier. C'est le cas des enveloppes budgétaires dérisoires qui lui sont consenties par l'État — insuffisantes pour financer un établissement de recherche de nos jours — comme l'indique clairement un rapport récent sur l'enseignement supérieur chilien publié par l'Organisation de coopération et de développement économiques[5]. Il en va de même des contraintes et des contrôles administratifs auxquels l'université est assujettie, qui la privent de la souplesse nécessaire pour répondre aux demandes et aux ouvertures d'un environnement essentiellement commercial.

Elle est toutefois également confrontée à des obstacles internes, qui procèdent essentiellement de l'hétérogénéité de ses 18 facultés et instituts dans tous les domaines qui constituent l'essence d'une université de recherche : la réputation des facultés dans le domaine de la recherche, la capacité de mobilisation de financement, les compétences de gestion, des structures de gouvernance favorables, la disposition à l'innovation, et les liens avec le monde extérieur. Cette diversité de profils et de résultats est l'aspect négatif de la décentralisation, qui constitue autrement une stratégie saine, si ce n'est la seule viable, pour gérer un organisme complexe et d'envergure. Mais une décentralisation sans système de contre-pouvoirs favorise la confusion et, dans le cas de l'UCH, l'administration centrale — indépendamment de la légitimité et de la compétence des recteurs et de leurs équipes — ne dispose pas des instruments efficaces qui lui permettraient d'orienter l'université vers ses objectifs stratégiques. L'UCH n'est pas totalement dépourvue de ces outils puisqu'elle peut recourir à des mesures correctives. Mais les instruments disponibles semblent trop excessifs et coûteux sur le plan politique pour être employés à intervalles réguliers. Par exemple, le recteur peut ordonner la restructuration d'une unité académique et y intervenir directement. En vertu de ce régime exceptionnel, l'UCH peut mettre un terme au contrat des enseignants affiliés à ces unités et leur demander de présenter à nouveau leur candidature et de se soumettre à une évaluation académique s'ils veulent retrouver leur poste. Cette procédure a été appliquée deux fois au cours des dix dernières années, d'abord à la Faculté de sciences sociales, et actuellement à l'Institut des affaires publiques. Néanmoins, des interventions cataclysmiques de cette nature ne conviennent pas aux âmes sensibles ou à la gestion courante d'une université.

Les pouvoirs publics pourraient, par le biais de la réglementation et du financement, prêter main-forte à l'UCH dans son processus de transformation. Des programmes de relance des humanités et des sciences sociales — qui devraient apporter à l'UCH quelque 20 millions de dollars en cinq ans et être assujettis à l'accomplissement d'étapes prédéfinies et à la réalisation d'objectifs de productivité convenus — offrent un exemple encourageant d'une telle démarche. Un autre modèle est le contrat de performance qui financera, à hauteur de sept millions de dollars environ, la réforme administrative de l'UCH décrite plus haut. Sur le plan de la réglementation, l'accréditation des programmes a permis à l'université d'identifier clairement, publiquement et légitimement ses problèmes et a contraint les unités académiques à s'y attaquer, tirant les universitaires de la complaisance dans laquelle sombrent souvent ceux qui se perçoivent comme une élite.

Ces mesures sont prometteuses mais, malheureusement, insuffisantes. Comme les responsables de l'UCH évaluent leur situation — surtout en comparaison à la PUC — en termes de financement, il semble que le statut d'université publique apporte peu d'avantages et des coûts administratifs considérables. De manière générale, les autorités n'ont guère montré d'empressement à intervenir davantage dans les affaires des universités publiques, même lorsqu'elles y ont été ouvertement invitées par les recteurs, bien conscients qu'une légère perte d'autonomie en échange de moyens d'action pour promouvoir le changement ne relève pas d'un mauvais calcul. La faute ici en est plus à l'État qu'à l'université, ce qui nous ramène à l'analyse de la question de l'économie politique de l'enseignement supérieur chilien figurant en début de chapitre. Il est remarquable que d'aussi bons résultats aient été obtenus avec un investissement public aussi faible, mais il faudra à l'UCH bien plus que la participation de l'État pour gagner une place parmi les universités d'élite internationales.

L'université pontificale catholique du Chili : les prochaines étapes

La PUC est l'une des rares universités privées d'Amérique latine qui se soit forgé une réputation dans le domaine de la recherche. C'est aussi le cas de quelques universités catholiques situées dans les États les plus prospères du Brésil et de l'université des Andes à Bogotá (Colombie).

Pourtant, comme l'indique le rapport d'accréditation de 2004 de la PUC, l'hétérogénéité interinstitutionnelle également observable à l'UCH y est aussi un problème. Si certaines facultés ont indéniablement intégré les pratiques du travail universitaire typiques d'une université de recherche, d'autres restent fidèles à des méthodes pédagogiques plus traditionnelles.

Ces déséquilibres se retrouvent dans toutes les universités chiliennes. Ce qui distingue la PUC des autres est qu'elle a su gérer l'environnement de l'enseignement supérieur au Chili et résoudre, de manière satisfaisante de son point de vue, les problèmes les plus fondamentaux de gouvernance, d'administration et de viabilité financière qui compromettent le développement des autres universités chiliennes, dont l'UCH. La PUC n'entretient pas de différend avec son propriétaire, l'Église catholique, alors que les universités publiques se plaignent constamment de ne recevoir ni orientation ni soutien de la part du leur, l'État. La PUC n'a pas à assumer la charge d'une dette écrasante (ses obligations annuelles au titre de la dette représentent en fait le sixième de celles de l'UCH) et se soucie davantage de trouver de nouvelles sources de financement pour assurer sa croissance que d'équilibrer son budget. Sa structure de gestion et de gouvernance établit un équilibre viable entre l'autonomie des facultés d'une part et la définition d'une politique centrale et une orientation institutionnelle d'autre part. Quand une inertie centrifuge s'est avérée nécessaire pour restaurer l'équilibre, la PUC a été en mesure de la fournir, ce dont attestent les amendements de 2008 au Code de faculté.

Les mesures prises par la PUC au cours des dix à 15 dernières années peuvent en grande partie être rattachées aux cinq catégories de processus définies par Burton Clark pour représenter les caractéristiques communes aux universités innovantes, d'abord en Europe (Clark 1998) puis dans d'autres contextes (Clark 2004)[6]. En effet, l'université a diversifié sa base de financement pour compenser la diminution des crédits publics, faisant largement appel à des revenus de sources privées autres que les droits d'inscription.

La PUC a renforcé son « centre de pilotage décisionnel » tout en conservant une structure essentiellement décentralisée, ce qu'elle a fait en préservant la capacité de l'administration centrale à orienter les fonds sur les priorités de l'institution (éventuellement à la suite d'une proposition des doyens d'œuvrer, depuis leur faculté, à un objectif stratégique de l'université) et en appliquant des normes uniformes dans toutes les facultés afin de mettre en place le corps professoral que réclament ses objectifs stratégiques.

Une « périphérie de développement » (Clark 1998, 138-39) est née des unités commerciales regroupées au sein de Empresas UC, des centres de recherche et de développement et des bureaux de transfert technologique présents au sein des facultés (DICTUC, dans le domaine de l'ingénierie) et de l'administration centrale. Le « cœur dynamisé de l'université » de Clark (1998, 141-42) n'est pas, dans ce cas, composé de nouvelles facultés ou de nouveaux départements inspirés par l'esprit d'entreprise des nouveaux centres et instituts interdisciplinaires, mais des unités académiques traditionnelles qui ont mis en place une culture entrepreneuriale il y a une vingtaine d'années, lorsqu'elles ont été autorisées à conserver les revenus dérivant des droits d'inscription en troisième cycle et en formation continue, de leurs services de conseil et d'assistance technique, et les subventions pour frais généraux de recherche.

Enfin, une culture de développement fondé sur les ressources privées est manifestement institutionnalisée au sein de la PUC, fruit de la politique engagée au milieu des années 80 de ne pas attendre des financements publics qu'ils suivent le rythme de croissance de l'université. À vrai dire, au regard des critères internationaux, le financement public d'une université privée religieuse est une anomalie. Malgré l'immense contribution de la PUC au bien collectif, il n'est pas inconcevable que les autorités choisissent de concentrer leur aide sur les universités publiques à l'avenir.

Dans sa situation actuelle, la PUC est bien placée pour réaliser son objectif de devenir une université de recherche reconnue au niveau international dans les vingt prochaines années si elle maintient les politiques déjà mises en place. Des crédits supplémentaires de l'État accéléreraient certainement cette évolution mais, pour assurer son développement, la PUC semble miser sur le besoin grandissant de savoir d'une industrie locale soucieuse d'assurer sa compétitivité.

Université du Chili et Université pontificale catholique du Chili : caractéristiques communes

Aucune des deux universités n'a encore atteint au statut d'université de recherche, si l'on mesure celui-ci à l'aune des normes internationales des universités à plus forte intensité de recherche dans les pays développés. Elles peuvent néanmoins sans aucun doute prétendre au titre d'universités axées sur la recherche étant donné les immenses progrès qu'elles ont accomplis au cours des dernières décennies pour dépasser une fonction orientée uniquement sur la formation de cadres spécialisés, typique de l'université latino-américaine. À cet égard, leurs aspirations à devenir des établissements de notoriété internationale, à haute intensité de recherche, coïncident et concordent, même si la PUC s'est fixé à cette fin un calendrier et une trajectoire beaucoup plus précis. En comparaison aux autres universités chiliennes, et si l'on suppose que le pays ne peut entretenir que deux universités de cette nature, ce sont ces deux établissements qui, aujourd'hui, semblent les plus en mesure d'atteindre cet objectif à terme.

À l'UCH comme à la PUC, des secteurs d'excellence internationale en recherche côtoient des écoles traditionnellement axées sur la formation de spécialistes. On y trouve, aux côtés d'équipes de titulaires de doctorat à temps plein, bien rémunérés, œuvrant à la production de connaissances scientifiques générales et au transfert de technologie, des groupes d'enseignants à temps partiel d'autres facultés, actifs dans leur spécialité, mais éloignés du travail de recherche, et qui ne peuvent vivre de leur salaire universitaire. La recherche a d'abord été introduite dans les sciences naturelles et exactes dans les années 60, puis dans les humanités. Les sciences sociales, les arts, et les filières conduisant aux professions supérieures se sont laissées distancer d'une génération ou deux. Or, les scientifiques ont les antécédents, la motivation, l'influence politique et l'expertise nécessaires pour exploiter à leur avantage les crédits publics à la recherche et les règlements et politiques universitaires. Cette situation fait naître des tensions internes entre chercheurs et enseignants, les premiers — mieux placés et intervenant davantage dans l'élaboration des politiques universitaires — l'emportant généralement.

L'activité scientifique à l'UCH et à la PUC est bien plus déterminée par le travail individuel de leurs chercheurs que par une orientation stratégique établie par la direction. Un renforcement de l'articulation entre la recherche et l'enseignement d'une part et entre les sciences fondamentales et appliquées d'autre part figure en bonne place à l'ordre du jour des deux universités. Les synergies de cette nature — comme la nouvelle règle instaurée par la PUC selon laquelle la promotion des enseignants doit se fonder sur des résultats d'enseignement et de recherche — demeurent toutefois une exception plutôt que la règle.

Aucune des deux universités n'a prévu de fonction de gouvernance pour les parties intéressées, ce qui risque d'entraver l'établissement de relations durables avec les communautés qu'elles desservent. Ces relations avec les parties prenantes sont toutefois soutenues au niveau des facultés, des écoles, des centres et des programmes — elles sont peut-être plus méthodiquement planifiées et organisées à la PUC. Pour celle-ci, l'Église catholique est par ailleurs un partenaire important. Même si les professeurs et les étudiants ne sont pas tenus d'être catholiques, ses cadres dirigeants sont recrutés parmi les fidèles ; ces derniers ont en outre tendance à former un milieu culturellement assez homogène d'individus partageant des valeurs communes, ce qui limite la diversité au sommet.

On peut dire de la répartition du pouvoir dans les deux institutions qu'elle est très concentrée à la base, en ce sens que la plupart des décisions sont prises au niveau des facultés et non de l'administration centrale de l'établissement ni, a fortiori, des autorités nationales[7]. Cela dit, l'administration centrale de la PUC est comparativement plus influente, d'une part en raison de l'héritage culturel des 80 ans de pouvoir exercés par l'Église catholique, de l'autre parce que les autorités ne sont pas élues. Le recteur de l'université est en dernière analyse un agent de l'Église, et non un délégué de la communauté universitaire, même s'il peut bénéficier du soutien des facultés. Les doyens sont désignés pour participer à la gestion de l'institution et diriger leurs facultés, alors que les doyens élus de l'UCH ne sont responsables que de leurs facultés. En revanche, la centralisation plus prononcée de la PUC a pour inconvénient que si le recteur s'engage dans une mauvaise direction, c'est l'ensemble de l'université qui en souffre, alors qu'à l'UCH, il est plus probable que certaines facultés prospéreront et que d'autres dépériront.

Les autorités n'interviennent guère dans l'orientation stratégique des universités chiliennes. Les universités publiques se formalisent de cet abandon et attendent des pouvoirs publics qu'ils précisent ce qu'ils attendent d'elles. Or, ceux-ci ne disent pas grand-chose, si ce n'est pour souligner l'importance pour l'économie chilienne de l'innovation fondée sur le savoir et d'un capital humain qualifié, et étayer ces déclarations par des crédits à la recherche et au développement et des bourses d'études de troisième cycle. Ce laisser-faire présente néanmoins l'avantage de ne pas imposer aux universités d'objectifs publics importuns, mais ne les met malheureusement pas à l'abri des règlements administratifs. Ceux-ci sont particulièrement injustes parce qu'ils s'appliquent à l'UCH (une entité publique) et non à la PUC (une entité privée), indépendamment de l'enveloppe publique allouée à chacune. Une conséquence négative des contraintes du secteur public sur la prospérité financière de l'UCH est l'emploi à vie du personnel non enseignant. En effet, si, il y a 20 ans, la PUC a pu licencier le personnel non essentiel qu'elle n'avait plus les moyens de rémunérer, l'UCH doit assurer indéfiniment la charge de ces effectifs. Les chiffres sont révélateurs : l'UCH, qui compte un peu plus d'étudiants et enseignants que la PUC, est dotée d'un personnel administratif 2,4 fois plus nombreux, sans compter dans les deux cas les employés non-enseignants des hôpitaux et centres médicaux.

Ces différences entre les deux universités définissent les conditions de concurrence auxquelles elles font face dans leur quête d'un statut d'université à forte intensité de recherche. Celles de la PUC semblent plus favorables. Celle-ci est parvenue à instaurer la stabilité dans les domaines cruciaux de l'organisation, la gestion et les finances, ce qui n'est pas le cas de l'UCH. L'UCH cherche encore à établir le juste équilibre entre le centre et la périphérie, à mettre au point des systèmes d'information adaptés pour suivre l'activité de l'ensemble de l'université, et à obtenir des autorités ce qu'elle dénomme un « nouveau pacte », à savoir s'engager à satisfaire aux besoins de l'État en échange d'une hausse des crédits.

Nonobstant les nombreuses similitudes entre ces deux universités dans leur aspiration à devenir des universités de recherche, une distinction fondamentale ressort, outre les dissimilitudes précédemment relevées, qui procède de la nature de chaque établissement. L'UCH a choisi l'État pour partenaire stratégique, la PUC a opté pour le secteur privé. Cela ne veut pas dire que l'industrie ou les frais d'inscription des étudiants ne comptent pas pour l'UCH, ni que la PUC peut se passer des crédits publics à la recherche. Il est peu probable que ces ressources leur seront retirées. La question a trait à l'aide supplémentaire dont elles ont besoin pour franchir le seuil de la notoriété internationale. Pour l'UCH, elle doit absolument venir du secteur public, et l'université mobilise toute son influence politique pour l'obtenir. La PUC, pour sa part, espère peut-être que le gouvernement augmentera sa participation et exerce des pressions tout aussi intenses que l'UCH en ce sens, mais cultive dans le même temps ses liens avec l'industrie.

Au chapitre 9 du présent ouvrage, Francisco Marmolejo analyse l'université de recherche « de type mexicain ». On peut s'attendre à ce que les deux universités chiliennes étudiées ici se forgent, en tant qu'universités de recherche, une identité enracinée dans leurs traditions et leur environnement locaux. Conformément à la tradition latino-américaine, les universités de recherche « de type chilien » continueront de prêter attention aux besoins particuliers de la formation professionnelle, avec une équipe fournie d'enseignants à temps partiel, tout en produisant du savoir pour leur propre compte. Il est peu probable que la recherche prenne le pas sur l'enseignement, mais l'UCH et la PUC peuvent aspirer à incarner un modèle d'éducation renforcé par la participation du corps professoral à la recherche. Le taux d'inscription en troisième cycle continuera de progresser, mais, pendant de nombreuses années, ne représentera pas la majorité des inscriptions. Même si les financements publics augmentent, l'UCH et la PUC continueront de faire en grande partie appel aux recettes privées et préserveront l'autonomie dont elles jouissent aujourd'hui.

Notes

1. Pour de plus amples renseignements concernant les publications de l'UCH répertoriées par l'ISI, se reporter au Web of Knowledge de Thomson Reuters.

2. Dans la tradition latino-américaine, dérivée de l'Europe continentale, une faculté est l'unité d'enseignement la plus importante de l'Université. Elle correspond plus ou moins à ce que l'on appelle « school » ou « college » aux États-Unis, et axe son enseignement sur une spécialité ou une discipline, ou sur un groupe de disciplines apparentées au plan épistémique.

3. Pour de plus amples renseignements concernant les publications de la PUC répertoriées par l'ISI, se reporter au Web of Knowledge de Thomson Reuters.

4. Selon la base de données SIES (Sistema de Información de la Educación Superior, ou Système d'information de l'enseignement supérieur) du ministère chilien de l'Éducation (2008), l'âge moyen des enseignants de l'UCH est de 48 ans, la moyenne nationale des enseignants des universités étant de 44,5 ans : http://www.sies.cl/.

5. Dans son rapport, l'OCDE recommande de doubler les crédits publics à l'enseignement supérieur, sans compter l'investissement public et la recherche-développement, également nettement inférieurs à ses niveaux de référence (OCDE, 2009).

6. La PUC est d'ailleurs l'un des cas analysés par Clark dans son deuxième ouvrage sur les universités entrepreneuriales (Clark 2004, 110-21).

7. L'immense autonomie dont jouissent les universités chiliennes — privées et publiques — dans la conduite de leurs affaires se retrouve rarement ailleurs. Pour un cas opposé, voir le chapitre 7 du présent ouvrage.

Références

Altbach, Philip G. 2007. "Empires of Knowledge and Development." In *World Class Worldwide: Transforming Research Universities in Asia and Latin America*, ed. Philip G. Altbach and Jorge Balán, 1–28. Baltimore: Johns Hopkins University Press.

Arriagada, Patricio. 1989. *Financiamiento de la educación superior en Chile 1960–1988*. Santiago: FLACSO.

Bernasconi, Andrés. 2005. "University Entrepreneurship in a Developing Country: The Case of the P. Universidad Católica de Chile: 1985–2000." *Higher Education* 50 (2): 247–74.

———. 2007. "Are There Research Universities in Chile?" In *World Class Worldwide: Transforming Research Universities in Asia and Latin America*, ed. Philip G. Altbach and Jorge Balán, 234–59. Baltimore: Johns Hopkins University Press.

Brunner, José Joaquín. 1986. *Informe sobre la educación superior en Chile*. Santiago: FLACSO.

Clark, Burton R. 1998. *Creating Entrepreneurial Universities: Organizational Pathways of Transformation*. Oxford: Pergamon.

————. 2004. *Sustaining Change in Universities: Continuities in Case Studies and Concepts*. Maidenhead, U.K.: Open University Press.

CRUCH (Consejo de Rectores de las Universidades Chilenas). 1992. *Anuario Estadístico*. Santiago: CRUCH.

————. 1998. *Anuario Estadístico*. Santiago: CRUCH.

————. 2007. *Anuario Estadístico*. Santiago: CRUCH.

Hunneus, Carlos. 1988. *La Reforma Universitaria veinte años después*. Santiago: Corporación de Promoción Universitaria.

Koljatic, Matko. 1999. "Utilidades, orientación al mercado y descentralización: 'Nuevas' ideas para la administración universitaria en Latinoamérica." *Estudios Públicos* 73: 335–58.

Krebs, Ricardo, M. Angélica Muñoz, and Patricio Valdivieso. 1994. *Historia de la Pontificia Universidad Católica de Chile 1888–1988*. Santiago: Ediciones Universidad Católica de Chile.

Lehmann, Carla. 1990. "Antecedentes y tendencias en el sistema de financiamiento de la educación superior chilena." In *Financiamiento de la Educación Superior: Antecedentes y desafíos*, ed. Carla Lehmann, 31–78. Santiago: Centro de Estudios Públicos.

Levy, Daniel C. 1986. *Higher Education and the State in Latin America: Private Challenges to Public Dominance*. Chicago: University of Chicago Press.

Levy, Daniel C., and Andrés Bernasconi. 1998. "University of Chile." In *International Dictionary of University Histories*, ed. Carol Summerfield and Mary Elizabeth Devine, 464–67. Chicago: Fitzroy Dearborn.

Mellafe, Rolando, Antonia Rebolledo, and Mario Cárdenas. 1992. *Historia de la Universidad de Chile*. Santiago: Ediciones de la Universidad de Chile.

Ministry of Education, Chile. 2010. "Compendio Estadístico." Ministry of Education, Santiago. http://www.divesup.cl/index.php?option=com_content&view=article&id=94&Itemid=58.

OECD (Organization for Economic Cooperation and Development). 2009. *Tertiary Education in Chile: Reviews of National Policies for Education*. Paris: OECD.

Serrano, Sol. 1994. *Universidad y Nación: Chile en el siglo XIX*. Santiago: Editorial Universitaria.

UCH (Universidad de Chile). 2004. *Proyecto Piloto de Acreditación Institucional: Informe de la Universidad de Chile*. Santiago: Universidad de Chile.

————. 2007. *Plan de Mejoramiento Institucional*. Santiago: Universidad de Chile.

————. 2008. *Anuario 2008*. Santiago: Universidad de Chile.

CHAPITRE 9

Mexique : La longue marche vers l'excellence : l'Institut technologique de Monterrey

Francisco Marmolejo

Suivant une tendance commune à d'autres pays, le Mexique aspire depuis quelques années à porter certains de ses établissements d'enseignement supérieur au niveau d'excellence atteint par d'autres universités à vocation de recherche. Dans le secteur public, l'Université nationale autonome du Mexique[1] (Universidad Nacional Autónoma de Mexico, ou UNAM) consacre des efforts considérables à cette ambition, tandis qu'un établissement privé, l'Institut de technologie et d'études supérieures de Monterrey (Instituto Tecnológico y de Estudios Superiores de Monterrey, ou ITESM)[2] — s'est engagé sur une voie similaire, mais cependant distincte. Comme de nombreux chercheurs se sont penchés sur le cas de l'UNAM[3], et que l'ITESM a fait l'objet d'un moins grand nombre d'études, le présent chapitre s'emploie à donner une idée plus précise de ce dernier, et tout particulièrement de son campus principal situé dans la ville de Monterrey.

Ces dernières années, l'ITESM s'est forgé, au Mexique et à l'étranger, une réputation honorable d'institution prospère de qualité. L'Institut a été fondé en 1943 dans la ville de Monterrey, la capitale de l'État de Nuevo León, au nord du pays. Ces dernières années, il a acquis une dimension nationale en établissant des campus délocalisés dans la plupart des États mexicains, et internationale en s'installant dans des villes éloignées de pays étrangers, même s'il concentre l'essentiel de son infrastructure de recherche sur son campus phare de Monterrey. L'ITESM est un cas intéressant à examiner compte tenu de son histoire particulière, de ses spécificités et de son aspiration officiellement exprimée à devenir une université de recherche de premier ordre « à la mexicaine ». Se fondant sur le modèle élaboré par Jamil Salmi (2009) — qui recense plusieurs caractéristiques couramment observées parmi les universités de recherche de rang mondial — le chapitre analyse les principaux attributs de l'ITESM pour démontrer que si bon nombre de ses composantes opérationnelles fondamentales sont conformes à ces caractéristiques, son développement dans le domaine de la recherche est dans l'ensemble modeste et de portée comparativement limitée. Parmi les caractéristiques mises en évidence par Salmi figurent notamment l'aptitude d'un établissement à attirer des éléments talentueux, les ressources dont il dispose et son modèle de gouvernance.

De nombreux spécialistes soutiennent que, de par son histoire et son évolution particulière, l'ITESM est dans une certaine mesure atypique de la structure de l'enseignement supérieur mexicain (Gacel-Avila 2005 ; Ortega 1997 ; Rhoades *et al.* 2004). Il est parfois critiqué pour ses travaux, ses centres d'intérêt et son modèle éducatif ; parfois admiré pour sa réussite dans de nombreux domaines ; parfois accusé d'œuvrer à un programme occulte de l'élite économique mexicaine ; et parfois tenu à l'écart de l'élaboration et de l'application des politiques éducatives au Mexique. Quoi qu'il en soit, l'ITESM est également reconnu comme un établissement d'enseignement supérieur de premier plan en Amérique latine, et parfois salué comme le meilleur établissement mexicain (Elizondo 2000 ; Gomez, 1997).

Ce n'est qu'en 1996 que les dirigeants de l'établissement ont officiellement déclaré leur intention d'en faire une université de recherche. Sa course à l'excellence dans ce domaine est donc relativement récente, et s'est concentrée, pour l'essentiel, sur le campus de la ville de Monterrey. Comme analysé ici, le campus phare de l'ITESM a indubitablement entrepris d'atteindre le statut d'université de recherche de niveau mondial, mais est encore loin d'arriver à cet objectif.

Brève analyse historique et contextuelle du système

Au Mexique, les sous-secteurs public et privé de l'enseignement supérieur présentent de profondes dissemblances qu'il convient d'analyser pour replacer l'histoire et le rôle de l'ITESM dans son contexte. Le système d'enseignement supérieur y est relativement récent, bien que l'Université royale pontificale du Mexique, considérée comme l'ancêtre de l'UNAM, ait été fondée en 1553. L'UNAM a adopté son statut actuel d'université nationale et autonome en 1929. Quelques années plus tard, dans les années 40 et 50 notamment, plusieurs États mexicains ont entrepris de fonder des universités publiques. Ces établissements ont généralement suivi le modèle académique et structurel de l'UNAM, à savoir : des programmes universitaires classiques axés sur la formation profession-nelle, proposés essentiellement au niveau du premier cycle, et enseignés pour la plupart par des professeurs à temps partiel ; l'élection du recteur et des doyens parmi le corps enseignant ; et le recrutement de professeurs à temps plein et à temps partiel parmi les récents diplômés et les spécia-listes locaux. De manière générale, le modèle de gouvernance adopté par les universités publiques nationales se fondait sur l'autorité d'une assemblée — le Conseil universitaire — composée de professeurs, d'étu-diants et de doyens. Certains secteurs — l'influente Église catholique romaine et les organisations patronales notamment — ont jugé le dévelop-pement rapide des universités publiques déséquilibré et inadapté aux besoins de leurs mandants. Ils ont exercé des pressions sur les autorités et, à terme, ont obtenu l'autorisation de créer quelques universités privées, dont l'ITESM en 1943.

Dans la plupart des États, le mode de financement des établissements publics était — et demeure à ce jour — fondé sur les subventions publiques qui couvrent l'essentiel des coûts de fonctionnement. Les droits d'inscription et de scolarité de ces établissements sont généralement très faibles — et parfois symboliques — quelle que soit la situation économique des étudiants. En revanche, le fonctionnement des universités privées comme l'ITESM est essentiellement financé par ces frais de scolarité, auxquels s'ajoutent la vente de services, des donations privées déductibles d'impôts, voire, dans certains cas, des revenus dérivant de l'organisation de loteries. Ces établissements n'ont généralement pas droit aux crédits publics, même si des exceptions sont parfois accordées dans le cas de fonds compétitifs destinés à financer certains projets de recherche ou services de conseils, ou quand une participation indirecte à des projets financés en partenariat avec des établissements publics est autorisée.

Au cours de la seconde moitié du XXe siècle, l'enseignement supérieur au Mexique a connu un développement extraordinaire. Le nombre national d'inscriptions y est passé de 30 000 en 1950 à près de trois millions en 2008. Cette demande était le fruit de l'explosion démogra-phique (de 25 millions d'habitants en 1950 à 103 millions en 2005) et de l'urbanisation rapide intervenue en parallèle. Elle a été satisfaite par l'expansion considérable de l'offre de cursus universitaires, l'augmentation du nombre d'inscrits dans les universités publiques, et la création de nouvelles catégories d'établissements postsecondaires. Dans le même temps, dans les années 90 notamment, de nombreuses universités privées ont été fondées grâce à l'assouplissement de la politique d'autorisation des pouvoirs publics, plus soucieux de réduire les pressions démographiques sur l'enseignement supérieur public que de veiller à la qualité des cursus.

Durant les années 90, les établissements publics supérieurs ont donné priorité à l'enseignement et consacré peu d'efforts à la recherche. Par ailleurs, les universités privées ont surtout privilégié et c'est toujours le cas — les cursus académiques, en particulier des programmes peu coûteux ne nécessitant que des investissements modérés dans les laboratoires et l'infrastructure de recherche. La mise en place de mécanismes d'assurance de la qualité applicables aux universités publiques et privées n'est intervenue qu'assez récemment. C'est seulement dans les toutes dernières années du XXe siècle et la première décennie du XXIe siècle qu'un processus visible de différenciation institutionnelle est apparu.

Aujourd'hui, la plupart des grandes universités publiques les plus en vue et quelques universités privées de pointe mettent l'accent sur la recherche. Dans le même temps, comme un cadre national d'accréditation externe fondée sur l'examen par les pairs des programmes d'études, applicable aux établissements publics et privés, a été progressivement consolidé et a rallié l'adhésion du public (Malo et Fortes 2004), elles ont tendance à marquer leur différence en faisant accréditer leurs cursus.

Divers facteurs, dont le perfectionnement des politiques, la décentralisation de l'État et la diversification institutionnelle, sont intervenus dans ce récent processus de développement (Brunner *et al.* 2006), qui doit être analysé dans le contexte de l'évolution globale de la société mexicaine (Rubio 2006). Le système d'enseignement supérieur a, dans son ensemble, également été influencé par l'ouverture mondiale de l'économie et de la société mexicaine, qui s'est traduite par une meilleure connaissance des pratiques internationales (Maldonado-Maldonado 2003) et des contacts plus fréquents avec les réseaux universitaires et de recherche internationaux.

En résumé, le paysage de l'enseignement supérieur au Mexique a rapidement évolué ces dernières années en termes d'ampleur, de complexité et de diversification. En 2008, le système national comptait 2 442 établissements d'enseignement supérieur, dont 843 étaient publics, les 1 599 autres privés. On recensait 2 814 871 étudiants, dont 65,7 % étaient inscrits dans des établissements publics, et 34,3 % dans ses établissements privés (Tuiran 2008). C'est là une croissance remarquable, si l'on tient compte du fait que 60 ans plus tôt, le nombre d'étudiants inscrits dans l'enseignement supérieur national était de 30 000 environ dans quelques établissements à peine, dont l'ITESM, qui n'en comptait que 200.

La fondation et l'histoire de l'ITESM

L'analyse des raisons ayant présidé à la création et au développement ultérieur de l'ITESM montre clairement pourquoi cet établissement a été fondé dans l'État de Nuevo León. Situé dans la région nord-est du Mexique, à la frontière de l'État américain du Texas, l'État de Nuevo León est le principal centre d'échanges commerciaux entre le Mexique et les États-Unis. Sa capitale, Monterrey, est la capitale financière du Mexique. En général, les principaux indices de compétitivité régionaux le classent régulièrement au deuxième rang national après le District fédéral (OCDE 2009), et au troisième rang pour l'économie.

L'activité industrielle de l'État a évolué ces dernières années, une industrie manufacturière à faible valeur ajoutée faisant place à une base de production plus élaborée à forte valeur ajoutée[4]. Les conditions de vie y dépassent par ailleurs le niveau national moyen[5].

Le Nuevo León est réputé pour sa culture entrepreneuriale, qui remonte à plusieurs générations. Sa situation géographique et le caractère urbain de sa population sont des atouts majeurs qui expliquent le développement économique de la région, l'esprit d'entreprise de ses milieux d'affaires, et la perspective internationale de l'économie régionale et de ses universités (Mora, Marmolejo et Pavlakovich 2006). Ces facteurs ont joué un rôle essentiel dans la fondation et le développement ultérieur de l'ITESM.

L'État compte 43 établissements d'enseignement supérieur. Le plus grand est l'Université autonome publique de Nuevo León (la troisième du pays, avec plus de 120 000 étudiants), suivie de l'ITESM.

La fondation de l'ITESM

L'industrialisation rapide du Nuevo León, au début des années 40, nécessitait des spécialistes et techniciens convenablement formés et, par conséquent, l'expansion des établissements d'enseignement supérieur et de leurs programmes d'études. Comme le développement des établissements supérieurs publics en était à ses débuts, un groupe d'industriels, conduit par un important entrepreneur de la ville de Monterrey, Eugenio Garza Sada, a décidé de fonder une université susceptible de satisfaire directement à leurs besoins.

Créée en 1943, l'ITESM est la quatrième université privée du Mexique en termes d'ancienneté. Ses fondateurs étaient conscients de la pénurie d'ingénieurs et de cadres intermédiaires pour les entreprises de la région (Elizondo 2003) et savaient que le modèle des universités publiques en voie d'établissement à l'époque ne satisferait pas à leurs besoins. Eugenio Sada, diplômé de l'Institut de technologie du Massachusetts, souhaitait faire de l'ITESM une université privée de grande qualité afin de former au Mexique « les spécialistes nécessaires pour bâtir une société et une économie mexicaines modernes ». (Elizondo 2000). L'ITESM a été officiellement créé en 1943 sous forme d'établissement d'enseignement privé à but non lucratif, indépendant et dissocié de tout parti politique ou groupe religieux.

L'ITESM est entré en activité avec deux facultés de premier cycle comptant 227 étudiants et 14 enseignants : une faculté de génie industriel et une faculté de comptabilité (à laquelle s'ajoutait un établissement d'enseignement secondaire). Des établissements privés similaires avait déjà été fondés au Mexique pour des raisons diverses. L'Université autonome de Guadalajara était le fruit de la confrontation entre deux groupes politiques antagonistes dans l'État de Jalisco, l'Université La Salle avait été fondée à la demande d'un groupe religieux catholique, et l'Université des Amériques avait été créée à Mexico sur le modèle du « college » américain. Le seul établissement fondé directement en réponse à la demande du secteur des entreprises a été l'ITESM, à Monterrey. Bien que l'histoire de l'Institut compte de nombreuses étapes importantes (voir l'annexe 9A), certaines ont été décisives, notamment, comme nous le verrons plus loin, en relation avec ses objectifs de recherche.

1947 : Création de la loterie de l'ITESM

Le démarrage de l'ITESM n'est pas allé sans difficultés. Les fonds initiaux ont été apportés par un groupe d'entreprises qui finançaient l'université nouvellement créée, mais il est devenu manifeste que pour assurer sa viabilité à long terme, l'Institut aurait besoin d'autres sources de financement puisqu'il n'avait pas accès aux crédits publics. Ses fondateurs ont tiré parti d'un mécanisme juridique qui autorise les organismes à but non lucratif à organiser des loteries — sous la supervision des autorités fédérales — dans l'objectif de soutenir des causes sociales. La loterie de l'ITESM (actuellement connue sous le nom de *Sorteo* Tec) est à la longue devenue l'une des sources de financement les plus importantes pour l'expansion de l'établissement. À l'heure actuelle, l'ITESM organise cette loterie nationale trois fois par an, le total des prix attribués s'élevant à 23 millions de dollars. À chaque fois, il met en vente 450 000 tickets qui lui rapportent 29 millions de dollars bruts, soit 97 millions de dollars par an. *Sorteo* Tec permet à l'Institut de financer des bourses d'études et, plus récemment, de créer des chaires, qui sont devenues un moyen essentiel de financer ses activités de recherche.

1950 : Obtention d'une accréditation des États-Unis

Dans un contexte où les lois et règlements régissant les universités privées n'étaient pas clairement définis, la direction de l'ITESM a décidé, quelques années à peine après la fondation de l'Institut, de demander l'accréditation du système d'enseignement supérieur des États-Unis de manière à renforcer la légitimité de ses programmes d'études. Il s'agissait certes d'obtenir une reconnaissance internationale, mais aussi d'atténuer le risque qu'une éventuelle réforme des règlements nationaux ne compromette l'avenir de l'ISTEM. C'est la Southern Association of Colleges and Schools — qui accrédite les établissements éducatifs de onze États américains, dont le Texas — qui, en raison de sa proximité géographique, s'est vu présenter cette demande inhabituelle. La procédure s'est achevée en 1950, faisant de l'ITESM le premier établissement étranger accrédité par un organisme régional américain. Cette accréditation n'a pas seulement été pour l'ITESM un label de qualité conféré par un organisme éducatif étranger, mais l'a immergé dans une culture d'évaluation par les pairs et d'efficacité institutionnelle qui n'était pas courante à l'époque dans l'enseignement supérieur mexicain. Cette accréditation a joué un rôle déterminant dans l'évolution et les accomplissements ultérieurs de l'ITESM.

1952 : Octroi d'un statut spécial d'autonomie par le Gouvernement mexicain

La crainte d'une réforme inopinée des règlements publics s'est dissipée neuf ans après la fondation de l'ITESM, lorsque la direction de l'Institut a négocié avec les autorités fédérales l'octroi d'un statut spécial d'*Escuela Libre Universitaria* (école universitaire libre) qui a été officialisé par un décret présidentiel spécial. Ce décret autorisait l'ITESM à obtenir l'équivalent d'un statut d'autonomie parce qu'il lui conférait le pouvoir de proposer des programmes d'études et de délivrer des diplômes en vertu d'un régime spécial du ministère de l'Éducation. L'obtention de ce statut — dont seuls quelques autres établissements bénéficiaient au Mexique — a donné à l'ITESM une latitude suffisante pour modifier ses cursus et les adapter aux nouveaux modèles éducatifs et organisationnels en dehors des restrictions imposées aux établissements privés assujettis aux règlements publics en vigueur.

1967 : Expansion de l'Institut à d'autres villes

Quelques années après sa fondation, des membres des milieux d'affaires d'autres régions mexicaines, dont de nombreux diplômés de l'ISTEM, ont commencé à demander aux autorités de l'Institut d'ouvrir des campus en dehors de la ville de Monterey, ce qui a été fait en 1967 dans la ville de Guaymas (Sonora), sur la côte Pacifique. Ce campus a marqué le début d'une période d'expansion dynamique à d'autres villes mexicaines, expansion qui, dans tous les cas, s'est fondée sur le principe de la mise en place d'un conseil local chargé de mobiliser les fonds nécessaires aux dépenses d'infrastructure et de fonctionnement. L'ITESM se chargeait d'établir le modèle éducatif du campus et d'administrer l'établissement. Cette structure de responsabilité partagée — les milieux d'affaires locaux étant responsables du financement, l'ITESM des programmes et de la gestion de l'université — a bien fonctionné dans le cadre de l'ouverture de campus délocalisés, mais le maintien de la qualité des programmes d'enseignement — a été une gageure. En 2010, le réseau de l'ITESM se composait d'un vaste réseau de 33 campus et de 25 sites établis dans tout le Mexique et desservant pratiquement tout le pays.

1968 : Premiers diplômes de doctorat

Vingt-cinq ans après sa fondation, l'ITESM a créé son premier diplôme de doctorat, dans le domaine de la chimie organique. Cette aptitude à offrir une formation doctorale a été la première initiative formelle de l'Institut dans sa quête d'un statut d'université de recherche. Elle lui a ouvert un nouveau champ d'activités, mais a également créé des enjeux. Cet accomplissement a été l'aboutissement du renforcement progressif d'un corps d'enseignants qualifiés qui avait commencé à proposer un diplôme de master en chimie organique en 1961. La procédure de création d'un corps professoral de base sous l'égide d'un département universitaire a plus tard servi de fondement à la mise en place de formations de troisième cycle similaires à l'ITESM.

1986 : Officialisation du réseau de l'ITESM

L'expansion progressive et un tant soit peu désordonnée des campus délocalisés de l'ITESM dans le pays, entamée en 1967, a obligé la direction à réorganiser le fonctionnement de l'Institut. Ce processus a amené le Conseil de l'ITESM à officialiser la création d'une structure constituée d'un recteur général et d'un ensemble de vice-présidences régionales.

1996 : Décision institutionnelle d'intégrer la recherche à la mission fondamentale de l'ITESM

La recherche, quoique présente à l'ITESM dès les premières années, n'était pas considérée faire partie des fonctions centrales de l'université, notamment parce que cette dernière n'avait pas accès aux crédits publics alloués à ce domaine. Or, la mise en place de cursus de doctorat sur le campus principal a créé entre les fonctions d'enseignement et de recherche des tensions que l'ISTEM devait résoudre s'il voulait conserver ses professeurs qualifiés et les étudiants diplômés désireux de conduire des recherches. Ce n'est qu'en 1996, durant l'examen de son plan stratégique, que l'Institut a décidé de donner une place de choix à la recherche dans le cadre de ses activités fondamentales. Cette mesure s'imposait pour affirmer sa présence et son prestige, tant dans le secteur de l'enseignement supérieur mexicain qu'à l'étranger. Il a cependant bien été précisé que priorité serait donnée à la recherche appliquée présentant un intérêt pour le développement du Mexique. Cette décision institutionnelle permettrait à l'ITESM de mobiliser des fonds pour la recherche auprès des entreprises et, à l'occasion, de l'État. Elle a également conduit l'Institut, en tant que réseau, à engager un processus de différenciation interne et informelle, car tous les campus ne seraient pas capables ou désireux de s'engager formellement dans la recherche. Dix ans plus tard, seuls huit des 33 campus ont été officiellement déclarés à vocation de recherche, les autres n'étant pas censés se livrer à des activités dans ce domaine (Enriquez 2007).

1997 : Création de l'Université virtuelle de l'Institut de technologie de Monterrey

Au début des années 90, la Southern Association of Colleges and Schools a officiellement remis en question l'accréditation de l'ITESM parce que tous ses campus n'appliquaient pas les mêmes normes de qualité. L'Association observait en particulier que de nombreux professeurs n'étaient pas titulaires des diplômes appropriés, problème particulièrement présent sur les campus délocalisés. N'étant pas en mesure de résoudre le problème par le remplacement pur et simple des professeurs, et confrontées au risque de perdre leur accréditation américaine, les autorités de l'ITESM ont décidé de procéder à une requalification massive du corps enseignant — essentiellement au travers de programmes de formation de troisième cycle à distance. Cette requalification a exigé de lourds investissements dans l'infrastructure pour assurer cette téléformation aux professeurs situés ailleurs qu'à Monterrey. En parallèle, l'ITESM a établi des partenariats avec plusieurs institutions, notamment l'Université du Texas à Austin et l'Université Carnegie Mellon, toutes deux aux États-Unis, qui ont permis aux professeurs de ces établissements de dispenser des cours de maîtrise et de doctorat aux enseignants de l'ITESM depuis leur propre campus, au moyen d'un système de visioconférence par satellite. Tous les investissements dans l'infrastructure et la rémunération des instructeurs ont été couverts par l'ITESM ; les professeurs de l'Institut participant en tant qu'étudiants à ce programme ont dû s'engager à travailler pour lui sur une durée au moins équivalente à celle de leurs études. Dans le même temps, l'ITESM a sélectionné un groupe d'enseignants et financé leurs études de doctorat dans différentes universités, essentiellement aux États-Unis. En conséquence il a, en un temps relativement court, rempli les conditions d'accréditation de la Southern Association of Colleges and Schools et développé en parallèle son expertise en matière d'enseignement à distance. Il a mis à profit ce nouveau savoir-faire pour créer une université virtuelle (Cruz Limon 2001), qui offre désormais chaque année, grâce à des techniques de pointe et à des méthodes pédagogiques normalisées, des cours de perfectionnement professionnel et des formations aux diplômes officiels à plus de 80 000 étudiants sur 1 270 sites au Mexique et 160 sites dans dix pays d'Amérique latine (ITESM 2009c).

Différenciation à l'ITESM entre le campus central et le réseau

Situé dans la ville de Monterrey, le campus phare est, parmi les 33 campus du réseau national de l'ITESM, celui qui dispose de la plus vaste infrastructure d'enseignement et de recherche. Il est également le seul doté d'une faculté de Médecine. Bien que cela ne soit pas officiellement reconnu, le campus de Monterrey est au centre des mesures prises par l'ITESM pour rehausser sa réputation dans le domaine de la recherche, ce que montre la disproportion des moyens et des efforts institutionnels qui lui sont consacrés par rapport aux campus délocalisés.

Au niveau du réseau, l'ITESM recensait 96 649 inscrits au cours de l'année universitaire 2009–2010, dont 25 705, soit 27 % du total, fréquentaient le campus de Monterrey. Ce dernier affiche de loin le plus grand nombre d'inscrits du réseau, suivi respectivement des campus de la ville de Mexico, de l'État de Mexico et de Guadalajara. Les étudiants du campus de l'ITESM Monterrey se répartissent comme suit : 17 % à l'école secondaire, 68 % dans les programmes de premier cycle, et 14 % dans les programmes post-licence. La stratégie visant à renforcer les compétences en recherche de l'ITESM, en particulier sur le campus de Monterrey, apparaît clairement lorsque l'on procède à une comparaison dans le temps du nombre d'étudiants post-licence : entre 2003 et 2009, le nombre total d'inscriptions sur ce campus a augmenté de 5,3 % (contre 3,2 % seulement dans l'ensemble du réseau de l'ITESM). Or, le nombre d'inscriptions à l'école secondaire a diminué de 13,8 %, le nombre d'inscrits en premier cycle a progressé de 4,5 %, et celui des inscrits en troisième cycle a enregistré une hausse spectaculaire de 50,4 % au cours de la même période (ITESM 2004a, 2010).

Un schéma similaire est observable en ce qui concerne le corps professoral de l'Institut : en 2009, les 927 enseignants à temps plein représentaient 44 % des 2 102 enseignants du campus de Monterrey, pourcentage supérieur à celui observé pour l'ensemble du réseau (33 %). Par ailleurs, entre 2003 et 2009, le nombre d'enseignants à temps plein a augmenté de 24 % sur ce campus, alors qu'il diminuait de près de 2 % dans l'ensemble du réseau. Le campus de Monterrey emploie 32 % des professeurs à temps plein du réseau, mais seulement 20 % des enseignants à temps partiel (ITESM 2004a, 2010).

Comme l'on peut s'y attendre, les étudiants de l'ITESM-Monterrey bénéficient du plus grand choix de formations. Sur les 54 diplômes de premier cycle proposés dans l'ensemble du réseau, le campus de Monterrey en offre 43, répartis comme suit : mécatronique et technologies de l'information (8) ; ingénierie de processus et ingénierie manufacturière (5) ; biotechnologie, chimie et sciences de l'alimentation (6) ; architecture et génie civil (2) ; biomédecine et sciences de la santé (6) ; communication, littérature et médias (3) ; relations internationales et sciences politiques (2) ; animation et conception numériques (2) ; économie et droit (3) ; commerce (4) ; comptabilité et finances (2). Une caractéristique notable de l'ITESM est que 36 de ses 43 cursus de premier cycle peuvent être suivis soit dans le cadre classique d'études axées sur la formation professionnelle dominant au Mexique, soit dans celui d'un programme de sciences humaines à vocation internationale plus proche des diplômes de licence proposés par les universités américaines.

À l'échelon du réseau, l'ITESM propose 26 spécialités, 46 cursus de master et dix de doctorat. Parmi eux, le campus de Monterrey propose 15 spécialités (deux dans le domaine du commerce, 12 en médecine, et une en ingénierie et en architecture) ; 41 cursus de master (deux en architecture, six en sciences humaines et sociales, deux en communication et journalisme, deux en droit, quatre dans le domaine de l'éducation, 14 dans celui de l'administration, un dans celui de la santé, et dix en technologies de l'information et en électronique) ; et sept cursus de doctorat dans les domaines des sciences humaines, des politiques publiques, des sciences sociales, de l'innovation pédagogique, des sciences de l'ingénierie, des sciences administratives, et des technologies de l'information et des communications.

Le campus de Monterrey a par ailleurs conclu, pour neuf de ses programmes de master et un de doctorat, des accords d'équivalence avec plusieurs établissements de même nature, essentiellement aux États-Unis mais aussi en Australie, en Belgique, au Canada et en France.

L'aide financière et le temps accordés par l'ITESM à ses professeurs pour améliorer leurs qualifications universitaires ont sensiblement renforcé sa réputation dans le domaine de la recherche. En 2008, 11,1 % de ses enseignants, au niveau de l'ensemble du réseau, étaient également inscrits en tant qu'étudiants à un cursus de master ou de doctorat. Le pourcentage d'enseignants en formation sur le campus de Monterrey (5,6 %) est inférieur, essentiellement parce que celui-ci était parvenu à recruter des enseignants déjà pourvus des qualifications adéquates, alors que les autres doivent compter davantage sur leurs professeurs pour atteindre cet objectif, en finançant leurs études supérieures. L'aide ainsi accordée revêt souvent la forme d'une inscription des enseignants aux cursus de l'ITESM, soit dans un cadre classique, en classe, soit par le biais de l'Université virtuelle. Dans les deux cas, compte tenu des normes d'accréditation initialement établies par la Southern Association of Colleges and Schools et, plus récemment, par les organismes d'accréditation mexicains, une forte majorité des enseignants de l'ITESM sont titulaires d'un diplôme d'études supérieures. Leur pourcentage y est nettement supérieur à la moyenne du système de l'enseignement supérieur au Mexique. En 2008, sur le campus de Monterrey, 95,7 % des cours de premier cycle étaient dispensés par des enseignants titulaires d'un diplôme de doctorat ou de master, et 83,5 % des cours post-licence l'étaient par des professeurs titulaires d'un doctorat (ITESM 2010).

Accréditation de l'ITESM et soutien à ses travaux de recherche

Le système d'accréditation mexicain est assez récent. Pendant de nombreuses années, les établissements privés étaient simplement tenus d'obtenir l'autorisation officielle du ministère de l'Éducation et, par la suite, une autorisation particulière pour chaque programme d'études proposé. Comme précédemment indiqué, l'ITESM a obtenu en 1952 du gouvernement fédéral un statut spécial qui lui a conféré une plus grande latitude pour élaborer ses cursus et obtenir les autorisations nécessaires. Par ailleurs, en 1950, il avait demandé et obtenu son accréditation aux États-Unis, auprès de la Southern Association of Colleges and Schools. Cette accréditation a été reconduite pour dix ans en 2008. L'ITESM compte parmi les sept seuls établissements d'enseignement supérieur accrédités par cette Association en dehors des États-Unis, dont quatre au Mexique ; il est toutefois le seul habilité à proposer quatre programmes de doctorat au moins (SACS 2009).

Les critères d'éligibilité et l'accréditation ultérieure de la Southern Association of Colleges and Schools ont permis à l'ITESM, au fil des ans, de mettre en place une culture et des pratiques organisationnelles imprégnées des notions d'autoévaluation, d'assurance de la qualité et d'efficacité institutionnelle. L'expérience acquise durant la procédure d'accréditation a également obligé l'Institut à trouver des solutions innovantes pour relever le défi de satisfaire aux normes de l'Association, ce qu'illustre de manière exemplaire le projet d'envergure qu'il a mis en place pour rehausser les qualifications de son corps enseignant et conserver ainsi son accréditation.

Cette expérience ne lui a pas été seulement utile dans le cadre de son processus interne de développement ; elle a aussi eu des conséquences substantielles pour les autres établissements d'enseignement supérieur mexicains puisqu'elle a incité la Fédération mexicaine des universités privées à élaborer et à mettre en œuvre un système national d'accréditation en 1996. L'ITESM a été parmi les premiers établissements à obtenir cette accréditation en 1997, laquelle a été reconduite en 2009 pour une période de dix ans.

Par ailleurs, suite à l'importance récemment prise par le Conseil mexicain d'accréditation de l'enseignement supérieur — établi en 2000 en qualité d'organisme d'accréditation chargé de définir des normes et d'accorder des autorisations à 26 organismes d'accréditation indépendants constitués par discipline — l'ITESM a obtenu, ou effectue actuellement les démarches nécessaires pour obtenir l'accréditation de tous ses programmes d'études susceptibles d'en bénéficier. Certains des programmes proposés sur le campus de Monterrey ont en outre reçu l'accréditation d'organismes étrangers, selon des modalités similaires à celles de l'accréditation institutionnelle accordée par la Southern Association of Colleges and Schools. C'est le cas des accréditations délivrées par l'Association to Advance Collegiate Schools of Business pour les programmes d'études commerciales, de l'Accreditation Board for Engineering and Technology pour les cursus d'ingénierie, et du Conseil latino-américain d'accréditation de l'enseignement du journalisme pour les études de journalisme.

Enfin, au niveau post-licence, un indicateur essentiel de la qualité de l'offre universitaire au Mexique est l'intégration d'un cursus au Programme national de formations de post-Licence par le Conseil national des sciences et des technologies, accordée après un examen par les pairs approfondi et rigoureux de sa qualité. Cette accréditation revêt une importance particulière parce que les étudiants inscrits à un cursus figurant dans ce Programme peuvent bénéficier d'une bourse publique complète, couvrant les frais de scolarité et le coût de la vie, du Conseil national des sciences et des technologies. En 2009, 40 des 56 programmes post-licence du réseau de l'ITESM en faisaient partie. S'agissant des cursus de doctorat, quatre des sept programmes proposés par le campus de Monterrey étaient inscrits sur ce fichier prestigieux (CONACYT 2009a).

Une incitation ou une entrave à la recherche ?

D'ordinaire, la recherche dans les établissements d'enseignement supérieur est organisée par l'intermédiaire d'un bureau central qui rend compte soit au recteur de l'établissement, soit au vice-recteur responsable des programmes d'études. Ce n'est pas exactement le cas sur le campus de Monterey de l'ITESM où, paradoxalement, ce service ne figure même pas sur l'organigramme officiel.

La structure d'organisation de l'ITESM a été fortement influencée par l'orientation commerciale de ses fondateurs (Enriquez 2007). Leur approche s'est traduite par une structure hiérarchique relativement simple, horizontale et souple, peu courante dans un établissement d'enseignement supérieur classique.

Au niveau du réseau, l'autorité exécutive supérieure de l'établissement est le Recteur général, désigné par le Conseil d'administration. Sur le plan interne, l'administration de l'établissement est répartie en quatre rectorats régionaux. La plus importante des quatre régions, en termes d'inscriptions, est celle où se situe le campus phare de Monterrey. Sur chaque campus, l'autorité exécutive supérieure est conférée au recteur du campus (officiellement connu sous le nom de directeur général), qui rend compte au recteur régional correspondant. Un recteur de campus gère généralement quatre services respectivement responsables des affaires académiques, des services commerciaux et d'information, du développement social et des étudiants, et des programmes de l'école secondaire. Dans le cas du campus de Monterrey, les doyens des quatre facultés rendent compte au recteur, et chacune de leur division est organisée en départements universitaires et en facultés de troisième cycle. Chacune de ces divisions comporte plusieurs centres de recherche.

Les politiques et procédures générales en matière de recherche sont gérées au niveau du réseau par le bureau du Vice-recteur à l'enseignement et à la recherche, auquel un Bureau des programmes post-licence et de la recherche rend compte. La présence du siège du réseau de l'ITESM sur le campus de Monterrey facilite la communication et les synergies entre le campus et le bureau central, mais elle est dans le même temps ressentie comme un handicap par d'autres campus intéressés par la recherche, comme ceux de Guadalajara et de Mexico.

Les autorités de l'ITESM font valoir l'intérêt d'une structure d'organisation adaptable (ITESM 2010). Or, cette adaptabilité se traduit par la refonte fréquente de la structure, en fonction des nouveaux besoins et débouchés supposés. On peut certes estimer qu'elle constitue un atout majeur pour l'établissement, mais l'on pourrait également y voir une faiblesse. En effet, comme l'autorité exécutive supérieure compétente nomme tous les titulaires aux postes de direction, des transferts, fusions, extensions ou clôtures soudaines de services complets sont observables au niveau des campus ou du réseau. Les cadres enseignants ou administratifs de l'établissement sont ainsi constamment soumis à des changements de fonctions et à des mutations.

Gouvernance

Salmi (2009, 28) indique que l'une des trois principales caractéristiques d'une université de recherche de niveau mondial est l'existence d'un modèle de gouvernance « qui encourage une vision stratégique, l'innovation et l'adaptabilité ». À cet égard, le modèle de gouvernance de l'ITESM semble correspondre à cette définition.

La longévité des autorités gouvernantes de l'ITESM a été un facteur déterminant de son développement. Depuis sa fondation, il y a plus de 60 ans, l'Institut n'a eu que trois présidents du Conseil d'administration et trois recteurs. Le recteur sortant actuel, Rafael Rangel-Sostmann, l'un des principaux architectes de l'évolution qui a fait de l'ITESM un établissement de premier plan, est en fonction depuis 1985.

L'ITESM applique un modèle de gouvernance en vertu duquel des intervenants extérieurs constituent un Conseil d'administration, assument les responsabilités essentielles et désignent les administrateurs stratégiques. Celui de la plupart des établissements publics d'enseignement supérieur mexicains, au contraire, accorde un rôle limité aux personnalités extérieures et confie les fonctions de décision de haut niveau au corps professoral et aux étudiants.

Le Conseil d'administration de l'ITESM a compétence pour désigner, par l'intermédiaire de son Conseil exécutif, le recteur général de l'établissement et approuver le budget général, l'éventail de formations universitaires, et la délivrance des diplômes. La participation au Conseil d'administration est approuvée par les membres votants. Le Conseil est actuellement composé de 49 personnalités, dont la plupart sont des chefs d'entreprise et des bienfaiteurs réputés de l'Institut.

Sur le plan interne, chaque recteur régional et les trois vice-recteurs du réseau sont désignés par le Conseil exécutif du Conseil d'administration sur la base d'une proposition présentée par le recteur général de l'ITESM. Le recteur général désigne également le recteur de chacun des campus, en concertation avec le recteur régional concerné. Les doyens des facultés sont désignés par le recteur compétent au niveau du campus.

S'agissant de la gestion du corps professoral, chacun des rectorats régionaux comporte un Sénat universitaire composé d'un recteur régional, qui le préside, d'un recteur pour chacun des campus, et de professeurs siégeant en qualité de « sénateurs », élus par leurs pairs selon la règle d'un sénateur pour trente professeurs à temps plein et partiel. Le Sénat est chargé de définir les politiques et règlements universitaires concernant les programmes d'études, les admissions, les équivalences, l'évaluation des étudiants, les sanctions des étudiants, la délivrance des diplômes, les critères académiques régissant les chaires professorales, les congés sabbatiques, et l'appréciation des étudiants et enseignants d'exception (ITESM 2004b). Chaque campus a en outre une Assemblée professorale qui sert de forum de consultation et de présentation des projets universitaires qui seront soumis à l'examen du Sénat universitaire régional.

S'agissant des étudiants, ils sont représentés par la Fédération des étudiants de l'ITESM. Cette instance ne participe cependant pas à la gouvernance de l'établissement.

Financement

Le modèle financier de l'ITESM est une source d'inspiration — un établissement privé qui, officiellement, ne reçoit pas de financements directs des pouvoirs publics. Ses fonds proviennent essentiellement des droits d'inscription des étudiants, des recettes générées par une loterie d'envergure, de services contractuels et de donations de personnalités et d'entreprises privées. Le financement de la construction et de l'entretien de l'infrastructure physique des différents campus résulte essentiellement des campagnes de mobilisation de capitaux menées auprès des bailleurs de fonds locaux et des ressources dégagées des loteries nationales. Les directeurs généraux sont chargés d'assurer la viabilité financière du campus dont ils sont responsables.

L'ITESM est un établissement coûteux qui recrute parmi les couches intermédiaires et supérieures de la société mexicaine. Un mécanisme financier très perfectionné et bien géré lui permet d'offrir des bourses et des prêts à bon nombre de ses étudiants, en fonction de leurs besoins.

Si l'indépendance de l'ITESM vis-à-vis des fonds publics est très médiatisée, l'Institut a dans la pratique trouvé de nombreux moyens d'obtenir des crédits publics initialement destinés aux établissements publics, même si ces fonds ne sont pas aussi substantiels que les finance-ments de base provenant de ses sources habituelles. Malheureusement, les rares informations mises à la disposition du public à ce sujet donnent lieu à des spéculations quant à la stabilité financière de l'ITESM et à l'appui qu'il reçoit réellement de l'État.

Conscientes que la question des financements publics est extrêmement sensible, les autorités de l'ITESM sont progressivement parvenues à obtenir des organismes gouvernementaux qu'ils élargissent certains de leurs programmes, initialement conçus pour les établissements publics, au profit de l'ITESM. Ainsi, tous les étudiants inscrits dans des cursus de troisième cycle qui reçoivent une évaluation favorable du Conseil national des sciences et des technologies (CONYCIT) bénéficient d'une bourse publique couvrant leurs dépenses courantes et les droits d'inscription, directement versée à l'établissement. À l'origine, ce programme de bourses était destiné aux cursus de troisième cycle de qualité proposés par les établissements publics mais, l'ITESM ayant soumis ses programmes à la même procédure rigoureuse d'évaluation que celle conduite par CONYCIT, ce dernier n'a pu faire autrement que d'accorder les mêmes avantages à ses étudiants. Les cursus de trosième cycle de l'ITESM approuvés par le Conseil national des sciences et des technologies auraient beaucoup de mal à survivre en l'absence de cette aide publique indirecte car, sans elle, le nombre d'inscriptions diminuerait considérablement.

Une autre source d'avantages financiers indirects pour l'ITESM réside dans la politique fiscale. À l'instar d'autres établissements à but non lucratif et de toutes les universités publiques, l'ITESM est exonéré de l'impôt sur le revenu, même sur celui dégagé de la loterie ; il est par ailleurs autorisé à recevoir des donations déductibles d'impôt de bailleurs de fonds et d'entreprises privées.

Une autre source de financement public provient de la vente de services-conseils aux organismes publics de différents niveaux. À titre d'exemple, l'ITESM réalise fréquemment les études périodiques de compétitivité et de planification stratégique des administrations municipales et des États.

Enfin, l'ITESM peut rivaliser pour obtenir des fonds d'appui à l'innovation scientifique et technologique débloqués ces dernières années par les organismes publics à l'échelon fédéral et à celui des États. Il peut également bénéficier indirectement de certains programmes restreints de subventions destinés aux échanges internationaux d'étudiants.

Devenir une université de recherche : pourquoi, qui et comment ?

Grâce à la politique de recherche et aux programmes correspondants établis par les autorités de l'ITESM et mis en œuvre au niveau des campus, l'Institut a acquis une présence plus substantielle dans le domaine de la recherche. Dans ses domaines d'expertise, le campus phare de Monterrey a notamment renforcé sa stature internationale dans les milieux de la recherche.

Le modèle de recherche adopté par l'ITESM est particulier en ce qu'il concentre les activités sur des objectifs plus étroits et ciblés et qu'il finance les travaux sur fonds privés essentiellement. Cette approche a eu les effets recherchés en termes de retombées extérieures, d'affectation interne des ressources et de création de groupes de recherches interdisciplinaires, et a entraîné une hausse substantielle de la production scientifique. Dans le même temps, elle a eu des effets inopinés, comme la marginalisation des thèmes de recherche que l'établissement ne jugeait pas prioritaires, la stratification plus marquée des campus au sein du réseau et, à certains égards, la perte d'autonomie du corps professoral dans le choix de ses thèmes de recherche. Son incidence à long terme reste à déterminer.

Durant ses trente premières années, l'ITESM n'a pas vu dans la recherche une composante importante de ses activités. Cette attitude était en un sens cohérente avec l'évolution de la situation dans l'enseignement supérieur public. Au final, en 1970, les autorités mexicaines, conscientes de la nécessité de soutenir la recherche, ont créé le Conseil national des sciences et des technologies. Néanmoins, comme seules les universités publiques étaient habilitées à utiliser les fonds du Conseil pour mener des travaux dans ce domaine, les projets de recherche de la grande majorité des universités privées, ITESM compris, sont restés marginaux.

En 1985, lors d'un réexamen périodique de la mission de l'ITESM, les autorités de l'Institut ont convenu que leur aspiration à donner à l'établissement une stature internationale et à accroître son utilité dans le contexte national exigeait un engagement plus marqué à l'égard de la recherche. C'est pourquoi la mission de l'ITESM pour la période 1985-1995 a formellement pris en compte l'intérêt que celle-ci présentait (Enriquez 2007). Il n'en demeure pas moins que l'intégration de la recherche à la mission de l'établissement était, à l'époque, essentiellement une aspiration. Les réexamens ultérieurs de cette mission, en 1996 et en 2005, ont réaffirmé et précisé la signification de cet engagement. Lors du réexamen de 2005 — qui a défini le plan d'orientation à long terme de l'Institut, jusqu'à 2015 — la rhétorique s'est associée à des stratégies concrètes dans l'objectif de soutenir la recherche.

Cette aspiration ne va pas sans problèmes internes et inégalités, réelles ou supposées, car tous les campus de l'ITESM ne voient pas dans la recherche une ambition viable. Les autorités soutiennent que des efforts sont faits pour rééquilibrer les disparités intra-institutionnelles et les moyens (ITESM 2009a) et, de fait, l'écart entre le campus de Monterrey et les autres campus du réseau semble se résorber progressivement. Dans la réalité, des déséquilibres substantiels persistent toutefois. Dans un réseau éducatif aussi diversifié que celui de l'ITESM, composé de quelques grands campus et de nombreux sites de petite taille, la quête de l'excellence dans le domaine de la recherche crée une stratification intra-institutionnelle. Le modèle décentralisé de développement et de financement de l'ITESM, de même que le processus de décision établi par l'administration centrale, font qu'il est difficile pour les petits campus de s'engager dans la recherche, alors que les plus grands jugent cette aspiration plus légitime, appropriée et réalisable. À titre d'exemple, les campus des villes de San Luis Potosi et de Saltillo comptent chacun un enseignant agréé par le sélectif Fichier national des chercheurs[6], (1,5 % des enseignants à plein temps), alors que celui de Monterrey en recense 122 (13 %). Cet écart intra-institutionnel est accentué par le fait que selon les critères régissant l'appui institutionnel à la recherche, ce soutien doit être directement associé à des priorités de recherche officiellement définies et doit pouvoir à terme s'autofinancer ou être financé par des sources extérieures.

La stratégie de recherche de l'ITESM s'articule selon les axes suivants : a) faire de l'ITESM un établissement compétitif attrayant pour les chercheurs ; b) circonscrire les travaux de recherche aux domaines figurant dans les priorités institutionnelles ; c) soutenir la création de centres et d'instituts ; d) financer l'établissement de chaires de recherche ; e) associer les travaux des chercheurs à des indicateurs spécifiques de réussite, notamment la viabilité à long terme, les brevets, les publications scientifiques, etc. ; et f) rattacher la recherche au développement de nouvelles entreprises et applications industrielles. Ces différents volets de la stratégie générale sont expliqués ci-après.

Attirer et retenir les chercheurs talentueux

Selon Salmi (2009), l'ITESM a pris des dispositions appréciables pour attirer et retenir des professeurs titulaires de qualifications appropriées. Sur le campus de Monterrey, les membres du corps professoral qui s'intéressent à la recherche seront ajoutés à la liste des candidats. Un bon indicateur de cet objectif est fourni par le nombre d'enseignants inscrits au Fichier national des chercheurs précédemment mentionné[7].

Comme l'on pouvait s'y attendre, le campus de Monterrey est celui qui a le mieux réussi à recruter des enseignants figurant au Fichier national. Au début de l'année universitaire 2009, 122 enseignants représentant 13 % du corps professoral à plein temps y étaient inscrits[8]. Suivaient le campus de Mexico, avec 36 enseignants inscrits, le campus de l'État de Mexico (33) et celui de Guadalajara, qui n'en comptait que neuf (ITESM 2009b). Parmi les universités privées mexicaines, le réseau de l'ITESM est celui qui, de loin, a le plus grand nombre d'enseignants inscrits au Fichier national des chercheurs. Il accuse cependant un retard substantiel par rapport aux universités publiques. Ainsi, l'Université autonome de Nuevo León, également située dans la ville de Monterrey, comptait au cours de la même période 373 chercheurs figurant au Fichier national (UANL 2009), chiffre plus de trois fois supérieur à celui du campus de Monterrey de l'ITESM.

Conduire des recherches dans les domaines figurant parmi les priorités institutionnelles

Les autorités de l'ITESM ont décidé d'orienter les travaux de recherche sur les domaines suivants : biotechnologies et sciences de l'alimentation, santé, fabrication et conception, mécatronique, nanotechnologies, technologies de l'information et des communications, développement durable, entrepreneuriat, administration publique, sciences sociales, sciences humaines, développement régional, développement social et éducation. Pour les mettre en valeur, elles ont créé, en fonction des capacités de recherche de l'Institut, plusieurs centres de recherche associés aux besoins et débouchés identifiés à l'échelon local.

Sur le campus de Monterrey, 21 centres de recherche sont en activité (tableau 9.1). La stratégie consistant à axer les travaux sur certains domaines seulement s'est avérée à la fois positive et négative. D'un côté, elle permet à l'Institut de concentrer ses moyens ; de l'autre, elle limite la créativité et l'innovation dans d'autres domaines.

Tableau 9.1   ITESM : centres de recherche, chaires et brevets, 2009

Domaines prioritaires	Campus ITESM-Monterrey			Autre campus de l'ITESM		
	Centres de recherche	Chaires	Brevets[a]	Centres de recherche	Chaires	Brevets[a]
Biotechnologies et sciences de l'alimentation	1	11	4	0	1	0
Santé	1	7	1	0	0	0
Fabrication et conception	2	20	31	15	38	0
Technologies de l'information et des communications	4	23	3	0	7	1
Développement durable	3	6	0	0	0	0
Commerce	3	25	1	9	21	0
Administrations publiques	7	35	0	0	44	0
Éducation	0	4	0	1	0	0
TOTAL	21	131	40	25	111	1

Source : ITESM 2009a.
a. Comprend les brevets publiés et accordés entre 1998 et 2009.

Financement de chaires de recherche

Une stratégie très efficace a consisté à accorder une aide financière aux chercheurs effectuant des travaux dans les domaines prioritaires de l'Institut. L'ITESM a créé, sur ses propres fonds, un programme de chaires (*Catedra*) pour encourager la création de groupes de recherche financés par des capitaux d'amorçage. Chaque projet de chaire est approuvé par un comité spécial sur la base d'une proposition soumise par un groupe de chercheurs. Une fois approuvée, la chaire reçoit un financement initial de 150 000 dollars pour cinq ans, période durant laquelle d'autres financements externes d'un montant équivalent ou supérieur doivent être mobilisés. La reconduction de chaque chaire est assujettie à une évaluation annuelle. Bien que plusieurs chaires aient été supprimées pour ne pas avoir rempli les objectifs escomptés, la plupart ont été en mesure d'obtenir des fonds complémentaires soient auprès d'entreprises, soit auprès de fondations nationales ou internationales. On notera que le montant alloué à une chaire est nettement inférieur à celui généralement affecté à des chaires analogues au niveau international. Aux États-Unis, par exemple, le financement d'une chaire est généralement fixé à un million de dollars, cette somme étant généralement attribuée à un individu et pour une période plus longue que celle du programme de l'ITESM. Ce dernier, par contre, a reçu une aide financière inférieure, les fonds sont affectés à un groupe de chercheurs et non à un individu, et le sont pour une période plus courte. Aujourd'hui, les autorités de l'ITESM voient dans les chaires le moyen le plus efficace de stimuler la productivité de la recherche, les programmes antérieurs n'ayant pas été aussi performants. Comme dans les autres domaines, le campus de Monterrey domine et détient le plus grand nombre de chaires : au début de l'année universitaire 2009, il comptait 131 des 242 chaires établies au sein du réseau.

Établissement d'indicateurs pour mesurer la productivité de la recherche

En accord avec la culture institutionnelle de l'ITESM et son intérêt essentiellement focalisé sur les sciences et les technologies appliquées, un jeu d'indicateurs spécifiques de la productivité de la recherche a été défini, et son suivi constamment assuré. Une base de données publique en ligne fournit des informations par campus, par domaine prioritaire de recherche ou par chercheur. Il en ressort que la productivité globale des chercheurs a sensiblement progressé entre 2004 et 2008 sur le campus de Monterrey, de même qu'à l'échelon de l'ensemble du réseau (tableau 9.2), même si les chiffres demeurent assez bas en comparaison aux normes internationales. En 2008, par exemple, les professeurs du campus de Monterrey ont publié 193 articles indexés, soit 0,22 communication par enseignant à temps plein. La croissance a cependant été spectaculaire dans certains domaines, et en matière de publication de brevets. En 2009, 40 brevets ont été déposés et décernés aux chercheurs du campus de Monterrey (tableau 9.1). La plupart ont été délivrés dans les domaines de la fabrication et de la conception, mais les plus prometteurs et lucratifs l'ont été dans ceux de la biotechnologie et de la santé. Le fait qu'un seul brevet ait été publié et délivré à un autre campus illustre bien les disparités d'infrastructure et de productivité de la recherche entre les campus de l'ITESM. La hausse de la productivité sur celui de Monterrey est le fruit direct du programme de chaires, qui prévoyait des indicateurs précis de réussite en termes de brevets et d'autonomie financière à long terme.

Tableau 9.2   ITESM : Indicateurs représentatifs de la production scientifique, 2004-2008

	Réseau de l'ITESM		Campus de Monterrey		Campus de Monterrey par rapport au réseau de l'ITESM	
Indicateur	2004	2008	2004	2008	2004 (%)	2008 (%)
Articles dans les revues spécialisées indexées	239	328	162	193	68	59
Articles publiés dans des conférences	626	516	524	291	84	56
Livres (autorat et co-autorat)	47	109	30	39	64	36
Chapitres de livres	86	205	62	104	72	51
Éditoriaux de journaux	173	412	139	129	80	31
Articles examinés par les pairs	49	92	27	49	55	53
Diffusion d'articles d'information	137	117	113	65	82	56
Conférenciers invités	530	502	450	215	85	43
Communications	341	679	246	377	72	56
Rapports techniques	212	138	178	89	84	64
Organisation de conférences	98	151	82	71	84	47
Participation à des comités de programmes	59	54	51	29	86	54
Lecteurs critiques de conférences/revues spécialisées	109	200	101	121	93	61
Participation à des comités éditoriaux	47	47	40	22	85	47
Direction de la publication de revues spécialisées	17	27	12	6	71	22
Thèses	331	337	285	173	86	51

Source : Calculs de l'auteur fondés sur la base de données sur la recherche de l'ITESM, , http://www.itesm.edu/wps/portal?WCM_GLOBAL_CONTEXT=/wps/wcm/connect/ITESMv2/Tecnol%C3%B3gico+de+Monterrey/Investigaci%C3%B3n/.

Rattacher la recherche au développement de nouvelles entreprises ou applications

La stratégie de recherche globale de l'ITESM a été complétée d'un programme parallèle qui visait à établir des liens plus efficaces entre l'Institut et le secteur économique en favorisant un transfert plus efficient du savoir des chercheurs aux entreprises et réciproquement. La direction de l'ITESM a consacré des efforts substantiels à la mise en place d'un vaste réseau de pépinières d'entreprises (appui à la création de nouvelles micro-entreprises dans les domaines de la haute technologie, des technologies intermédiaires, et à vocation sociale), d'accélérateurs d'entreprise (soutien aux petites et moyennes entreprises pour la prospection de nouveaux marchés internationaux) et de parcs technologiques (accueil d'entreprises sur des sites spécialisés). Par ailleurs, un Centre de transfert technologique et de propriété intellectuelle basé sur le campus de Guadalajara offre des conseils aux chercheurs de tous les campus et de toutes les entreprises. Les résultats enregistrés sont spectaculaires si l'on songe qu'en 2009, le réseau de l'ITESM comptait 87 incubateurs d'entreprises, 14 accélérateurs d'entreprise et onze parcs technologiques en activité.

Le modèle universitaire de l'ITESM : une panacée ou un handicap ?

L'ITESM n'a pas seulement recentré l'essentiel de son travail sur son intérêt nouveau pour la recherche, mais aussi sur l'approfondissement d'un modèle d'enseignement-apprentissage normalisé (le modèle éducatif de l'ITESM) qui a progressivement été mis en œuvre sur tous les campus et dans tous les programmes d'études et cours correspondants. À la fin de l'année universitaire 2008-2009, 74 % des cours dispensés sur le campus de Monterrey l'étaient conformément à ce modèle (ITESM 2009a).

En résumé, le modèle éducatif de l'ITESM se fonde sur les principes selon lesquels les diplômés doivent être compétitifs sur la scène mondiale, solidement formés aux valeurs éthiques, foncièrement attachés à la responsabilité sociale, capables de travailler dans un environnement multiculturel, et animés d'un esprit d'entreprise. Il suppose également que les étudiants doivent être formés pour devenir des dirigeants de leur communauté. Il voit dans les professeurs des facilitateurs et des guides à un mode d'apprentissage plus actif et autonome des étudiants. Il repose sur une utilisation intensive des technologies de l'information et s'applique généralement de manière très uniforme sur les différents campus de l'ITESM.

La stratégie du modèle éducatif de l'ITESM se fonde sur trois piliers : a) la normalisation du cursus sur l'ensemble du réseau, ce qui permet à l'Institut de se développer plus rapidement et de faire appel à un matériel pédagogique commun pour tous les cours présentant un contenu similaire — et de tirer ainsi profit de l'expertise collective des professeurs et des économies d'échelle ; b) la normalisation de la plate-forme technologique mise en place en interne et utilisée sur l'ensemble du réseau à l'appui du processus d'enseignement-apprentissage ; et c) un programme obligatoire de sensibilisation et de formation à l'utilisation de la plate-forme technologique s'adressant à l'ensemble des enseignants, pour la mise au point de matériels pédagogiques, l'enseignement du contenu et l'évaluation des acquis. Une uniformisation d'une telle ampleur des moyens et modes d'enseignement a permis à l'ITESM de progresser rapidement dans l'application de ce modèle éducatif.

L'ITESM : un établissement élitiste

En termes de droits d'inscription, l'ITESM est un établissement coûteux que seul un faible pourcentage des familles mexicaines a les moyens d'assumer. L'Institut compte parmi les trois établissements d'enseignement supérieur les plus chers du Mexique. On ne dispose pas d'informations publiques concernant le statut socioéconomique des étudiants de l'Institut, mais il est généralement admis au Mexique que la plupart sont issus de familles des couches socioéconomiques supérieures et viennent d'écoles secondaires privées onéreuses. Cette situation pose un problème majeur à un établissement qui, aux termes de son modèle éducatif, entend doter ses étudiants d'un sens aigu de la concurrence et, dans le même temps, les sensibiliser à leur responsabilité sociale à l'échelon local.

L'ITESM a pris des mesures notables pour mettre ses cursus à la portée des étudiants aux ressources financières limitées. De fait, 35 % des étudiants de premier cycle et 53 % des étudiants post-licence bénéficient d'une bourse ou d'un prêt que l'Institut finance sur ses propres deniers (ITESM 2009a). Il n'en demeure pas moins qu'aux yeux du grand public, il demeure un établissement élitiste qui tend à éloigner ses diplômés des problèmes auxquels la majeure partie de la population est confrontée. Il semble avoir pris des mesures pour lutter contre cette perception négative, mais plusieurs années lui seront peut-être nécessaires pour faire évoluer ces opinions bien ancrées.

Dans le même temps, l'ITESM s'est prévalu de certains règlements juridiques en matière d'éducation en vigueur au Mexique et les a adaptés de manière à appuyer les objectifs de son modèle éducatif en matière de sensibilisation sociale des étudiants. C'est le cas du service social obligatoire de 480 heures qui, en vertu de la loi fédérale, s'applique à tous les étudiants de premier cycle du pays. Une distorsion à cette réglementation, typique de l'enseignement supérieur mexicain, a consisté soit à assimiler ce programme à une possibilité de formation professionnelle, soit à utiliser les étudiants y participant comme une main-d'œuvre bon marché pour effectuer des travaux administratifs. Prenant acte de la notion répandue selon laquelle les étudiants et diplômés de l'ITESM sont indifférents aux problèmes concrets auxquels la collectivité se heurte, le modèle éducatif insiste sur la nécessité de les sensibiliser à la responsabilité sociale et à cultiver en eux un sentiment de solidarité envers les secteurs marginalisés de la population. Cet ensemble de facteurs a conduit les autorités de l'ITESM a établir un règlement interne visant à assurer que tous les étudiants de tous les cursus consacrent au moins 50 % des heures obligatoires de service social à des activités expressément conçues pour appuyer des causes sociales et sensibiliser aux problèmes sociaux. Beaucoup reste cependant à faire dans ce domaine.

L'internationalisation à l'ITESM

L'ITESM s'est forgé une solide réputation en tant qu'établissement à vocation internationale. Bon nombre des stratégies imaginées par les experts en matière d'éducation internationale y sont déjà en place : l'acquisition par tous les étudiants d'une maîtrise parfaite d'une deuxième langue au moins, l'intégration de la dimension internationale dans l'enseignement de tous les cursus, le recrutement d'étudiants et d'universitaires internationaux, l'envoi d'un grand nombre d'étudiants et universitaires à l'étranger, l'offre de cursus bi-disciplinaires aux étudiants, la mise en place d'équipes internationales de recherche, et des travaux de recherche d'ampleur internationale. Dans tous ces domaines, l'ITESM a accompli des progrès notables.

Tout naturellement, le campus phare de Monterrey est le plus impliqué dans la stratégie d'internationalisation de l'établissement. Ainsi, en ce qui concerne la mobilité internationale des étudiants, 11 % de ses étudiants sont allés à l'étranger en 2008, et les étudiants étrangers qu'il a accueillis ont représenté 8 % de ses effectifs. Au niveau du troisième cycle, 6 % de ses étudiants se sont rendus à l'étranger en 2008 et 15 % des inscrits étaient étrangers. S'agissant des enseignants, 24 % des professeurs du campus de Monterrey sont allés à l'étranger cette même année, les professeurs étrangers accueillis sur le campus ayant représenté pour leur part 12 % de son corps enseignant (ITESM 2009a).

En outre, l'ITESM a mis sur pied plusieurs cursus bi-disciplinaires et des programmes de reconnaissance mutuelle des diplômes avec des établissements internationaux équivalents. Il a également mis en place plus de 400 protocoles d'accords internationaux, et dispose de bureaux officiels dans de nombreux pays. En résumé, l'ITESM aborde sa stratégie internationale dans une perspective relativement globale qui a sensiblement concouru à rehausser sa réputation à l'étranger.

Conclusion

Comme l'a montré cette étude, l'ITESM a pris diverses mesures pour atteindre au statut d'université de recherche de niveau international, tout au moins sur le campus de Monterrey. Globalement, l'enjeu majeur pour l'établissement consiste à définir les moyens de concilier son souhait de compter parmi les universités de recherche de premier plan, manifeste sur le campus phare, avec les réalités éloignées auxquelles sont confrontés les petits campus.

De manière générale, l'ITESM possède certaines des caractéristiques énoncées par Salmi (2009) dans sa description d'une université de rang mondial : la capacité à attirer une forte proportion d'enseignants et étudiants talentueux, d'importants moyens, et l'existence d'un modèle de gouvernance visionnaire.

Ses progrès tiennent en grande partie à l'originalité et à la souplesse de son modèle pédagogique et organisationnel, qui lui ont permis d'évoluer beaucoup plus rapidement que n'auraient pu le faire d'autres universités plus traditionnelles. À l'évidence, ce modèle est le fruit de son mode de gouvernance, qui a toujours été hors du commun. Dans le même temps, cette originalité a quelque peu isolé l'Institut du reste du système d'enseignement supérieur mexicain.

Sur le plan des ressources financières, le cas de l'ITESM est sensiblement différent de ce que l'on observe dans de nombreux pays, où le souhait de créer des universités de recherche d'envergure internationale s'appuie sur un engagement marqué du gouvernement. Le développement de l'Institut, au contraire, a été essentiellement financé par des droits d'inscription élevés, les apports de bailleurs de fonds, et l'organisation régulière d'une loterie lucrative. Cette approche, si elle a réussi à soutenir son expansion, risque de ne pas suffire à financer les investissements élevés dans l'infrastructure de recherche auxquels l'ITESM doit procéder pour atteindre au statut d'université de recherche de niveau mondial. Les efforts déployés par sa direction pour obtenir des autorités des moyens complémentaires achoppent toujours sur le fait qu'il n'est pas un établissement public, et sur l'idée dominante au Mexique qu'il est élitiste et s'adresse essentiellement aux couches les plus aisées de la société.

Si l'on tient compte du peu de moyens disponibles pour seconder les ambitions de l'ITESM dans le domaine de la recherche, son modèle en la matière — qui privilégie un nombre relativement faible de domaines de spécialisation, essentiellement dans le champ de la recherche appliquée — a d'abord produit des résultats prometteurs. L'étroitesse de cet éventail pourrait néanmoins, en limitant son adaptabilité, être la principale entrave à de nouveaux progrès de l'ITESM dans sa quête permanente de l'excellence dans la recherche.

Comme l'on pouvait s'y attendre, l'ITESM a fait preuve de sa capacité à attirer des enseignants et des étudiants talentueux sur son campus phare, ses résultats étant en revanche plus mitigés sur l'ensemble du réseau. En témoignent à la fois le nombre de ses enseignants figurant au Fichier national des chercheurs et son niveau d'internationalisation. Le campus de Monterrey continuera de tirer avantage de sa situation géographique, surtout s'il peut continuer de forger des partenariats de travail avec d'autres établissements d'enseignement supérieur de la région, notamment l'Université autonome de Nuevo León. Il n'en demeure pas moins que l'ITESM joue et continuera de jouer un rôle de tout premier plan dans l'enseignement supérieur au Mexique. Son campus central poursuivra probablement sans relâche sa quête d'une reconnaissance internationale en tant qu'université de recherche de haut vol. Le mode de développement adopté au fil des ans par l'ITESM fait de lui un cas original qu'il faut continuer d'étudier pour en tirer des enseignements utiles, éventuellement applicables à d'autres contextes régionaux. La méthode « à la mexicaine » qu'il applique offre un sujet d'analyse qu'il conviendrait d'approfondir.

Annexe 9A   L'ITESM : Bref historique

Année	Faits marquants
1943	Fondation de l'ITESM dans la ville de Monterrey.
1947	Inauguration du campus de Monterrey. Les premiers diplômes en ingénierie chimique sont décernés à huit étudiants. Lancement de la loterie de l'ITESM.
1950	Accréditation de l'ITESM par la Southern Association of Colleges and Schools des États-Unis.
1952	L'ITESM se voit octroyer le statut spécial d'École libre universitaire par un décret présidentiel publié le 24 juillet 1952.
1963	Le premier diplôme post-licence est décerné, dans le domaine de la chimie, spécialité chimie organique. L'ITESM commence à faire appel à des ordinateurs et à des programmes d'enseignement télévisuels.
1967	Inauguration du premier campus à l'extérieur de Monterrey, dans la ville de Guaymas (Sonora).
1968	L'ITESM met en place le premier diplôme de doctorat, dans le domaine de la chimie, spécialité chimie organique.
1978	L'ITESM inaugure son École de médecine dans la ville de Monterrey.
1986	L'établissement définit sa mission comme consistant à former des professionnels d'excellence dans leurs domaines de spécialité respectifs. Un nouveau règlement intérieur est adopté qui autorise la création officielle du réseau de l'ITESM, composé de plusieurs campus et doté d'une nouvelle structure organisationnelle.
1986	L'ITESM est relié à BITNET, le réseau interuniversitaire de communications internationales. Inauguration du réseau de télécommunications par satellite.
1996	L'ITESM définit sa mission pour 2005 : former des professionnels déterminés à favoriser le développement de leur communauté et simultanément compétitifs, au plan international, dans leur domaine d'études respectif. L'ITESM fait également figurer dans sa mission l'objectif de conduire des travaux de recherche et de vulgarisation utiles au développement du pays.
1997	Mise en place de l'université virtuelle. L'ITESM commence à proposer des programmes d'enseignement à distance au Mexique et en Amérique latine. Il redéfinit son modèle d'enseignement-apprentissage.
1998	Le service social au profit de la collectivité devient obligatoire pour tous les étudiants de tous les cursus.
2004	Le Conseil mexicain d'accréditation de l'enseignement supérieur reconnaît en l'ITESM l'établissement d'enseignement supérieur comptant le plus de cursus accrédités ou reconnus en tant que programmes de qualité par les organismes d'accréditation du Mexique.
2005	Une nouvelle orientation est définie pour la période 2005-2015, de même que la mission et les stratégies correspondantes.

Source : D'après le site Web de l'ITESM, , http://www.itesm.edu/wps/portal?WCM_GLOBAL_CONTEXT=/
ITESMv2/Tecnol%C3%B3gico+de+Monterrey/Con%C3%B3cenos/Qu%C3%A9+es+el+Tecnol%C3%B3gico+de
+Monterrey/Historia.

Notes

1. L'exemple le plus connu d'une université mexicaine à vocation de recherche de haut niveau est celui de l'UNAM, qui se qualifie elle-même de premier établissement supérieur du Mexique. L'UNAM, de par son histoire, son envergure et sa taille, est la première université du pays — à l'aune de tous les indicateurs pertinents — et sans doute la plus importante. Ce statut transparaît dans le fait qu'elle figure dans des classements réputés tels celui des universités mondiales de l'Université de Jiao Tong de Shanghai et celui de l'enseignement supérieur du Times.

2. Si son nom officiel est « Institut de technologie et d'études supérieures de Monterrey » (Instituto Tecnológico y de Estudios Superiores de Monterrey — ITESM), l'établissement est plus connu en espagnol sous le nom de Tecnológico de Monterrey, et en français sous celui d'Institut de technologie de Monterrey, ou tout simplement Monterrey Tech. Il sera désigné ici sous le nom d'ITESM.

3. Le cas de l'UNAM a été étudié par plusieurs auteurs qui ont analysé divers aspects de son influence sur la vie, la politique et la société du Mexique contemporain (Camp 1984) ; les limitations et les contraintes de son modèle éducatif (Malo 2007) ; l'originalité de sa gouvernance et de sa structure (Ordorika 2003) ; et les défis auxquels est confrontée cette méga-université de 280 000 étudiants. L'histoire et les caractéristiques de l'ITESM, en revanche, n'ont fait l'objet que de rares études.

4. L'Indice de réalisation technologique de l'État a été établi par les Nations Unies à 0,476, chiffre encore inférieur à celui enregistré par les États-Unis (0,733), mais également supérieur à la moyenne mexicaine (0,389). Cet indice composite examine dans quelle mesure un pays ou une région participe dans son ensemble à la création et à l'utilisation des technologies (Desai *et al.* 2002).

5. Une bonne illustration en est que l'État affiche un revenu par habitant (15 437 dollars en 2008) supérieur de 87 % à la moyenne nationale, et que l'espérance de vie (75 ans pour les hommes, 79 pour les femmes) dépasse également les niveaux nationaux. En fait, l'État s'inscrit à l'avant-dernier rang de l'échelle de pauvreté au Mexique, sa population est l'une des moins marginalisées du pays, et il affiche une meilleure répartition des revenus que la plupart des États mexicains selon le coefficient de Gini (OCDE 2009).

6. Pour une description détaillée de ce Fichier, se reporter à la note 7.

7. Ce programme a été créé en 1984 par le Gouvernement mexicain, initialement dans l'objectif de compenser la faiblesse des salaires des universités publiques de manière à retenir les chercheurs qualifiés. Au fil des ans, l'inscription au Fichier national en est venue à symboliser la qualité et le prestige des contributions scientifiques des chercheurs. Elle ne confère pas seulement à ces derniers le prestige et la reconnaissance de leurs pairs, mais leur permet de bénéficier d'un revenu supplémentaire exonéré d'impôt versé directement par l'État (CONACYT 2009b). Néanmoins, ce programme finance uniquement

les chercheurs travaillant dans des établissements publics, ce qui constitue un handicap pour l'ITESM lorsqu'il essaie de recruter ou de retenir des chercheurs talentueux. Cette situation a conduit la direction de l'ITESM à mettre en place une politique qui autorise ses chercheurs à se porter candidats à l'inscription au Fichier, mais, une fois ce statut obtenu, la rémunération qui leur est due est versée par l'ITESM sur ses propres fonds.

8. Les chercheurs du campus de Monterrey inscrits au Fichier national des chercheurs se répartissaient comme suit : 27 candidats ; 72 chercheurs nationaux de niveau 1 ; 18 de niveau 2 ; et cinq de niveau 3 (le niveau le plus prestigieux pour les chercheurs en activité).

Références

Brunner, José. J., Paulo Santiago, Carmen Garcia Guadilla, Johann Gerlach, and Léa Velho. 2006. *OECD Thematic Review of Tertiary Education: Mexico Country Note*. Paris: Organisation for Economic Co-operation and Development.

Camp, Roderic A. 1984. *The Making of a Government: Political Leaders in Modern Mexico*. Tucson, AZ: University of Arizona Press.

CONACYT (National Science and Technology Council). 2009a. *Programa Nacional de Posgrados de Calidad: Posgrados vigentes 2009*. Mexico City: Consejo Nacional de Ciencia y Tecnología. http://www.conacyt.mx/Calidad/Listado_PNPC_2009.pdf. Accessed September 20, 2009.

———. 2009b. *Sistema Nacional de Investigadores—SNI*. Mexico: Consejo Nacional de Ciencia y Tecnología. http://www.conacyt.gob.mx/SNI/Index_SNI.html. Accessed September 28, 2009.

Cruz Limón, Carlos. 2001. "The Virtual University: Customized Education in a Nutshell." In *Technology Enhanced Learning: Opportunities for Change*, ed. Paul S. Goodman, 183–201. Mahwah, NJ: Lawrence Erlbaum Associates.

Desai, Meghnad, Sakiko Fukuda-Parr, Claes Johansson, and Fransisco Sagasti. 2002. "Measuring the Technology Achievement of Nations and the Capacity to Participate in the Network Age." *Journal of Human Development* 3 (1): 95–122. http://unpan1.un.org/intradoc/groups/public/documents/APCITY/UNPAN014340.pdf.

Elizondo, Ricardo. 2000. *Setenta veces siete*. Monterrey, Mexico: Ediciones Castillo.

———. 2003. *Cauce y corriente: Sesenta Aniversario*. Monterrey, Mexico: Instituto Tecnológico y de Estudios Superiores de Monterrey.

Enriquez, Juan C. 2007. "In the Pursuit of Becoming a Research University." PhD dissertation, University of Arizona, Tucson.

Gacel-Ávila, Jocelyne. 2005. "Internationalization of Higher Education in Mexico." In *Higher Education in Latin America: The International Dimension*, ed. Hans de Wit, Isabel Christina Jaramillo, Jocelyne Gacel-Ávila, and Jane Knight, 239–80. Washington, DC: World Bank.

Gómez J, Horacio. 1997. *Desde Adentro*. Monterrey, Mexico: CNCA/CND.

ITESM (Instituto Tecnológico y de Estudios Superiores de Monterrey). 2004a. *Informe Anual 2003*. Monterrey, Mexico: ITESM.

—————. 2004b. *Reglamento Interno de la Facultad*. Mexico City: ITESM Campus Ciudad de México.

—————. 2009a. *Informe Anual 2008*. Monterrey, Mexico: ITESM.

—————. 2009b. "SNIs por Campus." ITESM, Monterrey, Mexico. http://www.itesm.edu/wps/portal?WCM_GLOBAL_CONTEXT=/ITESMv2/Tecnol%C3%B3gico+de+Monterrey/Investigaci%C3%B3n/Investigadores/SNIs+por+campus. Accessed September 28, 2009.

—————. 2009c. "Universidad Virtual: Quienes somos?" ITESM, Monterrey, Mexico. http://www.ruv.itesm.mx/portal/principal/qs/. Accessed September 15, 2009.

—————. 2010. *Informe Anual 2009*. Monterrey, Mexico: ITESM.

Maldonado-Maldonado, Alma. 2003. "Investigación sobre organismos internacionales a partir de 1990 en México." In *La investigación educativa en México. 'Sujetos, actores y procesos de formación,' formación para la investigación. Los académicos en México, actores y organizaciones*, ed. Patricia Ducoing, 363–412. Mexico City: COMIE-SEP-CESU.

Malo, Salvador. 2007. "The Role of Research Universities in Mexico: A Change of Paradigm." In *World Class Worldwide: Transforming Research Universities in Asia and Latin America*, ed. Philip G. Altbach and Jorge Balán, 216–33. Baltimore: Johns Hopkins University Press.

Malo, Salvador, and Mauricio Fortes. 2004. "An Assessment of Peer Review Evaluation of Academic Programmes in Mexico." *Tertiary Education and Management* 10: 307–17.

Mora, José G., Francisco Marmolejo, and Vera Pavlakovich. 2006. *Supporting the Contribution of Higher Education Institutions to Regional Development: Nuevo León Peer Review Report*. Paris: Organisation for Economic Co-operation and Development.

OECD (Organisation for Economic Co-operation and Development). 2009. *OECD Reviews of Regional Innovation: 15 Mexican States*. Paris: OECD.

Ordorika, Imanol. 2003. *Power and Politics in University Governance: Organization and Change at the Universidad Nacional Autónoma de Mexico*. New York: RoutledgeFalmer.

Ortega, Sylvia. 1997. "Mexico." In *Transforming Higher Education: Views from Leaders Around the World*, ed. Madeleine Green, 173–93. Washington: Oryx Press, American Council on Education.

Rhoades, Gary, Alma Maldonado-Maldonado, Imanol Ordorika, and Martín Velazquez. 2004. "Imagining Alternatives to Global, Corporate, New Economy Academic Capitalism." *Policy Futures in Education* 2 (2): 316–29.

Rubio, Julio. 2006. *La política educativa y la educación superior en México. 1995–2006: Un balance*. Mexico City: Fondo de Cultura Económica.

SACS (Southern Association of Colleges and Schools). 2009. "Extraterritorial Accreditation." SACS, Decatur, GA. http://www.sacscoc.org/ Accessed September 28, 2009.

Salmi, Jamil. 2009. *The Challenge of Establishing World-Class Universities.* Washington, DC: The World Bank.

Tuirán, Rodolfo. 2008. *La educación superior en México: Perspectivas para su desarrollo y financiamiento.* Proceedings, Segundo Foro Parlamentario de Consulta sobre Educación Media Superior, Superior, Ciencia, Tecnología e Innovación. Mexico City: SEP.

UANL (Autonomous University of Nuevo León). 2009. "Profesores/Investigadores de la UANL pertenecientes al Sistema Nacional de Investigadores 2009." http://www.uanl.mx/investigacion/investigadores/archivos/sni_2009.pdf. Accessed September 28, 2009.

CHAPITRE 10

Création d'une nouvelle université de recherche : le cas de l'École supérieure d'économie en Fédération de Russie

Isak Froumin

Un certain nombre de classements d'universités ont été effectués en Fédération de Russie. Si l'on considère les dix universités russes (sur 1 600) qui viennent en tête de ces classements, les listes sont pratiquement identiques. De plus, elles n'évoluent pas avec le temps, à une exception près. Une université qui n'existait pas il y a 20 ans figure maintenant dans les dix premières de tous les classements : l'École supérieure d'Économie (HSE). Comment une petite école créée en 1992 (année où le produit intérieur brut [PIB] russe par habitant a atteint son plus bas niveau depuis très longtemps) est-elle parvenue à faire partie de l'élite des universités russes ?

Une autre question se pose en ce qui concerne les nouvelles publications des professeurs de HSE dans des revues internationales et leurs présentations lors de grandes conférences internationales. Comment un groupe d'économistes et de sociologues formés à l'économie politique marxiste de style soviétique et à une discipline aussi exotique que « le

Note de l'auteur : L'auteur tient à exprimer sa gratitude aux fondateurs de HSE — Evgeny Yasin et Yaroslav Kuzminov — pour les entretiens qu'ils lui ont accordés et pour leurs commentaires, ainsi qu'aux professeurs Martin Carnoy et Maria Yudkevich pour leurs conseils.

communisme scientifique » et soumis à un strict contrôle idéologique a-t-il pu faire son apparition sur la scène mondiale de la recherche socioéconomique ? Cet exploit est d'autant plus surprenant que la notion d'université était étrangère à l'Union soviétique, où presque toute la recherche était concentrée à l'Académie des Sciences. Comment HSE a-t-elle combattu les stéréotypes et développé une culture accordant, pour les professeurs, une importance égale à la recherche et à l'enseignement ?

Où en est HSE aujourd'hui ?

HSE est aujourd'hui le plus grand centre de recherche et d'enseignement socioéconomique d'Europe de l'Est. Elle opère dans quatre villes russes, à savoir Moscou, Nijny Novgorod, Perm et Saint-Pétersbourg. Elle compte 20 facultés (comprenant 120 départements), plus de 120 programmes de formation continue (dont une maîtrise et un doctorat de gestion d'entreprises, et une maîtrise de commerce en ligne) ainsi que 21 instituts de recherche. Elle dispose d'une équipe de 1 500 enseignants et 500 chercheurs. HSE compte plus de 16 000 étudiants à temps complet et 21 000 étudiants inscrits à des programmes de formation continue. Elle offre aujourd'hui des cours dans presque toutes les disciplines de lettres, sciences sociales, économie, informatique et mathématiques. La réputation de l'université est confirmée par le fait que HSE s'est classée au troisième rang pour les notes moyennes obtenues à l'examen national d'entrée à l'université en 2009.

Parmi les caractéristiques programmatiques et pédagogiques novatrices de HSE figurent un enseignement fondamental élargi des mathématiques, de la philosophie, de l'économie, de la sociologie et du droit ; un réseau de laboratoires de recherche et de développement qui aide les étudiants à acquérir les compétences pratiques que nécessitent des travaux de recherche et d'analyse productifs ; l'utilisation de technologies de lutte contre la corruption, notamment le contrôle du travail des étudiants au moyen de tests écrits, et un système anti-plagiat.

HSE a établi des liens solides avec des universités européennes de premier plan, notamment les Universités Humboldt et Erasme, entre autres. En partenariat avec ces universités, HSE offre 12 programmes de licence, de maîtrise et de doctorat à double diplôme (avec des effectifs annuels de 350 étudiants). Elle offre également un certain nombre de cours conjoints avec des universités étrangères (souvent sous forme de vidéoconférences ou par Internet). HSE a des programmes d'échange d'étudiants avec plus de 30 universités étrangères (essentiellement en Europe occidentale). En collaboration avec l'École d'Économie et de Sciences politiques de Londres (LSE), HSE a créé le Collège international d'Économie et de Finance, qui décerne deux diplômes au niveau des premier et deuxième cycles et du troisième cycle, l'un décerné par HSE et l'autre par LSE. HSE n'a cependant pas un profil suffisamment international pour pouvoir participer efficacement à l'échange mondial de talents et d'idées.

HSE a contribué au développement de la nouvelle science socioéconomique russe en partant pratiquement de zéro. Aujourd'hui, ses chercheurs et ses étudiants effectuent chaque année plus de 200 projets de recherche et d'analyse d'une valeur de plus de 850 millions de roubles. Du point de vue des coûts de recherche et de développement par enseignant (21 900 dollars), HSE dépense non seulement huit fois plus qu'une université russe moyenne (2 800 dollars), mais également davantage que les universités d'Europe centrale et orientale, son niveau de dépenses correspondant presque à la moyenne des universités allemandes (25 000 dollars).

En 2007, les chercheurs de HSE ont publié 300 monographies et manuels et 2 000 publications académiques. HSE est également en tête des universités et des centres de recherche russes du point de vue des publications académiques internationales sur des études socioéconomiques. Cependant, par rapport aux grandes universités étrangères, le nombre d'articles publiés par ses chercheurs dans des revues internationales examinées par les pairs est relativement faible. Dans leur majorité, ses professeurs s'adressent encore essentiellement à la communauté académique nationale.

La recherche académique menée à HSE porte essentiellement sur les bases théoriques d'une modernisation efficace de l'économie et de la société russes, s'appuyant sur l'économie institutionnelle et la sociologie économique contemporaines. Cette orientation aide HSE à maintenir sa position solide en Russie et à recevoir un financement additionnel de l'État et du secteur privé.

Les chercheurs de l'université ont apporté une contribution critique à l'élaboration des politiques dans différents domaines : modernisation de l'éducation et des soins de santé, mise en route de la réforme de l'administration et de la fonction publique, amélioration de la compétitivité de l'économie russe et élaboration des outils nécessaires à une politique industrielle dynamique, examen des perspectives d'élaboration d'une politique favorable à l'innovation, amélioration des statistiques officielles (depuis 2002), etc.

Genèse de la création d'une nouvelle université

Pour comprendre les forces à l'origine de l'émergence d'une nouvelle université, il faut replacer l'histoire de HSE dans le contexte de l'évolution des sciences sociales et de l'économie en Russie et du système d'enseignement supérieur russe. L'histoire du développement de l'université comporte essentiellement trois aspects. L'un est l'arrivée d'un nouveau participant sur un marché de l'enseignement supérieur encombré et compétitif. Le deuxième est la transformation d'une petite école en une grande université fermement résolue à devenir une université de recherche de rang mondial, le troisième étant le développement d'une identité organisationnelle.

HSE a systématiquement adopté et développé les principales caractéristiques du « modèle global émergent d'université de recherche » dans le contexte particulier de la Russie (Altbach et Balan 2007 ; Froumin et Salmi 2007 ; Mohrman, Ma et Baker 2008).

Dans la foulée de la recherche concernant les nouveaux venus sur les différents marchés (Geroski, Gilbert et Jacquemin 1990 ; Pehrsson 2009) et la concurrence entre universités (Del Rey 2001 ; Clark 2004), le chapitre examine les obstacles à l'entrée sur les marchés de l'enseignement supérieur comme une clé pour comprendre le comportement stratégique de HSE.

Pour le recueil de données, 20 entretiens ont eu lieu avec les membres de l'équipe de direction actuelle de l'université et ses fondateurs. Le service de recherche institutionnelle a fourni à HSE les données concernant les inscriptions, les diplômes décernés et les activités de recherche. Ce service a également communiqué les résultats de différentes enquêtes réalisées auprès des étudiants, des professeurs et des anciens étudiants au cours des 15 dernières années.

Pour la reconstruction des niches du marché et les choix stratégiques, on a utilisé des données statistiques et des entretiens. Parmi les personnes avec lesquelles des entretiens ont eu lieu figuraient les responsables d'autres universités (concurrentes de HSE) et des membres anciens ou récents du ministère de l'Éducation de Russie.

De plus, l'analyse de sources médiatiques a été utilisée pour reconstruire la transformation de l'image que HSE a d'elle-même et sa mission centrale dans un environnement en pleine évolution.

Création de sciences sociales et d'une économie nouvelles

À la fin des années 80, l'Union soviétique était en train de devenir une économie de marché émergente dépourvue des outils intellectuels nécessaires pour maîtriser cette transition. Cette situation est devenue encore plus frappante au début des années 90, et 1992 a été la première année d'indépendance pour la Fédération de Russie. Les réformes politiques et économiques radicales doivent s'appuyer sur des recherches sérieuses, et la Russie ne disposait que de moyens limités pour faire des prévisions et examiner les résultats d'ambitieux projets de développement socioéconomique. À l'exception de deux petits groupes de spécialistes de l'Académie des Sciences de Russie, personne n'avait une connaissance scientifique de l'économie moderne.

Contexte de la création de HSE

Cette situation a ses racines dans l'histoire intellectuelle de l'Union soviétique. Au début du XXᵉ siècle (et même durant les premières années qui ont suivi la révolution), la Russie a produit quelques brillants spécialistes des lettres et des sciences sociales, qui ont été les premiers visés par les Bolcheviks. Certains ont été exécutés ou emprisonnés et d'autres se sont exilés à l'étranger. Une sorte de « rideau de fer » a été dressé entre l'économie et les sciences sociales soviétiques d'une part, et les grands courants internationaux d'autre part. Les universitaires soviétiques avaient ainsi inventé leurs propres théories dans ces domaines. Dans certains de ces domaines de recherche (essentiellement celui lié à la construction de modèles mathématiques) ils étaient largement de rang mondial (et ce n'est pas par hasard qu'un universitaire soviétique, Leonid V. Kantorovich, a reçu le Prix Nobel d'économie). Mais la plupart des disciplines étaient par nature dogmatiques et idéologiques ou reflétaient la réalité de l'économie planifiée dans un État totalitaire (Makasheva 2007). Cette science ne nécessitait pas une science créée au niveau international.

La perestroïka a donné naissance à de nouveaux domaines des sciences sociales, dont certains étaient totalement inédits. Paradoxalement, les premiers matériels d'apprentissage pour l'enseignement des sciences politiques modernes ont été publiés en 1989 dans une revue officielle appelée *Revue de communisme scientifique de l'Université de Moscou*. La modernisation des sciences sociales n'a souvent consisté qu'à changer le titre des manuels soviétiques.

> Selon les observateurs, le changement rapide des repères et la pression idéologique (et parfois politique) en faveur de l'assimilation la plus rapide possible des normes de science économique occidentales ont entraîné un schisme et un sentiment de désorientation au sein de la communauté académique (Avtonomov et al. 2002, 4).

En 1992, un nouveau Gouvernement russe dirigé par Egor Gaïdar a entrepris des opérations de privatisation à grande échelle et d'autres réformes économiques. Les membres du gouvernement ont compris que les établissements de recherche et d'enseignement existants n'étaient pas en mesure de faire face à ces questions. Des établissements tels que l'Université d'État de Moscou ont résisté aux changements et sont devenus des forteresses du conservatisme politique et économique. Il est apparu clairement que les réformes des universités existantes comporteraient d'énormes coûts politiques. Il a alors été décidé de développer la nouvelle science économique russe en créant une nouvelle université où des recherches de pointe iraient de pair avec la formation de spécialistes de l'économie moderne.

C'est pourquoi la nouvelle organisation a été définie comme un acteur dans le domaine des sciences sociales et de l'économie, conçue comme un concurrent des instituts pertinents existants plutôt que comme un partenaire qui serait solidaire d'eux. C'était un processus d'imitation (de la science étrangère) et un reflet négatif du passé et des pratiques récentes des universités russes existantes. En même temps, il faut examiner les exigences exprimées clairement et sans ménagement par le gouvernement au nouvel institut (HSE). Son identité positive a été définie pour une bonne part sur ordre direct de l'État. Le cas de HSE démontre que le gouvernement avait une vision et qu'il a ordonné à cette jeune université de fournir un appui théorique et des capacités humaines durant la période de transition. Le gouvernement a influé sur les activités de recherche et de développement de la nouvelle université en les orientant dans une direction particulière. Au début des années 90, il ne s'intéressait pas à la recherche fondamentale, mais à l'appui que le savoir pouvait apporter aux réformes sociales et économiques en cours. Cette demande a déterminé le profil de recherche de l'université, donnant aux activités de recherche de HSE un caractère plus appliqué et axé sur une certaine politique.

Construction de l'identité d'une institution d'enseignement

Où HSE a-t-elle reçu son modèle d'enseignement ? Alors que le développement de l'identité de HSE dans le domaine de la recherche s'est fait ex nihilo, un processus similaire était beaucoup plus compliqué pour l'enseignement du fait de la conviction très répandue que l'enseignement supérieur soviétique était d'une qualité remarquable et devait servir de modèle aux jeunes universités.

En 1992, la Russie a connu l'une des périodes les plus difficiles de son histoire économique, et c'était donc la pire année pour créer une université de recherche. Le système éducatif (entièrement public à l'époque) a terriblement souffert. L'ensemble des dépenses publiques d'éducation est tombé à 3,57 % du PIB — plus bas niveau enregistré entre 1980 et 1998 (Gokhberg, Mindeli et Rosovetskaya 2002, 51). Les dépenses publiques consacrées à l'enseignement supérieur ont diminué de 39 % en 1992 (Morgan, Kniazev et Kulikova 2004). En conséquence, les salaires des professeurs d'université sont tombés à un niveau très inférieur à ceux qu'offraient d'autres secteurs. Les universités n'avaient pas accès à des fonds publics même pour payer les notes d'eau, de gaz et d'électricité (Boldov et al. 2002). L'État s'est efforcé de réduire le nombre de places pour les nouveaux étudiants dans les universités existantes. Le nombre d'étudiants de l'enseignement supérieur en Russie soviétique était de 219 étudiants pour 10 000 habitants en 1980 et au cours de la troisième année de perestroïka (1989), ce nombre a fortement baissé pour tomber à 192. Le plus bas niveau (171) a été atteint en 1993 (Bezglasnaya 2001).

Partiellement en réponse aux difficultés économiques et dans le cadre de l'évolution vers une économie capitaliste, une nouvelle Loi relative à l'éducation (1992) a autorisé la création d'établissements d'enseignement supérieur privés (Shishikin 2007). On en comptait seulement 78 en 1994, mais 358 dès 2000 (Klyachko 2002). Simultanément, les universités publiques ont obtenu le droit de faire payer légalement des frais de scolarité « additionnels » aux étudiants. Les universités publiques russes se sont ainsi retrouvées avec deux groupes d'étudiants distincts, ceux qui payaient des frais de scolarité et les autres (occupant des places financées par le budget). La proportion d'étudiants payants des frais de scolarité dans les universités publiques russes est passée de 1,9 % des effectifs totaux à 45 % en 2000 (Bezglasnaya 2001). Les universités se sont rendu compte qu'elles devaient accéder au marché ouvert à la concurrence pour survivre (Kolesnikov, Kucher et Turchenko 2005). Cela a été un moment critique du processus de marchandisation du système d'enseignement supérieur russe (Canaan et Shumar 2008). Essentiellement grâce à l'augmentation spectaculaire du nombre d'inscriptions payantes, la Russie a enregistré à partir de la fin des années 90 une croissance rapide du nombre d'étudiants qui a atteint 327 étudiants pour 10 000 habitants en 2000 (Gokhberg, Mindel et Rosovetskaya 2002, 12).

La croissance totale des effectifs a été particulièrement spectaculaire dans les disciplines sociales et économiques. En 1992, 33 établissements d'enseignement supérieur (publics seulement) étaient spécialisés en économie et en droit, et leur nombre est passé à 69 durant l'année universitaire 2000/2001 (Gokhberg, Mindeli et Rosovetskaya 2002, 16). L'augmentation du nombre d'étudiants dans ces domaines a été encore plus impressionnante puisque celui-ci est passé de 39 400 étudiants de première année durant l'année universitaire 1992/1993 à 151 300 en 2000/2001 (Gokhberg, Mindeli et Rosovetskaya 2002, 26). Ces chiffres donnent une idée du contexte dans lequel a été créée cette nouvelle université (HSE). Bien que cette période ait été l'une des plus difficiles de l'histoire récente de la Russie sur le plan économique, elle a également été marquée par une demande croissante d'enseignement supérieur. Dans les premiers temps, les universités avaient accès à des sources de financement aussi bien publiques que privées et HSE pouvait concurrencer directement les universités existantes, qui entraient elles aussi dans une période de changements profonds.

Le Gouvernement russe n'avait pas de stratégie claire de réforme de l'enseignement supérieur. Ce climat a affecté le comportement des universités russes. Le milieu des années 90 a été décrit comme une période d'adaptation structurelle des universités russes à un environnement en évolution (Morgan, Kniazev et Kulikova 2004). La plupart d'entre elles ont choisi de survivre et d'attendre le retour de jours meilleurs (Titova 2008). HSE n'a pas eu cette option car elle devait trouver des ressources pour survivre. Au lieu de suivre une stratégie proactive, HSE a dans une certaine mesure *réagi* plutôt que de fixer des objectifs. Ainsi, l'identité de la nouvelle université n'est pas le fruit d'une stratégie détaillée préalable du gouvernement pas plus que d'elle-même. Le gouvernement a créé HSE et en a oublié l'existence. L'université a évolué essentiellement en concurrence avec d'autres universités à mesure que le système d'enseignement supérieur tout entier s'adaptait à une situation en perpétuel devenir. La section suivante examine comment la concurrence pour exercer le leadership sur le marché de l'enseignement supérieur a déterminé l'identité de HSE comme université de recherche.

Création de HSE et transformation due à la concurrence

On peut diviser l'histoire de HSE en deux périodes. Durant la première, (de 1992 à la fin des années 90), HSE s'est aménagé sa propre place dans l'enseignement supérieur russe. Durant la seconde (c'est-à-dire depuis le début des années 2000), elle s'est découvert un rôle d'acteur international et a commencé à se transformer en une université de recherche mondiale.

Avantages compétitifs et faiblesses de HSE

Le contexte de la création de HSE explique à la fois les avantages compétitifs de l'université et les limites des mesures qu'elle a prises durant sa brève existence. HSE a été fondée par le Gouvernement russe comme un établissement d'enseignement supérieur relevant du ministère de l'Économie et spécialisé dans une seule discipline. Le décret du gouvernement a assigné une mission très claire à HSE : former un encadrement national pour l'économie de marché émergente et apporter une assistance technique au ministère de l'Économie. Le premier ministre de l'époque, Egor Gaïdar, a appuyé cette décision.

Le fait d'avoir été créée sous l'autorité du ministère de l'Économie a conféré à HSE un avantage indiscutable. À l'époque, une majorité écrasante d'universités relevaient (et relèvent encore) du ministère de l'Éducation. Plus que HSE, elles sont contraintes de se concentrer sur des normes éducatives fixées au niveau central. Le puissant ministère de l'Économie a apporté une protection politique aux innovations de « son » université. Il a autorisé HSE à élaborer ses programmes, prenant en compte les meilleures pratiques mondiales plutôt que les normes moyennes du ministère de l'Éducation. La proximité du ministère de l'Économie a également fourni une place unique à de nombreux étudiants. Le ministère de l'Économie a commencé à utiliser activement HSE comme un banc d'essai pour les nouvelles idées, ce qui a amélioré le prestige de la jeune université et l'a aidée à mettre à jour ses programmes en fonction des tâches et des tendances nouvelles.

Des crédits budgétaires relativement importants par étudiant, fixés à la suite de la décision du gouvernement concernant la création de l'université, sont devenus un autre avantage de HSE. Jusqu'en 1992, un tel niveau de crédits par personne n'était accordé qu'à une poignée d'universités traditionnelles très renommées et cela montre bien que le statut élevé de la jeune université était reconnu. Au début des années 90, cependant, cela n'a pas suffi à répondre à la question du financement de HSE du fait que les fonds publics accordés à l'ensemble du système d'enseignement supérieur ont été réduits.

Parmi les importants avantages dont bénéficiait l'université nouvellement créée figuraient l'absence d'inertie institutionnelle et la possibilité de constituer une équipe d'enseignants modernes et soucieux d'innovation. Ces avantages tenaient à l'appui international apporté à la création de HSE car le début des années 90 est une période durant laquelle la Russie a reçu une aide étrangère intensive pour son processus de modernisation. Bien que les partisans de l'éducation soviétique de type classique se soient méfiés d'une coopération avec des établissements occidentaux « suspects », HSE a tiré le meilleur parti des ressources considérables des programmes de l'Union européenne. En 1997, HSE a lancé un programme en partenariat avec LSE avec l'appui de sponsors internationaux et nationaux. Aujourd'hui, cette assistance paraît plutôt limitée, mais à l'époque elle a fourni des ressources et un appui considérables au développement de l'université et au lancement de programmes coordonnés avec des universités internationales de premier plan. Des subventions étrangères ont rendu possibles des investissements initiaux dans le capital humain, en particulier en aidant à négocier des contrats avec les 25 premiers membres du personnel. L'acquisition d'une bibliothèque moderne par HSE et son premier achat d'ordinateurs ont eu lieu dans le cadre de ces projets.

En même temps, en faisant ses premiers pas, HSE s'est heurtée à de graves problèmes, comparée à ses concurrents. Ses infrastructures physiques ont constitué pour elle un obstacle majeur, le gouvernement n'ayant pas fourni les bâtiments nécessaires. Le sous-développement des infrastructures était et est encore l'un des principaux points faibles de HSE. La jeune université a dû ouvrir ses portes aux étudiants sans disposer d'une longue période préparatoire ni de matériels éducatifs appropriés en langue russe mais cette faiblesse est devenue un avantage lorsque l'université est parvenue en temps voulu à disposer des manuels les plus perfectionnés et de technologies éducatives de pointe. Certains manuels occidentaux ont été traduits, et un certain nombre de nouveaux manuels ont été rédigés par des professeurs de HSE. La création de la bibliothèque s'est faite suivant une stratégie qui était un modèle d'intelligence. Ne pouvant pas avoir une bibliothèque plus grande que celles de ses concurrents, HSE a décidé d'avoir la meilleure bibliothèque numérique du pays, et elle y est parvenue. En même temps, l'Université d'État de Moscou a investi des millions de dollars dans un nouveau bâtiment pour une bibliothèque qui ne correspond pas vraiment aux méthodes modernes d'apprentissage fondé sur l'information. La priorité accordée aux ressources numériques a aidé HSE à moderniser non seulement une bibliothèque, mais aussi l'ensemble du processus d'apprentissage.

La planification dynamique, considérée comme un avantage, a constitué également une faiblesse. L'université ne disposait pas d'enseignants en nombre suffisant pour tous les cours de formation mais à la longue, cette faiblesse est devenue un avantage parce que pour combler cette lacune, l'université a invité d'éminents praticiens et professeurs étrangers, ce qui a grandement amélioré son prestige. Il est intéressant à ce sujet de comparer HSE avec une autre université créée à la même époque — l'Université d'État russe pour les Humanités. Dans une large mesure, les deux établissements ont des racines similaires, et tous deux ont été fondés durant une période de changement et de besoin croissant de connaissances sociales modernes et d'humanités. L'Université d'État russe pour les Humanités n'était cependant pas une université nouvelle car elle résultait de la fusion de deux écoles existantes et est devenue dans une large mesure otage de sa culture institutionnelle. Ces avantages compétitifs et ces faiblesses on conditionné les stratégies suivies par les universités dans la concurrence qu'elles se livraient sur différents marchés.

Stratégies d'accès au marché et concurrence pour le leadership

Les théories relatives à l'arrivée de nouveaux acteurs sur le marché font de la détermination exacte des créneaux, des éléments quantitatifs et des prix un facteur de succès majeur. Initialement, l'équipe dirigeante de la nouvelle université était constituée exclusivement d'universitaires qui n'avaient pas la moindre compétence commerciale. En définissant sa stratégie d'accès au marché, HSE a compté sur sa sensibilité au changement. Son succès tient au fait que ses concurrents n'avaient rien à lui envier en matière de compétences commerciales, sans compter une bonne dose d'assurance et de snobisme.

Définition de créneaux pour accéder au marché. Initialement, HSE comptait davantage sur la volonté du gouvernement. Durant l'été 1992, le ministère de l'Économie a fait part de son intention de lancer un programme de maîtrise en économie et de recruter d'excellents étudiants dans les meilleures universités.

Il est apparu immédiatement que pour que ce programme soit viable, un programme de licence d'économie était également nécessaire. C'est ainsi que le 1er septembre 1993, un programme de licence et un programme de maîtrise ont tous deux été inaugurés pour les étudiants de première année. Cette pratique a renforcé l'identité d'établissement à spécialisation qu'avait voulu se donner initialement HSE.

Mue par ses ambitions, HSE s'est inspirée des universités célèbres ayant une longue histoire, par exemple, l'Université d'État de Moscou, dont les professeurs d'économie fournissaient des cadres pour l'élite soviétique. Il a été décidé de ne pas concurrencer directement les universités de ce genre, mais plutôt de se concentrer sur différents sujets. Dans l'enseignement supérieur, l'image de marque et la tradition jouent un rôle si important qu'il est difficile d'imaginer comment une jeune université pourrait rivaliser avec des universités bien établies sans entrer dans un nouveau domaine.

La jeune université a tiré parti de la vague de réforme du début des années 90, lorsque tout ce qui était nouveau et inhabituel est devenu à la mode. HSE a assis son image de marque sur son orientation vers le marché, la modernité et le refus de la tradition. Lorsque les universités russes bien établies se sont opposées à l'introduction du Processus de Bologne, HSE a été l'une des premières à adopter un système à deux niveaux et à en faire un élément de son image publique (Chuchalin, Boev et Kriushova 2007). Il était ingénieux de sa part de tirer parti du prestige considérable de la tradition soviétique en mathématiques et en physique et de l'appliquer aux sciences sociales. HSE a associé son style d'enseignement de l'économie à celui de l'enseignement de la physique et des mathématiques. Ce faisant, HSE s'est attachée à une tradition très prestigieuse, en Russie comme à l'étranger.

Un autre élément distinctif du positionnement de HSE était (et est encore) son engagement international. Grâce aux subventions de l'Union européenne et de certains gouvernements, HSE a établi des liens étroits avec plusieurs universités de premier plan. Ces liens sont devenus un aspect important de son image publique. La possibilité de participer à des programmes d'échange et d'étudier à l'étranger est devenue un élément particulièrement attractif pour de nombreux étudiants russes.

HSE a ainsi identifié avec succès son créneau initial, à savoir un enseignement moderne, international et novateur (et non obsolète, isolé et traditionnel) de l'économie, axé sur les réalités de l'économie de marché et la démocratie pluraliste (par opposition à l'économie planifiée et au régime totalitaire).

Dès 1995, il est apparu clairement que pour conseiller le ministère de l'Économie sur les réformes sociales et économiques, il fallait être compétent non seulement en économie mais aussi en sciences sociales et politiques et en droit. Les responsables de HSE se sont également rendu compte qu'une université de recherche moderne devait offrir une gamme de disciplines suffisamment large (ce qui est le cas à LSE). En même temps, des chercheurs provenant d'autres horizons ont observé la nouvelle université avec son environnement académique attractif, et ont envisagé sa gestion avec des idées pour de nouveaux domaines d'étude et de recherche. En conséquence, la direction de HSE a proposé au gouvernement d'élargir le champ de la mission de l'établissement. Le ministère de l'Économie a appuyé cette initiative parce qu'il souhaitait accroître son influence et élargir ses perspectives. En 1995, le gouvernement a accordé à HSE le statut d'université, impliquant des activités de formation et de recherche dans les domaines les plus divers, dont le droit, la gestion d'entreprise et les lettres. En 1996, HSE a inauguré des programmes de premier et deuxième cycles en sociologie, gestion et droit.

Dans ce contexte, le créneau de HSE s'est élargi du point de vue du contenu, essentiellement en raison de l'introduction de domaines d'étude et de recherche qui étaient absolument nouveaux dans l'enseignement supérieur russe, ou bien dont la popularité avait progressé rapidement. Pour le premier aspect, HSE a non seulement prévu, mais aussi façonné le marché en expansion (par exemple dans le cas des études de gestion). Pour le second, HSE a concurrencé directement les universités bien établies en pénétrant dans des domaines traditionnels. De 1996 à 1999, HSE a créé des facultés de droit, sociologie, gestion, psychologie et sciences politiques. La demande de formation dans ces domaines était si forte que HSE a pu faire venir des étudiants de second ordre, mais elle s'est cependant positionnée comme une université novatrice, même dans ces domaines traditionnels, pour attirer les meilleurs étudiants. Alors que la plupart de ses concurrents conservaient leurs programmes existants le plus longtemps possible, HSE mettait l'accent sur des domaines au contenu nouveau et sur des programmes aux structures nouvelles, ce qui a fonctionné comme stratégie commerciale, bien que ses prétentions n'aient pas toujours été totalement justifiées.

HSE s'est parfois efforcée de reprendre le contrôle de l'accès aux nouveaux segments du marché aux universités bien établies qui monopolisaient jusqu'alors l'homologation des nouvelles spécialités et des nouveaux programmes et manuels. Les programmes de maîtrise en sciences sociales et en économie constituent de bons exemples de stratégies compétitives agressives de ce genre. Du fait que HSE a été la première université réputée à offrir des cours de maîtrise dans un certain nombre de domaines, elle a commencé à revendiquer le contrôle de l'homologation de ces nouveaux programmes et manuels. Les principales universités n'y ont guère prêté attention car leur part des programmes de maîtrise à la fin des années 90 était inférieure à 3 %. Cependant, à la suite de l'adhésion de la Russie au Processus de Bologne en 1998 et en application du droit en vigueur, une transition à grande échelle vers les programmes de maîtrise en sciences sociales et en économie est devenue une réalité, HSE faisant office de leader et de contrôleur de l'entrée sur le marché.

HSE a utilisé une tactique similaire dans d'autres cas. Son initiative la plus audacieuse a consisté à créer puis à légitimer complètement de nouveaux domaines d'étude. Par exemple, le ministère de l'Éducation a autorisé en 2001 HSE à expérimenter une formation à l'informatique de gestion d'entreprise. HSE a élaboré un nouveau programme et y a inscrit des étudiants, avant d'effectuer des démarches pour faire approuver des normes nationales dans ce domaine sur la base des résultats de l'expérience pilote, et elle est devenue un leader et un pionnier naturels dans ce domaine. HSE a suivi une approche similaire en introduisant de nouveaux domaines d'étude comme la logistique ou la statistique. L'audace et l'intuition ont aidé HSE à tirer parti de ces opportunités stratégiques.

Un élément critique de l'identification de créneaux a été l'accent mis sur la recherche. Un aspect important du positionnement de HSE sur le marché et de son identité organisationnelle reposait sur le principe d'une université axée sur la recherche. Pourquoi et comment HSE a-t-elle mis l'accent encore davantage sur la recherche ? Cette orientation était due principalement à son affiliation au ministère de l'Économie, qui a considéré dès le début HSE comme un club de réflexion. Le ministère a souvent chargé HSE de réaliser des études empiriques et appliqué ses analyses aux réformes économiques.

Une autre raison de cette concentration sur la recherche était la concurrence pour recruter des étudiants. De récentes études montrent qu'en mettant l'accent sur la recherche, il est plus facile pour une université d'attirer des étudiants (Del Rey 2001 ; Warning 2007). L'importance primordiale accordée à la recherche a donc aidé HSE non seulement à être mieux placée pour obtenir des fonds pour la recherche, mais aussi à attirer les étudiants les plus productifs.

L'identification de sa taille et de l'échelle de ses activités a constitué un autre élément important de la stratégie suivie par la HSE pour pénétrer le marché. En tant qu'établissement de création récente, HSE était libre dès le départ d'augmenter très fortement le nombre d'étudiants inscrits. Elle a pourtant opté pour une stratégie hyper-sélective pour rendre ses services d'enseignement plus attractifs en y restreignant délibérément l'accès. Cette stratégie l'a manifestement aidée à préserver ses normes de qualité mais c'était également une initiative bien réfléchie dans le cadre d'une vive concurrence. Le fait que HSE n'ait pas augmenté ses effectifs d'étudiants et n'ait pas non plus ouvert de programmes à distance ou à temps partiel a contribué à sa réputation d'établissement d'enseignement supérieur de haute qualité et suscité l'intérêt des étudiants potentiels. Ces approches ont permis à HSE d'affronter avec succès la concurrence à la fois pour attirer de bons étudiants (auxquels étaient données les places financées par le budget) et pour bénéficier des ressources financières des étudiants payant des frais de scolarité.

Concurrence pour attribuer à de bons étudiants les places financées par le budget. La lutte pour attirer des étudiants de haut niveau dont la motivation et les compétences pouvaient devenir la ressource la plus précieuse de la jeune université a été le principal domaine de concurrence pour HSE. Les premières années, l'université n'a même pas réussi à attirer un nombre suffisant de candidats et a donc dû reporter les dates limites pour l'inscription aux programmes de premier et deuxième cycles. Par la suite, la situation s'est améliorée parce qu'au début des années 90, les diplômés de l'enseignement secondaire se sont rués sur l'économie en plus grand nombre et étaient en quête de n'importe quels établissements d'enseignement supérieur ou facultés spécialisés en économie (Egorshin, Abliazova et Guskova 2007). C'est pourquoi, d'une manière générale, il n'a pas été très difficile aux universités de pénétrer ce marché en expansion. De plus, les obstacles traditionnels à l'entrée sur le marché de l'enseignement supérieur (homologation et obtention d'une licence) ont disparu dans le chaos révolutionnaire du début des années 90. L'accès des établissements au segment d'élite du marché de l'enseignement de l'économie est cependant resté très problématique.

Pour y accéder, HSE a décidé d'utiliser son image d'établissement innovant et d'expliquer ses innovations aux futurs candidats et à leurs parents. L'université a ainsi utilisé une stratégie de marketing à niveau multiple (de personne à personne) durant ses premières années d'activité. En 1994-1997, la direction et les enseignants de HSE se sont rendus dans environ 300 écoles de Moscou et d'autres villes pour faire des exposés dans le cadre de réunions de parents d'étudiants qui attiraient chacune 300 personnes en moyenne. Leur message principal était qu'un « nouvel ordre économique » nécessitait un nouveau type de formation que seuls des établissements nouveaux étaient en mesure de dispenser. En conséquence, en 1994 l'université a reçu 4,5 candidatures par place.

Cependant, un nouveau positionnement de l'économie (puis des autres sciences sociales) dans les écoles secondaires a constitué l'initiative de marketing véritablement stratégique. Dans le passé, une seule discipline sociale — les « études sociales » saturées d'idéologie — étaient enseignées dans les écoles secondaires à l'époque soviétique et jouissaient d'un faible prestige auprès des enseignants, des étudiants et des parents. Les professeurs de HSE ont commencé à promouvoir dès 1993 l'introduction dans les écoles secondaires de nouvelles disciplines comme l'économie, les sciences politiques et le droit. Ils ont commencé à cette fin à développer et publier des manuels dans ces disciplines. HSE a trouvé un partenaire commercial, une maison d'édition désireuse de créer et de développer un segment assez rentable du marché des manuels. La promotion de ces disciplines (et des manuels nouvellement établis) dans les écoles secondaires a été facilitée par le fait que l'université a lancé un ambitieux programme de réforme pour se doter d'une équipe de professeurs d'économie. Les professeurs de HSE ont également suggéré un autre instrument pour promouvoir les connaissances sociales et économiques dans les écoles secondaires (les Olympiades académiques d'économie à l'échelon de l'ensemble de la Russie). HSE a organisé les compétitions, et de nombreux vainqueurs des Olympiades académiques y ont été admis.

L'une des stratégies les plus efficaces pour affronter la concurrence sur un quasi-marché est la transparence institutionnelle et le soutien aux étudiants et à leurs familles au niveau de l'information (Woods, Bagley et Glatter 1999). Cette stratégie a amené HSE à créer le site web le plus instructif pour les étudiants potentiels, selon le classement de l'agence indépendante Reitor (Reitor 2007).

La façon dont HSE envisage l'admission aux programmes de maîtrise démontre clairement le principe clé de la concurrence choisi par la jeune université : prédire les tendances du marché et devenir le premier établissement à pénétrer sur les segments en expansion du marché. Depuis 1994, les établissements d'enseignement supérieur russes peuvent offrir des programmes de licence et de maîtrise à deux niveaux (quatre ans plus deux) correspondant au modèle de Bologne, parallèlement au développement du modèle traditionnel en vigueur en Europe continentale et débouchant sur un diplôme de spécialiste au bout de cinq ou six ans. La plupart des établissements de premier plan concurrents de HSE se sont vivement opposés au processus de Bologne et n'ont pas offert de programmes de maîtrise. À la différence de ceux-ci, HSE a pris des mesures sérieuses pour adopter ce modèle, et en 1997, elle est devenue la première université d'une certaine taille à offrir un programme de maîtrise diversifié et à grande échelle. Elle a ainsi réussi à attirer de brillants diplômés d'autres universités, notamment ceux qui se spécialisaient dans des disciplines techniques et scientifiques, ce qui a également contribué à une diversification considérable du marché.

À noter que cette tactique a échoué dans certains segments du marché de l'éducation. Par exemple, HSE n'est pas parvenue à devenir un leader pour les études au niveau du doctorat. HSE voulait utiliser une tactique de commercialisation agressive et a annoncé qu'elle offrirait des programmes de doctorat gratuits pour préserver leur qualité et leur intégrité. Les diplômés d'autres universités ne se sont cependant pas précipités à HSE parce que les procédures d'homologation du doctorat étaient et sont encore sous le contrôle de l'association de plusieurs universités traditionnelles et de l'Académie des Sciences. Ce statut a empêché HSE d'imposer une nouvelle série de spécialités et de nouvelles normes de thèses. Elle a donc dû se plier aux règles en vigueur, ce qui incite implicitement les diplômés à rester dans leur université pour préparer leur doctorat.

Concurrence sur le marché des services d'enseignement payants. La valorisation de son image de marque a facilité l'accès de HSE au marché de l'enseignement payant. Ce marché a fait son apparition en même temps qu'elle, et c'est la raison pour laquelle HSE et ses concurrents potentiels ont connu plus ou moins la même expérience dans un environnement de ce genre. La jeune université a poursuivi une politique agressive, devenant un des établissements les plus chers du marché local dès ses premières années d'activité. Cette politique était tout à fait en harmonie avec l'atmosphère générale régnant sur le marché des biens et services, qui a vu l'émergence d'un segment de produits coûteux et de haute qualité au début des années 90. La plupart des acteurs sur le marché de l'enseignement supérieur ont supposé que le secteur de l'enseignement peu coûteux et de faible qualité était le plus rentable et ont opté pour la concurrence par les prix. Presque tous les établissements qui offraient des cours payants de sciences sociales et d'économie ont mis au point des programmes peu coûteux offerts à l'extérieur ou sous forme de cours à temps partiel. Démontrant qu'elle occupait un créneau spécial en dispensant un enseignement payant de haute qualité, HSE a refusé la voie de l'argent facile et annoncé qu'elle n'avait pas l'intention d'offrir des départements extérieurs ou fonctionnant à temps partiel aux étudiants des premier et deuxième cycles.

Bien que faisant payer des frais de scolarité élevés, HSE a été l'une des premières universités russes à annoncer un système de rabais pour les candidats ayant obtenu des résultats exceptionnels lors d'un de leurs examens d'entrée ou au cours de leurs études. HSE a été l'un des premiers établissements de Russie à coopérer avec des banques commerciales pour accorder des prêts d'études à ses étudiants, ce qui a également eu pour effet d'améliorer le niveau des étudiants disposés à payer pour leurs études. HSE visait ainsi la qualité plutôt que la quantité. À cause de cette stratégie, HSE reste aujourd'hui l'établissement aux tarifs les plus élevés, et les frais de scolarité payés par les étudiants représentent plus d'un tiers de son budget.

La formation continue a été un autre secteur émergent sur le marché des services éducatifs au début des années 90. La croissance rapide de nouveaux secteurs de l'économie, dans lesquels on comptait jusqu'à 50 % de spécialistes qualifiés exerçant de nouveaux métiers (essentiellement dans le domaine des finances et des affaires) a nécessité le recyclage de dizaines de milliers d'ingénieurs et de militaires. Plusieurs créneaux sont apparus dans le domaine de la formation continue également. De nombreuses universités ont lancé des programmes de recyclage formel accéléré débouchant sur la délivrance d'un diplôme ou d'un certificat. Leurs concurrents ont offert quelques programmes plus longs et plus traditionnels. Dans le cadre de la formation continue, comme dans le secteur de l'enseignement fondamental, HSE a offert des produits novateurs. Elle a fait partie du premier groupe d'universités russes offrant des programmes de maîtrise en gestion d'entreprise et des cours de gestion de projets et de finances internationales. La direction de HSE considérait la formation continue comme un marché stable et prometteur. L'approche suivie par HSE a notamment consisté à créer un département spécial chargé de la commercialisation et des contacts directs avec les entreprises clientes pour mettre en œuvre un programme de formation continue. La plupart des établissements concurrents n'avaient pas d'attitude stratégique à l'égard de la formation continue comme source de revenu supplémentaire. Ils estimaient que la fourniture de services de formation continue constituait seulement une source de revenu supplémentaire pour leurs professeurs plutôt qu'un segment distinct et critique du marché. Ainsi, dans la majorité des universités concurrentes, des services de formation continue étaient assurés par les mêmes unités que celles chargées des services d'enseignement de base.

Concurrence sur le marché des services intellectuels et de la recherche. Un secteur de services intellectuels (consultation, analyse, audit etc.) dans les domaines sociaux et économiques a émergé en même temps que l'économie de marché et la concurrence politique, mais au début des années 90, ce secteur restait peu développé. Aucun cabinet de consultant ni groupe de réflexion occidental n'était encore présent sur le marché et il n'existait aucune entreprise russe parvenue à maturité. Le Gouvernement russe ne disposait pas des fonds nécessaires pour faire exécuter des études et des travaux d'analyse et par ailleurs, l'offre et la demande étaient insuffisantes. Dans ces conditions, la plupart des universités ne voyaient pas dans les études socioéconomiques et les travaux d'analyse un marché prometteur. À la différence d'autres universités, HSE a investi ses gains dans des travaux d'analyse des politiques publiques, ce qui a contribué à faire d'elle un centre d'analyse et de recherche réputé. Ses contacts étroits avec le ministère de l'Économie ont grandement aidé HSE à occuper une position solide face à la concurrence sur le marché des services intellectuels. L'université a pu identifier les domaines dans lesquels des recherches et des analyses s'imposaient le plus. Progressivement, l'offre de documents analytiques a créé une demande. En conséquence, compte tenu du travail accompli, HSE était devenue en Russie à la fin des années 90 un centre clé de recherche socioéconomique appliquée et de travaux analytiques. Les recettes tirées de ces contrats constituaient au moins 20 % du revenu total de HSE. Ce résultat a été important pour renforcer les capacités de HSE en recherche appliquée, mais il ne l'a pas aidée à se doter de moyens accrus en recherche fondamentale au niveau international.

Le déclin de l'Académie des Sciences russe a offert à HSE d'améliorer sa compétitivité dans le domaine de la recherche économique et sociale fondamentale (Avtonomov et al. 2002). De nombreux jeunes chercheurs des établissements de l'Académie se sont dirigés vers HSE, qui leur offrait une promotion rapide, de meilleurs revenus (notamment dans le cadre des contrats de recherche appliquée) et des opportunités de coopération internationale. HSE n'est cependant pas parvenue à stimuler la recherche fondamentale faute de sources de financement extérieures, et les brillants éléments (étudiants du troisième cycle et chercheurs) ont préféré faire appel à des contrats externes pour effectuer des recherches appliquées. Cette situation n'a pas empêché HSE de devenir un des principaux centres de recherche de Russie, phénomène qui s'est produit dans le contexte du déclin général de la recherche fondamentale russe.

Conclusions sur le rôle de la concurrence dans la formation de l'identité de l'université. Les mesures prises par l'université une fois exposée à la concurrence ont été pour une large part opportunistes et réactives. La bibliographie indique en même temps l'importance critique que revêt pour les nouveaux venus le fait d'avoir un comportement stratégique pour surmonter les obstacles à l'entrée (Geroski, Gilbert, et Jacquemin 1990). Quel était l'élément stratégique des mesures prises par HSE pour améliorer sa compétitivité ? L'analyse montre qu'une certaine interprétation d'un modèle idéal d'université de recherche a conditionné préalablement l'entrée dans les divers secteurs du marché de l'éducation. Les éléments clés de l'identité et de l'image de l'université ont compris également l'internationalisation, l'innovation et une orientation prédominante vers les marchés d'élite et émergents.

Un autre facteur important influant sur un grand nombre de décisions de HSE a été sa mission d'université novatrice appuyant les réformes économiques et sociales de la Russie. Cette idéologie a souvent justifié des mesures agressives de la part de HSE (et même arrogantes, du point de vue de ses concurrents).

De même, la commercialisation de l'enseignement supérieur a contraint HSE à se transformer en une université entrepreneuriale (Clark 1998) caractérisée par une gestion solide et centralisée, une diversification des sources de financement et un système complexe d'incitations académiques. HSE est devenue un hybride intéressant d'université de recherche et d'université entrepreneuriale.

Un exemple intéressant de cette combinaison de comportement semi-stratégique, missionnaire et opportuniste a été une expansion géographique (non prévue) de HSE, qui a bénéficié en 1996 et 1997 de facilités de la part des autorités régionales dans quelques villes russes pour y offrir des programmes d'enseignement. HSE a utilisé cette nouvelle opportunité pour développer ses opérations et se faire mieux connaître au niveau national. Cette procédure n'était manifestement pas nécessaire au développement de la HSE comme université de recherche et a même entraîné de vives discussions au sein de la direction de HSE. Mais HSE avait pour mission de promouvoir des approches novatrices de l'enseignement de l'économie et des sciences sociales, qui ont été le moteur de son expansion géographique.

Cependant, au début des années 2000, après que HSE a atteint le sommet du système d'enseignement supérieur russe, les mesures effectives qu'elle a prises étaient traditionnelles plutôt que novatrices. De nombreuses innovations conçues par HSE ont été adoptées par ses concurrents. Certains critiques ont remarqué que la culture de HSE se rapprochait de celle des universités russes traditionnelles, ce qui était synonyme de stagnation pour les responsables de HSE. Pour éviter la stagnation, l'université a dû renoncer à un comportement opportuniste au profit d'un positionnement plus stratégique. Il n'était pas question de devenir une autre Université d'État de Moscou, ni de suivre le modèle international d'université de recherche. La décision a été prise. HSE a annoncé sa stratégie qui est de « devenir une université de recherche aux normes mondiales » dès 2002 (École supérieure d'économie 2006).

Vers un modèle d'Université de recherche

Ce n'est pas une coïncidence si la nouvelle orientation stratégique est apparue à un moment de croissance accélérée de l'économie russe, basée sur les cours élevés du pétrole. Les nouvelles opportunités qui se sont présentées à l'économie russe en matière de ressources et les nouveaux défis auxquels elle a été confrontée ont affecté le comportement de HSE. L'inertie institutionnelle a poussé l'université à accroître ses effectifs (le nombre d'étudiants de première année a doublé entre 1999 et 2004) alors que la vision stratégique nécessitait des changements qualitatifs.

On examinera la transformation stratégique de HSE en utilisant la méthodologi de Jamil Salmi (2009), qui comprend trois conditions principales d'une importance critique pour toute université désireuse de devenir un établissement de rang mondial : attirer les talents, disposer de ressources suffisantes et être doté de systèmes de gouvernance et de gestion efficaces. L'analyse inclut également un examen des priorités de recherche importantes pour comprendre l'identité naissante de HSE comme université de recherche internationale.

Attirer les talents

La stratégie de HSE pour attirer les meilleurs étudiants a déjà été décrite. Grâce à cette stratégie, HSE attire des diplômés actifs et dynamiques des écoles secondaires de Moscou mais dans les premiers temps, elle a eu moins de succès que les meilleures universités de Moscou pour attirer des jeunes d'autres régions de Russie désireux de faire des études supérieures. Ayant été la première à accepter les résultats de l'examen national d'entrée à l'université, HSE a vu augmenter le nombre moyen de candidats de la région et elle a rejoint ses principaux concurrents.

Le rôle d'avant-garde de HSE pour ce qui est de promouvoir la formation au niveau de la maîtrise a déjà été évoqué. Il a cependant été difficile de transformer cet avantage en un nouvel afflux de brillants diplômés d'autres universités parce que la qualité de la formation assurée dans les universités régionales ne permet pas à leurs diplômés d'être reçus à l'examen d'entrée à HSE, qui est du niveau de la maîtrise. Face à ce problème, HSE a créé en 2001 un système de cours préparatoires d'hiver gratuits pour les étudiants de dernière année les plus doués des universités régionales. En 2008, elle a effectivement étendu son programme de maîtrise à ces étudiants et a commencé à prévoir pour eux une année supplémentaire (année de rattrapage) pour les former. En conséquence, HSE a déjà dépassé certaines des meilleures universités russes pour le nombre d'étudiants du troisième cycle, qui représentent aujourd'hui 15 % de ses effectifs. En 2009, le nombre d'étudiants admis aux programmes de maîtrise de HSE a atteint 1 500, soit l'un des nombres les plus élevés de Russie. Au cours des dix prochaines années, HSE envisage de porter à 40 % la proportion des ses étudiants en maîtrise.

Une fois que les meilleurs étudiants sont disponibles, il importe de maintenir leur motivation académique et de faire en sorte qu'ils exploitent au mieux leurs talents. HSE a mis au point un certain nombre d'incitations économiques à l'intention des bons éléments en créant des subventions spéciales pour ceux qui ne paient pas de frais de scolarité et en accordant un rabais aux autres.

En même temps, la médiocrité des infrastructures, le manque de cours donnés en anglais et la faible réputation internationale de la Russie en sciences socioéconomiques expliquent le faible pourcentage d'étudiants étrangers. Même les meilleurs étudiants russophones de l'ex-Union soviétique préfèrent étudier dans les universités d'Europe de l'Ouest et des États-Unis. Ces dernières années, la proportion d'étudiants étrangers n'était que de 3 %.

Un élément clé de la stratégie visant à faire de HSE une université de recherche de rang mondial a consisté à attirer des enseignants et des chercheurs talentueux. HSE s'est heurtée à un manque de spécialistes russes dans certains domaines. C'est la raison pour laquelle différentes approches ont été adoptées dans diverses sciences socioéconomiques pour constituer de solides équipes académiques. Dans le domaine des mathématiques appliquées (à l'économie), la Russie a ses traditions bien ancrées et dispose de spécialistes reconnus au plan international. Ceux-ci faisaient en majorité partie de l'Académie des Sciences, qui a vu son financement diminuer de façon spectaculaire au début des années 90.

HSE est parvenue à recruter ces spécialistes en leur offrant des contrats attractifs, ce qui lui a permis de créer des équipes académiques travaillant à un niveau international dans quelques domaines de recherche bien déterminés. Cette mesure a revêtu une importance critique du fait que ces équipes doivent diffuser ces normes dans d'autres domaines de recherche. Aucune capacité similaire n'existait dans d'autres segments des sciences socioéconomiques. HSE a donc dû choisir entre la mobilisation d'universitaires étrangers et la formation d'une équipe de chercheurs locaux.

Plus ou moins en même temps, la Nouvelle École d'Économie a été créée à Moscou. Cet établissement a montré la voie à suivre en démontrant que l'option consistant à recruter des universitaires de réputation internationale permettrait à un nouvel établissement de participer efficacement à la production mondiale de savoir et à des réseaux d'échanges internationaux. Cette option n'a cependant pas pu être pleinement mise en œuvre du fait que la Russie ne disposait pas alors de ressources abondantes. HSE a donc suivi une stratégie plus compliquée.

Durant les deux premières années, jusqu'à 30 % des cours d'enseignement professionnels étaient donnés par des professeurs d'universités étrangères. Les jeunes universitaires qui avaient déjà fait leurs preuves à HSE ont en priorité fait un stage de brève durée dans des universités étrangères où ils ont pu suivre les cours pertinents et se familiariser avec les méthodes de recherche modernes. HSE a appuyé à la fois leurs activités d'assistants et de chercheurs.

Consciente du fait que la science russe ne parviendrait pas à concurrencer la science occidentale dans les domaines de la théorie économique ou sociologique au cours de la prochaine décennie, HSE a décidé de tirer parti de l'avantage unique que constituait le fait d'opérer en Russie, c'est-à-dire dans un véritable « laboratoire d'économie en transition », auquel les chercheurs occidentaux ne pouvaient pas accéder facilement. Les spécialistes de HSE qui réalisaient des études empiriques sur une économie en transition et les processus sociaux sont donc devenus les partenaires d'éminents spécialistes étrangers de la théorie socioéconomique. En fait, la stratégie consistant à former des chercheurs de talent est allée de pair avec la promotion de la science socioéconomique moderne en Russie. HSE a fait éclore un groupe de jeunes spécialistes qui est devenu unique parmi les universités russes. Dans les années 90, l'âge moyen des assistants était de 33 ans, et celui des responsables de HSE, de 36 ans. Aujourd'hui, l'âge moyen des assistants de HSE est de 43 ans, ce qui fait de HSE la « plus jeune » des universités publiques de Russie. Ces jeunes professeurs provenaient essentiellement de l'Académie des Sciences russe et de l'Université d'État de Moscou. Ils étaient attirés non seulement par des perspectives de carrière, mais aussi par la possibilité d'accéder au monde des sciences sociales et économiques modernes et d'échapper au carcan idéologique soviétique.

Un autre élément de la stratégie de HSE en matière de personnel a consisté à mobiliser des spécialistes étrangers à titre temporaire (généralement pour un semestre). Il s'agissait également de développer certains cours de formation confiés ultérieurement à des assistants russes. Les professeurs étrangers enseignaient naturellement en anglais, ce qui était illégal car réglementairement, il n'était pas permis d'enseigner dans une langue étrangère. HSE a fait pression pour apporter au cadre réglementaire les changements qui ont rendu cette pratique acceptable. Actuellement, même certains professeurs russes enseignent en anglais. L'université envisage d'offrir suffisamment de cours en anglais pour attirer davantage d'étudiants étrangers.

L'un des éléments uniques de la stratégie en matière de personnel a consisté à inviter d'éminents économistes et responsables politiques du gouvernement à enseigner à l'université. Tous les ministres de l'économie et des finances ont été professeurs à HSE, où ils ont apporté une vision des problèmes du monde réel en classe et au sein des groupes de recherche.

Il était tout aussi important d'attirer et aussi de retenir des professeurs de talent à HSE. Il s'agissait essentiellement de s'assurer leur loyauté envers HSE pour en faire leur lieu d'emploi principal. Deux facteurs ont rendu cette tâche difficile.

Tout d'abord, comme on l'a vu, les universités n'étaient pas considérées comme un lieu de recherche naturel en Union soviétique. Cette approche se traduisant par un nombre considérable d'heures d'enseignement (jusqu'à 700 par an) pour les assistants, il ne leur laissait guère de temps pour la recherche. Certaines universités de premier plan avaient des contacts étroits avec l'Académie des Sciences, qui permettait à ses chercheurs d'enseigner à temps partiel et faisait participer activement de nombreux étudiants à des activités de recherche. Dans les universités de Moscou et de Saint-Pétersbourg, la proportion d'étudiants du troisième cycle était également élevée, ce qui contribuait aux activités de recherche. Cet environnement était cependant l'exception plutôt que la règle. Il s'agissait donc essentiellement pour HSE de rendre la recherche et l'enseignement aussi prestigieux l'un que l'autre aux yeux des professeurs.

Un autre problème spécifique à l'enseignement supérieur et à la science russes dans les années 90 a été la réduction des financements, qui a entraîné une forte chute des salaires des universitaires. En l'espace d'un an, les professeurs d'université ont fait savoir que leurs salaires ne leur permettaient pas de conserver leur ancien niveau de vie ni même de survivre. En 1993, le salaire mensuel d'un professeur était de 50 dollars dans une université russe moyenne, et de 100 à 120 dollars dans les meilleures universités, soit beaucoup moins que le premier salaire de nombreux diplômés de l'université. Presque tous les professeurs devaient donc avoir plusieurs emplois et ne se rendaient à l'université que pour y donner des cours.

Une tâche critique a été de lutter contre le fait que tous les professeurs étaient plus ou moins contraints d'avoir plusieurs emplois. Face à ce problème, la direction de HSE a élaboré un concept spécial, à savoir celui de contrat « efficacité » (Kuzminov 2006). Il s'agissait d'un système d'obligations mutuelles comportant un ensemble d'incitations (essentiellement financières) de la part de HSE pour s'assurer la loyauté des assistants afin de faire d'elle leur lieu d'emploi principal et d'y mener des activités de recherche fondamentale et appliquée. Un système de contrat efficace ne signifiait pas que tous les professeurs de même rang recevaient un salaire égal. Pour ceux ayant fait la preuve de leur compétitivité internationale, ce type de contrat constituait un moyen de s'assurer un revenu similaire à celui qu'auraient pu leur offrir des universités internationales. Les professeurs occupant une position solide sur le marché local recevaient un salaire différent. Ce système de contrat n'implique pas toujours un paiement garanti pour un volume de travail donné. Normalement, un contrat efficace est lié à la possibilité de s'assurer quelques gains supplémentaires à l'université en contribuant à toute activité de recherche fondamentale et appliquée et à tout programme de formation coûteuse demandé par de grandes entreprises. Ce système s'appuie également sur une série d'incitations comme des compléments de salaire pour des publications régulières dans toute revue scientifique réputée, des subventions internes de recherche et des subventions spéciales à l'intention des jeunes enseignants.

Aujourd'hui, plus de 30 % des professeurs de HSE opèrent dans le cadre de contrats « efficacité » qui garantissent leur loyauté envers HSE et leur participation active à des travaux de recherche. Ce type de contrat assure aux professeurs le style de vie d'un membre des classes moyennes.

Les contrats permanents ne sont pas autorisés par la législation russe. HSE a tenté d'imiter ce type de contrat en instituant le statut interne de professeur émérite bénéficiant d'un salaire plus élevé, de droits spéciaux et de la promesse informelle d'un renouvellement de son contrat à volonté. HSE n'est cependant pas parvenue à instituer des critères clairs, fondés sur la productivité de la recherche, pour l'attribution de ce statut. Pour beaucoup de professeurs, le statut dont ils jouissent leur permet d'attendre tranquillement la retraite.

L'expansion de HSE était impossible sans une offre suffisante de professeurs. Il est devenu presque impossible de chercher des candidats à l'extérieur, et HSE a commencé progressivement à offrir des emplois à ses propres diplômés plutôt que de mobiliser des talents à l'extérieur. Cette pratique comporte un risque de repli sur soi et de stagnation et limite fort la mobilité du personnel. Malgré l'absence de contrat formel de durée indéfinie, il n'y a pratiquement pas eu de cas de non-renouvellement de contrat de la part de l'université.

Face à ces risques, HSE a pris de nouvelles initiatives au niveau du personnel, faisant venir d'éminents universitaires comme chercheurs ou assistants invités, réduisant le nombre d'heures d'enseignement pour les professeurs ayant effectué des travaux de recherche particulièrement fructueux, et recrutant des spécialistes sur le marché du travail international. Ces dernières années, HSE recrute de trois à cinq jeunes titulaires d'un doctorat chaque année dans des universités de premier plan, mais la proportion de professeurs actifs dans les domaines de la recherche et des méthodes d'enseignement modernes n'est pas assez élevée (environ 40 %).

Ressources nécessaires au développement

Depuis le jour de sa création, HSE recherche toutes les ressources possibles pour s'assurer les services d'universitaires de talent et leur fournir de bonnes conditions de travail. Comme on l'a vu, elle a adopté une approche entrepreneuriale pour diversifier ses sources de financement. En plus du budget fédéral, HSE a aujourd'hui quatre sources de financement : le marché de l'enseignement supérieur de base, le marché de la formation continue, la recherche et les services de consultants.

Ces dernières années, les crédits du budget fédéral pour l'éducation des étudiants ne payant pas de frais de scolarité et pour les investissements constituent quelque 33 % en moyenne des recettes de l'université tandis que les frais d'études des étudiants inscrits sur la base d'un recouvrement des coûts en représentent 16 %. Les programmes de formation continue assurent 19 % des recettes, le portefeuille de projets de recherche 15 %, les subventions et le concours des sponsors environ 13 % et les autres sources, quelque 2 %.

Le ratio de financement budgétaire et extrabudgétaire était de 60/40. HSE a investi dans la recherche la plus grande partie des recettes assurées par ses activités d'enseignement. En conséquence, HSE est devenue une des universités russes qui investit le plus de fonds propres dans la recherche. Cette situation a permis à HSE de se faire mieux connaître et à la direction de l'université de réclamer un meilleur financement de son budget.

Ces dernières années, les crédits budgétaires ont augmenté. En 2006, HSE a fait des démarches pour obtenir un financement supplémentaire de l'État au profit de son programme de recherche fondamentale. Le gouvernement a approuvé ce financement annuel additionnel, dont le montant a atteint 15 millions de dollars en 2009 et stimulé l'activité de recherche. Cela a eu également un effet inverse en ce sens que certains chercheurs qui recevaient de l'université un financement au titre de la recherche fondamentale ont relâché leurs efforts pour obtenir des subventions extérieures. Malgré une forte augmentation du financement (de 1993 à 2008, les fonds par étudiant ayant été multipliés par 15 en prix comparables), la dotation en ressources de HSE (même sur la base de la parité des pouvoirs d'achat) est loin derrière celle des universités occidentales.

Structure organisationnelle et gestionnelle

Les questions d'organisation et de gestion recoupent un certain nombre d'aspects du développement de HSE : autonomie, structure organisation-nelle, hiérarchie et culture de la direction. Toutes les universités publiques de Russie sont dotées de systèmes de gestion similaires créant les condi-tions formelles d'une démocratie et d'une autonomie académiques larges, mais le fonctionnement pratique de ces structures de gestion varie d'une université à l'autre. HSE a joui dès le début d'une autonomie beaucoup plus grande que les autres universités parce qu'elle relevait du ministère de l'Économie et non du ministère de l'Éducation. Une proportion élevée de recettes extrabudgétaires a également contribué à une culture de l'indépendance en matière d'utilisation des ressources financières.

La culture de gouvernance et de gestion internes allie une transparence considérable à une gestion verticale rigide sous l'autorité d'un recteur. Il manque cependant à ce système un mécanisme de pouvoirs et de contre-pouvoirs. Le recteur est élu par un conseil consultatif (et approuvé après coup par le gouvernement) mais il exerce une forte influence sur la composition de ce conseil et n'est subordonné à aucun organe extérieur comme un conseil d'administration. Cette centralisation a été cruciale dans les débuts de l'université en l'aidant à fixer des priorités et à s'y tenir, ainsi qu'en concentrant les ressources sur un petit nombre d'objectifs. La direction de HSE a été et reste un moteur de l'innovation en encourageant des changements dans toutes les unités de l'université. Les idées nouvelles émanent rarement du bas de la hiérarchie d'un établissement. Du fait que les fondateurs de HSE restent dans une large mesure ses directeurs, les principes de base de la stratégie de développement de l'établissement ont été conçus non pas par le conseil consultatif (conseil académique) mais par le cabinet du recteur. En même temps, la transparence a assuré l'information en retour voulue du personnel et sa participation aux discussions de politique générale.

L'une des fonctions critiques du système de gestion centralisé a été la répartition efficace de ressources limitées pour financer différents types de contrats. Le système d'incitations centralisé fondé sur les avis d'experts a été considéré comme peut-être le moyen le plus efficace de hiérarchiser les chercheurs et les professeurs dans un environnement académique incertain (Diamond 1993).

La gestion centralisée a une autre fonction critique qui est d'assurer la protection du gouvernement, condition importante du succès de HSE.

Le gouvernement préfère dialoguer avec le recteur plutôt qu'avec un organe indépendant comme un conseil d'administration.

Un détail intéressant de la structure de gouvernance de HSE est la position du leader académique de l'université, qui joue un rôle consultatif de premier plan et exerce des fonctions de représentation. Ce poste est occupé par l'un des fondateurs de HSE et ancien ministre de l'Économie, Evgeny Yasin. L'indépendance de ce poste garantit l'importance de la recherche pour l'université. Le leader académique relève directement du conseil consultatif.

Une autre caractéristique importante du système de gouvernance de HSE est la stabilité du leadership de l'Université, qui est encore dirigée par ses fondateurs. Le Professeur Yaroslav Kuzminov est le recteur de HSE depuis sa création et est encore le moteur et l'idéologue de son développement stratégique. En théorie, la stabilité de l'équipe dirigeante de l'université est cause d'inertie institutionnelle mais en réalité, le caractère opportuniste du développement de HSE à ses débuts et le dynamisme de l'environnement extérieur n'ont pas laissé de répit à ses dirigeants.

L'équipe dirigeante est consciente du risque qu'implique cette stabilité et recherche donc des défis extérieurs. Au début de 2000, elle a accepté d'en relever un en répondant à l'aspiration du gouvernement qui est d'assurer la compétitivité internationale du pays. Face à ce défi, l'équipe dirigeante de l'université a accepté une nouvelle série de principaux indicateurs de performance : a) performance de la recherche et b) participation de l'université aux réformes socioéconomiques. Parmi ces indicateurs figurent essentiellement les articles publiés par l'université dans des revues soumises à l'examen des pairs, la portée de la recherche contractuelle et l'influence des travaux d'analyse de HSE sur l'élaboration de la politique. Cependant, le caractère centralisé de la gestion et le manque de responsabilité externe ne rendent pas nécessaires une utilisation systématique et une analyse approfondie de ces données.

La transformation de HSE en une université axée sur la recherche nécessitait une structure organisationnelle particulière. La séparation entre les unités d'enseignement (formation) et les instituts de recherche et d'analyse (centres) a été suffisante pour permettre une entrée agressive et opportuniste sur les marchés mais elle ne permet pas d'intégrer l'enseignement et les activités de recherche et d'innovation. Elle entrave également la transformation de HSE en une université de recherche moderne. Ces dernières années, ce problème a été reconnu, et HSE a encouragé la création de nouvelles structures dans lesquelles cette intégration se produit tout naturellement. Ces structures sont notamment les laboratoires de recherche d'étudiants et les projets pour des groupes d'étudiants, et elles permettent aux étudiants des premier et deuxième cycles et du troisième cycle ainsi qu'aux professeurs de faire partie d'équipes travaillant sur des thèmes ou des projets communs. Il s'agit ainsi d'améliorer la flexibilité interne et d'offrir des opportunités de recherche interdisciplinaire, mais des obstacles subsistent entre les services d'enseignement et ceux qui s'occupent de recherche et de développement.

Priorités des universités de recherche

Pour toute université, le choix de priorités revêt une importance critique pour se positionner sur le marché global de l'éducation. Une université nouvelle peut suivre les universités bien établies en faisant venir des chercheurs de l'étranger et en participant aux projets et réseaux existants. Ce type de stratégie permet assurément d'obtenir des résultats et HSE l'a suivie en participant à un certain nombre de projets d'études comparatives internationales et en invitant des universitaires occidentaux à introduire de jeunes chercheurs dans des domaines de recherche d'avant-garde. Cependant, cette approche permet rarement de créer un profil de recherche original et de concurrencer les universités de recherche internationales.

En plus de cette approche, HSE identifie ainsi des créneaux bien déterminés dans lesquels sa capacité et son expertise pourraient être uniques et compétitives au plan international. L'un de ces domaines pluridisciplinaires est l'étude de la transition sociale et économique. En se concentrant sur la transition, beaucoup de chercheurs de HSE sont devenus des experts très connus dans ce domaine. HSE a accueilli un certain nombre de conférences de réseaux internationaux de chercheurs sur cette question. Cette orientation a aidé la jeune université à devenir un centre de création et d'échange de connaissances, mais elle risque en même temps de la faire passer à côté de domaines de pointe d'une importance critique.

Une autre approche de l'accès aux réseaux mondiaux de recherche consiste à apprécier l'importance des données empiriques. HSE a investi ses propres ressources et convaincu le gouvernement d'apporter son appui à des études empiriques de grande envergure — notamment à des enquêtes auprès des ménages, au suivi des entreprises et des activités innovantes, aux études empiriques sur le développement de la société civile, etc. Ce riche corps de savoir était censé inciter des universitaires étrangers à collaborer avec des chercheurs russes, mais les investissements énormes consacrés à ces études n'ont pas donné tous les résultats escomptés du fait que la méthodologie employée n'était pas toujours la plus moderne. Cette situation a confirmé que la fixation de priorités pouvait être une tâche très difficile et risquée.

Fin heureuse ou nouveaux défis ?

En août 2008, le Gouvernement russe a décidé de placer HSE sous le contrôle direct du Cabinet ministériel (avec cinq autres universités majeures) pour faire en sorte qu'elles jouent un rôle important en mettant leur savoir au service de l'élaboration de politiques. Du fait de cette décision, HSE a été tenue d'élaborer une stratégie jusqu'en 2020 pour garantir sa position compétitive par rapport aux grands centres internationaux de recherche et d'enseignement dans les domaines des sciences sociales et de l'économie. Cette pression externe exercée sur HSE l'a puissamment aidée à passer à un nouveau stade de développement qui nécessite une approche rigoureuse et non opportuniste. Cet effort présente un choix entre une expansion quantitative et une transformation qualitative.

La politique élaborée par HSE a été approuvée par la commission gouvernementale en octobre 2009. HSE a reçu une importante subvention pour financer la mise en œuvre de cette stratégie. Elle s'est également vu attribuer le statut spécial d'université nationale de recherche. Ce statut lui assure une plus grande autonomie académique tout en lui imposant une responsabilité accrue pour les résultats des activités de recherche, le recrutement d'étudiants étrangers et la formation de haut niveau. Le problème pour HSE consiste non pas à obtenir une autre subvention, mais à devenir une université de recherche véritablement internationale.

Conclusion

Nous avons examiné ici les causes profondes du succès de HSE comme université nationale phare et candidate sérieuse au statut d'université de recherche de rang mondial.

Les facteurs qui ont contribué à ce succès sont les suivants :

- Orientation initiale vers un modèle d'université axée sur la recherche et mettant l'accent sur les ressources humaines et la qualité de la recherche
- Mise en place systématique d'un modèle d'université entrepreneuriale et concurrence agressive sur les marchés émergents et d'élite
- Liens étroits avec des universités et réseaux de recherche internationaux, qui se sont traduits par une adaptation active des meilleurs programmes internationaux et des méthodes modernes de recherche dans le contexte particulier de l'enseignement russe
- Utilisation de questions de portée nationale (y compris des grandes réformes sociales et économiques) comme sujets de recherche et de travail analytique
- Investissements dans l'image de marque de HSE comme centre d'excellence dans le domaine des sciences sociales et de l'économie.

Cette analyse confirme une conclusion inspirée de l'histoire de LSE, à savoir que le rôle des entrepreneurs institutionnels dans le développement d'une université est très important s'ils se trouvent être au bon endroit au bon moment (Czarniawska 2009).

Références

Altbach, Philip G., and Jorge Bálan. 2007. *World Class Worldwide: Transforming Research Universities in Asia and Latin America*. Baltimore: John Hopkins University Press.

Avtonomov, Vladimir, Oleg Ananyin, Yaroslav Kuzminov, Igor Lipsits, Lev Lyubimov, Rustem Nureev, and Vadim Radayev. 2002. "Economic Science, Education and Practice in Russia in the 1990s." *Problems of Economic Transition* 4 (9/10): 3–21.

Bezglasnaya, G. A. 2001. "Strukturnye sdvigi v rossiskov obrazovanii [Structural shifts in the Russian education]." In *Prepodavaniye sozialno-gumanitarnykh disziplin v vuzakh Rossii: sostoyzniye, problemy, perspectivy* [Teaching of socially humanitarian disciplines in high schools of Russia: Condition, problems, prospects], ed. L. G. Ionin, 23–31. Moscow: Logos.

Boldov, O., V. Ivanov, B. Rosenfeld, and A. Suvorov. 2002. "Resursny potential social-noi sfery v 90-e gody [Resource potential of the social sector]." *Voprosy Prognozirovaniya* [Forecasting studies] 1: 23–30.

Canaan, Joyce E., and Wesley Shumar. 2008. "Higher Education in the Era of Globalization and Neoliberalism." In *Structure and Agency in the Neoliberal University*, ed. Wesley Shumar and Joyce E. Canaan, 3–30. London: Routledge.

Chuchalin, Alexander, Oleg Boev, and Anastasia Kriushova. 2007. "The Russian System of Higher Education in View of the Bologna Process." *International Journal of Electrical Engineering Education* 44 (2): 109–17.

Clark, Burton R. 1998. *Creating Entrepreneurial Universities: Organizational Pathways of Transformation*. Oxford: Pergamon.

———. 2004. *Sustaining Change in Universities*. London: Open University Press.

Czarniawska, Barbara. 2009. "Emerging Institutions: Pyramids or Anthills?" *Organization Studies* 30 (4): 423–41.

Del Rey, Elena. 2001. "Teaching versus Research: A Model of State University Competition." *Journal of Urban Economics* 49: 356–73.

Diamond, Arthur M. Jr. 1993. "Economic Explanations of the Behavior of Universities and Scholars." *Journal of Economic Studies* 20 (4–5): 107–33.

Egorshin, Alexander, N. Abliazova, and I. Guskova. 2007. "Higher Economic Education in Russia, 1990–2025." *Russian Education and Society* 49 (10): 30–52.

Froumin, Isak, and Jamil Salmi. 2007. "Rosiskie vuzy v konkurencii universitetov mirovogo klassa [Russian higher education institutions in global universities competition]." *Voprosy obrazovaniya* [Russian educational studies journal] 3: 5–45.

Geroski, Paul, Richard Gilbert, and Alexis Jacquemin. 1990. *Barriers to Entry and Strategic Competition*. New York: Harwood Academic.

Gokhberg, Leonid, L. Mindeli, and L. Rosovetskaya. 2002. *Higher Education in Russia: 2001. Data Book*. Moscow: Center for Science Statistics Publishing.

Higher School of Economics. 2006. *Universitetskie innovacicii: Opyt vyshei shkoly economiki.* [Innovations in universities: The Higher School of Economics experience]. Moscow: Higher School of Economics Press.

Klyachko, N. L., ed. 2002. *Modernizatzia rossiyskogo obrazovaniya: ressursny potenzial I podgotovka kadrov* [Modernization of Russian education: Resource potential and a professional training]. Moscow: Higher School of Economics Press.

Kolesnikov, V. N., I. V. Kucher, and V. N. Turchenko. 2005. "The Commercialization of Higher Education: A Threat to the National Security of Russia." *Russian Education & Society* 47 (8): 35–48.

Kuzminov, Yaroslav I. 2006. "Vyshaya shkola ekomiki: Missiya I strategii ee realizacii [Higher School of Economics: Mission and its implementation]." http://management.edu.ru/images/pubs/2007/07/17/0000309490/02 kuzminov-6-9.pdf. Accessed September 12, 2009.

Makasheva, N. 2007. "Ekonomicheskaya nauka v Rossii v epoku transformacii [Economic science in Russia in period of transformation]." In *Istoki* [Roots], 24–38. Moscow: Higher School of Economics Press.

Mohrman, Kathryn, Wanhua Ma, and David Baker. 2008. "The Research University in Transition: The Emerging Global Model." *Higher Education Policy* 21: 5–27.

Morgan, Anthony W., Evgeny Kniazev, and Nadia Kulikova. 2004. "Organizational Adaptation to Resource Decline in Russian Universities." *Higher Education Policy* 17 (3): 241–56.

Pehrsson, Anders. 2009. "Barriers to Entry and Market Strategy: A Literature Review and a Proposed Model." *European Business Review* 21 (1): 64–77.

Reitor. 2007. *Reiting universitetskikh saitov* [University Ratings Websites]. Moscow: Reitor.

Salmi, Jamil. 2009. *The Challenge of Establishing World-Class Universities.* Washington, DC: World Bank.

Shishikin, V. 2007. "Platnoe vyshee obrazovanie v Rossiskoi Federacii—osnovnue tendencii v 1990–2000 godakh [Privately paid higher education in the Russian Federation—Main trends in 1990–2000]." http://history.nsc.ru/snm/cohf2007.htm. Accessed September 12, 2009.

Titova, N. 2008. *Put uspekha I neudach: Strategicheskoe razvitie rossiskikh vuzov* [Way to Success and Failure: Strategic Development of the Russian Universities]. Moscow: Higher School of Economics Press.

Warning, Susanne. 2007. *The Economic Analysis of Universities: Strategic Groups and Positioning.* Cheltenham, U.K.: Edward Elgar.

Woods, Philip, Carl Bagley, and Ron Glatter. 1999. *School Choice and Competition: Markets in the Public Interest?* London: Routledge.

CHAPITRE 11

La voie de l'excellence académique : enseignements pratiques

Jamil Salmi

Au cours de la décennie écoulée l'expression *université de rang mondial* est devenue à la mode pour qualifier les universités de recherche situées au sommet de la hiérarchie de l'enseignement supérieur[1]. Toutefois, comme Philip G. Altbach (2004) l'a fait observer à juste titre, le paradoxe des universités de rang mondial est que « tout le monde en veut une, personne ne sait ce que c'est, ni comment en obtenir une. »

Devenir membre du club très fermé des universités de rang mondial n'est pas une simple question de volonté. Ce statut d'élite — qu'incarnent aux États-Unis les universités de l'« Ivy League » comme Harvard, Yale ou Columbia, les Universités d'Oxford et Cambridge au Royaume-Uni, et l'Université de Tokyo — est habituellement accordé par le monde extérieur sur la base d'une reconnaissance internationale. Jusqu'à une date récente, l'appellation « de rang mondial » était une qualification subjective, essentiellement (mais non exclusivement) affaire de réputation. Il n'existait toutefois aucune mesure rigoureuse pour quantifier les apports et les processus aboutissant à des résultats exceptionnels et au statut d'université de rang mondial du point de vue de la formation de diplômés de haut niveau, de la conduite de recherches de pointe, et de la contribution à des transferts dynamiques de connaissances et de technologies. Même les salaires plus élevés des diplômés de ces établissements pouvaient être interprétés par les employeurs autant comme une marque de prestige que comme une indication de la valeur véritable de leur éducation.

La prolifération de tableaux de classements internationaux ces dernières années — dans le prolongement des traditionnels classements nationaux aux États-Unis — a créé des moyens plus systématiques d'identification et de classification des universités de rang mondial. Les deux classements mondiaux les plus complets, permettant des comparaisons analytiques générales des établissements de différents pays, sont établis par l'Université Jiao Tong de Shanghai (en 2003) et par le *Times Higher Education* (depuis 2004). Un troisième classement international, celui de Webometrics (Espagne), compare 4 000 établissements d'enseignement supérieur et utilise leur visibilité sur l'Internet comme indicateur indirect de leur importance respective. Depuis 2007, le Conseil d'évaluation et d'accréditation de l'enseignement supérieur de Taiwan publie un classement mondial des universités fondé sur les résultats académiques et les produits de la recherche.

Les classements internationaux ont attiré encore plus d'attention que ne le prévoyaient leurs auteurs à l'origine, et ils ont eu des effets spectaculaires (Altbach 2006). Dans un petit nombre de pays, leurs résultats sont une source de fierté nationale, mais le plus souvent, ils constituent un sujet de grave préoccupation (Salmi et Saroyan 2007). De nombreux critiques contestent souvent ces résultats, dans lesquels ils ne voient que des exercices sans objet caractérisés par des données imparfaites et des méthodologies défectueuses, boycottés ou attaqués légalement par certaines universités mécontentes des résultats, qui sont parfois utilisés par l'opposition politique comme un moyen commode de critiquer le parti au pouvoir, ou même le gouvernement dans son ensemble[2]. Une seule chose est sûre : ils ne laissent personne indifférent, pas plus les établissements d'enseignement supérieur que les autres protagonistes.

Les gouvernements et les établissements du monde entier ont répondu aux classements des universités à la fois en paroles et en actes. Au niveau national, les réactions des gouvernements sont allées du développement de classements alternatifs à des politiques proactives à l'appui de transformations qualitatives dans le secteur universitaire. À un extrême, la RatER, agence de classement de la Fédération de Russie, a créé un classement mondial entièrement nouveau, dans lequel l'Université d'État de Moscou s'est retrouvée placée en cinquième position, devant les Universités de Harvard et de Cambridge (Smolentseva 2010). En 2008, durant la présidence française de l'Union européenne, la ministre de l'Enseignement supérieur a convaincu la Commission européenne de lancer un nouveau classement européen qui soit « plus objectif et plus favorable aux universités européennes[3]. »

Plutôt que de tenter de contourner les classements internationaux existants, certains gouvernements ont fourni un financement additionnel pour promouvoir les universités d'élite nationales dans le but explicite ou implicite d'améliorer la position des établissements dans les classements.

Ce qui illustre le mieux ces efforts, ce sont les diverses « initiatives en faveur de l'excellence « prises ces dernières années dans des endroits aussi variés que l'Allemagne, la Chine, le Danemark, l'Espagne , le Nigéria, la République de Corée, la Russie, ou Taiwan (Salmi 2009). Dans d'autres cas, les gouvernements ont encouragé les meilleures universités à fusionner pour réaliser des économies d'échelle et être ainsi mieux à même d'affronter la concurrence mondiale. Le gouvernement russe a par exemple encouragé la fusion d'établissements d'enseignement supérieur régionaux de Sibérie et de Russie du Sud en deux universités fédérales et fourni un financement additionnel pour mettre au point des programmes innovants dans les universités existantes (Smolentseva 2010).

D'importants changements de comportement sont également à signaler au niveau des établissements eux-mêmes (Hazelkorn 2008). Dans certains cas, les collèges et universités sont devenus plus sélectifs pour être mieux placés dans les classements mesurant les résultats académiques des nouveaux étudiants. Dans de nombreuses régions du monde, les universités participent avec ardeur à la « guerre des talents » pour recruter les plus éminents universitaires provenant des meilleures universités du monde entier. L'excellence ayant tendance à s'entretenir d'elle-même, on peut constater l'effet des classements dans le cercle vertueux suivant lequel les établissements les mieux classés peuvent attirer les meilleurs enseignants et les meilleurs chercheurs, qui souhaitent eux-mêmes appartenir à ces universités et être reconnues par elles. Ce cercle vertueux touche ensuite les meilleurs étudiants, désireux d'étudier avec les meilleurs professeurs, ce qui renforce le bon classement des universités, et ainsi de suite. Ellen Hazelkorn (2008) a également constaté que les donateurs et les philanthropes qui offrent des bourses d'études à l'étranger ou un financement pour des recherches se réfèrent de plus en plus à ces classements pour se faire une idée du degré d'excellence des établissements et être mieux à même de prendre des décisions sur l'affectation de leurs ressources.

Mais faire d'une université un établissement de rang mondial nécessite bien plus que des réactions épidermiques aux classements ou des injections massives de fonds publics. Il s'agit d'un processus long et complexe qui ne suscite une grande attention que depuis peu (Altbach 2004 ; Salmi 2009). Il n'est pas surprenant que les 10 universités les mieux placées dans le Classement Académique des Universités du Monde (*ARWU*) aient toutes été fondées avant 1900, dont deux il y a plus de huit siècles (annexe 11A).

Dans le présent ouvrage, les neuf chapitres d'études de cas — portant sur 11 universités — illustrent les efforts systématiques et les défis rencontrés par les universités qui s'efforcent d'emprunter la « voie de l'excellence académique. » Ce chapitre de synthèse s'efforce d'identifier des thèmes communs et les leçons préliminaires tirés de l'expérience de ces établissements relativement jeunes qui ont obtenu des résultats exceptionnels, montré des signes prometteurs de succès, ou essuyé des revers de fortune. Après avoir examiné dans quelle mesure les conclusions des études de cas confirment ou contredisent le modèle analytique proposé dans l'introduction, ce dernier chapitre identifie d'importantes dimensions supplémentaires qui devraient être prises en considération pour comprendre plus exactement les facteurs de succès des meilleures universités de recherche. Il s'agit en particulier d'examiner systématiquement le rôle de l'écosystème de l'enseignement supérieur, qui représente les forces externes pertinentes qui exercent une influence directe — positive ou négative — sur la capacité des universités de recherche à prospérer.

Mise à l'essai du modèle : thèmes communs

L'analyse de l'expérience des 11 universités avec un cadre conceptuel commun permet de tester pour la première fois le modèle fondé sur trois ensembles de facteurs (talent, financement et gouvernance) proposé par Salmi (2009) dans *Le défi d'établir des universités de rang mondial*.

Talent

Comme toutes les études de cas le montrent systématiquement, un facteur clé du succès des stratégies consistant à créer une université de recherche de haut niveau est la capacité d'attirer, recruter, et garder à son service d'éminents universitaires. Il est à noter que ce qui distingue véritablement les universités d'Asie de l'Est de celles du reste du monde est la grande importance que les premières accordent à leur internationalisation. L'Université Jiao Tong de Shanghai (Chine), tout comme l'Université des Sciences et Technologies de Pohang (République de Corée), ont pris une décision stratégique consistant à faire appel essentiellement à des universitaires chinois ou coréens formés dans les meilleures universités d'Amérique du Nord ou d'Europe, et à recruter dans une large mesure des enseignants étrangers hautement qualifiés. Une forte augmentation du pourcentage des cours donnés en anglais fait également partie intégrale de cette stratégie. Celle-ci poursuit un double objectif qui est de faciliter la venue d'universitaires étrangers et d'adapter le cursus de façon à assurer aux étudiants une formation adaptée à l'économie mondiale. Un récent ouvrage, *The Great Brain Race* (Wildavsky 2010), fournit une analyse bien documentée de la lutte internationale pour les talents de plus en plus vive. En revanche, comme l'Université de Malaya (Malaisie) donne ses cours essentiellement dans la langue nationale (Bahasa Malaysia), elle se caractérise par une faible internationalisation des programmes, du corps enseignant et des étudiants.

L'Université des Sciences et Technologies de la RAS de Hong Kong (Chine) a poussé cette logique à l'extrême. Le développement rapide et l'essor de la nouvelle université peuvent être attribués pour une large part à sa politique consistant à donner systématiquement la priorité à d'éminents Chinois de la diaspora pour former l'équipe d'enseignants initiale. Un autre enseignement important est à tirer de l'histoire de cette Université : celle-ci a reconnu que pour se doter d'un personnel universitaire solide, il fallait non seulement attirer des chercheurs expérimentés, mais aussi assurer un bon équilibre entre les universitaires au faîte de leur carrière et les jeunes chercheurs prometteurs. L'université a donc mis en place des procédures de recrutement adaptées à cet objectif. La stratégie de recrutement de l'Université des Sciences et Technologies de Pohang témoigne que l'équilibre à assurer entre chercheurs expérimentés et prometteurs a fait l'objet de la même préoccupation stratégique.

Dans d'autres parties du monde (comme l'Europe de l'Est, l'Inde et l'Amérique latine), les politiques de recrutement se caractérisent davantage par des tentatives pour attirer d'éminents universitaires provenant du marché local plutôt que de l'étranger. Les Instituts de Technologie indiens ont adopté un système mixte en recrutant des universitaires dans la diaspora et dans des établissements d'enseignement supérieur locaux. Cette stratégie a donné de bons résultats pendant plusieurs décennies mais aujourd'hui, sur un marché du travail indien de plus en plus dynamique, les entreprises privées font de plus en plus concurrence aux Instituts de Technologies pour s'assurer les services des professionnels les plus qualifiés, et plusieurs Instituts de Technologie connaissent de graves problèmes de manque de personnel académique.

De même, les universités chiliennes semblent bridées par le fait que les professeurs à plein temps représentent moins de la moitié de leur personnel enseignant. Au Nigéria, à mesure que les troubles politiques s'aggravaient sous des dictatures militaires successives, l'Université d'Ibadan a perdu progressivement ses chercheurs les plus éminents. Beaucoup d'entre eux ont quitté définitivement le pays et l'Afrique, et l'Université n'est pas parvenue à les remplacer par un personnel académique aussi qualifié et expérimenté.

La qualité des nouveaux étudiants constitue le second aspect à prendre en considération lorsque l'on examine la « concentration de talents » comme facteur clé de succès. Dans la plupart des cas, les établissements analysés ici ont bien réussi à attirer les meilleurs étudiants de leur pays, comme l'Université nationale de Singapour, l'Université Jiao Tong de Shanghai, les Instituts de Technologie indiens, l'Institut de Technologie de Monterrey, au Mexique, l'Université du Chili et l'Université pontificale catholique du Chili. En fait, les Instituts de Technologie indiens pourraient bien être le réseau d'établissements d'enseignement supérieur le plus sélectif du monde, avec un taux d'admission de 1,6 pour cent seulement (soit 608 candidats par place), contre 6,9 % pour la rentrée de septembre 2010 à Harvard, soit le taux le plus sélectif jamais enregistré dans cette université.

La réforme des admissions de 2002 à l'Université de Malaya, qui a remplacé le système de quota par une procédure fondée sur le mérite, traduit un véritable souci d'attirer des étudiants plus qualifiés. Cette décision a été d'autant plus importante que la qualité des diplômés de l'enseignement secondaire préoccupe les autorités de l'éducation nationale. Selon les résultats de l'Étude sur les tendances dans le domaine des mathématiques et des sciences internationales (Trends in International Mathematics and Science Study — (TIMSS)) de 2007, les résultats des étudiants malaisiens sont inférieurs à ceux de la moyenne des 49 pays participants, et très inférieurs à ceux de leurs homologues de Singapour et d'autres pays émergents d'Asie de l'Est.

Les études de cas sur l'Université des Sciences et Technologies de Pohang, l'École supérieure d'économie (Russie) et l'Université des Sciences et Technologies de Hong Kong montrent que les nouveaux établissements se heurtent à un problème particulier dans la mesure où, par définition, ils n'ont pas d'antécédents qui leur permettent de renforcer leur attractivité et leur crédibilité auprès d'étudiants potentiels. L'Université des Sciences et Technologies de Pohang a un handicap supplémentaire, à savoir son éloignement de Séoul, où est concentrée plus de la moitié des établissements d'enseignement supérieur du pays. Toutefois, en utilisant des méthodes novatrices de marketing pour faire ressortir leur excellence, ces trois établissements ont réussi à surmonter ces obstacles et à se poser assez rapidement en options valables pour les étudiants choisissant parmi les meilleures universités de leurs pays respectifs. C'est ainsi que l'École supérieure d'économie figure parmi les trois meilleures universités de Russie du point de vue des résultats moyens des candidats à l'examen officiel d'accès aux universités. La décision de l'Université d'Ibadan de se transformer — par exemple, en ayant plus d'étudiants du troisième que des premier et deuxième cycles — témoigne de son désir de se concentrer davantage sur la recherche, caractéristique clé d'un établissement aspirant à faire partie de l'élite mondiale.

En même temps, le fait que les universités de recherche émergentes soient très sélectives au niveau des admissions soulève un problème général d'équité, en particulier dans le cas des établissements privés, où les frais de scolarité sont très élevés. À moins de poursuivre des politiques d'admission indépendantes du profil financier des étudiants et d'offrir une aide financière à une forte proportion de ceux-ci, ces universités risquent d'opérer comme des établissements élitistes du point de vue de la composition socioéconomique des effectifs.

Tableau 11.1   Importance des étudiants du troisième cycle

Établissement	Étudiants du troisième cycle (%)
Institut de Technologie indien - Bombay	58
Université des Sciences et Technologies de Pohang	55
Université Jiao Tong de Shanghai	42
Université d'Ibadan	37
Université des Sciences et Technologies de Hong Kong	36
Université de Malaya	33
Université nationale de Singapour	23
École supérieure d'économie	15
Université du Chili	15
Institut de Technologie de Monterrey	14
Université pontificale catholique du Chili	13

Source : L'auteur a utilisé des données provenant de chapitres du présent ouvrage.

L'équilibre entre étudiants des premier et troisième cycles constitue une importante dimension de ce débat sur la concentration des talents. Comme prévu, les universités de recherche qui ont le plus de succès comptent généralement une forte proportion d'étudiants du troisième cycle, comme le montre le tableau 11.1, ce qui permet à ces établissements de disposer d'une masse critique d'équipes de recherche.

Les établissements comptant une faible proportion d'étudiants du troisième cycle s'efforcent résolument d'accroître ce ratio, notamment l'École supérieure d'économie (qui table sur 40 % dans les dix ans), l'Université nationale de Singapour et l'Université de Malaya. Dans certains établissements comptant déjà une forte proportion d'étudiants du troisième cycle, la vocation de recherche de l'établissement se reflète également dans la participation d'étudiants des premier et deuxième cycles à des projets de recherche dans le cadre de leur cursus régulier et l'importante contribution que des chercheurs de haut niveau apportent à l'enseignement dispensé aux étudiants des premier et deuxième cycles.

Enfin, il est à noter que la crise financière mondiale pourrait finalement devenir un facteur positif pour les universités de recherche émergentes dans de nombreux pays en développement et en transition. Tout d'abord, les établissements ont la possibilité de réexaminer leurs modèles académiques et financiers en prenant des mesures qui encouragent la réflexion innovante, la créativité et l'efficacité, à cause des restrictions budgétaires qui ne sont pas ressenties en période d'abondance. Par ailleurs, les coupes sombres dans les budgets et le manque de débouchés professionnels qui en est résulté dans les universités d'Amérique du Nord et d'Europe de l'Ouest peuvent aider celles d'autres parties du monde à conserver sur place leurs meilleurs enseignants et chercheurs et à attirer de jeunes et talentueux éléments qui se dirigeraient sinon vers les meilleures universités occidentales.

Ressources

Comme on pouvait s'y attendre, les résultats des études de cas confirment que les universités de recherche émergentes doivent être bien dotées en ressources pour progresser rapidement, ce que montrent clairement les cas d'Asie de l'Est, ainsi que la comparaison entre l'Université nationale de Singapour et l'Université de Malaya. L'une des raisons de la supériorité des performances globales de la première est sa capacité à dépenser, année après année, deux à trois fois plus par étudiant que la seconde. De même, les Instituts de Technologie indiens ont toujours été privilégiés par rapport aux principales universités publiques d'Inde.

Un financement généreux est indispensable non seulement pour se doter d'installations de premier ordre et d'infrastructures physiques appropriées, mais aussi pour attirer durablement des universitaires de haut niveau. Les données comparatives figurant dans l'annexe 11B montrent sans équivoque que les établissements figurant en tête des classements indiqués dans le présent ouvrage ont le niveau de financement annuel par étudiant le plus élevé, allant de près de 40 000 dollars dans le cas de l'Université nationale de Singapour à 70 000 dollars pour l'Université des Sciences et Technologies de Pohang. Inversement, les restrictions financières auxquelles sont soumises par exemple les universités chiliennes ou l'École supérieure d'économie font partie des difficultés que connaissent ces établissements pour améliorer les qualifications de leurs enseignants.

La plupart des établissements examinés ici sont des institutions publiques, ce qui fait qu'il est encore plus difficile d'envisager, dans le contexte actuel, de créer une nouvelle université de rang mondial qui n'utiliserait que des ressources privées. Cela est éventuellement envisageable dans des circonstances particulières, comme le montre l'histoire des trois établissements privés évoqués dans le présent ouvrage. Ces expériences doivent cependant être replacées dans leur contexte particulier. L'Université pontificale catholique du Chili, par exemple, jouit d'une position privilégiée en ce sens qu'elle reçoit, tout comme n'importe quelle autre université publique de ce pays, un financement public qui lui permet de couvrir une part non négligeable de ses dépenses de fonctionnement. Comme le montre l'annexe 11C, elle reçoit de l'État le même pourcentage (11 %) de son revenu total annuel que l'Université du Chili. L'Université des Sciences et Technologies de Pohang a également obtenu des subventions publiques (à hauteur de 6 % de son revenu annuel) pour compléter la généreuse contribution du géant coréen de l'acier, la Pohang Iron and Steel Company (34 % du budget annuel). Avec des dépenses annuelles d'environ 70 000 dollars par étudiant, l'Université des Sciences et Technologies de Pohang se compare favorablement avec les universités de la prestigieuse « Ivy League » des États-Unis, qui sont toutes des institutions privées sans but lucratif, recevant des niveaux élevés de financement public — souvent plus encore que certaines universités publiques — sous forme de fonds de recherche et d'aide ciblée aux étudiants. L'Institut de Technologie de Monterrey, en plus du soutien considérable qu'il a reçu dès le début de riches industriels, obtient des ressources considérables grâce à une loterie très populaire que le gouvernement l'autorise à exploiter chaque année, et des bourses de l'État pour certains de ses étudiants du troisième cycle. Aucun de ces établissements privés de haute qualité ne subsiste uniquement au moyen de financements privés.

La plupart des universités mises en vedette dans le présent ouvrage ont diversifié avec succès leurs sources de financement en réussissant à mobiliser d'importantes ressources additionnelles en plus des subventions directes qu'elles reçoivent de l'État (voir annexes 11C et 11D). La dotation d'1 milliard de dollars de l'Université nationale de Singapour est un succès impressionnant. Une partie des ressources additionnelles générées par les établissements prospères provient de dons, bien qu'il faille du temps aux nouveaux établissements pour faire de leurs anciens étudiants une importante source de financement. L'autre partie est habituellement liée au succès de ces universités à obtenir des fonds publics de recherche concoursables. L'Université des Sciences et Technologies de Hong Kong, par exemple, a obtenu 72 % du financement de sa recherche de manière compétitive en 2009.

La disponibilité de sources compétitives de financement de la recherche constitue en effet un facteur important. Dans leur analyse comparative des universités européennes et américaines, Philippe Aghion et ses collègues ont observé que indépendamment du niveau de financement public et du degré d'autonomie de gestion, le faible développement des mécanismes de financement fondés sur la concurrence est l'une des principales différences pour expliquer les performances très inférieures des universités de recherche européennes dans les classements internationaux (Aghion *et al.* 2009). De même, un rapport diffusé récemment par la Ligue européenne des universités de recherche attribue à des mécanismes de financement inappropriés l'incapacité des universités du vieux continent à contribuer de façon significative à la production de biens et services innovants. Au lieu d'allouer les crédits de recherche sur une base concurrentielle, en fonction de critères récompensant l'excellence, la plupart des pays européens se montrent « obsédés par l'égalitarisme bureaucratique » (LERU 2010, 3).

Enfin, le fait pour un établissement d'être bien doté en ressources à ses débuts ne suffit pas à en faire ultérieurement un centre de recherche de premier plan, car le financement doit être soutenu à long terme. L'histoire de l'Université d'Ibadan montre que la détérioration de la situation politique au Nigéria s'est accompagnée d'une dégradation de la situation économique et d'une diminution du volume de crédits budgétaires mis à la disposition de l'Université. De même, en Russie, l'École supérieure d'économie a reçu un niveau de financement élevé lors de sa création, mais le gouvernement n'a pas été en mesure de poursuivre sa contribution au même niveau, en particulier ses investissements, durant la crise financière postérieure à 2007.

Gouvernance

Les études de cas, qui analysent un certain nombre situations de gouvernance plus ou moins positives, montrent qu'un cadre réglementaire approprié, un leadership fort et motivant et une gestion satisfaisante influent sur la capacité des universités de recherche à prospérer. Les Instituts de Technologie indiens, par exemple, n'auraient pas fonctionné aussi efficacement s'ils avaient été soumis aux mêmes contraintes financières et administratives que tous les autres établissements publics d'enseignement supérieur d'Inde. Par ailleurs, ils ont été dans l'ensemble à l'abri d'ingérences politiques pour la sélection de leurs présidents et le recrutement de leurs enseignants.

La comparaison entre l'Université de Malaya et l'Université nationale de Singapour montre de façon frappante les différences de leadership et de gestion, ainsi que leur effet direct sur les performances respectives des deux établissements. De même, son statut d'entité publique empêche l'Université du Chili de faire concurrence à armes égales à l'Université pontificale catholique du Chili. Paradoxalement, cette dernière n'est pas soumise aux mêmes règles que l'Université du Chili en ce qui concerne le contrôle administratif et financier et la passation des marchés, bien que l'Université pontificale catholique du Chili reçoive de l'État des crédits budgétaires au même titre que les autres universités publiques. L'Université du Chili est également handicapée par une décentralisation excessive, qui sape le pouvoir du recteur, et par le fait que son conseil d'administration ne compte pas d'acteurs extérieurs susceptibles d'aider l'Université à mieux répondre aux besoins de la société.

En tant qu'universités privées, l'Université des Sciences et Technologies de Pohang et l'Institut de Technologie de Monterrey ont joui d'une autonomie et d'une flexibilité beaucoup plus grandes que les universités publiques coréennes et mexicaines, respectivement. De plus, comme on vient de le voir, l'Université pontificale catholique du Chili a certainement bénéficié de son statut d'établissement privé en gagnant sur les deux tableaux, c'est à dire en jouissant de la flexibilité et de l'indépendance d'université non publique, tout en obtenant régulièrement des subventions de l'État.

Parmi les aspects clés de l'autonomie qui ressortent des études de cas figure la capacité de mobiliser d'importants financements additionnels auprès de diverses sources non publiques, d'offrir des salaires attractifs aux universitaires de haut niveau, et de renforcer le profil international de l'établissement du point de vue du contenu des programmes, de la langue d'enseignement et des axes de recherche.

L'étude de cas sur l'Université des Sciences et Technologies de Hong Kong illustre très bien l'importance du leadership pour réaliser des progrès rapides. La décision délibérée des sponsors de la nouvelle institution de recruter un président d'université expérimenté dans la diaspora chinoise a été sans nul doute un facteur qui a beaucoup contribué au succès de cette université. De même, l'Institut de Technologie de Monterrey a bénéficié de la stabilité tenant à ce que son orientation et sa gestion générales ont été assurées par l'entrepreneur qui l'avait fondé et qui est resté 30 ans à la tête de son conseil d'administration, et que l'établissement a été dirigé par le même recteur au cours des 20 dernières années.

Une équipe de leadership déterminée se reconnaît notamment au talent avec lequel elle définit une vision attractive de l'avenir de l'établissement pour tous les protagonistes. De bons salaires ne suffisent pas à attirer et à motiver des universitaires de haut niveau ; les membres du corps enseignant doivent avoir le sentiment de faire partie d'un projet important pour s'engager totalement en faveur de la construction ou de la rénovation d'une institution. Comme l'a dit le premier président de l'Université des Sciences et Technologies de Hong Kong au sujet des qualités et de la motivation de ses enseignants, « Ils avaient le talent et les compétences, mais en fin de compte, c'est leur cœur qui les a amenés ici » Lorsque l'Université des Sciences et Technologies de Pohang a été créée, ses responsables ont eu la sagesse d'étudier soigneusement l'expérience d'une université nouvelle créée quelques années auparavant en Corée.

Enfin, les comparaisons entre l'Université du Chili et l'Université pontificale catholique du Chili, d'une part, et l'Université de Malaya et l'Université nationale de Singapour d'autre part, font ressortir combien il est important d'aligner les trois séries de facteurs qui, tous ensemble, déterminent la performance des universités de recherche, à savoir la concentration de talents, un financement suffisant et une bonne gouvernance.

Chemins de développement

Les études de cas examinées ici portent sur des universités bien établies, qui se sont efforcées ou s'efforcent activement d'améliorer leur qualité et leur efficacité, et de nouveaux établissements qui ont été créés à partir de rien avec la vision ambitieuse de devenir une université de rang mondial. Les quatre institutions qui semblent avoir eu le plus de succès, suivant le critère de leur position dans les classements de Shanghai et du *Times Higher Education* — à savoir, les Instituts de Technologie d'Inde, l'Université nationale de Singapour, l'Université des Sciences et Technologies de Hong Kong, et l'Université des Sciences et Technologies de Pohang — sont tous des établissements relativement nouveaux. Leur trajectoire aurait tendance à démontrer qu'il est plus facile de parvenir à l'excellence académique en créant une nouvelle université de recherche qu'en tentant d'en améliorer une qui existe déjà. Il est beaucoup moins compliqué, en particulier, de mettre en place un cadre de gouvernance favorable pour un nouvel établissement que de s'efforcer de transformer le modus operandi des établissements existants, comme le cas de la Malaisie le montre clairement.

Gerard Postiglione a préfacé son chapitre sur l'Université des Sciences et Technologies de Hong Kong en rappelant que « Rome n'a pas été bâtie en un seul jour. » Il a souligné le fait important que la transformation d'un établissement en une université de rang mondial est un processus long et complexe impliquant plusieurs décennies de volonté et d'efforts soutenus. Il a fallu par exemple cinq décennies pour porter les Instituts de Technologie indiens et l'Université nationale de Singapour à leur niveau actuel. À cet égard, la vision à long terme adoptée par l'Université pontificale catholique du Chili (Horizon 2038) est peut-être beaucoup plus réaliste que la fixation du Nigéria sur l'objectif ambitieux de posséder, d'ici à 2020, 20 universités de rang mondial.

Parmi tous les établissements examinés dans les études de cas, c'est peut-être l'Université des Sciences et Technologies de Hong Kong qui a connu l'essor le plus rapide en raison d'une combinaison unique de facteurs favorables depuis le tout début, et qu'il est pratiquement impossible de reproduire. À un moment critique de transformation pour l'ensemble du territoire du fait de sa restitution à la Chine, la nouvelle université a été créée avec l'avantage d'une vision claire, d'un leadership solide, d'un corps enseignant exceptionnel, d'un modèle éducatif innovant, de ressources abondantes et d'un cadre de gouvernance et de gestion favorable. Cette situation d'« alignement parfait des planètes » peut difficilement se retrouver, et encore moins se perpétuer à long terme.

Les études de cas ont également fait ressortir un certain nombre de « facteurs accélérateurs » qui peuvent jouer un rôle positif dans la quête d'excellence. Le premier facteur consiste à faire très largement appel à la diaspora, en particulier lors de la création d'un nouvel établissement. Comme le montre l'expérience des Universités des Sciences et Technologies de Pohang et de Hong Kong, un moyen efficace d'élever le niveau académique d'une université consiste à convaincre un grand nombre d'experts expatriés à revenir dans leur pays d'origine. Le second facteur, à savoir l'utilisation de l'anglais comme langue principale de travail permet d'attirer beaucoup plus facilement des universitaires étrangers hautement qualifiés, ce que l'Université nationale de Singapour est parvenue à faire. Une concentration sur des disciplines « niches » comme les sciences et l'ingénierie constitue le troisième moyen pratique de parvenir plus rapidement à une masse critique. La quatrième méthode utilise le benchmarking pour orienter un établissement dans ses efforts d'amélioration. L'Université Jiao Tong de Shanghai, par exemple, a fait reposer ses travaux de planification stratégique sur des comparaisons minutieuses avec les meilleures universités chinoises dans un premier temps, avant d'inclure des universités étrangères de niveau équivalent dans l'exercice de benchmarking.

Le cinquième facteur consiste à introduire d'importantes innovations dans le cursus et au niveau pédagogique. L'Université des Sciences et Technologies de Hong Kong, par exemple, a été la première université de type américain de Hong Kong, ce qui l'a distinguée des établissements existants qui eux, fonctionnaient sur le mode britannique. L'École supérieure d'économie a été parmi les premiers établissements de Russie à offrir un cursus intégrant l'enseignement et la recherche et à créer une bibliothèque numérique fort utile. Les caractéristiques innovantes de ce type — dues en partie à l'« avantage du dernier arrivé » — ont d'importantes conséquences pour les nouveaux établissements, qui doivent être suffisamment attractifs pour détourner les étudiants des universités existantes et pour les convaincre de prendre le risque de s'inscrire dans un programme « inconnu ». L'expérience de l'Université des Sciences et Technologies de Hong Kong prouve que, par un modèle académique très innovant, les nouveaux établissements peuvent détourner des universitaires et des étudiants remarquables d'universités bien établies.

Le dernier point qui mérite d'être souligné en ce qui concerne la « voie de l'excellence » est la nécessité, pour les établissements qui ont du succès, à rester vigilants et à ne pas s'endormir sur leurs lauriers. Cela implique une auto-évaluation et un suivi continus pour identifier les tensions ou les menaces, et une action rapide pour y faire face. Les Instituts de Technologie indiens, par exemple, sont maintenant confrontés à la question du renouvellement du personnel enseignant dans un environnement professionnel devenu de plus en plus compétitif. L'étude de cas sur l'Université des Sciences et Technologies de Pohang montre que l'intégration de la recherche et de l'enseignement des premier et deuxième cycles peut constituer un sérieux problème lorsque les universitaires sont soumis à des pressions pour publier dans les revues les plus réputées.

Les universités de recherche émergentes sont également confrontées à divers problèmes d'équité. Des ressources financières considérables sont nécessaires pour pouvoir admettre les meilleurs étudiants sans discriminer contre ceux qui n'ont pas les moyens de financer leurs études. Des programmes de discrimination positive obligatoires risquent de fausser le processus méritocratique. Des procédures d'admission hautement compétitives, y compris des examens aux enjeux décisifs peuvent engendrer un recours massif à des leçons particulières, et ce à l'avantage des étudiants provenant de milieux aisés.

Importance de l'écosystème de l'enseignement supérieur

Les meilleures universités de recherche n'opèrent pas en vase clos. Le dénominateur commun à toutes les études de cas incluses dans le présent ouvrage est qu'il ne suffit pas de comprendre et d'apprécier toute la dynamique de leur succès ou échec relatif. L'analyse ne peut être complète que si elle prend également en considération les forces clés en jeu au niveau de ce que l'on pourrait appeler l'*écosystème* au sein duquel évoluent les établissements d'enseignement supérieur. Ces forces peuvent avoir pour effet de faciliter ou de compliquer les choses, selon les circonstances. À Hong Kong, la création de l'Université des Sciences et Technologies a coïncidé parfaitement avec les plans ambitieux des nouveaux dirigeants du Territoire, après le transfert d'autorité de la Grande-Bretagne à la Chine. La nouvelle université a bénéficié d'un cadre de gouvernance favorable, d'une liberté académique totale et d'un généreux financement de l'État. Au Chili, en revanche, l'absence d'une vision nationale du développement de l'enseignement supérieur, le leadership limité du ministère de l'Éducation, le manque de cadre de gouvernance moderne pour les universités publiques, et le faible niveau de financement public apporté à l'université de recherche phare du pays expliquent les résultats modestes obtenus par l'Université du Chili.

Comme le montre la figure 11.1, les principales dimensions de l'écosystème comprennent les éléments suivants :

- Macro-environnement : la situation politique et économique globale d'un pays, ainsi que l'état de droit et le respect des libertés fondamentales, qui influent en particulier sur la gouvernance des établissements d'enseignement supérieur (nomination des présidents d'université), leur niveau of financement, la liberté académique et la sécurité de l'environnement physique.

- Leadership au niveau national : l'existence d'une vision et d'un plan stratégique pour façonner l'avenir de l'enseignement supérieur et la capacité de l'État à mettre en œuvre des réformes.

- Gouvernance et cadre réglementaire : la structure et les procédures de gouvernance au niveau national et institutionnel qui déterminent le degré d'autonomie dont jouissent les établissements d'enseignement supérieur et les mécanismes de responsabilisation auxquels ils sont soumis (particulièrement importants du point des vue des politiques en matière de ressources humaines et des bonnes pratiques de gestion qui permettent aux universités de recherche émergentes d'attirer des universitaires qualifiés et de les garder à leur service).

- Système d'assurance de qualité : dispositif institutionnel et instruments en place pour évaluer et améliorer la qualité de la recherche, de l'enseignement et de l'apprentissage.

- Ressources et incitations financières : volume absolu des ressources disponibles pour financer l'enseignement supérieur dans un pays (mobilisation de ressources publiques et privées) et mécanismes par lesquels ces ressources sont allouées aux divers établissements.

Figure 11.1   Comprendre comment l'écosystème influe sur la performance des meilleures universités de recherche

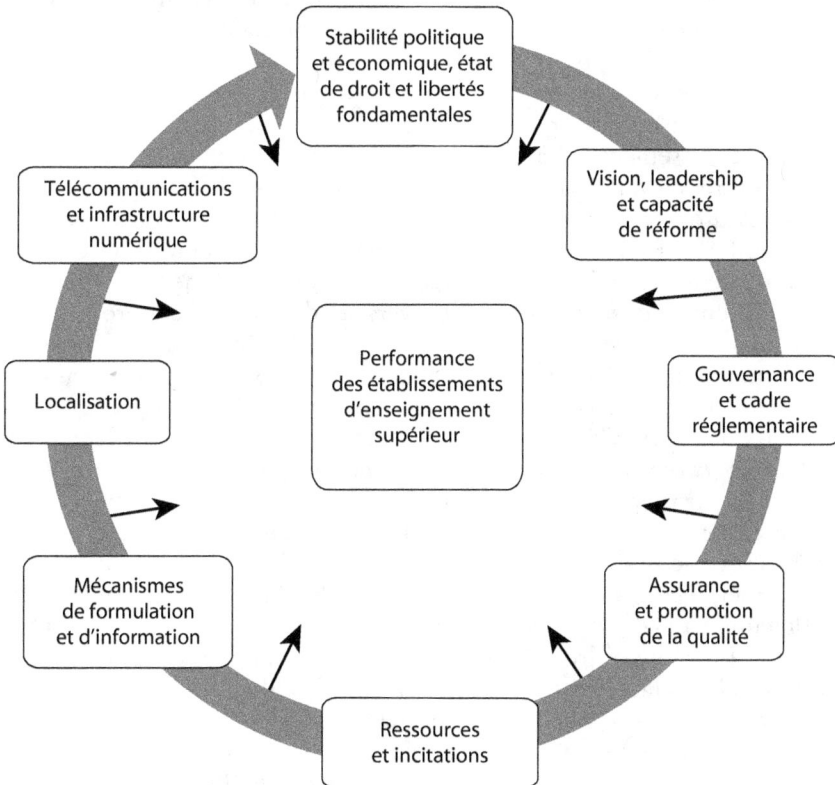

Sources : Jamil Salmi.

- Mécanismes d'articulation et d'information : liens et ponts entre les lycées et collèges et l'enseignement supérieur, et voies et procédures intégrant les divers types d'établissements constitutifs d'un système d'enseignement supérieur, tous des facteurs influant sur les caractéristiques académiques des nouveaux étudiants et leurs résultats au fur et à mesure qu'ils progressent au sein du système d'enseignement supérieur.

- Localisation : qualité des caractéristiques économiques, sociales et culturelles et des infrastructures disponibles dans le contexte géographique spécifique d'un établissement d'enseignement supérieur, et qui déterminent en particulier sa capacité à attirer des universitaires exceptionnels et des étudiants doués ; parmi ces caractéristiques figurent les services publics, les équipements de loisirs, les moyens de transport et la qualité de l'environnement (Yusuf, à paraître).

- Infrastructures numériques et de télécommunications: disponibilité d'une connectivité à large bande et de équipements informatiques à l'appui de la prestation de services d'enseignement et de recherche et des services administratifs des établissements d'enseignement supérieur d'une manière efficace, fiable et d'un coût abordable.

Les études de cas montrent, dans plusieurs pays, la façon dont l'écosystème d'enseignement supérieur influe sur la performance des divers établissements. La première observation générale est que les systèmes très performants se caractérisent par un haut niveau d'alignement entre les différentes dimensions, comme le montrent bien les cas de la RAS de Hong Kong (Chine), de la Corée et de Singapour. L'absence de certains éléments ou la non-convergence des diverses dimensions risquent de compromettre la capacité des universités de recherche à prospérer et poursuivre leurs activités. Dans le cas du Nigéria, par exemple, la détérioration de la gouvernance pendant les années de dictature a affecté directement le financement de l'Université d'Ibadan. En outre, il est douteux que le Nigéria, avec les problèmes qu'il connaît actuellement en ce qui concerne son infrastructure numérique, parvienne à progresser beaucoup par rapport à son objectif national de disposer de 20 universités de rang mondial d'ici à 2020 s'il ne trouve pas de solutions efficaces aux problèmes que posent les fréquentes pannes d'électricité et l'accès limité à Internet, et ce à l'échelon de l'ensemble du système universitaire national.

Dans le même ordre d'idées, la seconde observation cruciale est que certains de ces facteurs sont des conditions absolues, tandis que d'autres, tout en étant très pertinents, ne sont cependant pas impératifs. Comme on l'a vu, le cadre de gouvernance et la disponibilité de ressources financières sont naturellement essentiels parce qu'ils conditionnent le degré d'autonomie des universités de recherche. Ces facteurs influent sur la capacité qu'ont les universités de lever des fonds pour recruter et garder à leur service des universitaires de très haut niveau et de mettre à leur disposition les infrastructures d'enseignement et de recherche appropriées, notamment l'infrastructure numérique de plus en plus indispensable aux recherches de pointe.

D'autres facteurs tels que la primauté du droit, le degré de démocratie, l'existence d'une vision nationale de l'avenir de l'enseignement supérieur, les mécanismes de formulation et la localisation sont assurément importants, mais on ne peut toujours pas déterminer de façon certaine si les établissements de recherche peuvent exceller sans ces dimensions annexes, ou si ces facteurs constituent d'importants éléments de vulnérabilité à long terme. L'étude de cas sur la Chine illustre bien ce dilemme.

La Chine est l'un des pays qui investissent le plus pour améliorer leurs meilleures universités dans le cadre d'une série de programmes ciblés (les célèbres Projets 211 et 985). Le rapide essor des universités chinoises dans le Classement académique des universités du monde témoigne du succès de ces efforts. En 2003, 14 universités chinoises seulement figuraient dans la première édition de ce classement, mais dès 2009, on en comptait 24 parmi les 500 universités les plus cotées du monde. Aucun autre pays du monde n'a réalisé de tels progrès. Un accroissement des financements accompagné d'une plus grande autonomie de gestion a facilité le développement des universités chinoises. Le strict contrôle politique auquel l'ensemble du pays est soumis se traduit cependant par des restrictions qui risquent d'entraver le développement optimal des universités vedettes à moyen terme.

Le premier élément de tension tient au double système de gouvernance qui caractérise les universités chinoises. Bien qu'il dirige officiellement l'établissement, le président d'une université partage la responsabilité de nommer des membres du personnel universitaire et administratif de haut niveau avec le secrétaire du Parti communiste qui, dans bien des cas, est également président du conseil d'administration de l'université. Ce système ne pose pas de problème lorsque les deux hauts responsables sont d'accord, mais elle peut empêcher dans une certaine mesure le président de l'université de gérer l'établissement d'une manière véritablement autonome. Le succès de l'Institut national des Sciences biologiques, qui fournit la moitié des publications chinoises faisant l'objet d'un examen par les pairs, est attribué en partie au fait que cet institut de recherche est le seul de Chine à être dépourvu d'un secrétaire du Parti communiste (Pomfret 2010).

La liberté académique constitue une seconde source de tension potentielle. L'absence de ce type de liberté ne constitue pas une grave contrainte dans le domaine des sciences exactes — bien que le contrôle que le gouvernement exerce sur l'Internet affecte tous les universitaires — mais il est certain que cela ne facilite pas la tâche aux spécialistes des sciences sociales souhaitant effectuer des enquêtes scientifiques sur des questions politiquement sensibles. Enfin, les pressions des autorités locales peuvent nuire au processus d'admission au mérite chaque fois qu'une université est tenue d'admettre un certain nombre d'étudiants locaux. Dans le cas de l'Université Jiao Tong de Shanghai, par exemple, au moins 35 % des nouveaux étudiants des premier et deuxième cycles doivent venir de la région de Shanghai.

D'une façon générale, la primauté du droit, la stabilité politique et le respect des libertés fondamentales constituent d'importantes dimensions du contexte politique dans lequel opèrent les universités de haute qualité. Enfreindre ces principes fondamentaux de la vie démocratique n'est pas propice à l'existence d'un environnement intellectuel stimulant. Au Nigéria, par exemple, des financements additionnels considérables ont été offerts à un groupe d'universités fédérales riées sur le volet, mais le regain de violence de la part de fanatiques et de rebelles, de même que l'insécurité qui règne dans plusieurs États, compromettent les plans du gouvernement fédéral qui est désireux de doter le pays d'universités de rang mondial. Au début de mars 2010, des centaines de personnes ont été massacrées dans l'État du Plateau, ce qui soulève des questions quant à l'image du Nigéria comme pays où des gens de confessions diverses peuvent coexister pacifiquement (Dickson et Abubakar 2010).

La Malaisie est un autre pays qui s'efforce activement de transformer ses meilleures universités en établissements de premier plan, mais les évolutions politiques préoccupantes à signaler récemment, comme le fait que des églises aient été brûlées et que l'on ait fouetté une femme coupable d'avoir bu de la bière en public nuisent à l'image d'un pays soucieux de se présenter comme une société tolérante, adepte de la liberté d'expression et de la séparation de l'État et de la religion (Sta Maria 2010).

Même les États-Unis, avec leur longue tradition démocratique, ne sont pas à l'abri de restrictions à la liberté de mouvement et de menaces sur la liberté académique qui ont un effet négatif sur les universités d'élite du pays. Depuis le 11 septembre, 2001, les conditions plus strictes de délivrance de visas empêchent des étudiants étrangers de troisième cycle de revenir terminer leurs études ou de nouveaux doctorants internationaux de s'inscrire dans une université américaine. Certains experts effectuant des recherches académiques sur le Moyen-Orient ont fait l'objet de harcèlement (Cole 2010).

En ce qui concerne le leadership au niveau national, les universités de recherche ont davantage de chances de succès lorsque leur rôle s'inscrit dans une vision nationale de l'avenir de l'enseignement supérieur, comme c'est le cas en Inde et en Chine (tant en Chine continentale qu'à Hong

Kong). Toutefois, des initiatives individuelles peuvent également être couronnées de succès sans s'inscrire dans une vision nationale, comme en témoignent les cas de l'Université des Sciences et Technologies de Pohang et de l'Institut de Technologie et d'Enseignement supérieur de Monterrey.

La localisation constitue un autre facteur susceptible de faciliter ou de compliquer le développement d'une université de recherche. L'économie et la société dynamiques de la RAS de Hong Kong (Chine), offrent un contexte propre à attirer les meilleurs étudiants et les plus éminents universitaires. Singapour est idéalement située entre la Chine et l'Inde. En revanche, les villes situées dans des zones où les conditions d'existence sont difficiles— que ce soit pour des raisons climatiques ou politiques — , auront beaucoup plus de difficultés à attirer et conserver des universitaires qualifiéset des étudiants talentueux.

De tous les éléments constitutifs de l'écosystème de l'enseignement supérieur, l'assurance de qualité est peut-être le seul que l'on puisse trouver au-delà des frontières nationales. Lorsque l'Université pontificale catholique du Chili et l'Institut de Technologie et d'Enseignement supérieur de Monterrey ont commencé à travailler à améliorer la qualité des cours qu'ils offraient en l'absence de système national d'accréditation, ils ont recherché avec succès une accréditation internationale pour un grand nombre de leurs programmes afin d'élever leur réputation académique. En fait, l'Institut de Technologie et d'Enseignement supérieur de Monterrey a été le premier établissement étranger à être homologué par une agence d'accréditation des États-Unis. L'appel à des agences étrangères d'assurance de qualité a largement contribué à élever la qualité de ces deux établissements d'Amérique latine, et à en renforcer le prestige.

Conclusion

Les trajectoires des 11 établissements analysés dans le présent ouvrage permettent d'y voir beaucoup plus clair sur le processus de transformation complexe par lequel passent les établissements qui s'efforcent de devenir des universités de recherche de rang mondial s'ils ont choisi de se « moderniser » ou de « se renouveler » pour progresser vers l'excellence académique. Avec une vision et un leadership appropriés, les universités de recherche existantes peuvent améliorer radicalement la qualité de leur enseignement et de leur recherche. Inversement, lorsque le talent, les ressources et la gouvernance se conjuguent dès le départ, les nouvelles universités ont la possibilité — sans garantie de succès — de devenir des établissements de recherche de haute qualité en l'espace de deux ou trois décennies. Bien que l'échantillon d'établissements examinés ici soit trop limité pour être totalement probant, les études de cas semblent suggérer que la création d'un nouvel établissement constitue une approche relativement plus rapide et efficace.

Les nouvelles universités de recherche sont cependant confrontées à des défis particuliers. Pour attirer d'éminents universitaires et de brillants étudiants, elles doivent être suffisamment innovantes pour représenter une alternative crédible aux établissements existants. Cette différence semble plus facile à concrétiser avec des programmes de niche, comme l'a montré l'expérience des Instituts de Technologie indiens, des Universités des Sciences et Technologies de Pohang et de Hong Kong, et de l'École supérieure d'économie.

On peut également tirer un grand nombre de précieux enseignements de l'étude de cas africaine, qui ne manque pas de nous rappeler que le succès est fragile et que les universités prestigieuses, comme les grands empires, sont vouées à un destin cruel si les conditions fondamentales favorables disparaissent. Ces conditions — présentées dans la description de l'écosystème d'enseignement supérieur dans lequel les universités peuvent déployer leurs efforts — ne doivent absolument pas être perdues de vue.

Toutes les études de cas examinées ici confirment combien il est important de faire en sorte que les trois ensembles de facteurs clés mis en avant dans le cadre conceptuel — concentration de talents, abondance de ressources et gouvernance favorable — se conjuguent bien. Toutefois, lorsqu'il s'agit de transformer des universités existantes, le leadership, la gouvernance et la gestion semblent être les facteurs clés pour déclencher un cercle vertueux aboutissant à des progrès spectaculaires. De fait, une équipe de direction dotée d'une vision, une gouvernance appropriée et une gestion efficace permettent de mobiliser et gérer des ressources, ce qui sert à constituer un corps de professeurs et de chercheurs de niveau mondial et à attirer de bons étudiants.

Dans son ouvrage instructif sur les entreprises les plus prospères, intitulé *From Good to Great*, Jim Collins (2001) a étudié les caractéristiques de dirigeants qui ont joué un rôle de catalyseur dans l'essor de leur entreprise. Bien qu'il soit plus difficile de définir les paramètres appropriés du succès pour un établissement d'enseignement supérieur que pour une entreprise, dont les résultats peuvent être facilement mesurés à ses recettes et à ses profits, il serait important d'entreprendre des recherches plus poussées sur le leadership des universités, pour comprendre la dynamique du changement et du progrès dans le monde académique. Les études de cas étayent sans ambiguïté la notion selon laquelle un personnel de direction exceptionnel est au cœur du succès des universités de recherche émergentes, grâce à son aptitude à formuler une vision motivante pour l'avenir de l'établissement, rallier le personnel enseignant et administratif à cette vision, et mettre celle-ci en œuvre de façon efficace.

Une nouvelle leçon importante qui ressort des études de cas est l'influence considérable qu'exerce l'écosystème de l'enseignement supérieur sur la performance des universités de recherche soucieuses de faire partie de l'élite mondiale. Les diverses caractéristiques de l'écosystème — de la situation macroéconomique et politique à l'infrastructure numérique, en passant par les aspects clés de la gouvernance, la mobilisation et l'allocation des ressources, et la localisation — influent fortement sur la capacité des universités de recherche à avancer sur la voie de l'excellence académique.

Enfin, même les universités de recherche les plus réputées se doivent de concilier de façon harmonieuse deux impératifs, à savoir doter leurs étudiants de compétences techniques et de méthodologies rigoureuses, et leur inculquer les valeurs éthiques nécessaires pour poursuivre des investigations scientifiques d'une manière socialement responsable. Plusieurs études de cas, en particulier celles qui concernent l'Université des Sciences et Technologies de Hong Kong et l'Université pontificale catholique du Chili, témoignent du souci de maintenir un cursus qui allie une solide formation scientifique à une profonde conviction humaniste. Pour conclure en citant Sri Sri Ravi Shankar, fondateur d'une université nouvelle en voie d'être créée dans l'État indien de l'Orissa, « seule une éducation qui s'appuie sur des vertus innées peut générer une intelligence digne de ce nom » (Université Sri Sri 2010).

Annexe 11A   Année de fondation des universités les mieux classées (Classement académique 2010 des universités du monde)

Rang	Établissement	Année de fondation
1	Université de Harvard (États-Unis)	1636
2	Université de Californie, Berkeley (États-Unis)	1869
3	Université Stanford (États-Unis)	1891
4	Institut de Technologie du Massachusetts (États-Unis)	1865
5	Université de Cambridge (Royaume-Uni)	1209
6	Institut de Technologie de Californie (États-Unis)	1891
7	Université de Princeton (États-Unis)	1746
8	Université Columbia (États-Unis)	1754
9	Université de Chicago (États-Unis)	1891
10	Université d'Oxford (Royaume-Uni)	1096

Sources : Infoplease, http://www.infoplease.com/ipa/A0193904.html; Université de Californie, Berkeley, http://www.ucberkeley.com ; Université de Chicago, http://www.uchicago.edu.

Annexe 11B   Principales caractéristiques de chaque établissement

Établissement (année de fondation)	Nombre d'étudiants (sortant diplômés)	Ratio étudiants-enseignants	Part de financement public direct (%)	Dotation (USD)	Budget annuel (USD)	Dépenses par étudiant (USD)
Université d'Ibadan (1962)	19 521 (7 382)	16/1	85	0,2 million	46,7 millions	2 390
Université Jiao Tong de Shanghai (1896)	43 000 (14 000)	15/1	40	120 millions	700 millions	16 300
Université des Sciences et Technologies de Pohang (1987)	3 100 (1 700)	6/1	15	2 milliards	220 millions	70 000
Université du Chili (1842)	30 702 (4,569)	9-15/1	11	0	520 millions	17 000
Université pontificale catholique du Chili (1888)	22 035 (2 806)	8/1	11	0	453 millions	20 500
Instituts de Technologie indiens (dont le premier a été fondé en 1950 à Kharagpur)	28 000 (12 000)	6/1 à 8/1	70	0	123 millions	4 400
Université des Sciences et Technologies de Hong Kong (1991)	9 271 (3 302)	19/1[a]	63	0,25 million	267 millions	28 850
Université de Malaya (1949)	26 963 (8 900)	12/1	60	0	271,6 millions	14 000
Université nationale de Singapour (1980)	27 396 (6 300)	14,4/1	58	1 milliard	1,37 milliard	39 000
Institut de Technologie de Monterrey (1943)	25 705 (3 600) (campus de Monterrey)	12,2/1	0	1 milliard	1,15 milliard	10 200
École supérieure d'économie (1992)	16 000 (2 400)	—	33	0	45,5 millions	2 843

Source : L'auteur a utilisé des données provenant de chapitres du présent ouvrage.

Note : — = non disponible.

a. Il a récemment été fait appel à un nombre considérable de membres non permanents du corps enseignant du fait de la diversification du programme, ce qui a ramené le ratio étudiants-enseignants de 15/1 à 14/1.

Annexe 11C   Éléments clés de l'approche stratégique suivie par chaque établissement

Établissement	Statut public/privé	Financement public direct (%)	Degré d'autonomie	Recrutement des étudiants	Approche stratégique
Université d'Ibadan	Public	89	Faible	Sélectif	Amélioration
Université de Shanghai Jiao Tong	Public	40	Moyen	Sélectif	Amélioration
Université des Sciences et Technologies de Pohang	Privé	15	Élevé	Très sélectif	Nouvel établissement
Université du Chili	Public	11	Moyen	Très sélectif	Amélioration
Université pontificale catholique du Chili	Privé	11	Élevé	Très sélectif	Amélioration
Instituts de Technologie indiens	Public	70	Moyen	Très sélectif	Nouvel établissement
Université des Sciences et Technologies de Hong Kong	Public	63	Élevé	Sélectif	Nouvel établissement
Université d'Ibadan	Public	89	Faible	Sélectif	Amélioration
Université de Shanghai Jiao Tong	Public	40	Moyen	Sélectif	Amélioration
Université des Sciences et Technologies de Pohang	Privé	15	Élevé	Très sélectif	Nouvel établissement
Université du Chili	Public	11	Moyen	Très sélectif	Amélioration
Université pontificale catholique du Chili	Privé	11	Élevé	Très sélectif	Amélioration
Instituts de Technologie indiens	Public	70	Moyen	Très sélectif	Nouvel établissement
Université des Sciences et Technologies de Hong Kong	Public	63	Élevé	Sélectif	Nouvel établissement
Université de Malaya	Public	73	Faible	Sélectif	Amélioration
Université nationale de Singapour	Public	58	Élevé	Sélectif	Nouvel établissement
Institut de Technologie de Monterrey	Privé	0	Élevé	Très sélectif	Amélioration
École supérieure d'économie	Public	33	Élevé	Sélectif	Nouvel établissement

Source : L'auteur a utilisé des données provenant de chapitres du présent ouvrage.

Annexe 11D   Principales sources de financement de chaque établissement %

Établissement	Budget de l'État	Frais de scolarité	Dons, loterie, et soutien d'entreprises	Financement de la recherche sur une base compétitive	Services de consultation, formation et recherche sous contrat
Université d'Ibadan	85	1	1	2	10
Université Jiao Tong de Shanghai	40	10	5	15	30
Université des Sciences et Technologies de Pohang	6	7	34	47	6
Université du Chili	11	23	1	20	45
Université pontificale catholique du Chili	11	30	7	4	48
Instituts de Technologie indiens	70	5	5	5	10
Université des Sciences et Technologies de Hong Kong	63	18	6	10	3
Université de Malaya	73	11	10	0	6
Université nationale de Singapour	58	—	—	—	—
Institut de Technologie de Monterrey	0	77	13	3	7
École supérieure d'économie	52	25	3	10	10

Source : L'auteur a utilisé des données provenant de chapitres du présent ouvrage.
Note : — = non disponible.

Notes

1. Dans ce chapitre, les termes de *rang mondial, vedette* et *d'élite* sont utilisés indifféremment pour décrire les universités fortement axées sur la recherche qui peuvent être considérées comme faisant partie de l'élite mondiale.

2. L'une des manifestations de colère les plus paradoxales est venue de France. Après la publication du Classement académique 2003 des universités du monde, deux présidents d'universités françaises ont adressé une lettre de protestation officielle à l'Ambassadeur de Chine pour que le gouvernement chinois interdise à l'Université Jiao Tong de Shanghai de continuer à publier ses classements mondiaux. Il est paradoxal que les représentants d'un pays qui a fait de la liberté le premier des trois principes figurant dans sa devise nationale (« liberté, égalité, fraternité ») encourage le gouvernement chinois à limiter la liberté des universités. En mai 2010, la Commission de l'éducation du Sénat français a organisé une table ronde sur les classements internationaux intitulée « Oublier Shanghai ».

3. Voir la déclaration de la ministre Valérie Pécresse à la Conférence sur les comparaisons internationales des systèmes éducatifs tenue à Paris en décembre 2008.

Références

Aghion, Philippe, Mathias Dewatripont, Caroline Hoxby, Andreu Mas-Colell, and André Sapir. 2009. "The Governance and Performance of Research Universities: Evidence from Europe and the U.S. National Bureau of Economic Research." Working paper 14851, National Bureau of Economic Research, Cambridge, MA.

Altbach, Philip. G. 2004. "The Costs and Benefits of World-Class Universities." *Academe* (January–February). http://www.aaup.org/AAUP/CMS_Templates/AcademeTemplates/AcademeArticle.aspx?NRMODE=P/.

————. 2006. "The Dilemmas of Ranking." *International Higher Education* 42: 2–3.

Cole, Jonathan R. 2010. *The Great American University: Its Rise to Pre-eminence, Its Indispensable National Role, Why It Must Be Protected.* New York: Public Affairs.

Collins, James C. 2001. *From Good to Great: Why Some Companies Make the Leap—and Others Don't.* New York: Harper Business.

Dixon, Robyn, and Aminu Abubakar. 2010. "Survivors: Nigerian Attacks Planned." *Washington Post*, March 9.

Hazelkorn, Ellen. 2008. "Learning to Live with Leagues Tables and Ranking: The Experience of Institutional Leaders." *Higher Education Policy* 21 (2): 193–216.

LERU (League of European Research Universities). 2010. "Universities, Research and the 'Innovation Union.'" Advice Paper 5, October.

Pomfret, John. 2010. "China Pushing the Envelope on Science, and Sometimes Ethics." *Washington Post*, June 28, sec. A.

Salmi, Jamil. 2009. *The Challenge of Establishing World-Class Universities*: *Directions in Development*. Washington, DC: World Bank. http://portal. unesco.org/education/en/files/55825/12017990845Salmi.pdf/Salmi.pdf.

Salmi, Jamil, and Alenoush Saroyan. 2007. "League Tables as Policy Instruments: Uses and Misuses. *Higher Education Management and Policy* 19 (2): 31–68.

Smolentseva, Anna. 2010. In Search for World-Class Universities: The Case of Russia. *International Higher Education* 58: 20–22.

Sri Sri University. 2010. "Strategic Plan." Unpublished document. Sri Sri University, Orissa, India.

Sta Maria, Stephanie. 2010. "Academics Fear for the Future of Islam." *Free Malaysia Today*, May 28. http://www.freemalaysiatoday.com/fmt-english/ news/general/6125-academics-fear-for-the-future-of-islam.

Wildavsky, Ben. 2010. *The Great Brain Race: How Global Universities Are Reshaping the World*. Princeton, NJ: Princeton University Press.

Yusuf, Shahid. Forthcoming. *From Technological Catch-Up to Innovation: The Future of China's GDP Growth*. Washington DC: World Bank.

www.ingramcontent.com/pod-product-compliance
Lightning Source LLC
Chambersburg PA
CBHW071831270326
41929CB00013B/1954